A CURA DI DOMENICO ROMANO E STEFANIA PONZONE

FIAT 500

Storia di una passione

Dedicato a tutti coloro che hanno fatto grande il Club e contribuito a creare il mito

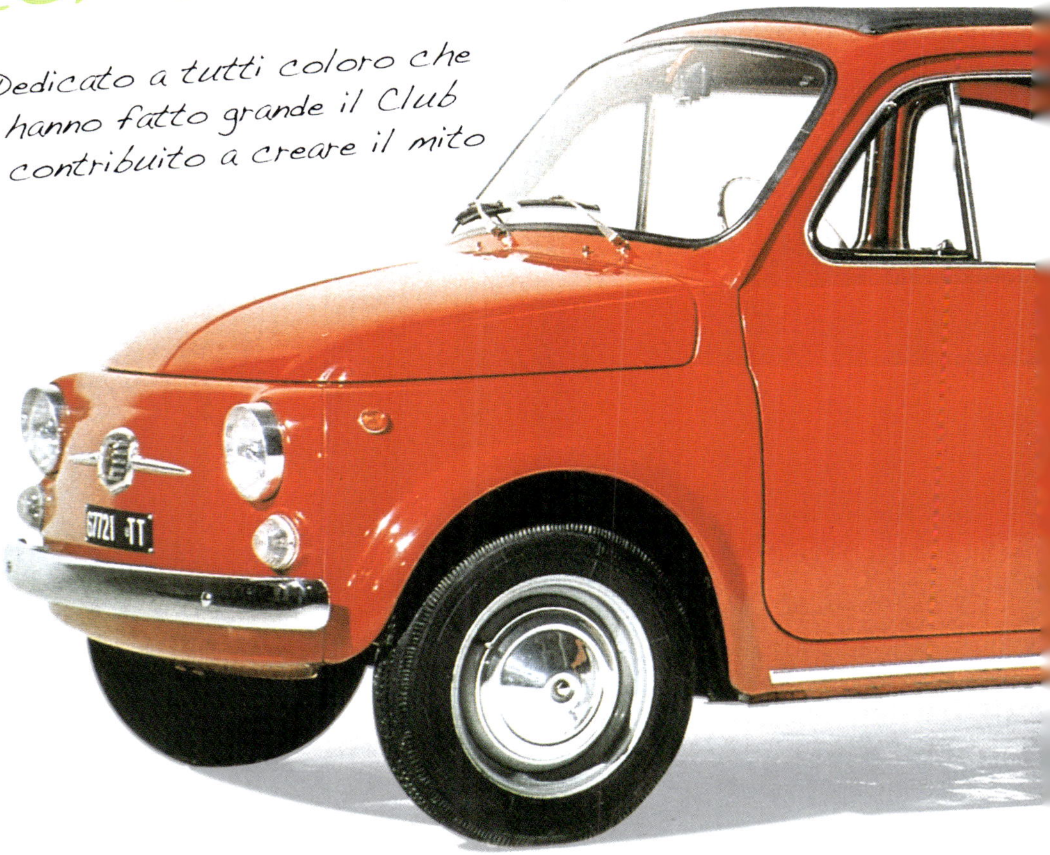

L'avventura del Fiat 500 Club Italia

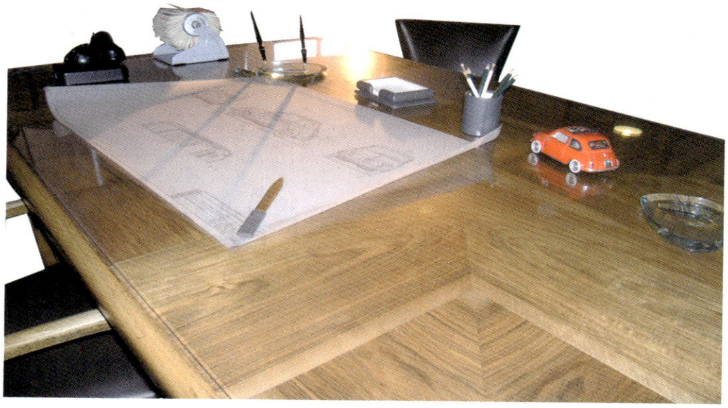

La scrivania di Dante Giacosa conservata al Centro Storico Fiat.

Dante Giacosa's desk at the Fiat Historic Museum.

FIAT 500: STORIA DI UNA PASSIONE
L'AVVENTURA DEL FIAT 500 CLUB ITALIA
FIAT 500: THE HISTORY OF A PASSION
THE ADVENTURES OF THE FIAT 500 CLUB ITALIA

Realizzazione: • *By:*
Fiat 500 Club Italia - ViaRoma, 90 - 17033 Garlenda (SV)
Tel. 0182.582282 - Fax 0182.580015
info@500clubitalia.it - www.500clubitalia.it

Progetto editoriale: • *Project editor:*
Domenico Romano

A cura di: • *Editorial directors:*
Domenico Romano • Stefania Ponzone

Grafica e impaginazione: • *Graphic design and layout by:*
Daniele Griggio - dg@danielegriggio.com

Grafica copertina: • *Cover design by:*
Marco Garofalo - info@gitreonline.com

Traduzioni a cura: • *Translated by:*
Laura Lazzaro - laura.lazzaro99@tiscali.it

Edizione e stampa • *Edited and printed by:*
Editoriale DARSENA

"Editoriale Darsena" è un marchio editoriale della Coop Tipograf - Corso Viglienzoni 78/r - 17100 Savona
"Editoriale Darsena" is a publishing trademark of Coop Tipograf - Corso Viglienzoni 78/r - 17100 Savona

Gli autori desiderano ringraziare: • *The authors wish to thank:*
Archivio Storico Fiat, Centro Storico Fiat, Enrico Bo, Marinella Pifferi, Silvana Barbera
e tutti coloro che hanno inviato foto e materiale. • *and all those who have contributed with photographs and materials.*

Le foto sono tratte dall'archivio del Club ed alcune possono presentare difetti tecnici. Tuttavia, abbiamo preferito mantenerle in quanto costituiscono una preziosa testimonianza.

The photographs are taken from the Club's archive and some of them may present some imperfections. However, we have chosen to keep them as they constitute a valuable testimony.

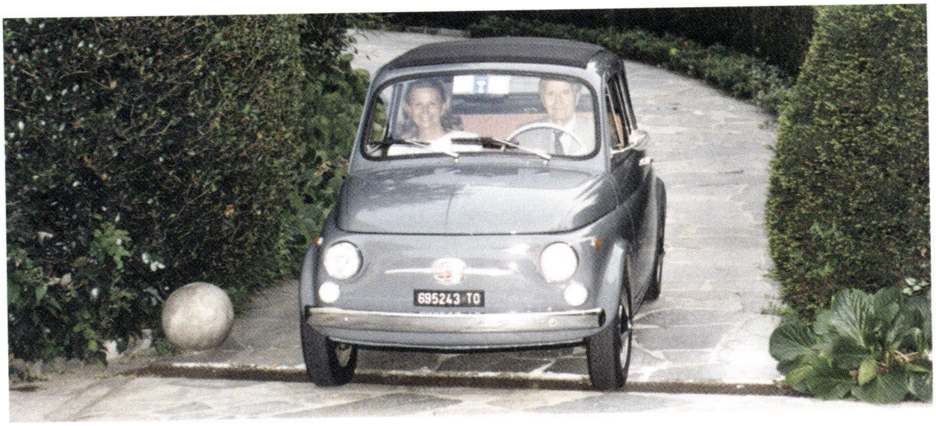

Prefazione

Il libro curato da Domenico Romano e Stefania Ponzone è e sarà una testimonianza inequivocabile della passione per la 500, che contribuì al boom italiano permettendo a chiunque di possedere una macchina.
Questa lunga, indistruttibile passione è vissuta e raccontata attraverso le esperienze del Fiat 500 Club Italia, con una ricca raccolta di avvenimenti.
Il Cinquantenario della Fiat 500 e la nascita del Museo intitolato a mio padre evocano in me ricordi e commozione. La vetturetta mi diede l'emozione della prima guida e della libertà: avevo finalmente 18 anni e mio padre me la regalò... come per tanti giovani di allora, fu la mia prima macchina... Un altro ricordo è la felicità di papà quando, in occasione del suo ottantesimo compleanno, si vide recapitare in regalo, come gesto di gratitudine per i suoi quaranta anni di progettazione in Fiat, una 500 da parte dell'Avvocato Giovanni Agnelli.
Le attestazioni di ammirazione per il suo lavoro arrivarono anche dall'estero. Ricordo in particolare che dal lontano Giappone giunse un delizioso libro che si leggeva, naturalmente, al contrario...
Guardando al futuro, vedo un avvenimento che senz'altro avrebbe entusiasmato grandemente l'Ingegnere: la prossima uscita di una Cinquecento dalle sembianze molto simili alla "sua", che non ne dimentica l'identità, ma si presenta modernissima, attuale, progettata con le più innovative tecniche, che la rendono giovane e bella, simpatica ed affidabile come nuova city-car italiana. Quindi, che la passione continui... e che il Fiat 500 Club Italia possa ancora felicemente proseguire il suo cammino e tener sempre viva la tradizione di radunare un po' ovunque le veterane e le future magiche vetturette!
Evviva tutti i cinquecentisti del mondo!

Mariella Giacosa Zanon di Valgiurata

Foreword

This book edited by Domenico Romano and Stefania Ponzone is and will remain a clear testimony of the passion for the Fiat 500, the car that contributed to the Italian economic boom making cars accesible to everyone.
This long-lasting, undying enthusiasm is lived and told through the experiences of the Fiat 500 Club Italia, with a rich collection of events.
The 50th anniversary of the Fiat 500 and the opening of the Museum named after my father stir in me memories and emotions. The little car gave me the joy of my very first drive and of freedom: I was finally 18 and my father gave it to me as a birthday present... as for many people at the time it was my very first car.... Another memory is Dad's happiness when for his 80th birthday he was delivered - as a gesture of gratitude for his forty years as a Fiat design engineer- a Fiat 500 from 'Avvocato' Gianni Agnelli.
His work received recognition also from abroad. I remember in particular that he was given a lovely book from Japan and, of course, you had to read it the other way round....
Looking at the future, I see an event that would certainly have thrilled the 'Engineer': the oncoming launch of a Cinquecento very similar in its looks to "his own", which does not forget its identity, but presents itself as a very modern, fashionable car, designed according to the latest technologies, that make it young and beautiful, likeable and reliable as the new Italian city car.
Let the passion live on, then... and may the Fiat 500 Club Italia continue along its path and always maintain the tradition of bringing together the veteran as well as the future magic little cars!
Up with all the Cinquecento fans of the world!

Mariella Giacosa Zanon di Valgiurata

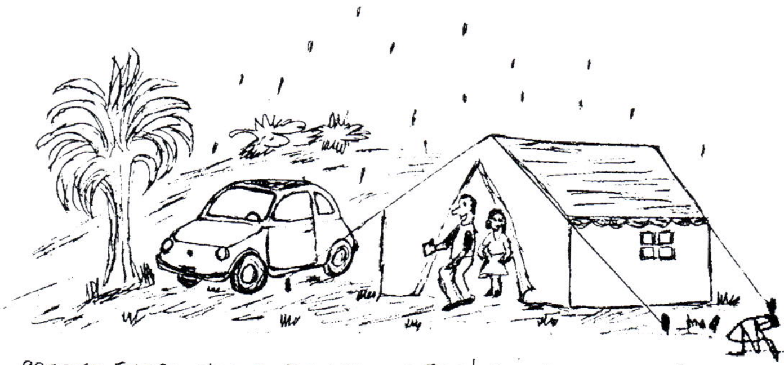

"Quick, everybody out and get the 500 under cover! It's starting to rain..."

Dedicato a tutti coloro
che hanno fatto grande il Club
e contribuito a creare il mito.

Dedicated to all those
who have contributed to the Club's achievements
and to the creation of the icon.

Sommario

Contents

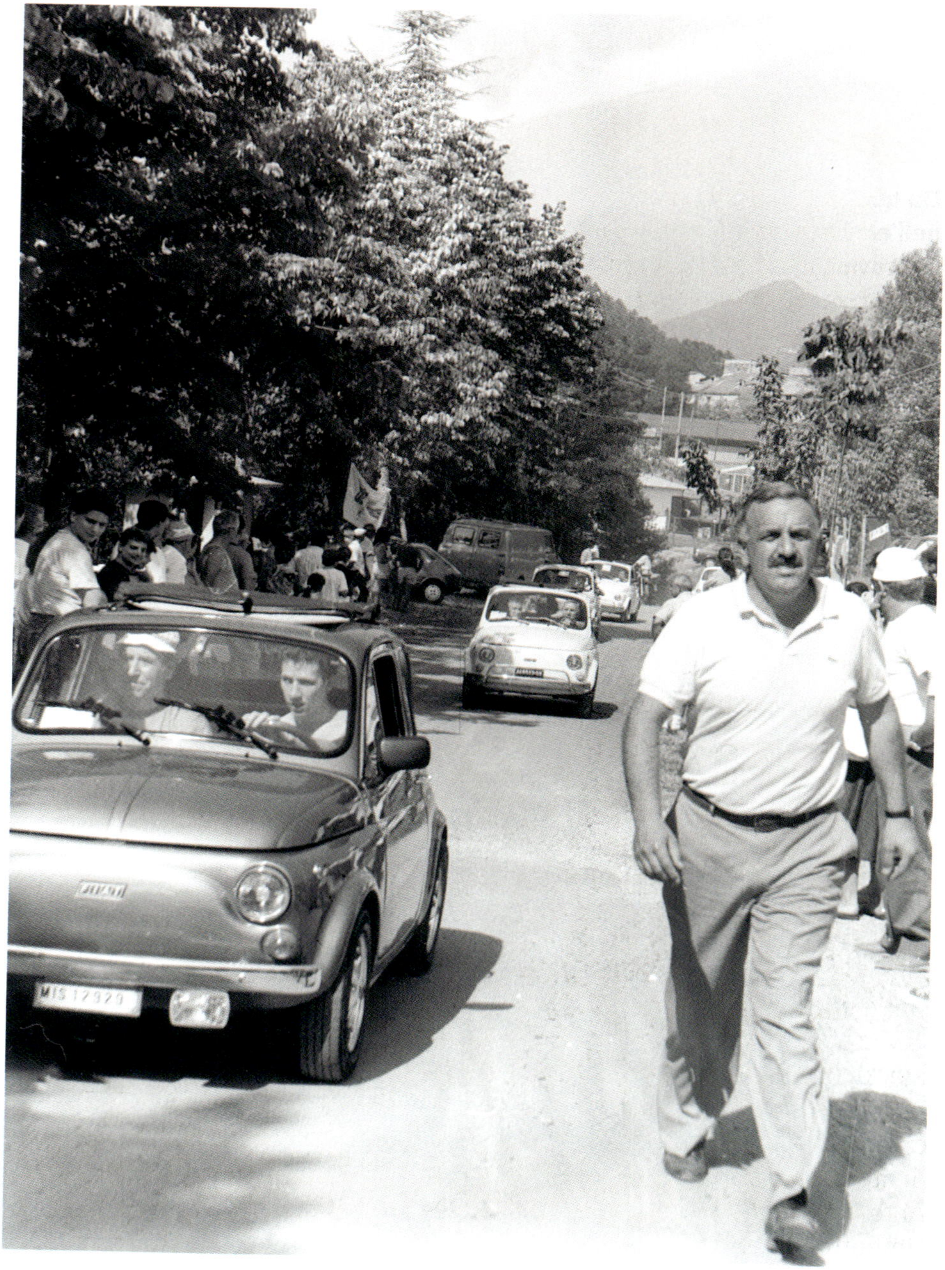

Domenico Romano alla partenza da Parco Villafranca a Garlenda. Ogni anno l'organizzazione del raduno coinvolge tutto il piccolo paese dell'entroterra ligure.

Domenico Romano at the departure from Villafranca Park in Garlenda. Every year the whole village in the Ligurian hinterland gets involved in the meeting organization.

Nasce una passione

1983

Da tempo a Garlenda, piccolo paese nell'entroterra di Albenga e Alassio in provincia di Savona, si pensava di organizzare una manifestazione di rilevanza internazionale per poter favorire e potenziare lo sviluppo turistico del paese, iniziato con la realizzazione di un campo da golf tra i migliori in Italia e di altre valide strutture alberghiere e sportive.

Nel novembre 1983, nel corso di una affollata riunione della Pro Loco con il presidente Giancarlo Tassistro, il sindaco Domenico Romano propone l'organizzazione di un primo raduno nazionale dedicato alla 500.

Viene stabilito all'unanimità che l'evento si dovrà tenere nell'estate dell'anno successivo.

La scelta della 500 come protagonista dell'appuntamento è dovuta a due motivi principali: in primo luogo, in paese la piccola auto è ancora diffusissima ed apprezzata da moltissimi concittadini che ne gradiscono la versatilità, la semplicità, l'affidabilità, unite ad un prezzo accessibile; secondo, a Garlenda possiedono la casa estiva Giovanni Nasi, vice presidente della Fiat, Sergio Pininfarina e Antonio Giraudo, allora assistente di Umberto Agnelli. Tale circostanza rende quindi solidi e facilitati i legami ed il dialogo con Torino e la grande azienda costruttrice.

In una intervista a "La Stampa", Domenico Romano spiega: «*La* 500 L

A passion is born

1983

For a while in Garlenda - a small village inland from Albenga and Alassio in the province of Savona - we had had in mind to organize an event on an international scale promoting and strengthening the tourist development of the village, which had began with the opening of one of the best golf courses in Italy and the setting up of other important accommodation and sports facilities.

In November 1983, during a crowded meeting of the Pro Loco (Local Tourist Board *n.t.*) with its chairman Giancarlo Tassistro, the mayor Domenico Romano makes the proposal for a first national meeting dedicated to the Fiat 500.

The event is unanimously approved and scheduled to take place during the Summer of the following year.

The choice of the 500 as the star of the event is due to two main reasons: in the first place, this small car is still very popular in the village and it is appreciated by a great number of villagers who like it for its versatility, simplicity, reliability as well as its reasonable price. Secondly, people like Giovanni Nasi, Fiat vice-chairman, Sergio Pininfarina and Antonio Giraudo – at the time the assistant of Umberto Agnelli – all have their holiday homes in Garlenda. Consequently, the relationship and the communication with Turin and the big corporation is easily possible.

blu che mia moglie Franca ed io ancora possediamo è stata il nostro regalo di nozze e dal giorno del matrimonio ha accompagnato la mia famiglia. Sono felice di avere dato vita ad una manifestazione che è diventata il luogo d'incontro ideale di migliaia di automobilisti, che con la 500 hanno grossi conti di riconoscenza ed affetto da saldare. Se doveva nascere un omaggio alla 500, Garlenda era senz'altro il paese più motivato alla candidatura. ***Non c'è infatti famiglia contadina dei nostri vecchi residenti che non l'abbia o non l'abbia avuta, usandola intensamente, soprattutto per motivi di lavoro.*** *Per loro è stata vettura, ma anche trattore, furgone, fuoristrada, alcova e mini scuolabus. Il Club ed il raduno sono la risposta ad una felice vocazione del nostro Comune: trasformare l'utilitaria disegnata da Dante Giacosa, strumento di lavoro e di vita, in un simbolo culturale e storico, risultato dell'ingegno italiano.».*

1984

Nonostante la pubblicità, i partecipanti al primo raduno sono soltanto una trentina, ma tra questi si trovano tre personaggi destinati a diventare molto importanti per il Club: il futuro presidente Gian Paolo De Capitani, proveniente da Alassio con la sua splendida Gamine rossa; Mario Ferrando, giunto da Genova e, da allora, sempre presente a Garlenda; Dante Giacosa, progettista Fiat e padre della 500.
Giacosa, che si trova in vacanza a Santa Margherita Ligure, viene contattato dal sindaco e, di buon grado, accetta di essere presente all'inedito incontro

In an interview to "La Stampa", Domenico Romano explains: *"The blue 500 L that my wife Franca and I still own was our wedding present and it has accompanied my family from our wedding day . I am happy to have started an event that has become the perfect meeting point for thousands of drivers who owe the 500 a great deal of gratitude and affection. If a tribute to the 500 had to be paid, Garlenda is without doubt the most suitable place for it.* ***There is scarcely a farming family among our old residents that does not own or has not at some point owned a 500, using it intensely, especially for work.*** *For them it was a car, but also a tractor, van, off-road vehicle, school bus and romantic hideaway.*
The Club and the meeting are a felicitous occasion for our Municipality: to transform the utility passenger car designed by Dante Giacosa - an instrument of work and living - into a cultural and historic symbol, fruit of Italian ingenuity.".

1984

Notwithstanding the publicity, there are only about thirty participants in the first meeting, but among these are three personalities who will become very important to the Club: its future chairman Gian Paolo De Capitani - arriving from Alassio in his beautiful red Gamine, Mario Ferrando - coming from Genoa and present in Garlenda ever since - Dante Giacosa, Fiat design engineer and the "father" of the 500.
Giacosa is spending his holidays in Santa Margherita Ligure when the mayor contacts him and he readily

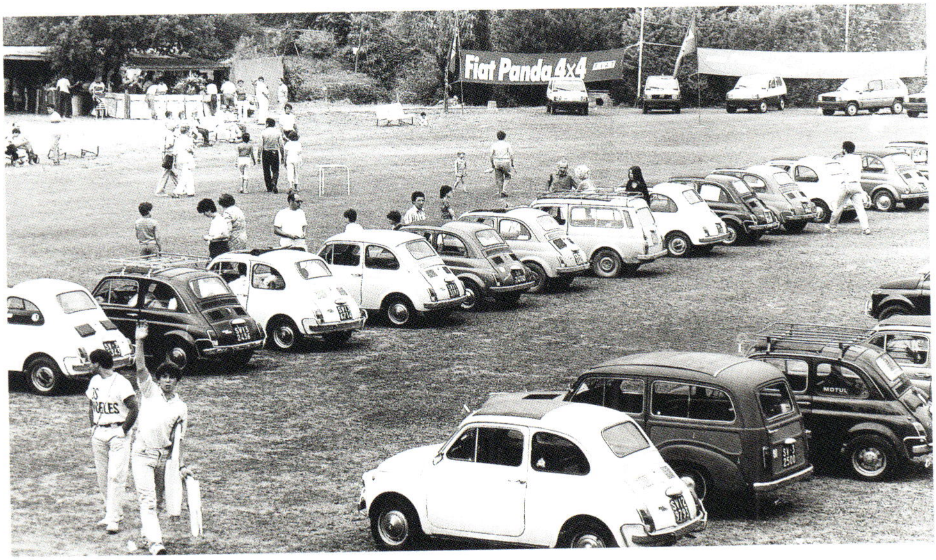

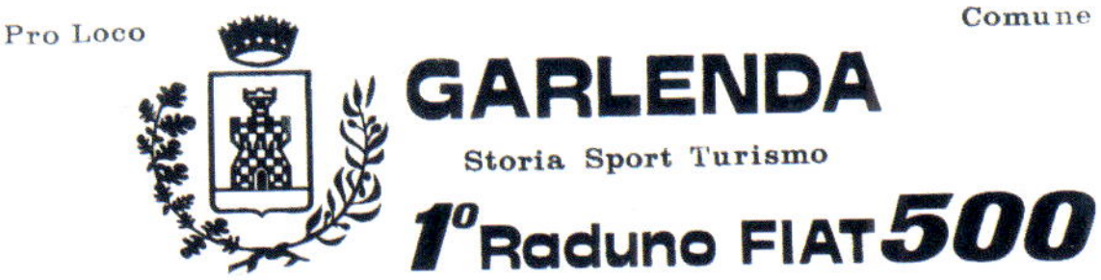

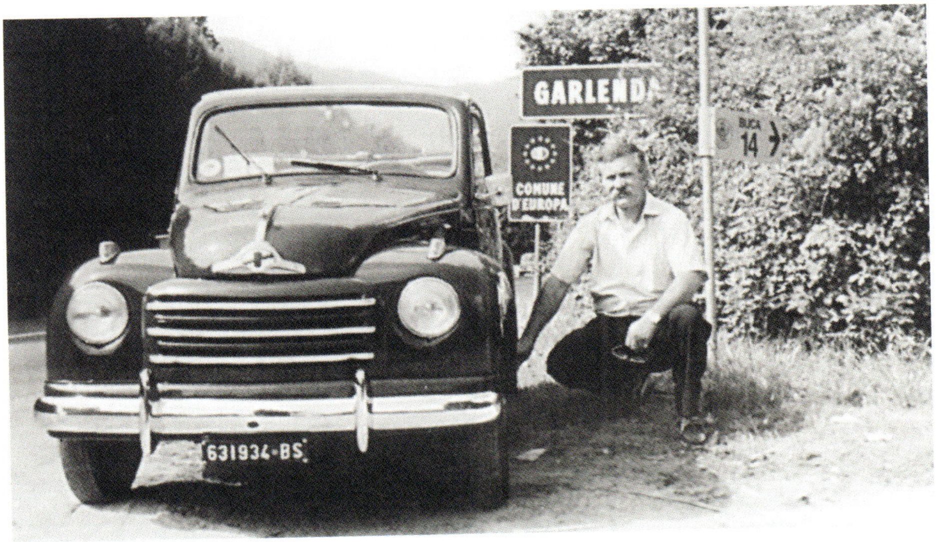

In alto, le auto schierate al campo sportivo. Al centro, l'adesivo del primo raduno.
In basso, Antonio Iandico da Brescia a Garlenda con la sua Topolino.

Above: the cars lined up on the sports ground. Centre: the sticker of the first meeting.
Below: Antonio Iandico from Brescia in Garlenda with his Topolino.

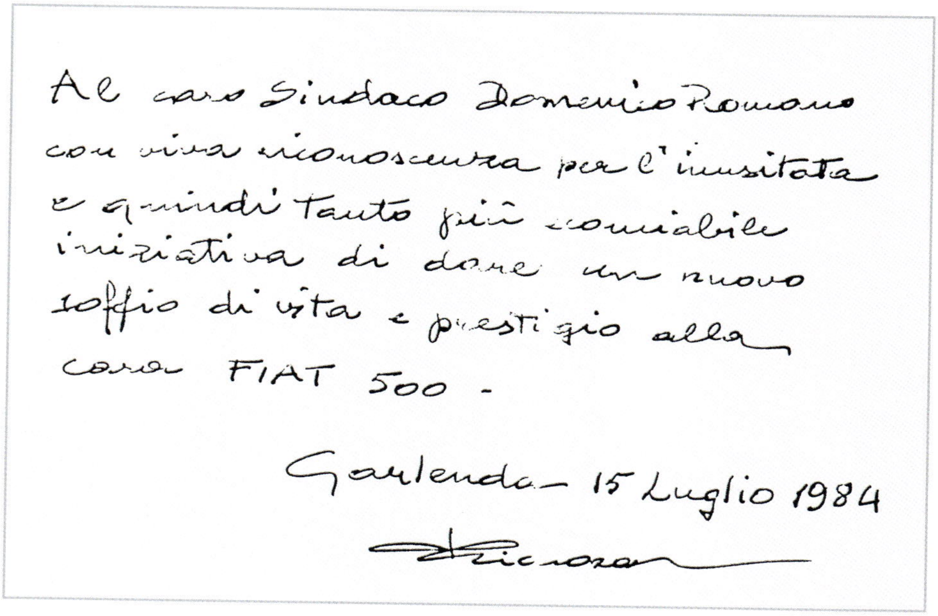

Al caro Sindaco Domenico Romano
con viva riconoscenza per l'inusitata
e quindi tanto più encomiabile
iniziativa di dare un nuovo
soffio di vita e prestigio alla
cara FIAT 500 -

Garlenda – 15 Luglio 1984

Giacosa

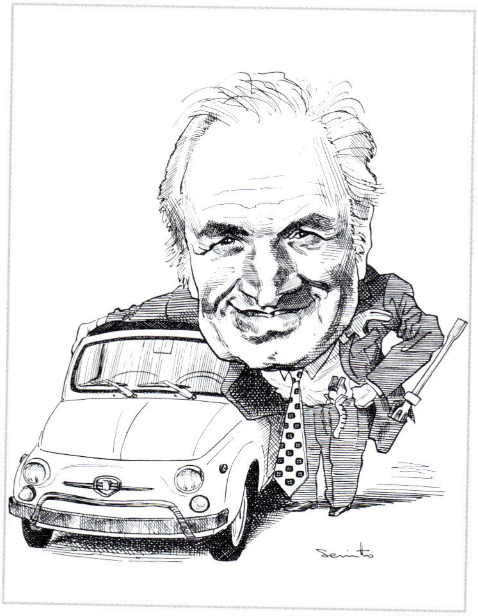

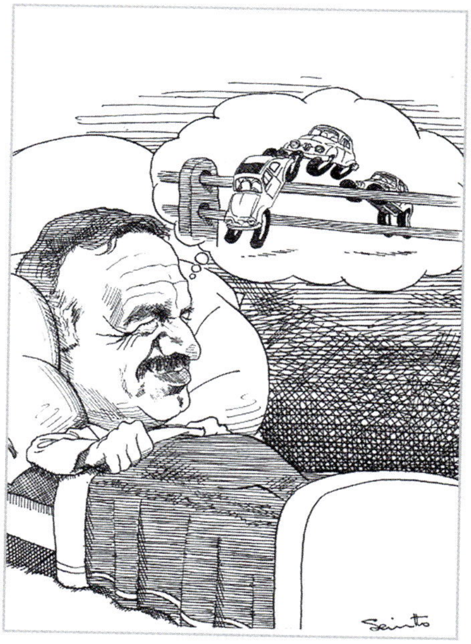

In alto, la lettera inviata da Dante Giacosa a Domenico Romano.
In basso, Giacosa e Romano visti da Renzo Sciutto.

Above: the letter sent by Dante Giacosa to Domenico Romano.
Below: Giacosa and Romano portraid by Renzo Sciutto.

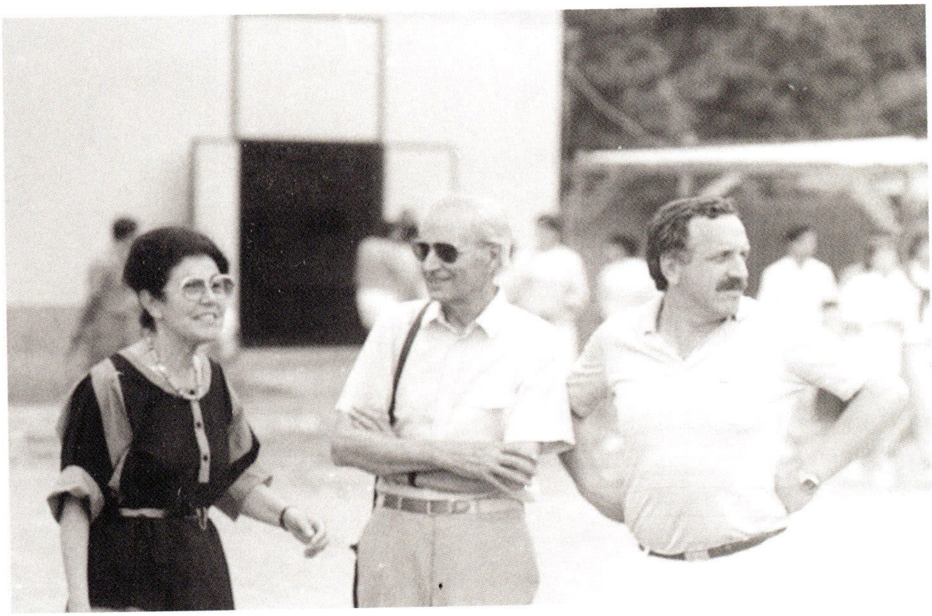

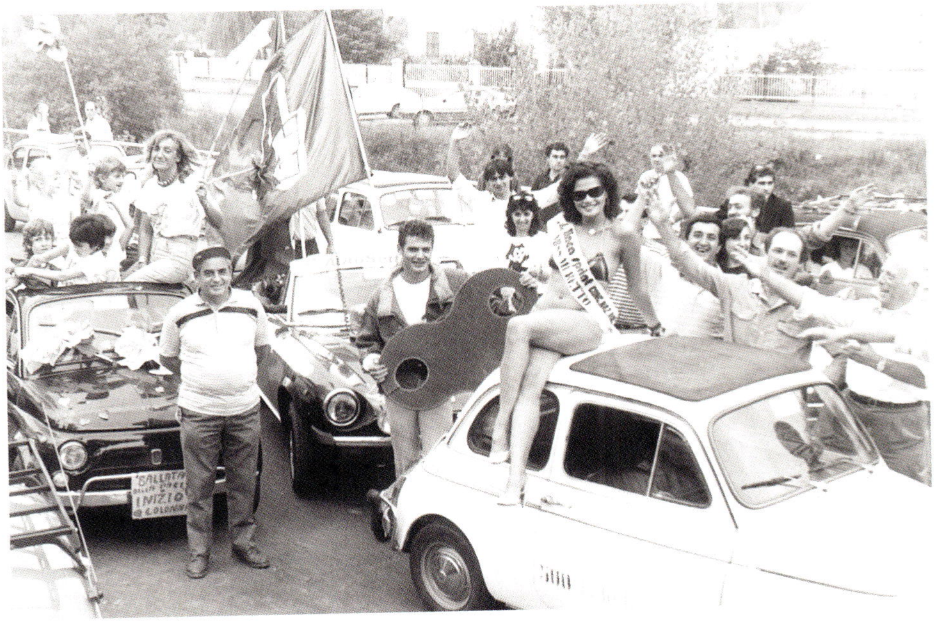

In alto, Dante Giacosa ritratto al convegno sulla 500 come "fenomeno sociale e di costume".
In basso, Simona Ventura (Miss Muretto) partecipa ad uno dei primi raduni.

Above: Dante Giocosa at the convention on "The 500 phenomenon" held in Garlenda.
Below: Simona Ventura (Miss Muretto) participates in one of the first rallies.

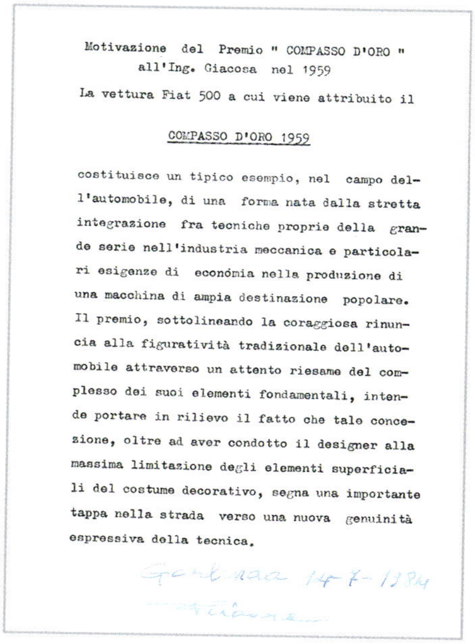

Motivazione del Premio " COMPASSO D'ORO "
all'Ing. Giacosa nel 1959

La vettura Fiat 500 a cui viene attribuito il

COMPASSO D'ORO 1959

costituisce un tipico esempio, nel campo dell'automobile, di una forma nata dalla stretta integrazione fra tecniche proprie della grande serie nell'industria meccanica e particolari esigenze di económia nella produzione di una macchina di ampia destinazione popolare.
Il premio, sottolineando la coraggiosa rinuncia alla figuratività tradizionale dell'automobile attraverso un attento riesame del complesso dei suoi elementi fondamentali, intende portare in rilievo il fatto che tale concezione, oltre ad aver condotto il designer alla massima limitazione degli elementi superficiali del costume decorativo, segna una importante tappa nella strada verso una nuova genuinità espressiva della tecnica.

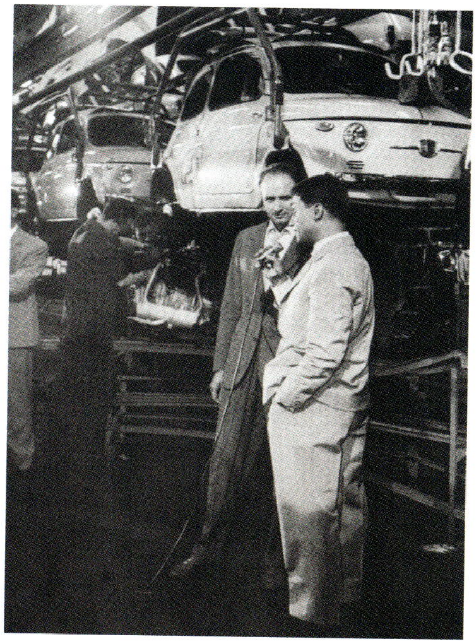

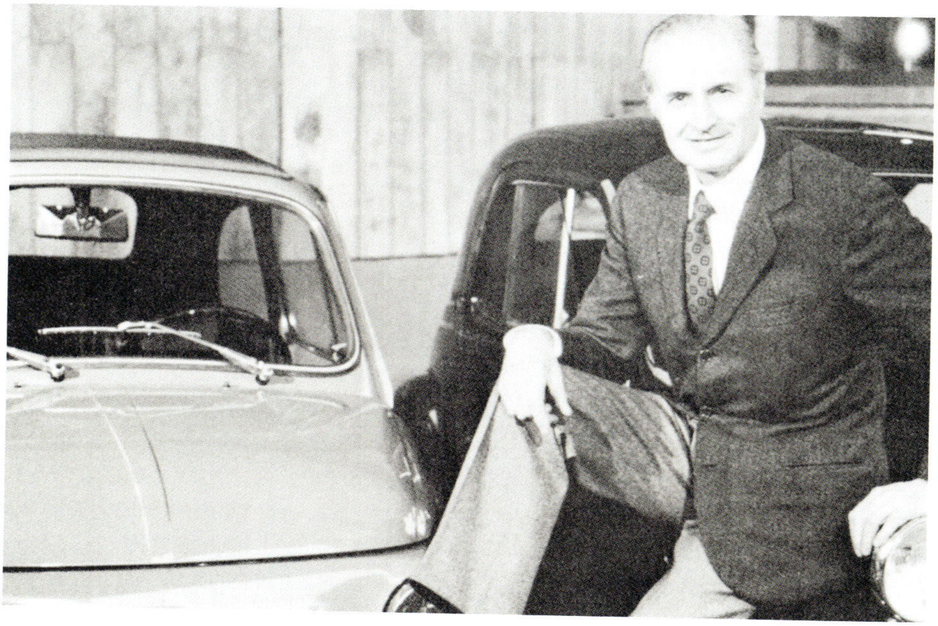

In alto, la motivazione autografata del premio "Compasso d'Oro" e Giacosa alla catena di montaggio.
In basso, Giacosa con le sue due creature più famose: la 500 e la Topolino.

Above: the autographed motivation of the "Golden Compass" award and Giacosa at the assembly line.
Below: Giacosa with his two most famous creatures: the 500 and the Topolino.

delle sue creature. **Giunto alla manifestazione di Garlenda, con entusiasmo autografa la motivazione del premio "Compasso d'oro".**
A proposito dell'incontro con Dante Giacosa, Domenico Romano su "4piccoleruote" scrive: «*All'inizio fu molto sorpreso dell'iniziativa, ma, appena gli ebbi spiegato il legame particolare che, secondo me, legava Garlenda alla 500, ci diede, con grande signorilità, fiducia promettendo la sua presenza all'avvenimento. Io non immaginavo, e forse non lo immaginava neanche Giacosa, che quello sarebbe stato il primo di innumerevoli raduni in tutto il mondo che avevano come protagonista la sua vettura... Io ero allora lontano dal pensare che la piccola grande auto sarebbe diventata un mito e che il mio Comune sarebbe stato conosciuto in tutto il mondo come il "Paese della 500". Non era nemmeno prevedibile che a trent'anni dall'uscita di produzione ce ne sarebbero stati ancora in circolazione oltre mezzo milione di esemplari, perfettamente conservati e felicemente circolanti per le strade del mondo. Per Garlenda era un grande onore avere ospite il progettista della Fiat e il piccolo paese (380 residenti in quegli anni) di cui ero sindaco fece del suo meglio per essere all'altezza della situazione. [...] Giacosa e la gentile signora Laura diedero il via alle vetture partecipanti per la sfilata lungo le strade della Val Lerrone. Furono due giorni pieni ed entusiasmanti! L'ingegnere, al momento della partenza, commosso per l'accoglienza riservatagli, volle regalarmi, autografandolo, il suo libro "40 anni di progettazione alla Fiat". [...] Da allora la storia di Garlenda e della 500 sono indissolubilmente*

accepts to be present at the first meeting dedicated to "his creatures". **Once arrived at the event in Garlenda, he willingly autographs the motivation for the "Compasso d'Oro" (Golden Compass) award.**
Domenico Romano writes on "4piccoleruopte" on his meeting with Dante Giacosa: "*At the beginning he was very bemused by the initiative, but as soon as I explained to him the special bond that I felt tied Garlenda and the 500, with great elegance, he offered us his help and assured that he would be present at the event. I did not imagine at the time and probably Giacosa did not imagine either, that this was to become the first of many meetings worldwide of which his car would be the protagonist ... I was at the time very far from imagining that this big little car was going to become an icon and that my Municipality would be known worldwide as the 'Village of the 500'. It was also not foreseeable that thirty years after going out of production there would still be over half a million cars perfectly preserved and happily circulating on the roads worldwide. For Garlenda it was a great honour to have the Fiat design engineer as its guest and the small village (380 inhabitants at the time) of which I was the mayor did its best to be up to the circumstances. [...] Giacosa and the kind Laura gave the starting signal to the vehicles taking part in the parade along the roads of the Lerrone Valley. Those were two intense and exciting days! Upon leaving, the 'Engineer' - touched by the welcome he had been given - gave me his book '40 anni di progettazione Fiat' (40 years of design with Fiat) as a present and autographed it .[...] The history of Garlenda and the 500 have been tied to Dante Giacosa with an indissoluble bond ever since and the memory of his*

legate a Dante Giacosa ed in tutti noi resterà sempre vivo il ricordo della sua gentilezza, del suo sorriso e della gratitudine che ci manifestava per l'attenzione dedicata ad una delle sue creature. Sono sicuro che l'incoraggiamento dell'Ingegnere è stato decisivo per arrivare agli attuali traguardi e il suo ricordo ci sarà di sprone sulla strada di ulteriori successi per il nostro sodalizio.»

Il nocciolo duro dei partecipanti è costituito dagli abitanti di Garlenda e dei paesi vicini. Il raduno viene aperto dalla sfilata della Brigata motorizzata Cremona di Torino, guidata dal colonnello Giovanni Cappato. Al meeting si aggregano anche due giovani turisti olandesi in vacanza ad Alassio, Ronald e Annelies Hoeven.

I due vengono molto festeggiati da tutti i partecipanti e dai garlendesi. La loro presenza, anche se casuale, risulta molto importante.

I cinquecentisti locali, infatti, apprendono in questa circostanza che **in Olanda è attiva già dal 1980 una associazione denominata "De Club Van 500"** che conta oltre 1000 soci, pubblica una rivista e organizza ogni anno un raduno. Affascinati dai racconti dei raduni olandesi, alcuni garlendesi decidono di partecipare a quello in programma per il settembre successivo a Geleen.

Nel corso del viaggio Domenico Romano e Giuseppe Nespolo discutono sulla possibilità di costituire un Club a Garlenda e provano a fare l'elenco dei possibili futuri soci.

Al ritorno dai Paesi Bassi si pongono così le basi per dar vita al Club, poi battezzato "Amici della 500".

kindness, his smile and the gratitude that he showed for the attention dedicated to one of his creatures will always stay with us. I am sure that the encouragement given by the 'Engineer'" was decisive in attaining our present goals and his memory will motivate our association towards further successes."

The hard core of the participants is constituted by the inhabitants of Garlenda and of nearby towns.

The meeting is opened by the parade of the Mechanized Brigade "Cremona" of Turin, lead by Colonel Giovanni Cappato. Two young Dutch tourists, Ronald and Annelies Hoeven, spending their holidays in Alassio, join the meeting.

The two of them are given a hearty welcome by all the participants and by the inhabitants of Garlenda. Their presence - although fortuitous - turns out to be very important.

Local Fiat 500 fans, in fact, learn on this occasion, that **in Holland an association called "De Club van 500" - counting over 1,000 members - has been active since 1980**. It also publishes a magazine and organizes a yearly rally. Fascinated by the stories of the Dutch meetings, some villagers decide to take part in the one scheduled for the following September in Geleen.

During the trip, Domenico Romano and Giuseppe Nespolo discuss the possibility to create a Club based in Garlenda and try to draw a list of possible future members.

After their return from the journey to Holland the foundations are laid to give birth to the Club "Amici della 500" (Friends of the 500).

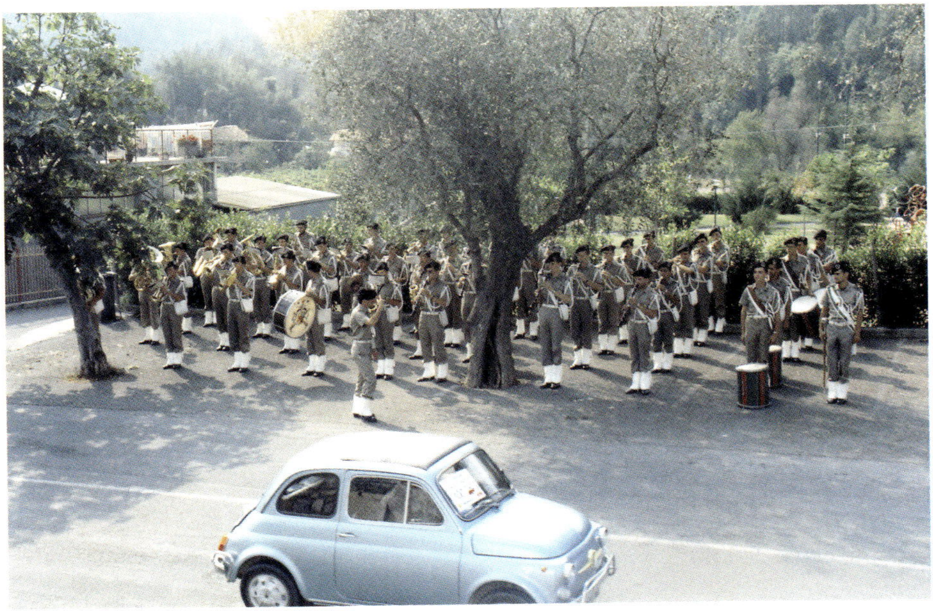

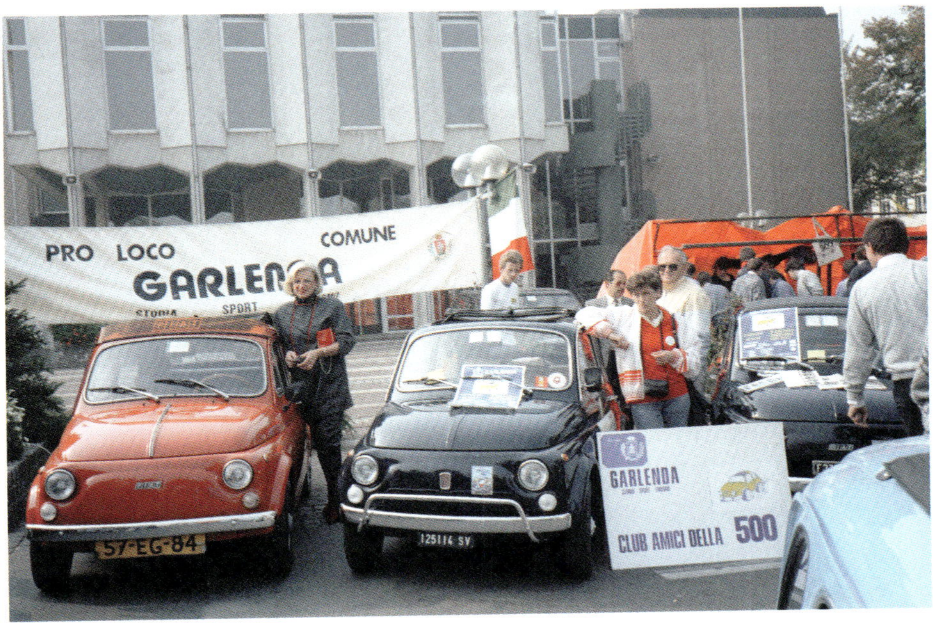

In alto, la 500 passa in rassegna la Brigata Motorizzata "Cremona".
In basso, le auto degli "Amici della 500" sulla piazza di Geleen (Olanda).

Above: the 500 inspects the Motorized Brigade Cremona.
Below: the cars of the "Amici della 500" on the square of Geleen (Holland).

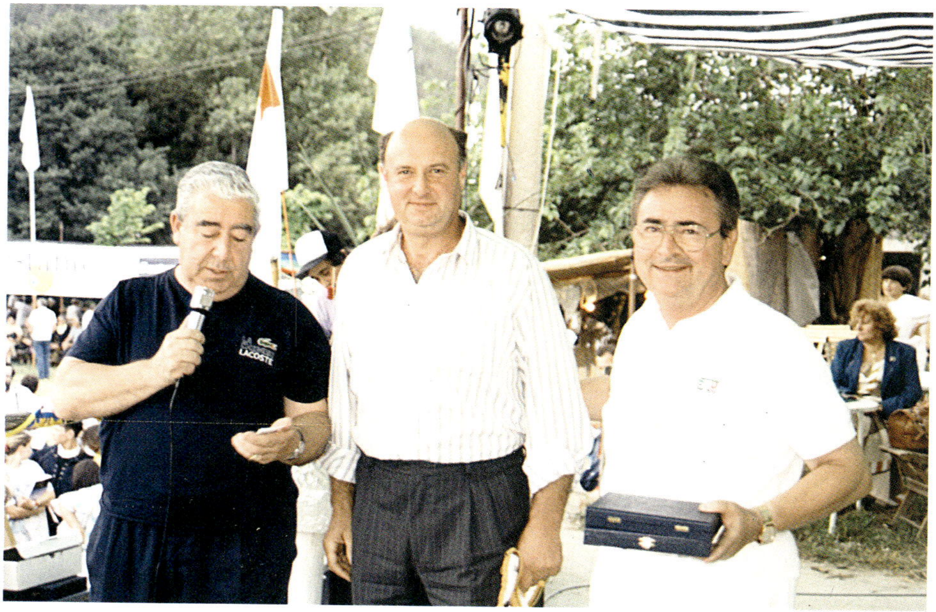

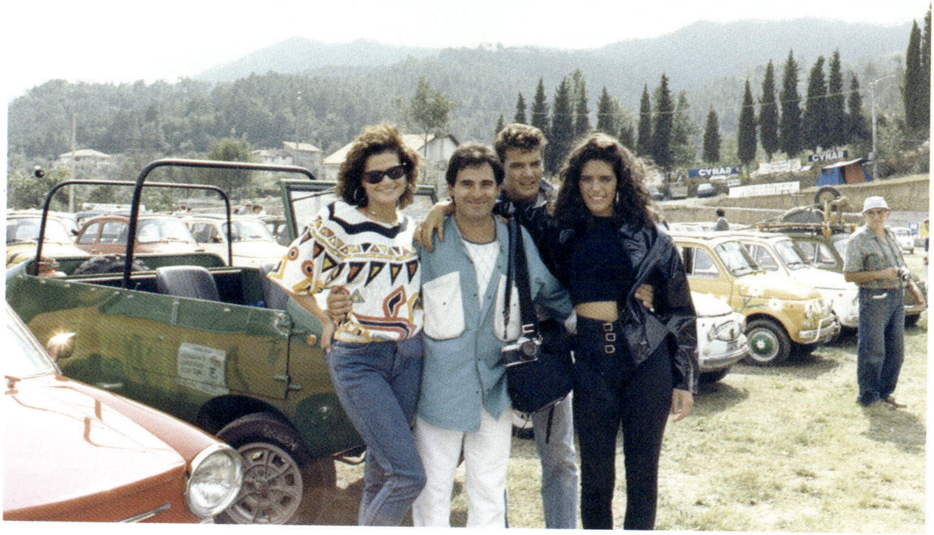

In alto, da sinistra Mario Ferrando, Giancarlo Tassistro e Gian Paolo De Capitani.
In basso, Bruno Convertino ritratto con i personaggi dello spettacolo ospiti del Meeting.

Above from left: Mario Ferrando, Giancarlo Tassistro and Gian Paolo De Capitani.
Below: Bruno Convertino depicted with the show business personalities guests of the meeting.

1985

La seconda edizione del raduno punta ad avere le caratteristiche di un evento nazionale e di conseguenza vengono fatte le cose in grande. **Nell'ambito del raduno si organizza anche un importante convegno dedicato soprattutto allo studio dei risvolti sociali del "fenomeno 500" con una relazione del giornalista Stefano Pezzini.** Nel corso della tavola rotonda si ribadisce l'immagine di una macchina che, come la mitica Ford modello T per gli Usa, ha portato una rivoluzione nel costume e nello stile di vita di un popolo. Nella relazione si legge:

Che sia una "bella" macchina non lo si può proprio dire. E non era "bella", nel senso estetico del termine, nemmeno in gioventù. Però piaceva e piace ancora. Un po' come quelle donne che avvenenti non sono, ma che emanano un fascino particolare, un "quid" che nessuna logica riesce a spiegare. Un destino che, in campo automobilistico, accomuna la "Fiat 500" ad altre brutte diventate mito: il "Maggiolino" Volkswagen, la "2 Cavalli" (e in parte anche la Dyane) della Citroën, la "Modello T" della Ford. Modelli che hanno fatto non solo la storia dell'auto ma anche, verrebbe da dire soprattutto, la storia del costume. Una vera rivoluzione industriale e culturale. Dalle biciclette e i cavalli alle traballanti quattro ruote, dalla distanza misurata in giorni a quella misurata in ore. Che sia questo il progresso non è dato sapere, ma certamente ci assomiglia. E gli italiani devono dire grazie alla matita di Dante Giacosa che ha disegnato la simpatica vetturetta capace di far cambiare

1985

The second edition of the meeting aims at being a national event, therefore things are done on a big scale. **Within the context of the meeting an important convention is held, dedicated mainly to the study of the social consequences of the "500 phenomenon" with a report by the journalist Stefano Pezzini.** The round table confirms the image of a car that - like the legendary Ford T model in the US - brought about a revolution in the customs and the lifestyle of a whole nation. The report states:

One cannot say that it is a "beautiful" car. And it was not "beautiful" - in the aesthetic sense - even during its youth. But people used to like it and they still do. A bit like those women who are not beautiful but who have that special charm, that "something" that reason cannot explain. A destiny that - in the automotive world - the "Fiat 500" has in common with other unattractive cars that have become icons: the Volkswagen "Beetle", the Citroën "2CV" (and, to a certain extent, also the Dyane), the Ford "T Model". These are models that have not merely written the history of cars but also - one would say especially - the history of customs. A true industrial as well as a cultural revolution. From bicycles and horses to jolting four wheels, from distance calculated in days to that calculated in hours. One does not know for sure whether this is actually progress, but it certainly resembles it. The Italians must thank the pencil of Dante Giacosa who designed the cute little car capable of bringing about the transformation of the Italian landscape with the building of roads, motorways, petrol stations, motorway restaurants. An all-Italian

il paesaggio italiano con la costruzione di strade, autostrade, distributori, autogrill. Una "on the road" tutta italiana, anche se il "costa a costa" da Miami a Los Angeles è un'altra cosa. Da noi, da Pontremoli a Gabicce, una volta passato l'Appennino, è tutta discesa. [...] Piaceva agli addetti ai lavori e piaceva anche agli italiani. E non solo per il prezzo abbordabile. Non si spiegherebbe, altrimenti, il successo che la "500" ha avuto negli anni seguenti la sua uscita di produzione. Probabilmente critica e pubblico si sono trovati d'accordo (stranamente) su un punto: non era una macchina di prestigio, ma un oggetto funzionale, un'auto che ha un ruolo da svolgere e lo svolge indipendentemente dal ruolo sociale del suo proprietario. [...] L'uso della Fiat "500", però, non è stato univoco. A seconda del periodo e della ricchezza dell'Italia il suo ruolo è cambiato. Basta sfogliare i dépliant pubblicitari per accorgersene. «Con la "Nuova 500" la Fiat ha realizzato un ulteriore importante progresso nella piccola vettura ultrautilitaria ed economica: progresso tecnico della progettazione e della costruzione, e progresso economico-sociale dell'automobile sempre più per tutti. La "Nuova 500" è una due posti ma con comodo spazio retrostante»: parole tratte da uno stampato pubblicitario, forse il primo realizzato per la "500". Nelle foto illustrative si vede l'intera famiglia. L'uso primario è quello di prima macchina. Lo stesso dépliant specifica: per la famiglia, per il lavoro, per la campagna e, buon ultima, come seconda vettura. [...] Torniamo al dépliant che illustra l'utilizzo della "500" come seconda auto e come macchina da città. Nelle vesti di pilota,

"on the road", even if the coast-to-coast from Miami to Los Angeles remains something different. In our country from Pontremoli to Gabicce - once passed the Apennines - it is all downhill. [...] The operators liked it and so did the Italians. And not only for its affordable price. Otherwise one would not explain the success that the "500" has enjoyed in the years after going out of production. Probably the critics and the public agreed (for once) on one point: it was not a prestigious car, but a practical object, a car with a function to fulfil and that was fulfilling it independently from the social role of its owner. [...] The use of the Fiat "500" has not, however, been a singular one. Its role changed according to the time and the wealth of the country. It is enough to skim through the advertising brochures to realise this. "With the 'Nuova 500' Fiat made a further important progress in the small ultra utilitarian and economical vehicle: technical progress in its design and construction, and socio-economic progress in producing a car that has become more and more accessible to everybody. The 'Nuova 500' is a two-seater but has a comfortable rear space": these words are taken from printed publicity, maybe the first ever made for the "500". In the pictures you can see an entire family. The primary use is that of main car. The same brochure specifies: for the family, for work, for the countryside, and, lastly, as a second vehicle. [...] Let us go back to the brochure describing the use of the "500" as a second vehicle and as a city car. Women make their first appearance as drivers: a smart city lady, a cheerful peasant woman for the family version. The "500" is not merely a men's car, but it is also for those women who start to become familiar with cars. Could the recognition of rights possibly also take place through the driving of a "500"?

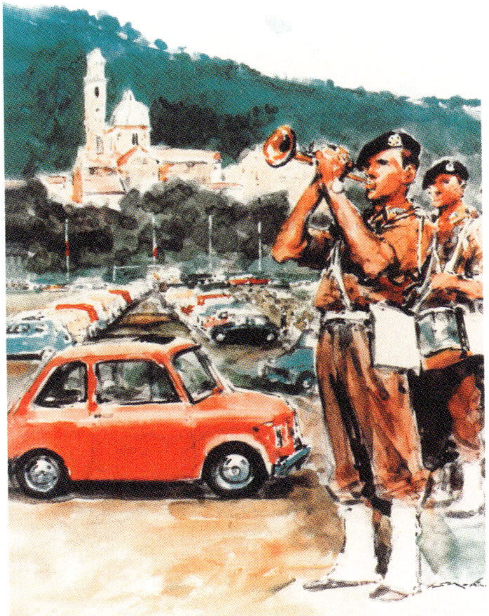

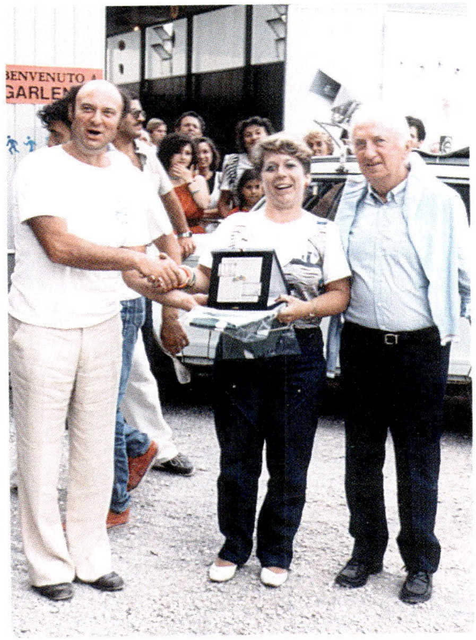

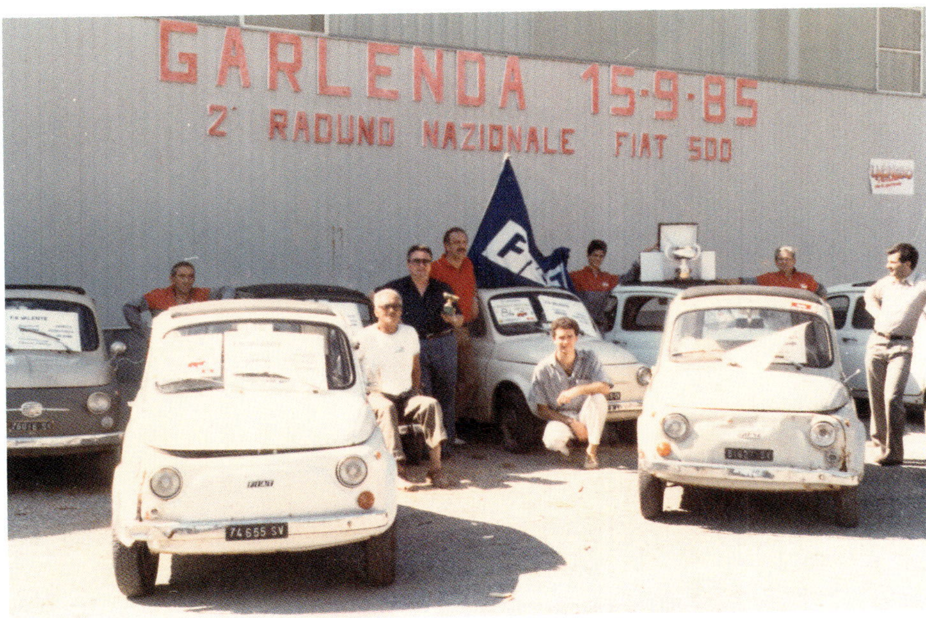

In alto, un disegno realizzato in esclusiva da Walter Molino (a destra con Franca Canova).
In basso, un gruppo di cinquecentisti locali al secondo raduno.

Above: an exclusive drawing by Walter Molino (on the right with Franca Canova).
Below: a group of local enthusiasts during the second meeting.

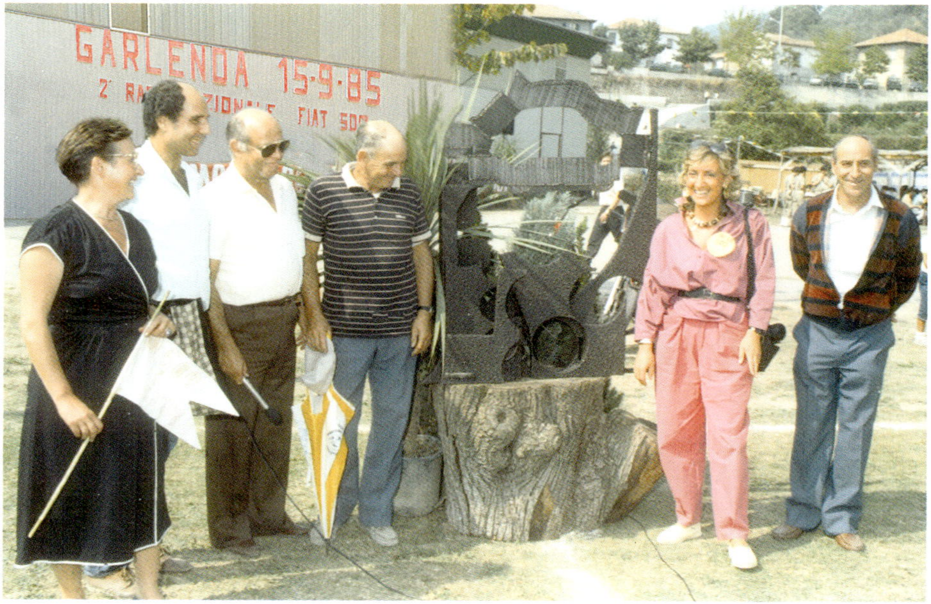

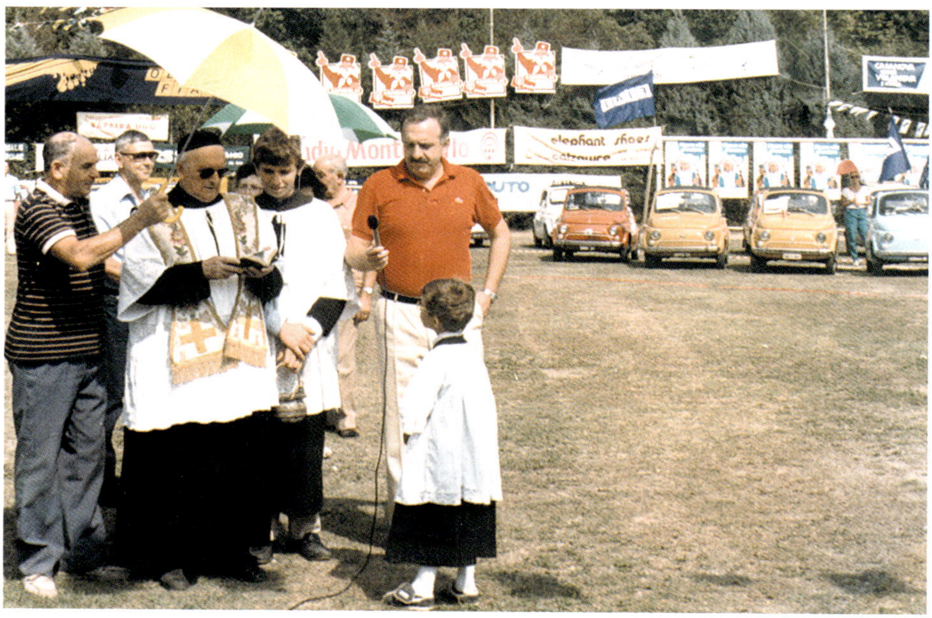

In alto, l'inaugurazione del monumento alla 500, opera di Antonio Murri.
In basso, Don Luigi Arduino benedice le auto e i partecipanti.

Above: the unveiling of the monument made by Antonio Murri and dedicated to the 500.
Below: Don Luigi Arduino blesses the cars and the participants.

elegante signora in città, allegra contadina per la versione familiare, fa per la prima volta la sua comparsa la donna. La "500" non è solo macchina per uomini, ma anche per le donne che cominciano a prendere confidenza con le auto. Che il riconoscimento dei diritti passi anche attraverso la guida di una "500"?
Nel corso del raduno viene inaugurato, primo in Italia, un monumento dedicato alla mitica 500 che, da un'idea del Comune di Garlenda e con il costante appoggio di Bruno Convertino, viene realizzato dallo scultore torinese Antonio Murri. L'opera attualmente trova collocazione nei giardini pubblici di Garlenda. Con lo slogan *"per salutare con simpatia la piccola grande auto che ha aiutato gli italiani a crescere"* giungono oltre cento equipaggi provenienti questa volta anche dalle regioni vicine. Molto festeggiati sono una signora arrivata con il figlioletto direttamente da Catania e Andrè Sassenus, antiquario, giunto da Parigi a bordo di una splendida Gamine.
Don Luigi Arduino, parroco di Garlenda per oltre 50 anni, benedice tutte le auto e gli equipaggi allineati nel campo sportivo. Nell'occasione il sacerdote ricorda di avere posseduto tre 500 e di rimpiangere ancora l'ultima, venduta ad un parrocchiano che «*dopo i miei primi cinquantamila chilometri ne ha percorso altri centomila senza mai una noia al motore*».
Scrive Luisella Re su "Stampa Sera": *Garlenda, lunedì 16 settembre 1985 - Come ci si muove in uno dei più suggestivi angoli dell'entroterra ligure, tra orti rigogliosi che fan cornice ad uno dei campi di golf più importanti d'Italia,*

In the course of the meeting a monument dedicated to the legendary 500 is unveiled. It is realized by the sculptor from Turin Antonio Murri following an idea of the Municipality of Garlenda and with the continuous encouragement of Bruno Convertino. The work is currently found in the park of Garlenda. With the slogan *"to greet with enthusiasm the big little car that has helped the Italians grow"* over a hundred teams arrive, including some from nearby regions. A warm welcome is given to a lady and her son coming directly from Catania and to André Sassenus, antique dealer, arrived from Paris in a stunning Gamine.
Don Luigi Arduino, parish priest of Garlenda for over 50 years, blesses all the cars and the teams lined up on the sports ground. On this occasion, the priest reminds that he has owned three 500s and still misses his last one - sold to a parishioner – that, *"after my first fifty thousand kilometres drove a further one hundred thousand without any trouble with the engine, ever"*.
Luisella Re writes on "Stampa Sera": *Garlenda, Monday 16th September 1985 – How do you get around one of the most striking spots of the Ligurian hinterland, among luxuriant vegetable gardens being the setting to one of Italy's most prestigious golf courses, surrounded by meadows and woods regenerated under the soft September sun? The Municipality and the Pro Loco have decided that it must be by runabout: that is why yesterday, for the entire day, the Lerrone Valley and surrounding areas have gathered at the* ***second "Raduno Nazionale Fiat 500" (Fiat 500 National Meeting), officially***

in mezzo a prati e boschi ringiovaniti dal morbido sole di settembre? Naturalmente *in superutilitaria, hanno deciso* Comune *e* Pro Loco*: ed ecco, per tutta la giornata di ieri, la valle* Lerrone *e i suoi dintorni raccolti intorno al* **secondo "Raduno Nazionale Fiat 500", ufficialmente programmato per "salutare, con simpatia, la piccola grande auto cui va la gratitudine di milioni di italiani"**.[...] *Posti dove piace girare senza fretta e risparmiando il giusto, curiosando dappertutto.* Come *hanno fatto ieri le oltre* 150 *"500" confluite qui per il raduno, tutte quante ispirate al nuovo modello che a partire dal* 1957 (465 *mila lire il suo prezzo, erede della indimenticabile* Topolino *dell'*Italia *autarchica) riuscì attraverso poco meno di due decenni, a mettere "su ruote" la maggior parte degli italiani.* [...] E *in più, un'atmosfera del tipo che davvero meriterebbe una delle celebri copertine di* Walter Molino. In *primo piano i sorrisi della gente al volante, per la maggior parte cresciuta da queste parti "dove la* 500 *è un piccolo mezzo indispensabile per girare nelle stradine strette e portare avanti gli impegni quotidiani".* [...] Le *maestre* Maria Rosa *e* Franca, *stipate nella loro utilitaria tra grappoli di scolaretti in grembiule nero e infiocchettati anche loro come il cofano.* [...] *Ridacchiava* Sandra Milo, *più voluttuosa e convincente che mai: «Secondo me la "500" è uno dei capolavori dell'arte italiana.* Come *la* Gioconda. Nel *suo bagaglio c'è equilibrio, armonia funzionale, arte di arrangiarsi.* Potessi, *me la metterei in casa come soprammobile».*

Uno dei partecipanti, Elio Maroadi, bergamasco che vive e lavora in Svizzera,

organized to "greet with enthusiasm the big little car deserving the gratitude of millions of Italians".[...] *These are places where people enjoy getting around without any hurry and saving what is right, wandering everywhere. Like yesterday did the over* 150 *"500s" gathered here for the meeting, all inspired to the new model that since* 1957 *(sold at* 465 *thousand Italian liras and being the successor of the unforgettable* Topolino, *the car of Italy's independence) managed in less than two decades to put most Italians "on wheels".* [...] *Moreover, an atmosphere deserving one of the famous covers by* Walter Molino. *In the foreground, the smiles of drivers, mostly people grown up in the area "where the* 500 *is a runabout essential to drive along the narrow roads and carry out the daily work".* [...] *The schoolteachers* Maria Rosa *and* Franca, *packed into their runabout surrounded by clusters of schoolchildren dressed in their black aprons and beribboned just like the bonnet.* [...] *Sandra Milo was giggling, as sensual and convincing as ever: "In my opinion the '500' is one of the masterpieces of Italian art. Just like the* Mona Lisa. *In its background one finds balance, functional harmony, the ability to manage. If I could, I would keep one at home as an ornament".*

One of the participants, Elio Maroadi, a native of Bergamo living and working in Switzerland – he has been present to the meeting ever since and is the organizer of the first European Tour- declares: "*My inseparable 500 is white, red and green and it represents the memory of my homeland* ". Elio is immediately nicknamed "Elio Fiat", also given to the fact that his car, besides being of said colours, is equipped with a fridge-bar, TV, white leather

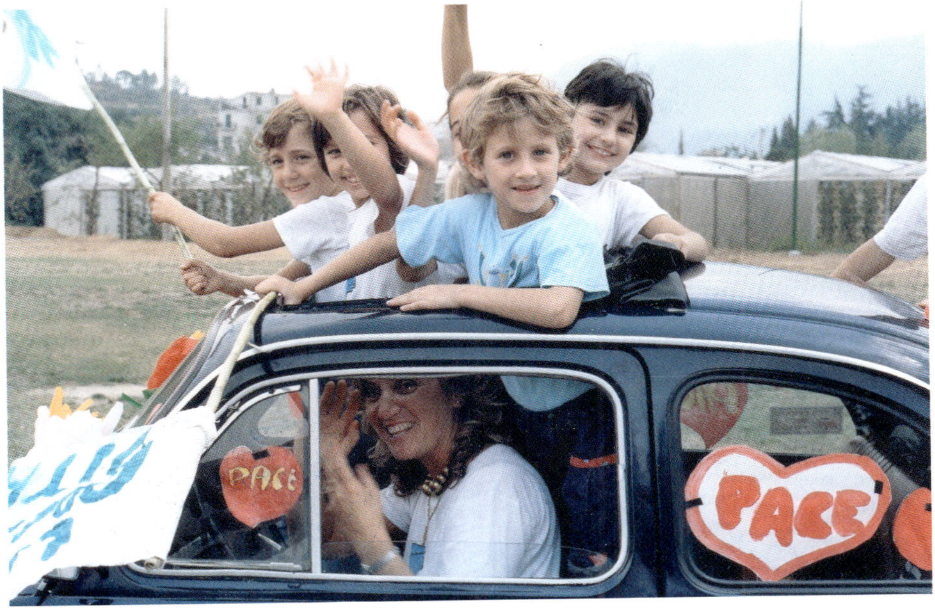

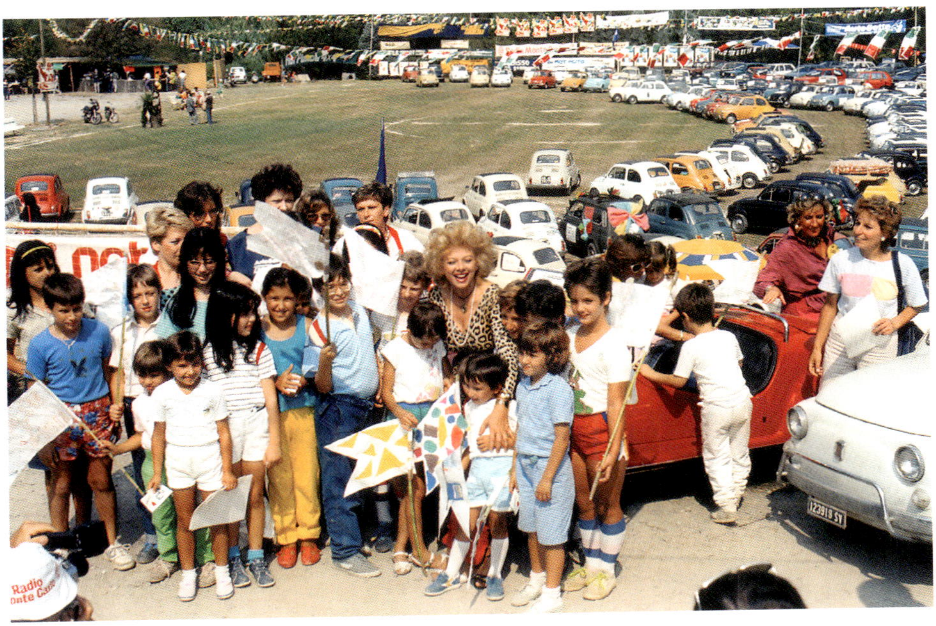

In alto, un primo piano della 500 "scuolabus" con la maestra Franca.
In basso, i bambini delle scuole al terzo raduno.

Above: a close-up of the "school bus" 500 with the teacher Franca.
Below: the schoolchildren during the third meeting.

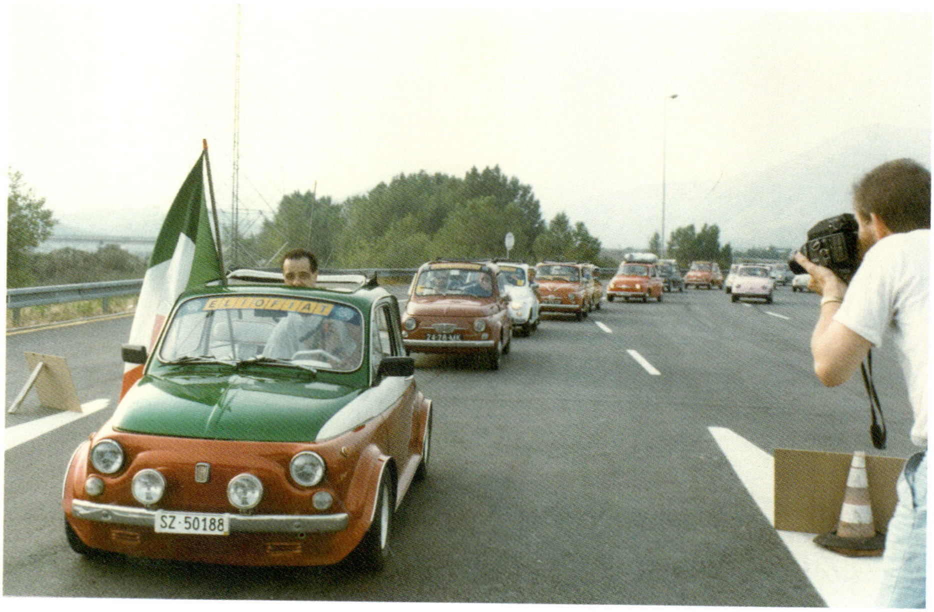

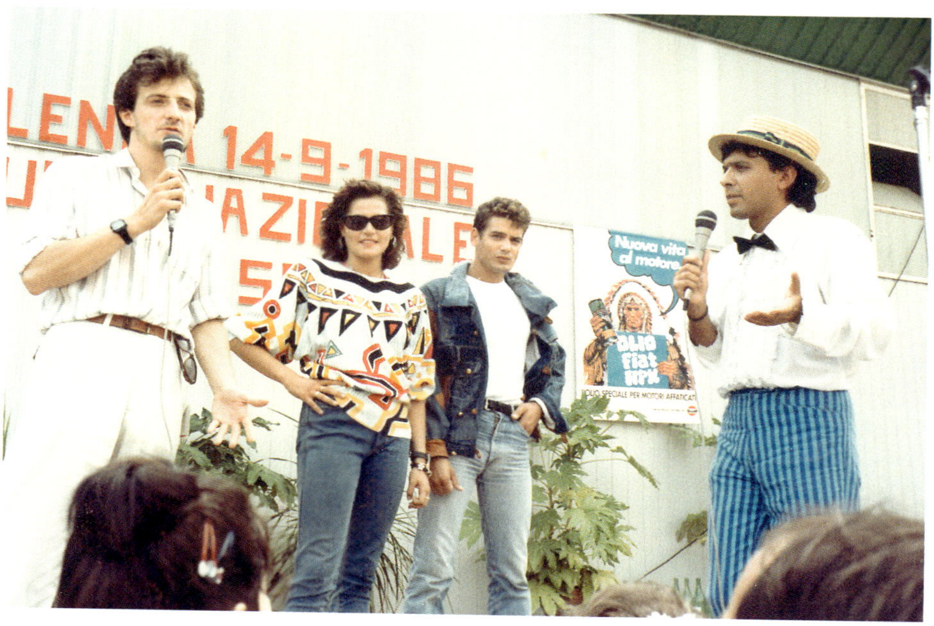

In alto, Elio Maroadi con la bandiera italiana sulla sua 500 tricolore.
In basso, Piero Chiambretti e Simona Ventura sul palco del terzo raduno.

Above: Elio Maroadi with the Italian flag on his three coloured 500.
Below: Piero Chiambretti and Simona Ventura on the stage during the third meeting.

da allora sempre presente al meeting e organizzatore del primo Tour Europa, dichiara: «*La mia inseparabile* 500 *è di colore bianco, rosso e verde e per me rappresenta il ricordo della mia patria*». Il simpatico Elio viene immediatamente soprannominato "Elio Fiat", grazie anche al fatto che la sua macchina, oltre ad avere i colori sopra citati, è dotata di frigobar, televisore, sedili in pelle bianca e volante a cloche di tipo aeronautico. Elio afferma ancora con sicurezza: ***«Per un cinquecentista è necessario, almeno una volta nella vita, giungere a Garlenda».***

1986

Al terzo raduno, sempre organizzato dal Comune e dalla Pro Loco con la collaborazione degli "Amici della 500", sono presenti Piero Chiambretti, Simona Ventura (Miss Muretto 1986) ed altri personaggi dello spettacolo; **il numero dei partecipanti giunge a circa 300.** Lorenzo Bortolin sulla rivista "Illustrato Fiat" scrive: «*Il grande successo dell'intramontabile*». Le scuole di Garlenda partecipano con entusiasmo ed i bambini sul palco si esibiscono con canzoni inneggianti all'amicizia tra i popoli. La piccola carovana multicolore fa tappa al celebre "Muretto" di Alassio. Pier Paolo Cervone, "La Stampa":

Garlenda, martedì 16 settembre 1986 - La chiesa, il campanile e là sotto, sul prato, tante care, vecchie "500". Erano 291 in tutto. Arrivate da un po' tutte le parti dell'Italia settentrionale, con le targhe delle province liguri a farla ovviamente da padrone. Distribuiti tanti premi e tanti applausi, durante quel corteo

seats and a control column like those found on aircrafts. Elio also states with conviction: "***Any 500 enthusiast ought to come to Garlenda, at least once in a lifetime***".

1986

At the third meeting - also organized by the Municipality and the Pro Loco with the assistance of the "Amici della 500" - are present Piero Chiambretti, Simona Ventura (1986 Miss Muretto) and other show business personalities. **The number of participants reaches about 300.** Lorenzo Bortolin writes on the magazine "Illustrato Fiat": "*The great success of the everlasting one*". The schools of Garlenda participate with enthusiasm and the children perform on the stage with songs in praise of the friendship among peoples. The little multicoloured convoy makes a stop by the famous "Muretto" in Alassio. Pier Paolo Cervone writes on "La Stampa":

Garlenda, Tuesday 16th September 1986 – The church, the bell tower and down there, on the meadow, many dear old "500s". There were 291 of them altogether. Arrived from all around Northern Italy, the plates of the Ligurian provinces were prevailing, of course. Many prizes and applauses were given during that never ending parade that took the little runabouts to Villanova, Albenga, Alassio and back. Garlenda lived "its own" feast with enthusiasm, emotion and pride: the entire village (600 souls) was there on the sports ground. The mayor, the vice-mayor, the town councillor, the councillors, the butcher, the delicatessen seller and the baker: they

interminabile che ha portato le piccole utilitarie a Villanova, Albenga, Alassio e ritorno. Garlenda ha vissuto la "sua" festa con trasporto, commozione, orgoglio: c'era tutto il paese (600 anime) al campo sportivo. Il sindaco, il vice, gli assessori, i consiglieri, il macellaio, il salumiere e il panettiere. Tutti hanno dato una mano. C'era anche la sagra e la sera l'orchestra ha suonato sino alle ore piccole. Solo i giocatori di golf hanno snobbato il raduno: arrivando a Garlenda, all'imbocco della Val Lerrone, loro continuavano imperterriti ad imbucare le palline in quello splendido impianto che altre località più turistiche vorrebbero avere. Erano 291 e ognuna di quelle "500" aveva una sua storia. Antonio Perrini, 80 anni di Albenga, era il guidatore più anziano. Mauro Cappato e Amelia Divizia hanno festeggiato le nozze d'oro sui sedili della macchinetta, allineata con le altre in mezzo al prato. Molti si sono sbizzarriti: sui cofani anteriori sono spuntate gabbie di uccelli, fiocchi colorati, slogan, baffi, occhi e orecchie da topolino. Gennaro Carmelo Conti, di Pietra Ligure, ha infilato una grossa chiave sulla portiera del vano motore. Sotto il titolo "Il lieto evento" è spuntata sul tetto di un'altra "500" una automobilina rossa, di plastica, prototipo delle vetture più moderne dei giorni nostri. È vero come diceva il cartello: «Di belle come noi la Fiat non ne fa più». Da quel giorno, quando il primo esemplare uscì dai cancelli della Fiat, sono passati 29 anni. Franca Chiesa, di Varese, ha immatricolato la sua "500" appena due anni dopo.

Lorenzo Bortolin, "Illustrato Fiat":

[...] la 500 è «il primo amore che non si

all gave a helping hand. A town festival was held at the same time and in the evening the band played until the small hours. Only the golfers snubbed the meeting: arriving to Garlenda - entering the Lerrone Valley - one could see them holing out the balls –unperturbed - on that magnificent golf course so envied by other tourist resorts. There were 291 "500s", each one with its own history. Antonio Perrini from Albenga, aged 80, was the oldest driver. Mauro Cappato and Aurelia Divizia have celebrated their golden wedding at the wheel of their runabout, lined up with the others on the meadow. Many have indulged in their fancies: bird cages, colourful ribbons, slogans, moustaches, Mickey Mouse eyes and ears have all appeared on the front bonnet. Gennaro Carmelo Conti, from Pietra Ligure, put a big key on the bonnet of the engine bay. With the title "The happy event" a red plastic toy car - a prototype of today's modern cars - has appeared on the roof of another "500".

The sign was telling the truth: "Fiat does not make any more cars as beautiful as we are". Twenty-nine years have gone by since the first "500" came out of the gates of the Fiat factory. Franca Chiesa, from Varese, registered her car just two years later.

Lorenzo Bortolin writes on "Illustrato Fiat":

[...] the 500 is "the never forgotten first love", just like a real person. It is the case for Antonio Gambino, owner of the "most faithful 500": he has owned it since 1962 and this won him one of the 15 prizes awarded to those "plus" cars taking part in the meeting. [...] And just like a person, also the 500 can be pleasant, dashing, frivolous, sexy, elegant, old. [...] There is also the Genoese Adolfo Loddo who owns the "most dashing 500": the engine –not a production one, of course –

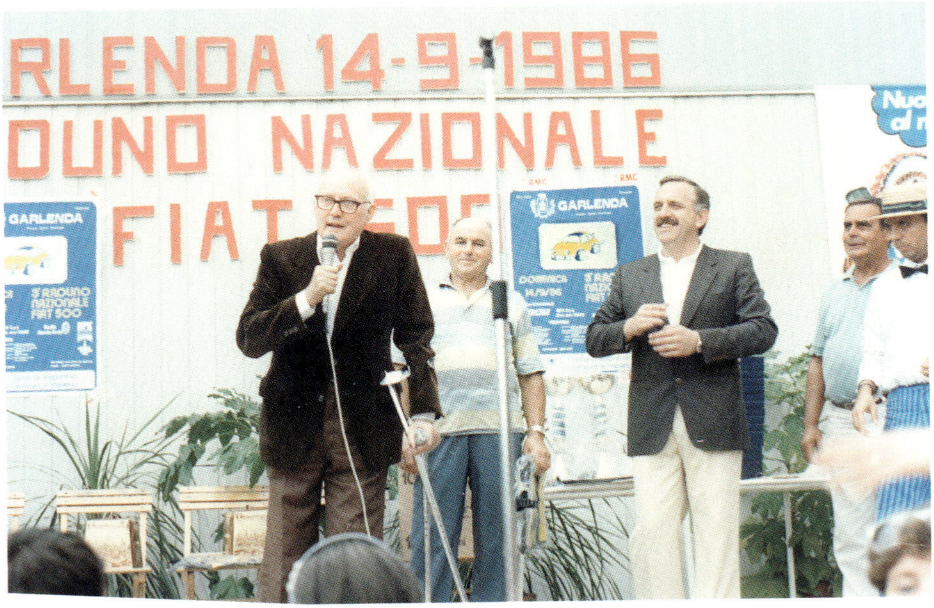

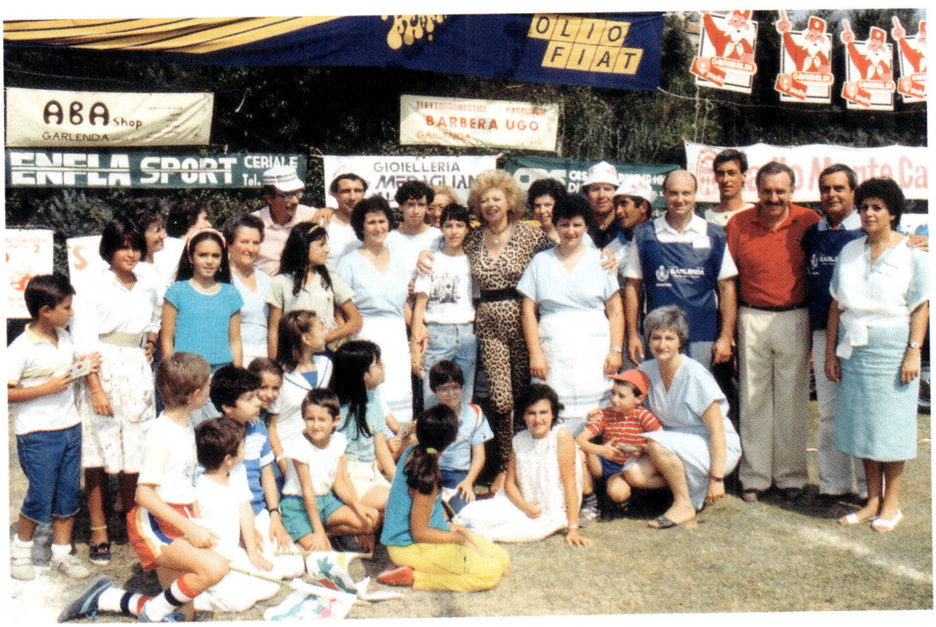

In alto, lo sportivo garlendese Martino Simone, uno dei principali promotori del raduno.
In basso, Pro Loco Garlenda: foto di gruppo con Sandra Milo.

Above: the sportsman from Garlenda Martino Simone, one of the promoters of the meeting.
Below: Pro Loco Garlenda: group photograph with Sandra Milo.

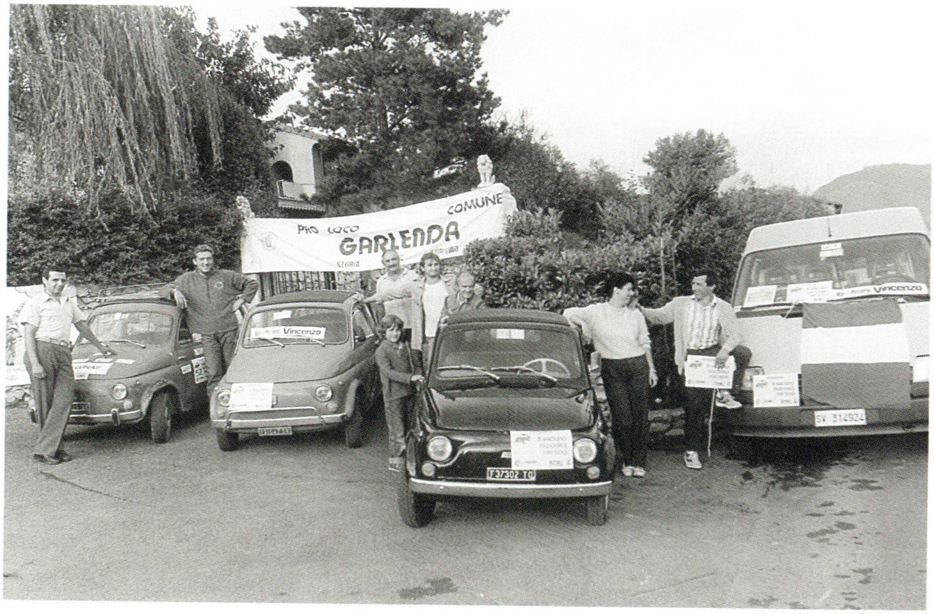

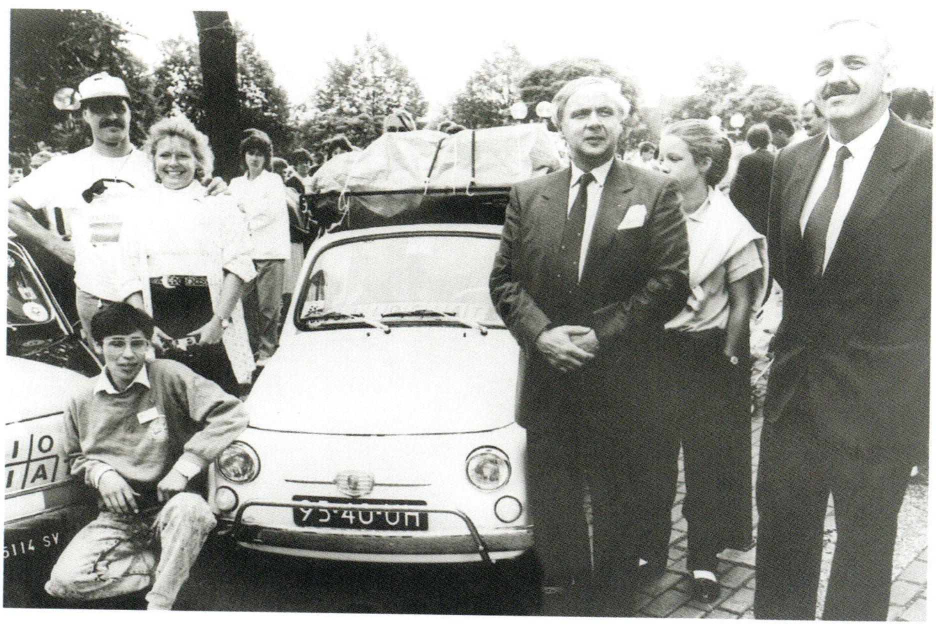

Tour Europa 1987: in alto, le auto pronte per la partenza dall'Italia.
In basso, la partenza da Geleen alla presenza dei sindaci di Garlenda e della cittadina olandese.

1987 European Tour. Above: the cars in Italy, ready to start.
Below: the departure from Geleen in the presence of the mayors of Garlenda and of the Dutch town.

scorda mai», come fosse una persona. È il caso di Antonio Gambino che ha la "500 più fedele": ne è proprietario dal 1962 e per questo ha vinto uno dei primi 15 premi assegnati alle vetture "più" partecipanti al raduno. [...] E proprio come le persone, anche la Fiat 500 può essere simpatica, grintosa, frivola, sexy, elegante, anziana. [...] c'è anche il genovese Adolfo Loddo che possiede la 500 più grintosa: il motore - ovviamente non di serie - è di 2000 cc e oltre cento cavalli. [...] «Non pensavo che intervenissero tante persone - dice Gabriele Gori, "Il più bello d'Italia" - È stata una splendida manifestazione che premia l'impegno degli organizzatori». «È stata un'iniziativa non indifferente - spiega Claudio Gagliolo assessore ai Lavori Pubblici di Garlenda e vicedirettore del raduno - Volevamo che questo incontro non fosse una delle tante sagre paesane e ci sembra di esserci riusciti. Il merito? Di tutti. Basta pensare che il nostro Comune ha meno di seicento abitanti e che in un centinaio abbiamo lavorato gratuitamente per giorni interi perché tutto funzionasse».

1987

In occasione del trentesimo anniversario dalla produzione della prima Fiat 500 si prevede un forte aumento dei partecipanti al meeting con la possibilità che il campo sportivo si riveli inadeguato. **In soli quindici giorni la Pro Loco riesce a predisporre una nuova area di oltre 15.000 mq, l'attuale Parco Villafranca.**
Ben nove le nazioni rappresentate nel primo Tour Europa.

is a 2,000 cc delivering over 100 bhp. [...] "I did not expect so many people to participate" says Gabriele Gori - Italy's 'Most Handsome Man' – It has been a great event rewarding the work of the organizers". "It has been a considerable initiative - explains Claudio Gagliolo, Public Works councillor of Garlenda and vice-director of the meeting - we did not want this meeting to be just one of the many village feasts and I think that we succeeded. Whose success is it? Everybody's. It suffices to think that our Municipality counts less than six hundred inhabitants and that a hundred of us have been working for free for days to make sure that it would all work out".

1987

On the occasion of the thirtieth anniversary of the production of the first Fiat 500 a sensible increase in the number of participants is expected, thus the possibility that the sports ground may not be big enough. **In only fifteen days the Pro Loco manages to organize a new area of over 15,000 sqm, what is now Villafranca Park.**
Nine nations are represented at the first European Tour. This exciting journey starts off in Geleen, Holland, in the presence of the local mayor and his colleague from Garlenda. The teams finally reach Italy after crossing Belgium, Holland, Germany, France and Switzerland. The tour duly ends up in Turin, the city capital of automobiles, where the participants visit the Mirafiori plant and the Automobile Museum.
With the arrival in Garlenda of the correspondents of the major Italian

L'emozionante viaggio prende il via a Geleen in Olanda, alla presenza del sindaco del luogo e del collega garlendese, e vede gli equipaggi giungere in Italia dopo aver attraversato Belgio, Olanda, Germania, Francia e Svizzera. Si conclude doverosamente a Torino, capitale dell'automobile, dove i partecipanti visitano lo stabilimento di Mirafiori e il Museo dell'Automobile.

Con l'arrivo a Garlenda dei giornalisti inviati dalle maggiori testate nazionali, e grazie ai numerosi e qualificati servizi radio e televisivi, i soci del Club aumentano sempre di più ed il raduno annuale diviene un appuntamento tradizionale ed irrinunciabile. **Il costante successo del raduno di Garlenda costituisce il lancio definitivo di una grande passione.** Il numero dei soci e delle iniziative crescono sensibilmente ed inizia a manifestarsi la necessità per il gruppo "Amici della 500" di passare dalla forma amatoriale ad una forma associativa più consona alle nuove dimensioni e all'importanza dello stesso anche in campo internazionale.

La "Repubblica" di sabato 22 gennaio 1987 dedica una pagina intera alla 500 e in un articolo di Alberto Bellucci si legge: «Garlenda può essere considerata il centro europeo e la banca dati internazionale della storia della 500, l'utilitaria che ha reso davvero popolare la motorizzazione in Italia e che festeggia oggi il trentesimo compleanno.».

Sergio Silva, su "Auto Oggi", scrive: *Garlenda, il paese delle 500. Garlenda, ottobre 1987 - Centro di seicento abitanti, tra le verdi colline che sovrastano*

newspapers and thanks to the many and qualified radio and TV reports, the number of Club members progressively increases and the annual meeting becomes a traditional appointment that is not to be missed. **The steady success of the Garlenda rally is the final launching of a great passion**. The number of members and initiatives sensibly increases and the group "Amici della 500" starts to feel the need to change from an amateur structure to an association structure, more adequate to its new size and its importance both nationally and on an international level.

"La Repubblica" on Saturday 22nd January 1987 dedicates an entire page to the 500 and in an article by Alberto Bellucci one can read: "*Garlenda can be considered to be the European centre and the international database of the history of the 500, the runabout that has brought about mass motorization in Italy and that today celebrates its thirtieth birthday.*".

Sergio Silva writing in "Auto Oggi": *Garlenda, the place of the 500. Garlenda, October 1987 – A centre of 600 inhabitants surrounded by the green hills overlooking Alassio (Savona), it has a very special honorary citizen (to whom even a monument is dedicated). This VIP is not a poet, nor a military man nor a politician, but it is a car that, even though still circulating in hundreds of thousands of units on the roads all over the world, went out of production twelve years ago: it is the Fiat "Nuova 500".*

Claudio Sabelli Fioretti writes in "Il Secolo XIX" of the 15th September 1987:

"It is out of production, but it is the most popular car". *[...] It was built until August*

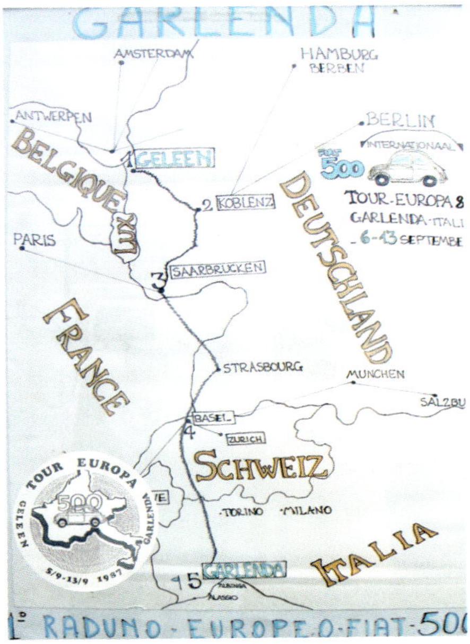

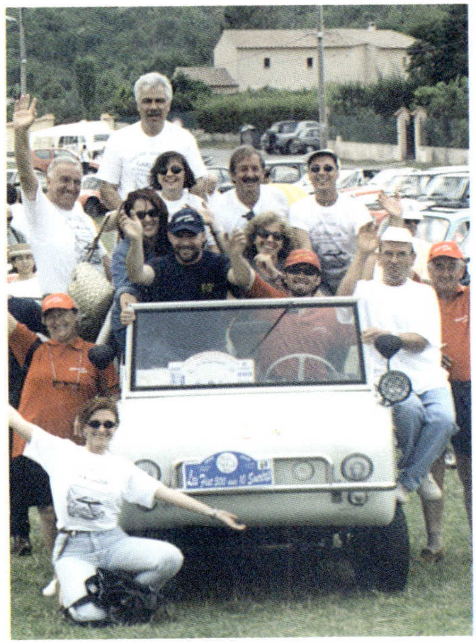

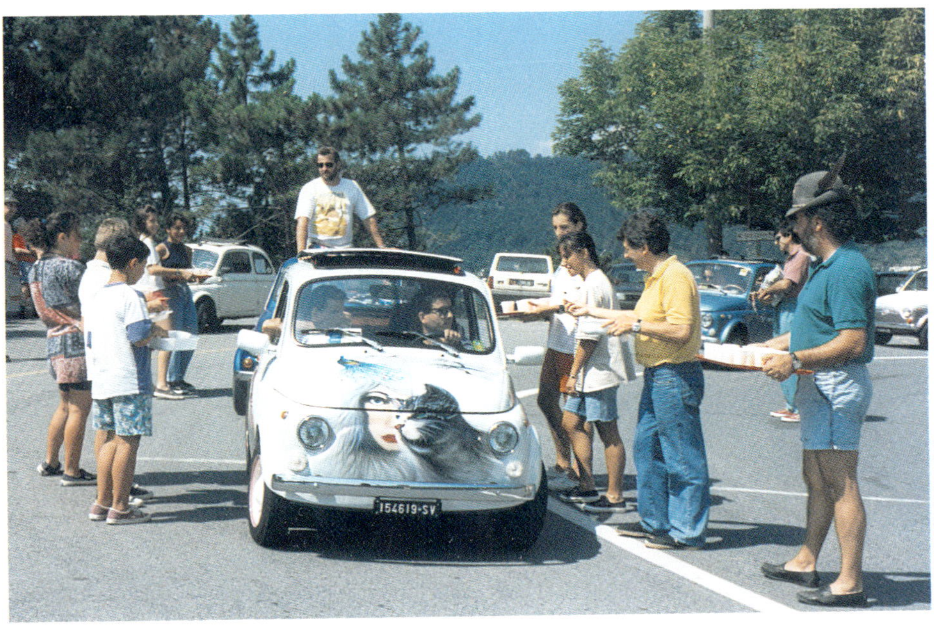

In alto da sinistra: il tracciato del primo Tour Europa, la prima trasferta dei cinquecentisti nell'entroterra della Costa Azzurra. In basso, a Vendone (SV) sosta piena di attenzioni per le vetture e gli equipaggi.

Above from left: the route of the first European Tour, the first trip of the Cinquecento enthusiasts to the hinterland of Côte d'Azur. Below: the cars and the teams receive the public's attention during their stopover in Vendone (SV).

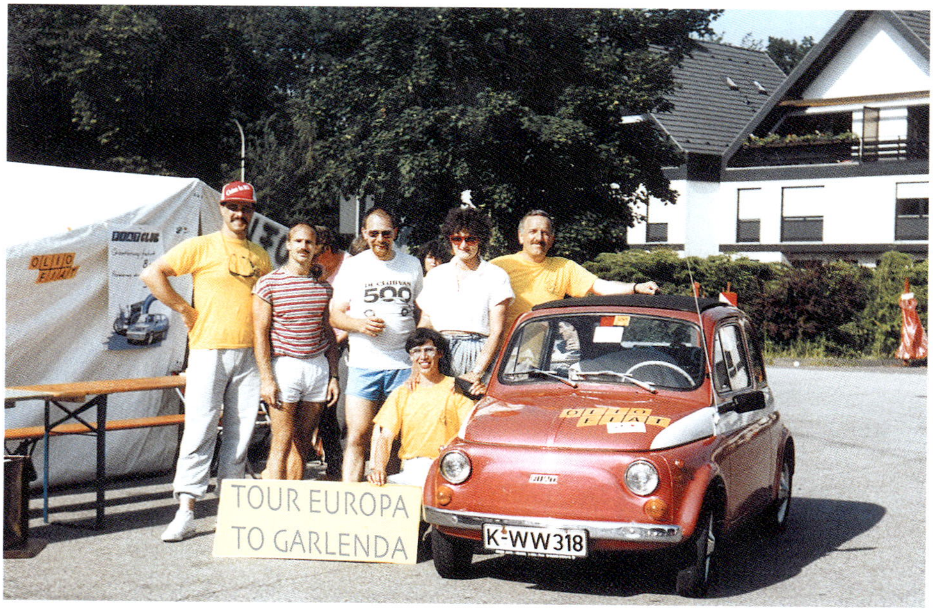

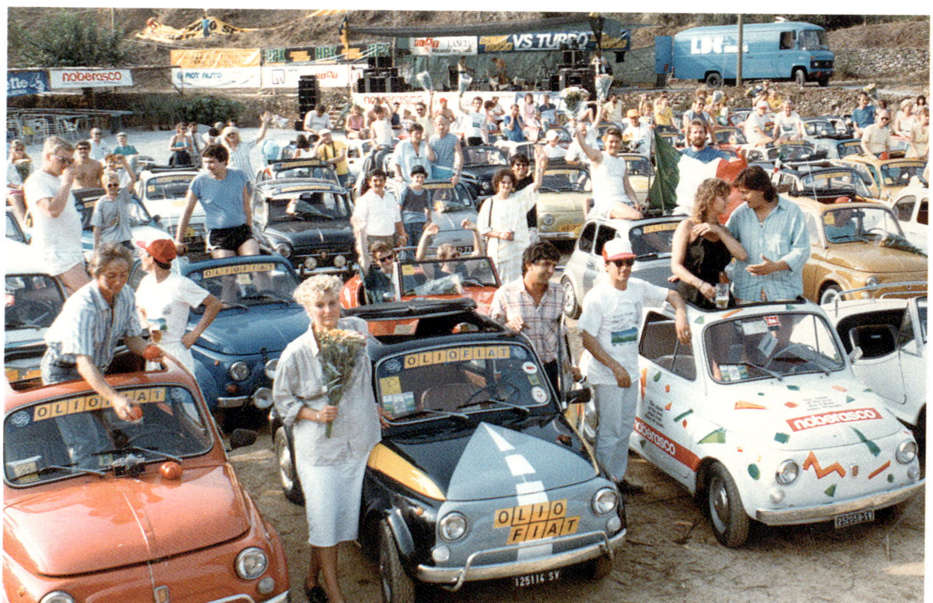

In alto, il gruppo italo-svizzero-olandese degli organizzatori del primo Tour Europa.
In basso, una bella panoramica del Parco Villafranca con le vetture partecipanti al Tour.

Above: the Italian-Swiss-Dutch group that organized the first European Tour.
Below: a nice view of Villafranca Park with the cars participating in the Tour.

Alassio (Savona), ha un cittadino onorario (a cui ha dedicato anche un monumento), un po' particolare. Questo personaggio non è un poeta, un militare o un politico, ma un'automobile che pur continuando a circolare in centinaia di migliaia di esemplari per le strade di tutto il mondo è uscita di produzione dodici anni fa: la Fiat "Nuova 500".

Claudio Sabelli Fioretti su "Il Secolo XIX" del 15 settembre 1987:

"Non la fanno più, ma è l'auto più diffusa". [...] *Prodotta fino all'agosto 1975 (ma la versione "giardiniera" fino al 1977), la Fiat 500, normale, economica, sport, "D", "F", Lusso, "R", giardiniera, nella versione cugina della Bianchina, nella versione "spinta" dell'Abarth, nelle versioni carrozzate fuoriserie di Vignale, di Moretti o di Franco Lombardi, è stata acquistata in più di 4 milioni di esemplari.* **Quando la Fiat annunciò la sua condanna a morte, nel 1975, fu inondata di lettere di protesta.** *L'Italia si era ormai abituata al piccolo brutto anatroccolo. Aveva dimenticato l'insopportabile rumore dell'abitacolo. Si era adattata ai sedili scomodi. Aveva imparato a guidare col sedere sull'asfalto e aveva fatto l'abitudine alla famosa "doppietta" per scalare le marce a causa del cambio non sincronizzato. Prima alcova per giovani in cerca di intimità (che salutarono con entusiasmo la successiva adozione dei sedili reclinabili), prima auto per famiglie abituate a trasferirsi pericolosamente in quattro su una Vespa, prima esperienza di guida per molte signore incapaci di condurre automobili ingombranti attraverso il traffico cittadino, la 500 (al contrario della proletaria 600) era un'auto interclassista. I ricchi la lasciavano come auto di riserva*

1975 (the "Giardiniera" model until 1977). The Fiat 500 – in its versions standard, "Economica", "Sport", "D", "F", "Lusso", "R", "Giardiniera" (a version similar to the Bianchina), the Abarth "supercharged" version, the custom-built body versions by Vignale, Moretti or Franco Lombardi - sold over 4 million units. **When Fiat announced its going out of production - in 1975 –they were flooded with protest letters.** *By then Italy had got used to the ugly duckling. It had forgotten the unbearable inside noise. It had grown accustomed to the uncomfortable seats. It had learnt to drive with its bum on the asphalt and it had got used to the famous "double declutching" to change down due to the non-synchronized gearbox. The 500 was the first romantic hideaway for those youngsters looking for some privacy (who happily greeted the subsequent addition of reclining seats), it was the first family car for those families used to dangerously travelling four on a Vespa, it was the first driving experience for many ladies unable to drive bulky automobiles through the city traffic. The 500 (unlike the proletarian 600) was classless. The rich used to leave it as a reserve car in their villa by the sea. The poor used to load it up to the extreme for their periodic expeditions to Rimini. The 500 affected people's habits to such an extent that it became a drug. A drug capable of causing addiction and abstinence crises. For this reason - ten years after its disappearance from the market - it remains the most popular car circulating on Italian roads.* **You can believe it: for every thirteen cars, one is a Fiat 500.** *In Rome alone there are 134 thousand of them. In the whole of Italy almost 2 million. [...] The drug of the 500 has not affected Italy alone.* **All over Europe it is not a car to be used anymore but an object to**

nella villa al mare. I poveri la caricavano fin all'inverosimile per la periodica transumanza a Rimini. La 500 incise talmente nelle abitudini della gente che diventò una droga. Una droga capace di dare assuefazione e crisi di astinenza. Per questo, a più di dieci anni dalla sua scomparsa dal mercato è ancora il modello più diffuso sulle strade italiane. ***Fateci caso: ogni tredici automobili, una è una Fiat 500.*** *Solo a Roma ne circolano 134 mila. In tutta Italia quasi 2 milioni. [...] La droga della 500 non ha colpito solo l'Italia.* ***In tutta l'Europa non è più un'auto da utilizzare, ma un oggetto da venerare e da coccolare.*** *È entrata nel modernariato. Quaranta club (in Germania, in Belgio, in Francia) raccolgono 4 mila fanatici che considerano le loro 500 più desiderabili di una Balilla Coppa d'Oro. Hanno le loro riviste e le loro manifestazioni. Da quest'anno hanno anche il loro raid, il Tour d'Europa, che parte da Geleen in Olanda e arriva a Garlenda, in Liguria. La Carovana, chiamata più avventurosamente "convoy", composta da 77 Fiat 500, è arrivata l'11 settembre a Garlenda durante i festeggiamenti del "Quarto raduno europeo della Fiat 500"[...].*

1988

Al Meeting prendono parte numerose vetture aziendali e pubblicitarie. Un fenomeno che si è ampliato negli ultimi tempi a riprova della simpatia che sa suscitare la 500.

Scrive Luciano Basso, "Il Giornale": *Le prime concorrenti sono arrivate già venerdì, dopo aver percorso migliaia di chilometri; altre sono giunte ieri e altre si presenteranno questa mattina, entro le ore 9,30,*

worship and cuddle*. It has made its entry into the modern antique world. Forty clubs (in Germany, Belgium, France) gather 4 thousand fanatics who consider their 500 more desirable than a Balilla Coppa d'Oro. They have their own magazines and events, and, from this year, also their rally - the European Tour - starting from Geleen in Holland and arriving in Garlenda, in Liguria. The Group, known by the more adventurous name of "convoy", made up of 77 Fiat 500s, arrived in Garlenda on the 11th September during the celebration of the "Quarto Raduno Europeo della Fiat 500" (Fourth European Fiat 500 Meeting) [...].*

1988

Several corporate and advertising cars take part in the Meeting. A phenomenon that has spread lately as a confirmation of the fact that the 500 is so well liked.

Luciano Basso writes on "Il Giornale": *The first participants have already arrived on Friday, after travelling thousands of kilometres; others arrived yesterday and other will show up this morning, by 09:30, the deadline for the registration. Some are beautiful, dolled up, a perfect "face-lift" (they look their age, though); others have preserved their first dress (and you can tell); others still are unrecognizable (their bodies turned into murals); others are right at their end (and will be sold on the spot, to the worst buyer); some are clearly souped up, having transplanted a young heart (i.e. an engine) into a body covered with scars, that luckily has survived any kind of rejection. These participants might as well be women. But they are cars, the old "500s" that every year, since 1984, have been rushing here to Garlenda from all*

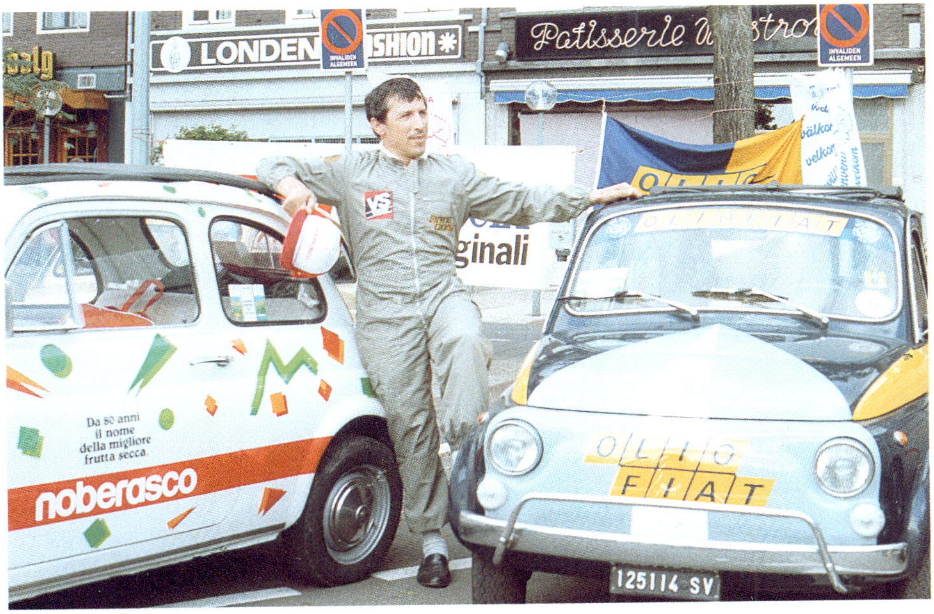

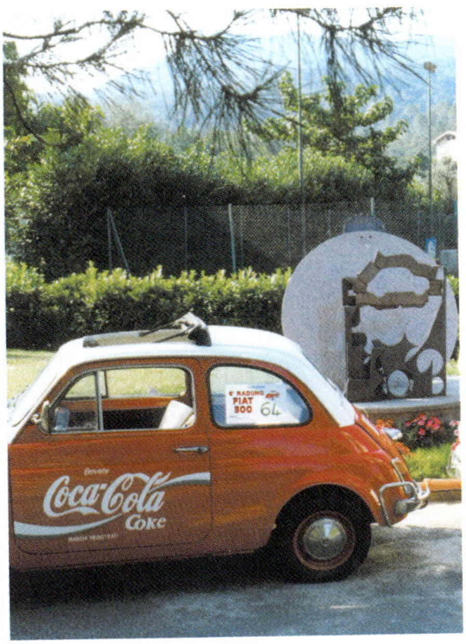

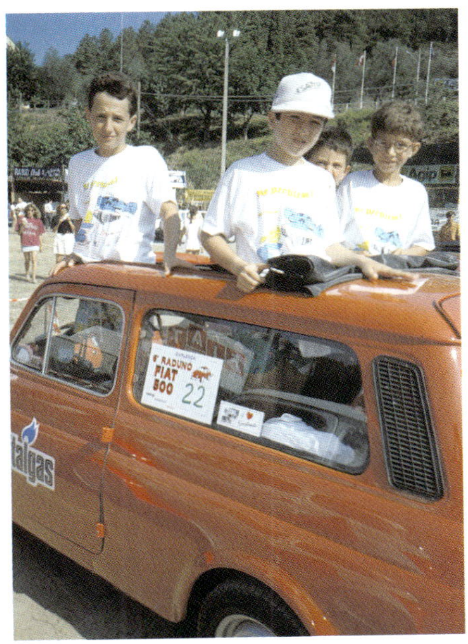

In alto, le auto pubblicitarie di Noberasco e Olio Fiat.
In basso, la vettura della Coca Cola davanti al monumento e la Giardiniera Italgas.

Above: the advertising cars of Noberasco and Olio Fiat.
Below: the 500 of Coca Cola in front of the monument and the Giardiniera of Italgas.

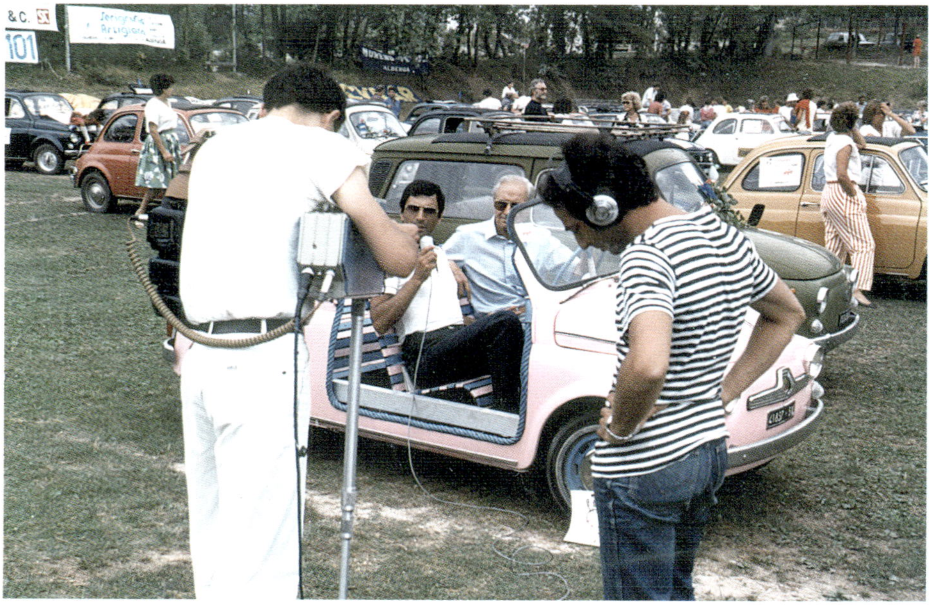

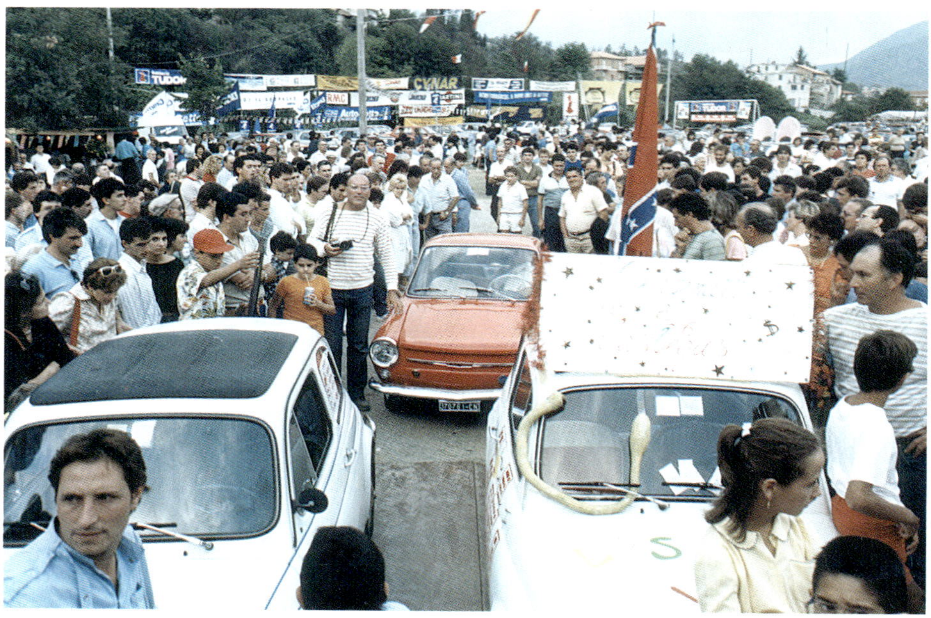

In alto, Dante Giacosa intervistato per la RAI.
In basso, grande folla al momento delle premiazioni al terzo raduno.

Above: Dante Giacosa interviewed by RAI.
Below: the big crowd during the third meeting awards presentation.

*termine ultimo per l'iscrizione. Alcune sono belle, tirate a lucido, un "lifting" perfetto (ma mostrano gli anni); altre hanno conservato il primo abito (e si vede): altre ancora sono irriconoscibili (la carrozzeria trasformata in "murales"); altre sono proprio alla "frutta" (e verranno vendute sul posto, al peggior acquirente); qualcuna poi è evidentemente truccata, perché su un corpo pieno di cicatrici ha trapiantato un cuore giovane (cioè un motore) che, per fortuna, ha resistito ad ogni forma di rigetto. Potrebbero, queste concorrenti, anche essere donne. Ma sono auto, le vecchie "500" che ogni anno, dal 1984, corrono da tutto il mondo qui a Garlenda. [...] **La 500 è più che un'auto: è un pezzo di costume dell'Italia.** [...] Doveva, questa vetturetta, sottrarre il mercato alle moto, finì per diventare un simbolo di un'Italia che si stava motorizzando. Un "pezzo" della nostra vita.[...] Quaranta club in tutta Europa, uno in Italia, quello appunto di Garlenda. Ma perché questa passione, quasi morbosa, per la vecchia "500", diventata - col tempo - la vera auto di città? Alla domanda ha cercato perfino di rispondere una tavola rotonda. Ma ciascuno ha una propria motivazione: l'auto del primo amore, l'auto delle prime vacanze, l'auto che è stata uno "status symbol". Insomma: sentimenti, orgoglio, ricordo di anni giovani. Il fascino della "500" è un fenomeno anche sociale. «Pensi», dice Domenico Romano, «che si può posteggiare una "500" accanto ad una "Ferrari" senza provarne invidia. Sono due auto diverse». **E Dante Giacosa - il progettista - disse: «La semplicità è compagna della bellezza.** La semplice "500", con tutti i suoi anni, è invecchiata meno di altre nate anni dopo». Un po' come Elizabeth Taylor e Joan Collins.*

*over the world.[...] **The 500 is more than a car: it is a piece of Italy's heritage**. [...] This little car that should have taken away from the motorcycles' market, ended up becoming the symbol of a country that was motorizing. A "piece" of our life. [...] Forty clubs all over Europe, one in Italy, precisely that of Garlenda. But why this passion, almost a morbid one, for the old "500", that - with time - has become the true city car? There has even been a round table trying to answer this question. But everybody has their own reason: the car of their first love, the car of their first holidays, the car that was a "status symbol". In other words: emotions, pride, memories of the young years. The charm of the "500" is also a social phenomenon. "Imagine - says Domenico Romano - that you can park a '500' next to a 'Ferrari' without feeling envious. They are two different cars". **Dante Giacosa – the design engineer – said: "Simplicity goes with beauty**. The simple '500', in all these years, has aged less than other cars born much later". A bit like Elizabeth Taylor and Joan Collins.*

1989

At this time the Executive Board decides to publish a magazine that will be important to keep regular contacts with the members and, particularly, to bring their say and their opinions into the Club. The name "4piccoleruote" (4littlewheels) suggested by Alessandro Bianchi is chosen by those present. The magazine - edited by Romano Strizioli - makes its debut in July 1989. On its pages you could find, among other things, the presentation by Gian Paolo De

1989

In questo periodo il Consiglio Direttivo decide di pubblicare un giornalino, importante per tenere rapporti regolari con i soci e soprattutto per portare la loro voce e le loro opinioni nel Club. Su proposta di Alessandro Bianchi, viene scelto dai presenti il nome "4piccoleruote". Il primo numero del giornalino, diretto da Romano Strizioli, esce nel luglio 1989. Nelle pagine interne si trovano, tra l'altro, la presentazione di Gian Paolo De Capitani, gli articoli di Marcello Zinola e Stefano Pezzini, nonché i consigli dell'esperto Silvano Timossi per "Mantenere la 500 sempre nuova". In ultima pagina Cristina Cavallo, vice presidente, illustra il programma del raduno nazionale con interessanti cenni storici sulle località attraversate. Nel dicembre del 1989, il settimanale "L'Espresso" propone un bell'articolo di Anna Tagliacarne, inviato speciale, che dopo aver analizzato il fenomeno sociale 500, dice: «*Chi la possiede ne è orgoglioso come se fosse una fuoriserie - chi l'ha perduta vive nel rimpianto*».

Si istituisce il premio "Personaggio dell'anno Fiat 500 Club Italia" che un'apposita giuria attribuisce a chi, operando nel mondo dell'industria, dello sport, dell'informazione e dello spettacolo, contribuisce a diffondere e mantenere il «*mito della* Fiat 500 *nella sua valenza di fenomeno sociale, di costume come inimitabile capolavoro e simbolo della creatività e ingegno italiano...*». Il prestigioso premio è consegnato da una delegazione di cinquecentisti a Dante Giacosa e a Giovanni Capitani, the articles by Marcello Zinola and Stefano Pezzini, as well as the expert advice of Silvano Timossi on "How to keep the 500 always new". On the last page Cristina Cavallo, vice-president, illustrates the national meeting's programme giving an interesting historical account on the places touched by it.

In December 1989, the weekly magazine "L'Espresso" publishes a fine article by its special correspondent Anna Tagliacarne, who, after analysing the social phenomenon of the 500, says: "*Those who own it are proud of it as if it were a custom-built car – those who have lost it live in regret*".

The prize "Personaggio dell'anno Fiat 500 Club Italia" (Personality of the year Fiat 500 Club Italia) is established. A special committee awards it to those people active in the industrial, sporting, information and show business world, contributing to the spreading and the maintaining of the "Fiat 500 *icon in its value as a social and custom phenomenon and as an incomparable masterpiece and symbol of Italian creativity and ingenuity....*". The prize is presented by a delegation of the Club to Dante Giacosa and Giovanni Nasi in Turin during a simple but significant ceremony, in the presence – besides the executive members of the Club Italia – of the president of the Swiss Club, Elio Maroadi, and the president of the Dutch Club, Jos Kremers.

The motivation for the prize to Giacosa is the following:

He is the father of the Topolino and the "Nuova 500". In July 1984 he wrote to our

Numero unico - 15 Luglio 1989

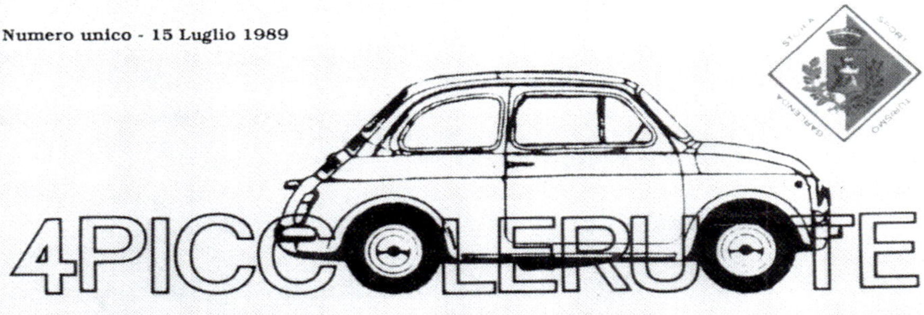

Il perché di un Club 500

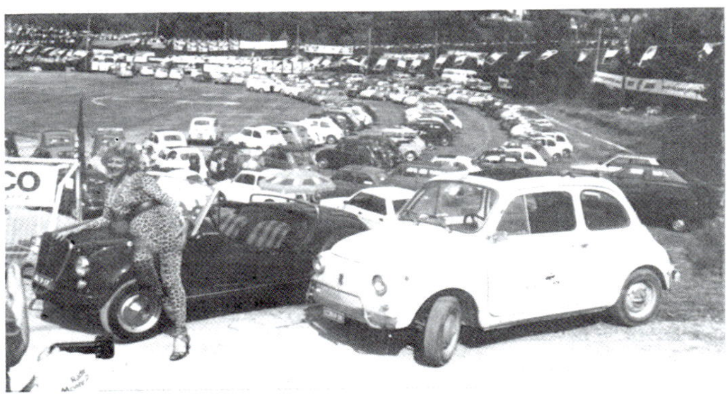

Questo è il primo numero del giornale ufficiale del FIAT 500 - CLUB ITALIA ed esce in occasione del Sesto Raduno dedicato alla vettura che ha rappresentato e rappresenta per ognuno di noi qualcosa di più di un semplice mezzo di trasporto.

Questa automobile ha infatti contribuito alla crescita dell'Italia e degli italiani, per molti dei quali è legata a momenti importanti di vita e di conquiste sociali.

Per me e per mia moglie, ad esempio, la FIAT 500 L è stata la prima macchina e proprio per il viaggio di nozze. Ha affrontato ben cinque passi dolomitici, con un ritmo da "montanaro": lento ma costante e sicuro.

Passi da gigante sono stati compiuti da quando, all'inizio degli anni '80, scoprimmo che non eravamo i soli ad essere "innamorati" della "500".

Dai primi timidi contatti tra pochi appassionati al Primo Raduno Nazionale, con "ben 30" partecipanti, ai successivi e sempre più frequentati raduni, agli incontri con i Clubs europei ed infine al Raduno Internazionale del 1987.

In quell'occasione le oltre 300 vetture provenienti da 10 Paesi Europei e rappresentati da 32 Clubs, diedero vita ad una carovana multicolore, che per una settimana attraversò l'Europa, già unendola nel comune amore per la FIAT 500.

Motivo d'orgoglio per tutti noi, da sempre cultori della mitica utilitaria, è stata infine la posa in opera, a Garlenda, del monumento in bronzo, a Lei dedicato, opera dello scultore Antonio Murri, e inaugurato in presenza del "papà della 500" Dante Giacosa e dell'ing. Giovanni Nasi

Il 1984 è l'anno in cui è iniziata l'attività del Club; da allora mi sono arricchito dell'amicizia di tante persone cariche di straordinaria sensibilità ed entusiasmo, con le quali, in nome di questo amore che ci accomuna, ho vissuto momenti veramente indimenticabili.

Doveroso è a questo punto ricordare e ringraziare la Pro Loco di Garlenda, con il suo meraviglioso Presidente Giancarlo Tassistro e tutti gli abitanti di Garlenda, che con il loro instancabile lavoro hanno contribuito al travolgente successo dei nostri raduni e di tutte le altre iniziative del Club.

Da quest'anno il nostro Club assume rilevanza nazionale, fin d'ora tra i Soci e tra i membri del Consiglio Direttivo, conta persone valide e qualificate e soprattutto ha in Gian Paolo De Capitani un Presidente di grandi capacità e umanità, presente a tutte le edizioni del raduno, ha condiviso dall'inizio l'idea di una associazione che legasse gli amici della "500".

A Gian Paolo e a tutti i Soci presenti e futuri, rinnovo la mia più completa disponibilità al servizio del Club e auguro con grande affetto buon lavoro e sempre maggiori successi.

Il Presidente Onorario del FIAT 500 - CLUB ITALIA
Domenico Romano

La prima pagina del primo numero di "4piccoleruote".

The first page of the first issue of "4piccoleruote".

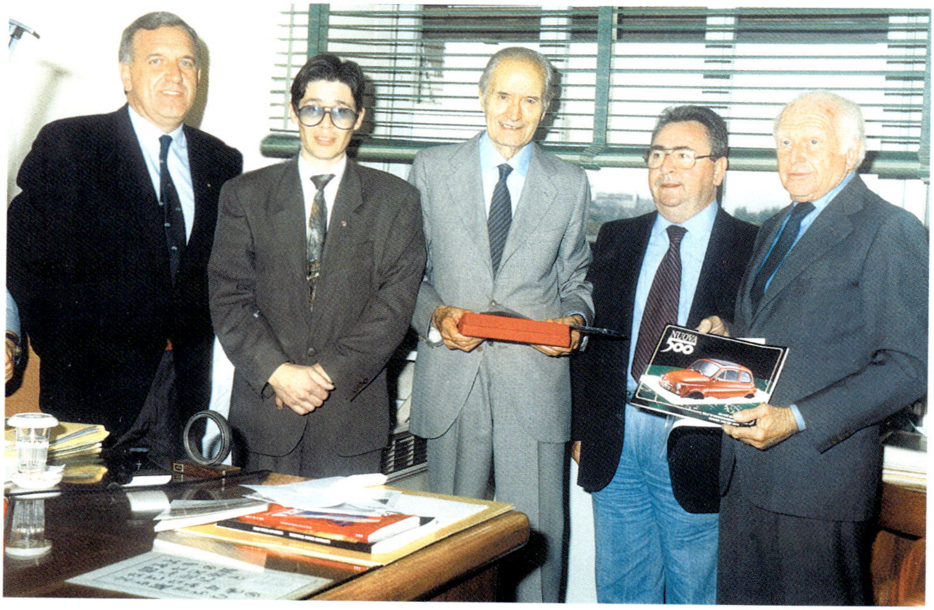

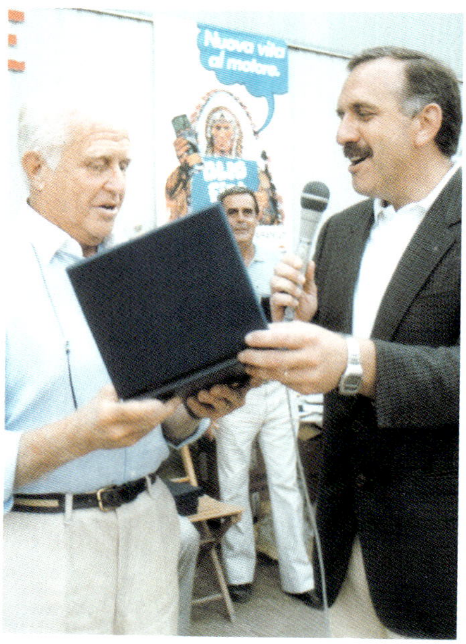

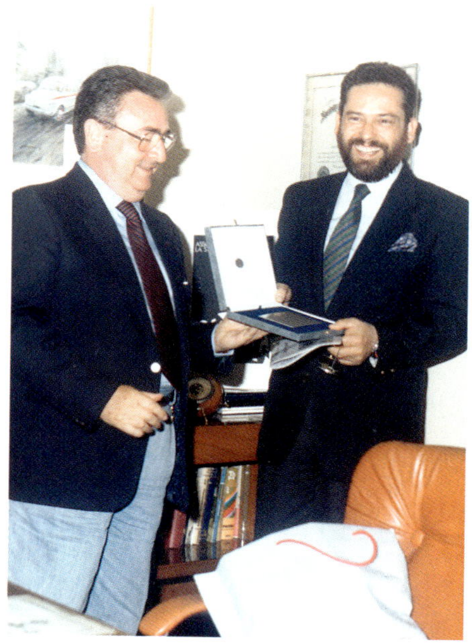

In alto, la consegna del premio "Personaggio dell'anno" a Dante Giacosa e Giovanni Nasi.
In basso, Domenico Romano con Giovanni Nasi e Gian Paolo De Capitani con Antonio Amadelli.

Above: the presentation of the prize "Personality of the year" to Dante Giacosa and Giovanni Nasi.
Below: Domenico Romano with Giovanni Nasi and Gian Paolo De Capitani with Antonio Amadelli.

Nasi a Torino in una semplice ma significativa cerimonia, alla presenza - oltre che dei dirigenti del Club Italia - del presidente del Club svizzero Elio Maroadi e del presidente del Club olandese Jos Kremers.

Motivazione del premio a Giacosa:
È il padre della Topolino e della "Nuova 500". Nel luglio del 1984 scriveva al nostro club ringraziandolo per «l'inusitata e tanto più encomiabile iniziativa di dare un nuovo soffio di vita e prestigio alla cara Fiat 500». Dante Giacosa ha dimostrato di essere un grande uomo e un grande tecnico che ha saputo muoversi a suo agio nel vasto mondo dell'automobile. Negli anni del boom economico, Giacosa ha pensato le auto che hanno motorizzato il nostro paese. Per la "Nuova 500" ha ricevuto, nel 1959, il Premio Compasso d'Oro.

Motivazione del premio a Nasi:
Ingegnere e vice presidente della Fiat negli anni '80, garlendese di adozione, nonché socio sostenitore del club sin dai primi anni. È stata una delle prime persone a cui è stato presentato il progetto di fondare un Club dedicato alla 500. L'ingegner Giovanni Nasi e la moglie Marinella hanno dato, con la loro presenza, prestigio ed importanza ai primi timidi raduni tra i pochi appassionati. Costante è stato il suo interessamento e il suo aiuto per la sempre maggior diffusione di un club dedicato alla piccola grande auto uscita dagli stabilimenti Fiat.

Gian Paolo De Capitani, Domenico Romano e Maria Cristina Cavallo sono ospiti con tre 500, belle e telegeniche, della trasmissione televisiva "Uno su cento" condotta da Pippo

Club thanking us for the "unusual and commendable initiative of giving a new breath of life and prestige to the Fiat 500". Dante Giacosa has proved to be a great man and a valuable engineer who managed to be at ease in the wide automotive world. In the years of the economic boom, Giacosa designed the cars that have motorized our country. The "Nuova 500" has won him the Golden Compass Award in 1959.

The motivation for the prize to Nasi is the following:
Fiat engineer and vice-chairman in the 1980s, citizen of Garlenda by adoption as well as supporting member of the Club from its early days. He has been one of the first people to whom the project to create a club for the 500 was presented. The presence of Mr Nasi and his wife Marinella has given prestige and value to the first shy meetings of a few enthusiasts. His interest and his assitance in promoting the Club dedicated to the big little car produced by Fiat has been a steady one.

Gian Paolo De Capitani, Domenico Romano and Maria Cristina Cavallo are the guests – together with three of the most beautiful and telegenic 500s - in the TV programme "Uno su cento" conducted by Pippo Baudo. During the show a wonderful ballet and a song dedicated to the 500 are performed.
Newspapers like "Il Giornale", "La Stampa", "La Repubblica", "Il Secolo XIX", "Il Corriere Mercantile" and "Il Lavoro", classic car magazines such as "Ruote Classiche" and "Auto d'Epoca" and magazines such as "L'Espresso", "Oggi", "Stop" and even the German "Der Spiegel" start talking about the "500 phenomenon".

Baudo. Nel corso della puntata vengono eseguiti un bellissimo balletto e una canzone dedicati alla 500.
Del "fenomeno 500" iniziano a parlare quotidiani come "Il Giornale", "La Stampa", "La Repubblica", "Il Secolo XIX", "Il Corriere Mercantile" e "Il Lavoro"e riviste specializzate come "Ruote Classiche" e "Auto d'Epoca", come "L'Espresso", "Oggi", "Stop" e la rivista tedesca "Der Spiegel".

1990

Il 13 marzo nasce ufficialmente la nuova struttura organizzativa, che prende il nome di "Fiat 500 Club Italia". Il fondatore Domenico Romano passa le consegne all'amico Gian Paolo De Capitani. Racconta De Capitani: «*Avevo partecipato ai primi raduni come semplice concorrente e mi sentii poco a poco attratto da questo ambiente simpatico e "pulito", dove la buona volontà, la stima, l'amicizia prevalgono su tutto e dove anche i "foresti" vengono accolti come vecchi, cari amici. [...] Sono veramente orgoglioso di presiedere il club e considero un grande onore essere al vertice di questa piccola comunità, accomunata da un "feeling" tutto speciale che attrae persone oneste, intelligenti, animate da una comune passione.*»
La presidenza di Gian Paolo De Capitani ha rappresentato un periodo importantissimo per lo sviluppo del Club. La sua simpatia e signorilità hanno offerto al legame con i soci un'inconfondibile e solida impronta di familiarità e amicizia.
Le altre cariche sociali vengono così distribuite: vice presidente Cristina

1990

On the 13th March the Club's new structure becomes official with the name "Fiat 500 Club Italia". The founder, Domenico Romano, hands over his office to his friend Gian Paolo De Capitani. The latter states: "*I had taken part in the first meetings simply as a participant and I was little by little attracted by this pleasant and 'clean' environment, where good will, respect and friendship prevail over everything else and where even the 'outsiders' are welcome like dear old friends. [...] I am truly proud to be the Club's president and I regard it as a great honour to preside over this small community, united by that very special 'feeling' that brings together honest and intelligent people animated by a common passion.*"
The presidency of Gian Paolo De Capitani has proved a very important period in the Club's development. His likeability and distinction have offered an unmistakeable and solid mark of familiarity and friendship to the relationship with the members.
The other offices are assigned as follows: Cristina Cavallo is appointed vice-president and Monica Cardone is the secretary, assisted by Giuseppe Nespolo and Emanuela Nasino. The councillors are: Silvano Timossi, Rino Nicolosi, Angela Pagliana, Alessandro Bianchi and Giovanni Condello. The honorary president Domenico Romano and the president of the Pro Loco of Garlenda Giancarlo Tassistro are Executive Board Members by right. Giuseppe Fuochi,

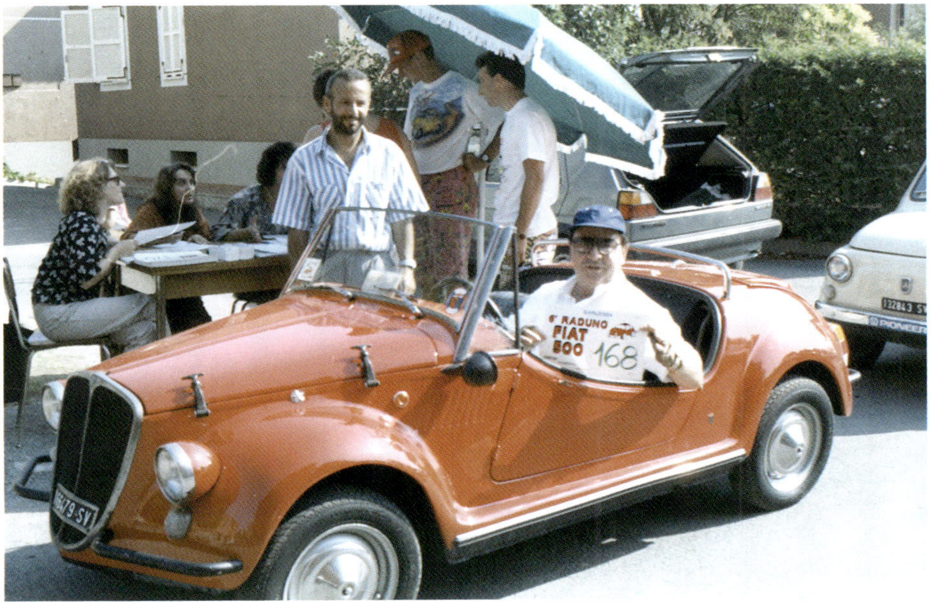

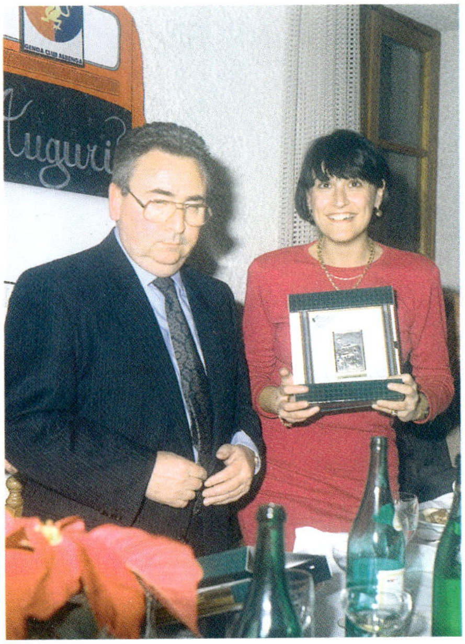

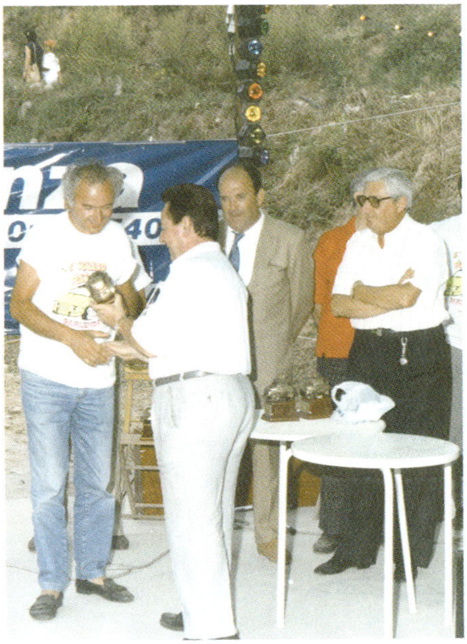

In alto, Gian Paolo De Capitani con la sua Gamine sotto lo sguardo attento di Giovanni Condello.
In basso da sinistra: De Capitani e Maria Cristina Cavallo; premiazione di Beppe Laurenti.

Above: Gian Paolo De Capitani with his Gamine under the attentive eye of Giovanni Condello.
Below left: De Capitani and Maria Cristina Cavallo; the presentation of the prize to Beppe Laurenti.

Il saluto del Presidente

Siamo arrivati alla sesta manifestazione consecutiva e sembra ieri quando un gruppo di amici di Garlenda, proprietari di piccole utilitarie FIAT, decisero quasi per scherzo di organizzare il Primo Raduno Nazionale delle FIAT 500.
Quella sera, fra i pochi cinquecentisti di Garlenda, fu il Sindaco Dott. Domenico Romano ad avere l'ispirazione, subito ripresa e sviluppata con gli amici , fra cui il Presidente della Pro Loco Garlenda Rag. Giancarlo Tassistro; l'idea piacque e per i possibili sviluppi sociali, sportivi e - perchè no - turistici. Nacque così un gruppo (poi diventata una grande famiglia europea) di persone accomunate non solo dalla passione per la FIAT 500, ma disposte a ritrovarsi periodicamente per discutere di problemi sportivi o tecnici legati all'automobile e uniti da sincera amicizia e reciproca stima.
Io stesso, che avevo partecipato ai primi Raduni come semplice concorrente, esibendo la mia FIAT 500 SPYDER VIGNALE "GAMINE", mi sentii poco a poco, attratto da questo ambiente simpatico e "pulito", dove la buona volontà, la stima e l'amicizia prevalgono su tutto e dove anche i "foresti" vengono accolti come vecchi, cari amici.
Da alloraquesto nostro Convegno ha fatto molta strada!
Ma dimenticavo di presentarmi! Mi chiamo Gian Paolo De Capitani, sono nato a Genova nel 1931 e cresciuto in Liguria a Finale Ligure, Loano, Genova.
La FIAT 500 è stata uno dei miei primi amori giovanili; la prima vetturetta che avevo 40 anni fa era celeste, molto semplice ma confortevole e per un giovanottino come me, allora sembrava quasi una Mercedes, tanto che qualche volta si trasformava in "garçonniere"....
Come sono diventato Presidente del FIAT 500 - CLUB ITALIA?
Non saprei spiegarvelo nemmeno io. Il personaggio carismatico del Club, l'anima, la mente, è senza dubbio il Dott. Domenico Romano, purtroppo è troppo indaffarato come Sindaco del Comune di Garlenda.
Per il futuro abbiamo tanti progetti che speriamo di realizzare anche grazie alle sempre più maggiori adesioni nazionali ed internazionali al nostro Club.
Oltre a questo notiziario, che sarà bimestrale o trimestrale, uscirà fra breve un libro completamente dedicato alla FIAT 500, con la storia della mitica utilitaria del passato e del presente, notizie, curiosità, cronistoria dei Raduni di Garlenda, fotografie , ecc. ecc.
E' inoltre nostra intenzione di tenerci in contatto con i vari Clubs stranieri per scambi di idee e di collaborazione; sarà anche cura del Club sviluppare il mercatino dell'usato e dei pezzi di ricambio fra i Soci, promuovere incontri fra cinquecentisti anche al di fuori della nostra provincia, magari in varie zone d'Italia e all'estero, cercare insomma di fare il possibile perchè la nostra "grande famiglia" sia sempre in piena efficienza, accomunata dal nostro ideale di fedeltà alla cara, vecchia FIAT 500.
Termino con una precisazione a cui tengo in modo particolare: sono veramente orgoglioso di presiedere il FIAT 500 - CLUB ITALIA e considero un grande onore essere al vertice di questa piccola comunità, accomunata da un "feeling" tutto speciale, che attrae tra loro certe persone oneste, intelligenti, animate da una comune passione. Sono quindi sicuro che molto presto anche Voi cinquecentisti, ai quali rivolgo il mio più cordiale benvenuto, sentirete tutto l'onore e il piacere di appartenere alla nostra associazione.
Viva la Fiat 500 e i suoi Amici

G.Paolo De Capitani

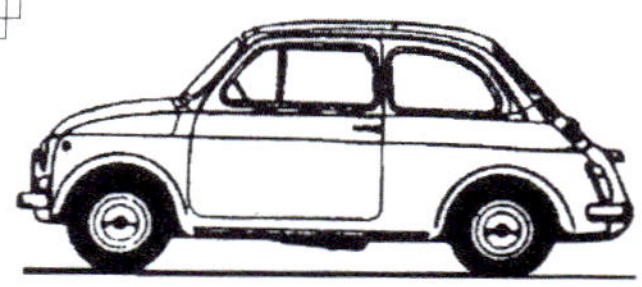

FIAT 500 - CLUB ITALIA

Via Roma, 6 - 17033 GARLENDA (SV)
TEL: (0182) 580343

C/C POSTALE DEL CLUB: N. 10818177

MEMBRI DEL CONSIGLIO DIRETTIVO:

DE CAPITANI Gian Paolo	PRESIDENTE
CAVALLO M.Cristina	VICEPRESIDENTE
CARDONE Monica	SEGRETARIA
TIMOSSI Silvano	CONSIGLIERE
NICOLOSI Rino	"
PAGLIANA Angela	"
NESPOLO Giuseppe	"
BIANCHI Alessandro	"
CONDELLO Giovanni	"

Sono membri di diritto del Consiglio Direttivo:

ROMANO Domenico	PRESIDENTE ONORARIO
TASSISTRO Giancarlo	PRESIDENTE PRO LOCO

REVISORI DEI CONTI:

FUOCHI Giuseppe
BERLINGHIERI Errico
FRATEPIETRO Luigi

Nella prima riunione del Consiglio Direttivo sono stati nominati i Delegati di Zona, ai quali è affidato il compito del tesseramento nell'ambito della propria zona

I Delegati di Zona nominati fino ad ora sono:

FERRANDO Cav. Mario
Via R. Quartini, 19-7 - 16161 Genova Fegino

MAROADI Elio
Seestrasse, 93 - 8805 Zurigo CH

CASSINI Alberto
c/o Azienda Autonoma di Soggiorno di Ventimiglia
Via Verdi - Ventimiglia IM

BORZONE Nicola
Via Nazionale, 119/E - 18100 Imperia

RAINISIO Domenico
c/o Albergo RIVAMARE
C.so Italia, 40 - Pietra Ligure SV

BORGHI Carlo
Via Parma, 384/S/10 - 16045 Chiavari GE

Chiunque fosse interessato ad offrire il proprio aiuto come Delegato di Zona, può contattare la segreteria del Club per maggiori chiarimenti.

Composizione computerizzata e stampa:
Tipolitografia CIUNI
V. Torlaro 10 - Albenga - Tel. 543725

Cavallo e segretaria Monica Cardone, coadiuvata da Giuseppe Nespolo ed Emanuela Nasino. Consiglieri Silvano Timossi, Rino Nicolosi, Angela Pagliana, Alessandro Bianchi e Giovanni Condello. Sono membri di diritto del Direttivo il presidente onorario Domenico Romano ed il presidente della Pro Loco Garlenda Giancarlo Tassistro. Revisori dei conti Giuseppe Fuochi, Marco Maglietti e Massimiliano Valente.

Nella successiva riunione viene completata la lista ufficiale dei primi fiduciari del Club nominando Carlo Borghi (Chiavari), Giorgio Balbo (Alassio), Giuseppe Laurenti (Torino), Sergio Boggione (Torino), Luigi Ravazza (Asti), Germano Marcelli (Ascoli Piceno), Andrea Fortunato (Giappone), Massimo Basile e Silvio Latino (Benevento), Maurizio Gherardi (Motta di Livenza, Treviso), Renata Rainato (Pietra Ligure), Dorrit Binder (Danimarca).

Nello statuto si legge:

Art. 1 - *Premesso che dal* 15/07/84 *è operante in Garlenda il* Club *Amici della* 500; *considerato opportuno dare portata nazionale all'associazione e conseguentemente idonea veste giuridica alla stessa, con la collaborazione della* Pro Loco *di Garlenda, si è costituita l'associazione amatoriale denominata* Fiat 500 Club Italia;

Art. 2 - *L'associazione si prefigge di:*

- *diffondere e mantenere vivo l'interesse per la* Fiat 500 *nella sua valenza di fenomeno sociale e di costume;*
- *favorire nel nome del comune amore per la* Fiat 500 *l'amicizia e la solidarietà tra le persone senza alcuna distinzione di età, estrazione sociale,*

Marco Maglietti and Massimiliano Valente are appointed internal auditors.

During the next meeting the official list of the first Club trustees is drawn and the following are appointed: Carlo Borghi (from Chiavari), Giorgio Balbo (from Alassio), Giuseppe Laurenti (from Turin), Sergio Boggione (from Turin), Luigi Ravazza (from Asti), Germano Marcelli (from Ascoli Piceno), Andrea Fortunato (from Japan), Massimo Basile and Silvio Latino (from Benevento), Maurizio Gherardi (from Motta di Livenza, Treviso), Renata Rainato (from Pietra Ligure), Dorrit Binder (from Denmark).

The Memorandum of Association states:

Art. 1 – *Whereas the* Club *Amici della* 500 *has been active in* Garlenda *since* 15/07/84; *given the need to give a national relevance to the association and, consequently, a suitable legal structure to the same, the amateur association called* Fiat 500 Club Italia *has been created with the collaboration of the* Pro Loco *of* Garlenda;

Art. 2 – *The association's purposes are the following:*

- *to spread and maintain the interest for the* Fiat 500 *in its value as a social and cultural phenomenon;*
- *to promote - in the name of the common love for the* Fiat 500 *- friendship and solidarity among people without any distinction of age, class, wealth, nationality or race;*
- *to create and promote opportunities for* Fiat 500 *enthusiasts to meet and share their experiences;*

censo, nazionalità o razza;

- *creare e promuovere occasioni di incontro e confronto fra gli amatori della Fiat 500;*
- *promuovere ed attuare iniziative volte alla conservazione della capacità di circolazione e funzionalità su strada delle autovetture Fiat 500.*

Il 3 novembre 1990 si partecipa alla mostra "Civiltà delle macchine" al Lingotto di Torino e le 500 percorrono il mitico anello di prova sul tetto del complesso guidate dal commissario tecnico Enrico Bo.

È l'anno del primo raduno in Svizzera e l'organizzatore, Elio Maroadi, risolve il problema del pernottamento affittando un rifugio antiatomico con tanto di brande a castello di tipo militare. Il bunker, con grandi porte blindate e dotato di tutte le comodità, fornisce una sistemazione soddisfacente data anche la piacevole compagnia, lo spirito cameratesco e goliardico che anima il gruppo.

Nell'occasione si incontrano amici di tutta Europa, tra cui il famoso Horst Bock, detto "la volpe del deserto" per gli 11.500 chilometri percorsi in Africa con la sua 500 adattata a fuoristrada, Andrea Kilchmann, presidente del Club svizzero, e Jos Kremers, presidente del Club olandese.

Si pongono le basi per nuove iniziative comuni, tra cui la formazione di una federazione che raccolga tutti gli appassionati d'Europa.

Il gruppo italiano fa man bassa di premi nei vari settori: Silvio Latino e Massimo Basile da Benevento per il tragitto più lungo; Beppe Laurenti per l'auto meglio conservata; Marco Maglietti

- *to promote and carry out initiatives aimed at preserving the capability of Fiat 500 cars to circulate and be roadworthy.*

On the 3rd November 1990 the Club takes part in the exhibition "Civiltà delle macchine" (cars civilization) at the Lingotto premises in Turin and the 500s - directed by the technical manager Enrico Bo - drive on the famous rooftop test track.

It is the year of the first Swiss meeting and the organizer, Elio Maroadi, finds a solution for the participants' overnight stay by renting an anti-atomic shelter equipped with bunk beds in military style. The bunker, with big armoured doors and equipped with all kinds of facilities, provides a satisfactory accommodation, given also the good company and the comradely and convivial spirit animating the group.

On this occasion, friends from all over Europe meet up, among them is the famous Horst Bock - nicknamed "the fox of the desert" following his 11,500 km drive in Africa in his 500 fitted like a Jeep - Andrea Kilchmann, the president of the Swiss Club, and Jos Kremers, the president of the Dutch Club.

The foundations are laid for new common initiatives, among which the setting up of a federation bringing together all European enthusiasts.

The Italian group wins prizes in the various categories: Silvio Latino and Massimo Basile, from Benevento, for driving the longest route; Beppe Laurenti for the best preserved car; Marco Maglietti for the lightest 500;

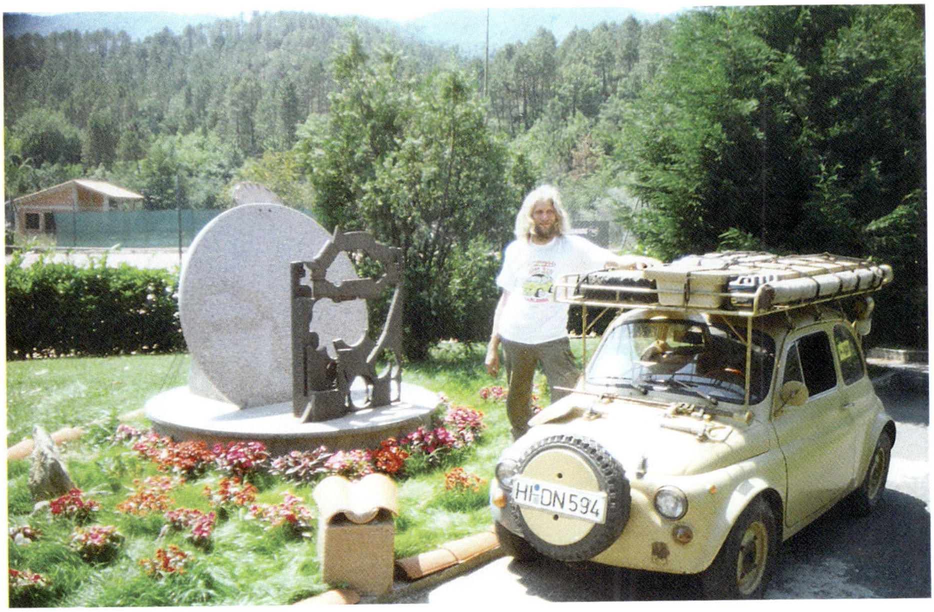

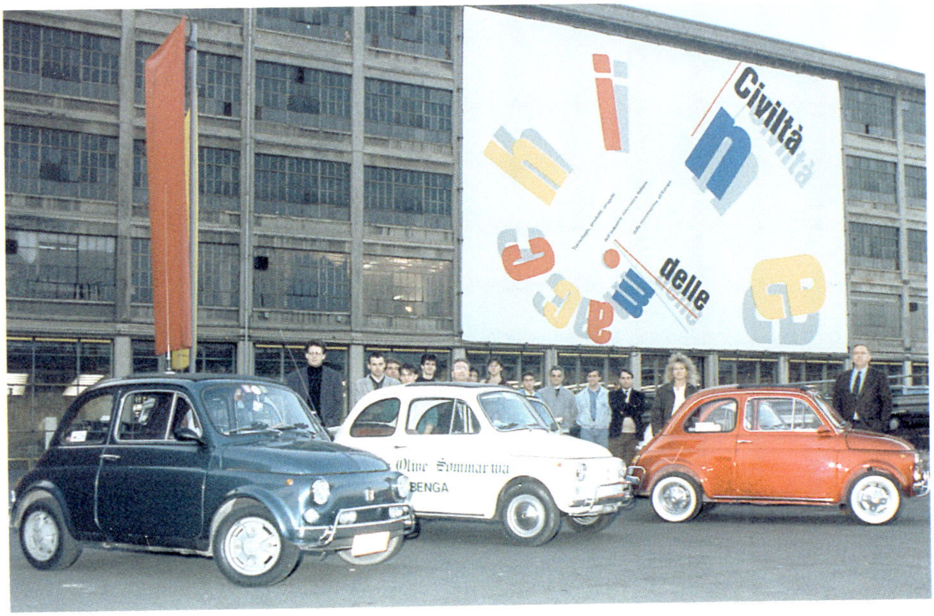

In alto, la "Volpe del Deserto" Horst Bock accanto al monumento e alla sua 500 "sahariana".
In basso, la partecipazione alla mostra "Civiltà delle Macchine" al Lingotto di Torino.

Above: the "Fox of the Desert" Horst Bock next to the monument and to his "Saharan" 500.
Below: visit to the exhibition "Civiltà delle Macchine" held at the Lingotto in Turin.

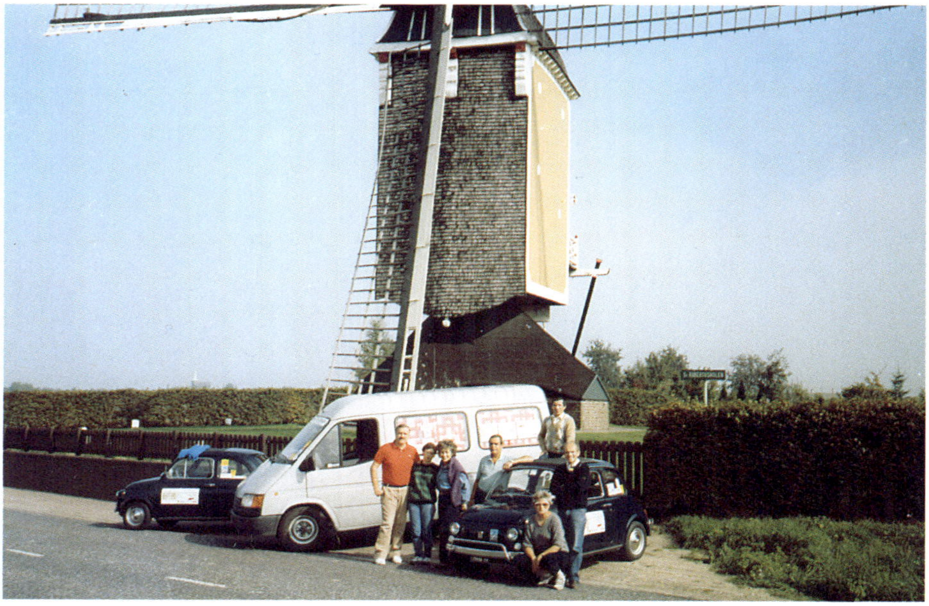

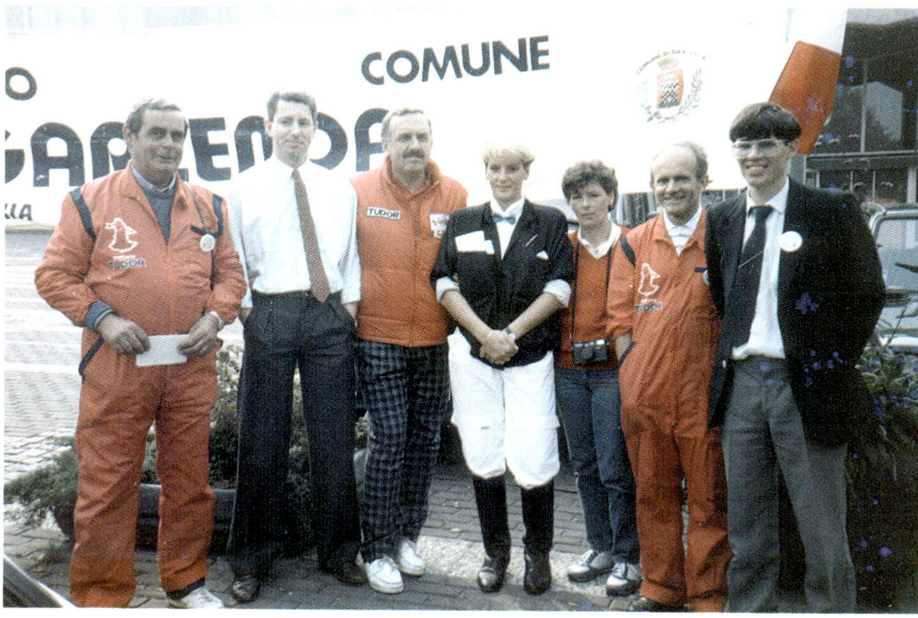

In alto, un momento delle tante spedizioni garlendesi nei Paesi Bassi. In basso, il socio fondatore e presidente onorario Giuseppe Nespolo (il primo a sinistra) al raduno di Geleen.

Above: an instance of the many expeditions of the Garlenda enthusiasts to Holland. Below: the founding member and honorary president Giuseppe Nespolo (the first from left) at the meeting in Geleen.

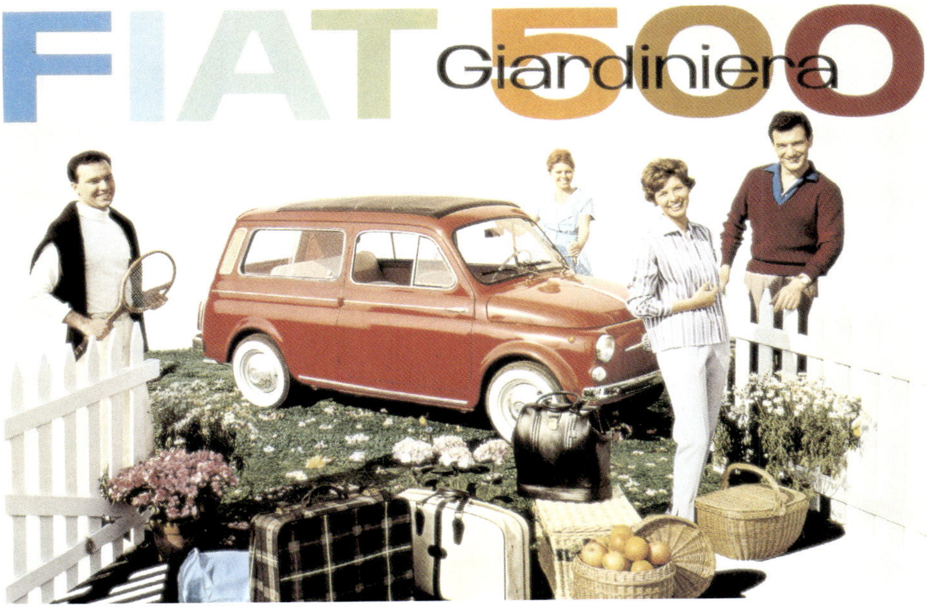

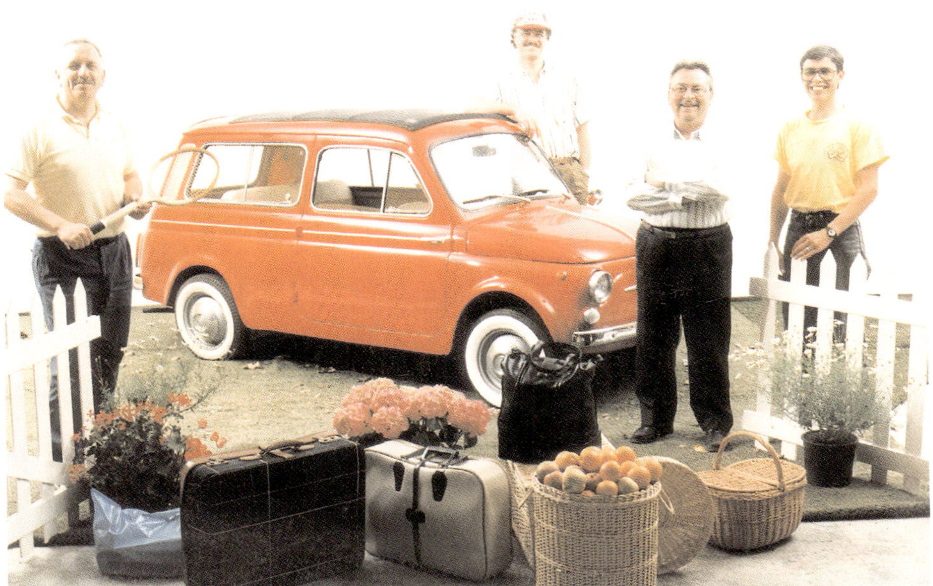

Per i festeggiamenti dei dieci anni del Club olandese, gli organizzatori hanno riprodotto il set utilizzato dalla Fiat, trent'anni prima, per il lancio della Giardiniera.

On the occasion of the celebrations of the tenth anniversary of the Dutch Club the organizers have reproduced the setting used by Fiat for the launch of the Giardiniera.

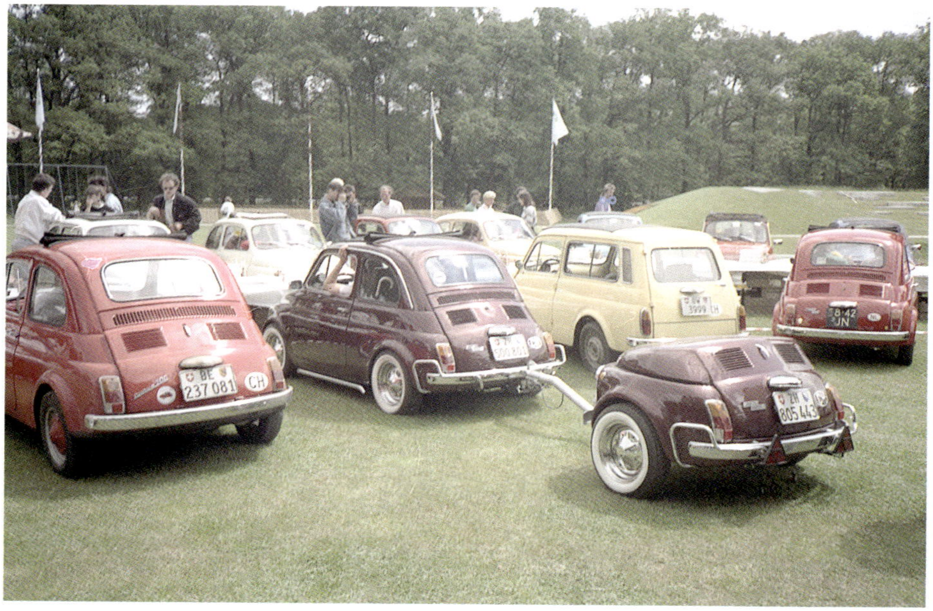

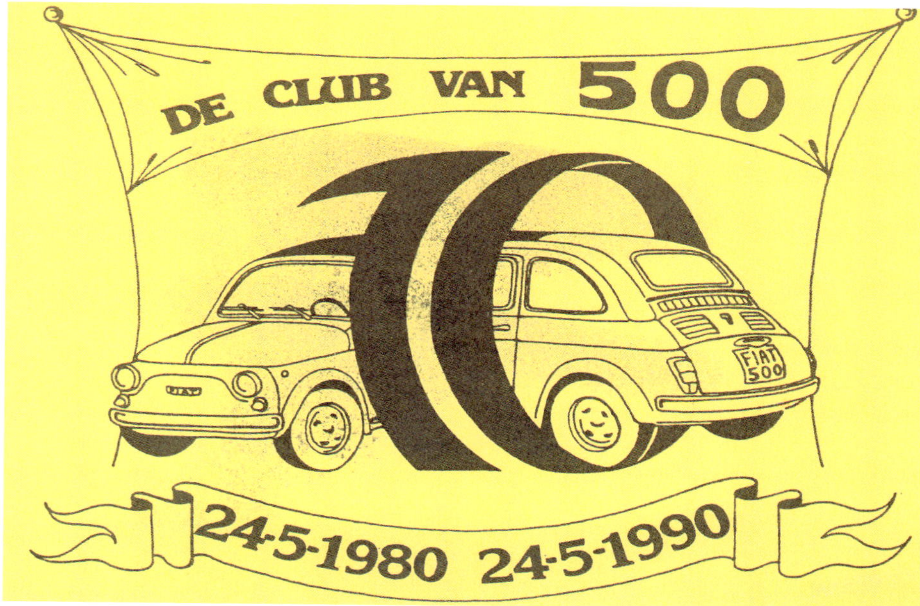

In alto, le 500 schierate nella tenuta di Arcen in Olanda.
In basso, il logo del decennale del De Club Van 500.

Above: the 500 lined up on the beautiful meadows of Arcen, Holland.
Below: the logo of the tenth anniversary of the De Club Van 500.

per la 500 più leggera; Giuseppe Nespolo per il guidatore più anziano e Rino Nicolosi, coi suoi 19 anni, per il più giovane. Tra gli altri partecipanti al raduno di Berna ricordiamo Paolo Mattheis, Maurizio Gherardi, Giorgio Balbo, Massimiliano Valente, Alessandro Grosi, Sergio Boggione, Monica Cardone, Camillo e Giuseppe Russo, Domenico Romano e Gian Paolo De Capitani. Maurizio e Gian Paolo ripartono nel primo pomeriggio per tornare in Italia; dopo il traforo del Gran San Bernardo i due si salutano ed abbracciano fraternamente e Maurizio osserva: «*Due giorni fa non ci conoscevamo, ora siamo vecchi amici, ci stimiamo, abbiamo tanti interessi comuni come la passione per la 500, lo spirito d'avventura e l'entusiasmo giovanile anche se siamo un po' maturi.*»

Nel quadro dei contatti con l'Europa non può mancare la partecipazione ai festeggiamenti per i 10 anni del Club olandese. Nel gruppo ricordiamo ancora Maurizio Gherardi, tutt'ora consigliere del Club e fiduciario di Venezia e Treviso che, con la sua 500 giardiniera, dà prova di spirito d'avventura partecipando in notturna ad una caccia al tesoro con istruzioni scritte strettamente in olandese.

Per festeggiare i dieci anni di fondazione, il "De Club Van 500" fa le cose in grande e i nostri amici trascorrono due giorni bellissimi sui magnifici prati della tenuta di Arcen.

Si pubblica il primo volume sulla 500 a cura di Romano Strizioli con la preziosa collaborazione di Antonio Amadelli, direttore del Centro Storico Fiat, la prefazione di Alberto Bellucci e

Giuseppe Nespolo for the oldest driver and Rino Nicolosi, 19 years old, for the youngest. Among the other participants in the Berna meeting we can mention Paolo Mattheis, Maurizio Gherardi, Giorgio Balbo, Massimiliano Valente, Alessandro Grosi, Sergio Boggione, Monica Cardone, Camillo and Giuseppe Russo, Domenico Romano and Gian Paolo De Capitani. Maurizio and Gian Paolo set off for Italy in the early afternoon; once past the Great Saint Bernard tunnel they say good-bye to each other, and they embrace affectionately and Maurizio remarks: "*Two days ago we did not even know each other, now we are like old friends, we hold each other in great esteem, we share many common interests like the passion for the 500, the spirit of adventure and the enthusiasm of youth notwithstanding our age.*"

Within the framework of its European contacts, the Club cannot miss the celebrations for the 10th anniversary of the Dutch Club. Among the participants we wish to remember Maurizio Gherardi, still Club councillor and trustee for Venice and Treviso who - in his 500 Giardiniera - proves his spirit of adventure by taking part in a night treasure-hunt with instruction strictly written in Dutch.

The "De Club Van 500" celebrates the ten years of its foundation by doing things in a big way and our friends spend two beautiful days on the gorgeous meadows of the Arcen estate.

The first volume on the 500 is

disegni di Renzo Sciutto, che si rivela subito un grande successo e viene esaurito in pochissimo tempo. La copertina del libro riporta un disegno realizzato per l'occasione da Walter Molino e rappresenta, in una visione simbolica, una giovane donna, l'Italia, che, alla guida della 500, corre dall'economia contadina all'economia industriale.

Scrive Romano Strizioli nel libro "La 500 - La piccola grande auto che ha aiutato gli italiani a crescere":

Se in Italia si assiste, a metà degli anni Ottanta, ad una ripresa di interesse e di affetto verso la 500, ciò è dovuto, oltre che alla forza e alle qualità intrinseche della "superutilitaria", anche ad una iniziativa che nasce, nel 1984, in Liguria, sulla Riviera di Ponente [...] Le forze che si sono riunite attorno alla singolare iniziativa sono al loro esordio organizzativo e naturalmente la riuscita è quella di una sagra di media dimensione a livello locale. L'estate chiassosa e frastornante sulla vicina costa continua a monopolizzare attenzione e turisti. E al raduno di Garlenda, che dista non più di otto chilometri dal mare, quella domenica ci sono "ben trenta 500". Ma gli organizzatori si sono resi conto che la proposta muove molti interessi, affonda nella realtà di una vettura profondamente amata, oltre che molto diffusa (ce ne sono ancora in circolazione, in quell'anno, quasi un milione e mezzo). L'inizio in sordina non scoraggia l'équipe degli organizzatori. Al solo parlare della 500 si trovano porte spalancate, orecchie attente, consensi disinteressati, disponibilità ad impegnarsi.

published. It is edited by Romano Strizioli with the valuable contribution of Antonio Amadelli, director of the "Centro Storico Fiat" (Fiat Historic Centre), the preface by Alberto Bellucci and drawings by Renzo Sciutto. The book is a great success and it is sold out very quickly. The cover of the book reproduces a drawing especially made for the occasion by Walter Molino: it represents a young woman, i.e. Italy, who, at the wheel of her 500, travels from a rural economy to an industrial one.

Romano Strizioli writes in the book "La 500 – la piccola grande auto che ha aiutato gli italiani a crescere" (The 500 – the big little car that has helped the Italians grow):

The increased interest and affection for the 500 in the mid-1980s is due – besides its strength and its intrinsic qualities as a "super runabout" – also to an initiative born in Liguria, on the Western Riviera in 1984 [...] The organizational efforts for this unique initiative are at their early stages and of course the result is that of a medium-size town festival. The noisy and deafening Summer on the nearby coast gets all the attention as well as the tourists. On that Sunday an "impressive thirty 500s" take part in the meeting at Garlenda, located no more than eight kilometres from the seaside. But the organizers have realised that the initiative touches the interest of many, it is deeply rooted in a reality of a much loved car, besides a very popular one (in that year there are still almost one and a half million circulating). The quiet start does not discourage the organizers' team. Only by

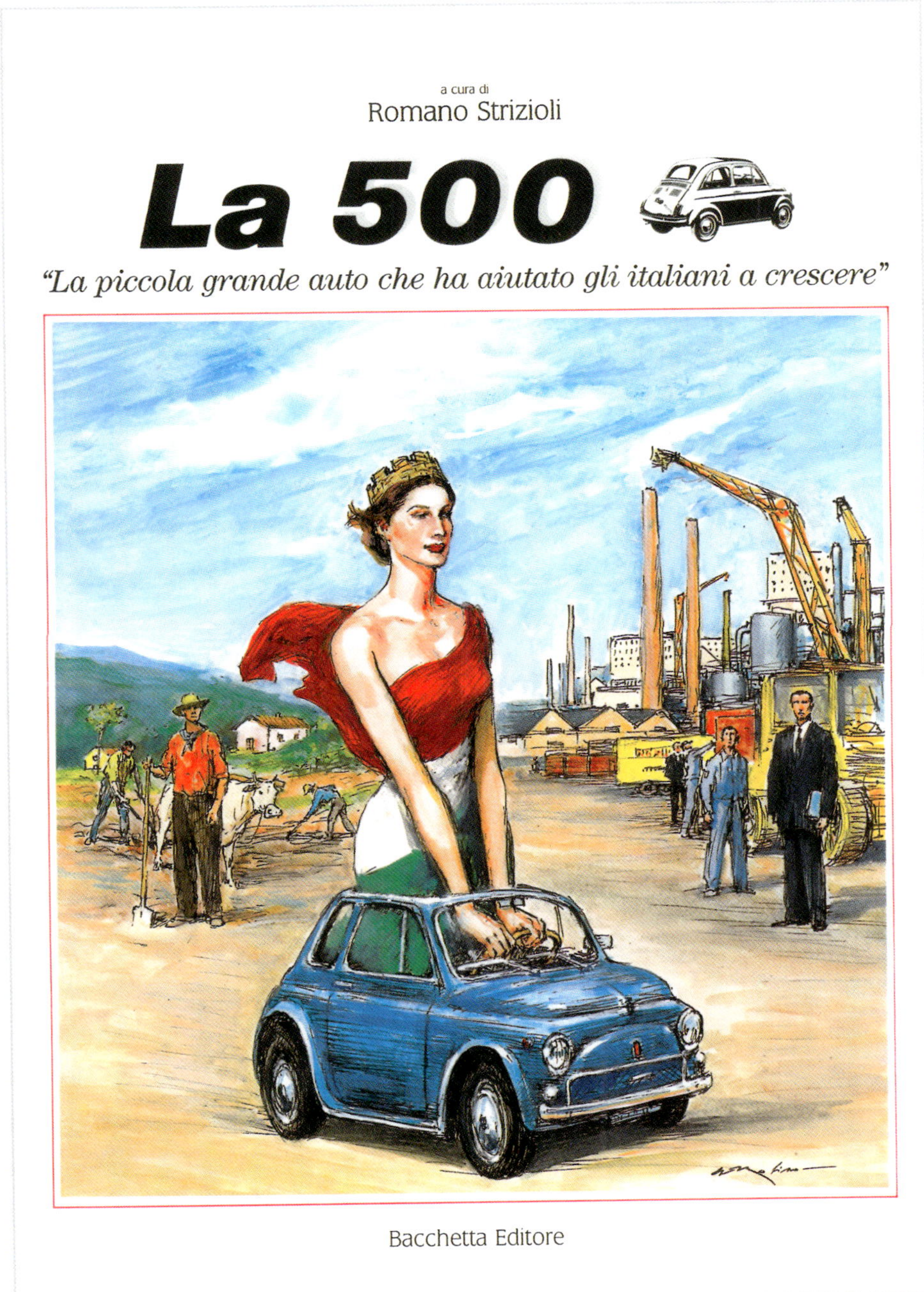

La copertina, realizzata da Walter Molino, per il primo libro dedicato alla 500.

The front cover made by Walter Molino for the first book dedicated to the 500.

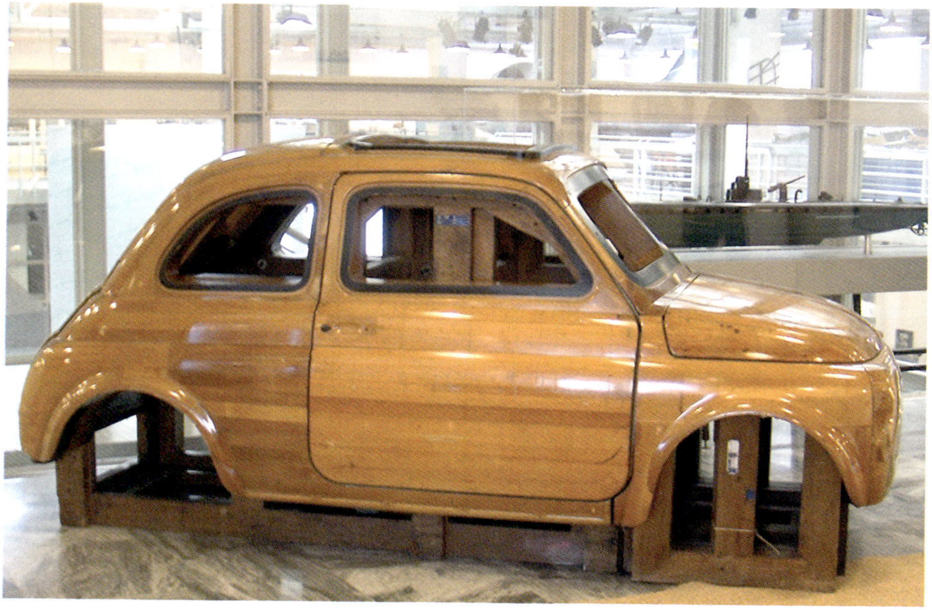

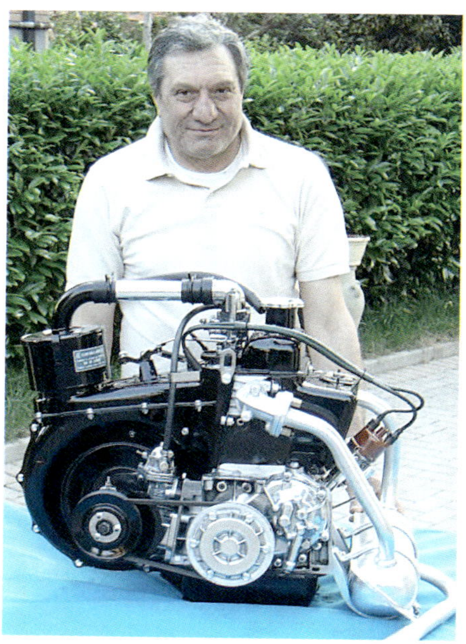

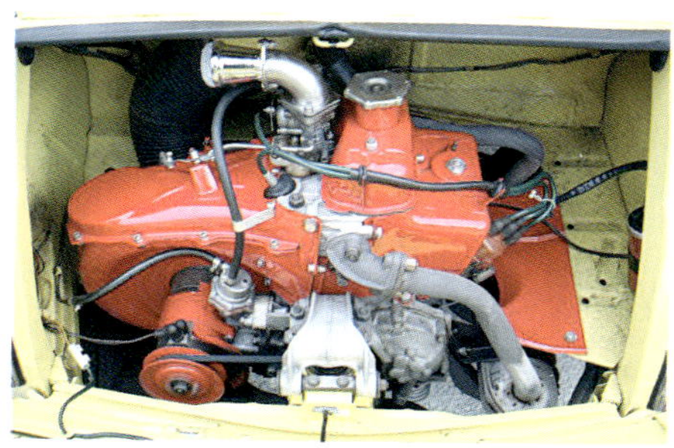

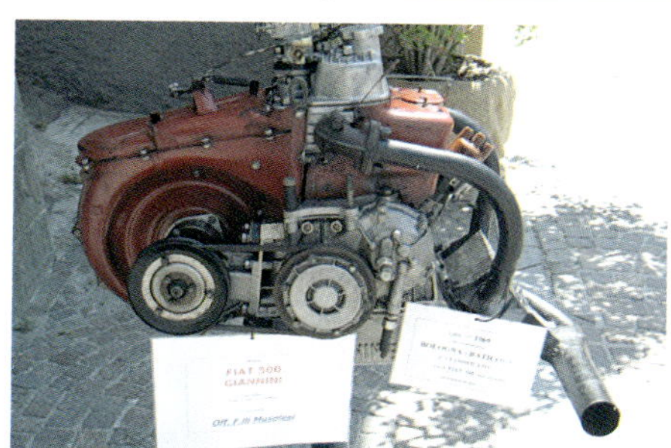

In alto, il master in mogano della 500. In basso da destra, Giancarlo Neri posa con un motore restaurato; il vano motore della 500 di Marco Baracco e il motore elaborato del pilota Mario Musolesi.

Above: the 500 mahogany master. Below: Giancarlo Neri poses for a picture with the engine he restored; left: the interior of the engine bay of the 500 of Marco Baracco and the engine tuned for races of the driver Mauro Musolesi.

E non certo per dar vita alla millesima sagra di un'estate ripetitiva e banale. Esiste l'aspetto diciamo culturale che stimola: la possibilità cioè che il fenomeno delle 500 non si esaurisca nella considerazione dell'aspetto produttivistico e commerciale. Si tratta di indagare e rimettere all'attenzione generale una fetta consistente della nostra storia, evidenziando in tal modo i passi enormi compiuti negli anni dal 1950 al 1980.

Il libro contiene anche una relazione, sino ad allora inedita, che l'Ingegner Giacosa tenne ad un convegno internazionale dell'automobile, pochi mesi dopo l'avvio della produzione della 500:

Subito dopo la guerra, la Fiat si propose un programma di rinnovamento dei suoi modelli e questo rinnovamento è stato fatto dando la precedenza volta per volta al modello più confacente alle necessità del momento in relazione alle possibilità di assorbimento del mercato. Nacquero prima le vetture più grandi: la 1400 e la 1900, poi la nuova 1100, la 600 e finalmente la "nuova 500". Si direbbe che sia stato scelto come ordine di successione quello di una sempre minor potenza e maggior economicità e cioè quello di una crescente difficoltà di progetto. Col ridursi delle dimensioni e l'aumentare del numero di esemplari da produrre aumentano infatti le difficoltà nella concezione della vettura. La nostra più piccola vettura utilitaria è nata dunque buona ultima: essa ha richiesto la maggior quantità di studio ed assomma in sé l'esperienza acquisita per la creazione di tutte le precedenti. Anche per

talking of the 500, doors open up, ears become attentive, one finds unbiased approval and willingness to commit. The aim is not that of giving birth to yet another one of the hundreds of town festivals in a repetitive and trivial Summer. The more cultural aspect is stimulating: that is to say, the possibility that the 500 phenomenon does not die out in the consideration of the production and commercial aspect. It is a matter of looking into an important part of our history and offering it to the attention of the public at large, thus highlighting the important steps forward taken between the 1950s and the 1980s.

The book also contains an unpublished report by Mr Giacosa made during an international car meeting, a few months after the production of the 500 had started:

Immediately after the Second World War, Fiat embarked on a revamping of its range and this was done giving way each time to the model most suitable to the needs of the moment with respect to the market absorption capacity. First came the bigger cars: the 1400 and the 1900, then the new 1100, the 600 and finally the "nuova 500". One could say that the order was that of a smaller power and cheaper price and, consequently, a greater difficulty in design. With the reduction of size and the increased number of units to be produced there is in fact an increase in the difficulty in designing the car. Our smallest runabout is therefore the latest born: it has required the longest study and it brings together all the experience acquired in the design of its predecessors. Also for this reason, the "nuova 500" can be considered the smallest runabout still

questo, la "nuova 500" può dirsi la più piccola utilitaria veramente ancora degna dell'appellativo di vettura.[...] È tradizione della Fiat presentare un nuovo modello solo dopo aver ottenuto la certezza che corrisponda all'attesa del pubblico e che possa soddisfare per il più lungo tempo possibile le sempre crescenti esigenze. ***Con la "nuova 500" la Fiat ha inteso realizzare una vettura adatta alla clientela più vasta, compiendo un passo decisivo nel programma che essa segue da decenni per rendere l'automobile accessibile a tutti.*** *Perciò la "nuova 500" nasce con due caratteristiche essenziali: limitatissimo costo di esercizio, qualità e prestazioni in linea con la tecnica automobilistica più progredita. La "nuova 500" non solo compendia le caratteristiche atte a renderla conveniente ed accessibile al maggior numero possibile di nuovi automobilisti, ma anche le qualità necessarie per ottenerle il favore dei vecchi automobilisti scaltriti ed esigenti. Per ottenere questo risultato si sono impegnati i più moderni mezzi di studio e di ricerca sperimentale così da dare ad ogni organo della vettura la forma migliore, sia dal punto di vista funzionale e della resistenza, sia da quello della facilità di montaggio e della manutenzione, compatibilmente col costo di produzione previsto. Un lavoro ingente è pure stato dedicato al miglioramento dei sistemi di lavorazione e di collaudo per garantire la qualità e la costanza della qualità nella produzione. La possibilità di diffusione di un veicolo di questa classe è strettamente legata al costo di esercizio, che notoriamente dipende tanto dai consumi della benzina e dell'olio quanto, e forse più, dalle*

deserving to be called a car. [...] It is normal practice for Fiat to launch a new model only after having obtained the confidence that it corresponds to the expectations of the public and that it can satisfy the ever growing needs for the longest possible time. **With the "nuova 500" Fiat has intended to produce a car suitable for the widest possible clientele, thus taking a decisive step in the programme that it has been following for decades, to make cars accessible to everybody.** *Therefore, the "nuova 500" is born with two main features: very efficient running costs, quality and performance in line with the most advanced level of technology. The "nuova 500" not only sums up the features that make it affordable and accessible to the greatest possible number of new drivers, but also those features needed to meet the approval of the skilled and demanding old drivers. This result was obtained through the most modern means of study and research, so as to give to every piece of the car the best possible shape, both from a functional and a strength point of view, and the simplicity in assembling and maintenance, consistently with the anticipated costs of production. A great amount of work has been expounded on the improvement of the working and testing systems to guarantee the quality and the consistency in the quality of the production. The possibility of spread of a vehicle of this category is closely connected with its running costs that depend on the petrol and oil consumption just as well as, and perhaps even more than, the maintenance and periodic check costs. Therefore - besides*

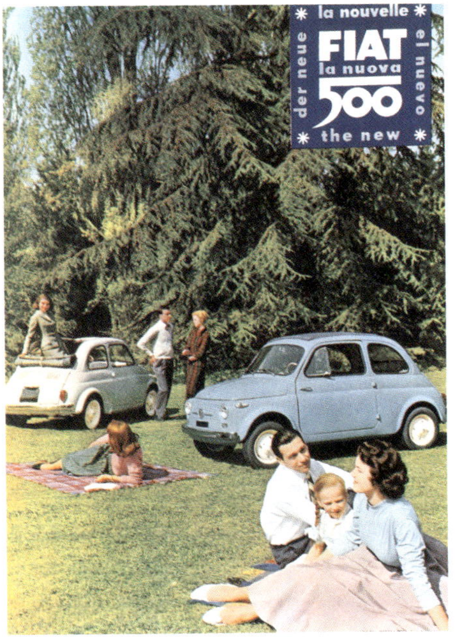

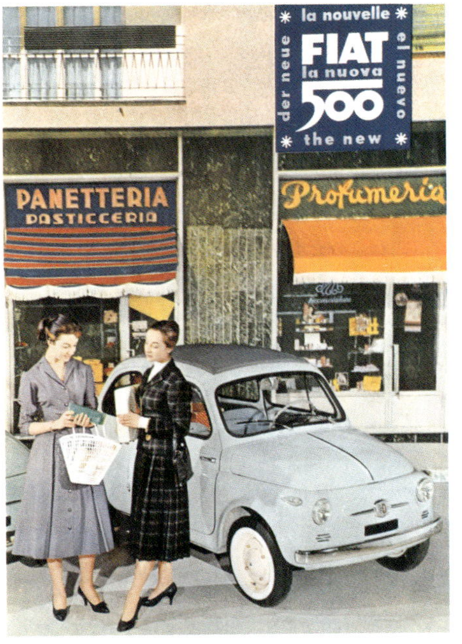

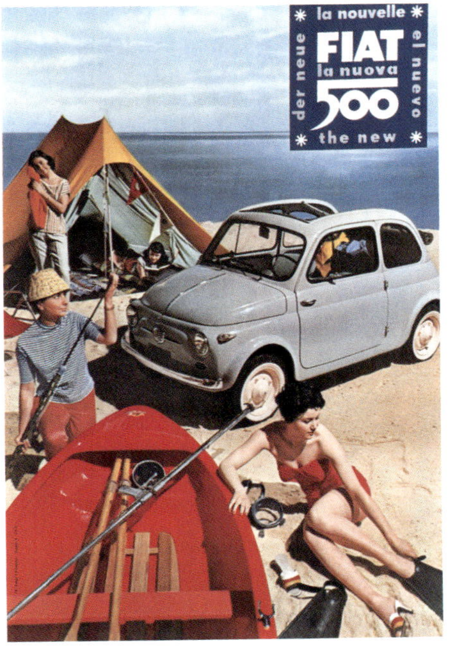

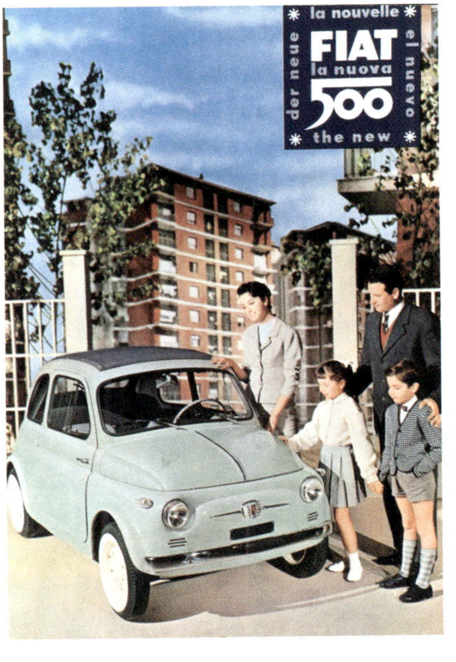

Foto pubblicitarie FIAT in occasione del lancio della 500.

FIAT advertising pictures for the launch of the 500.

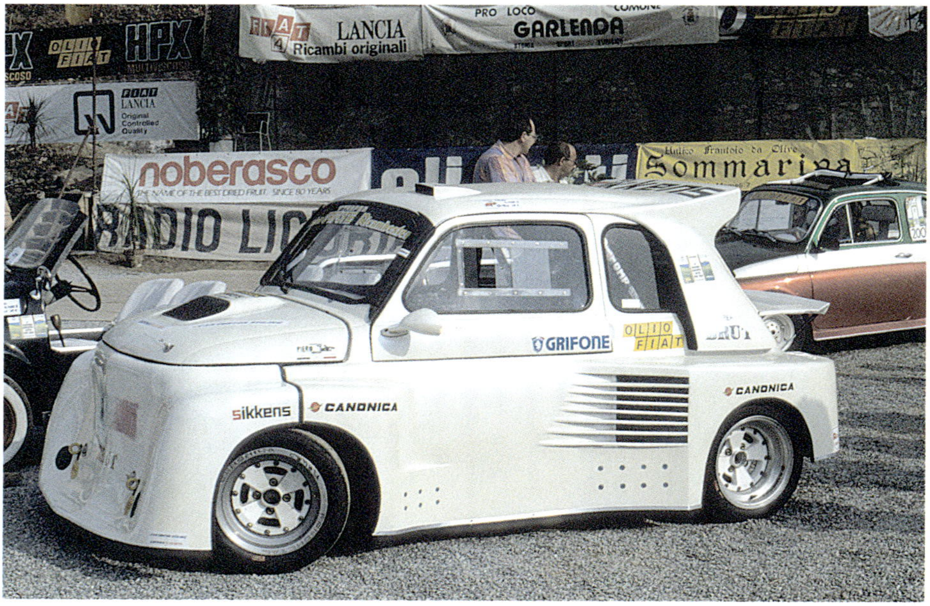

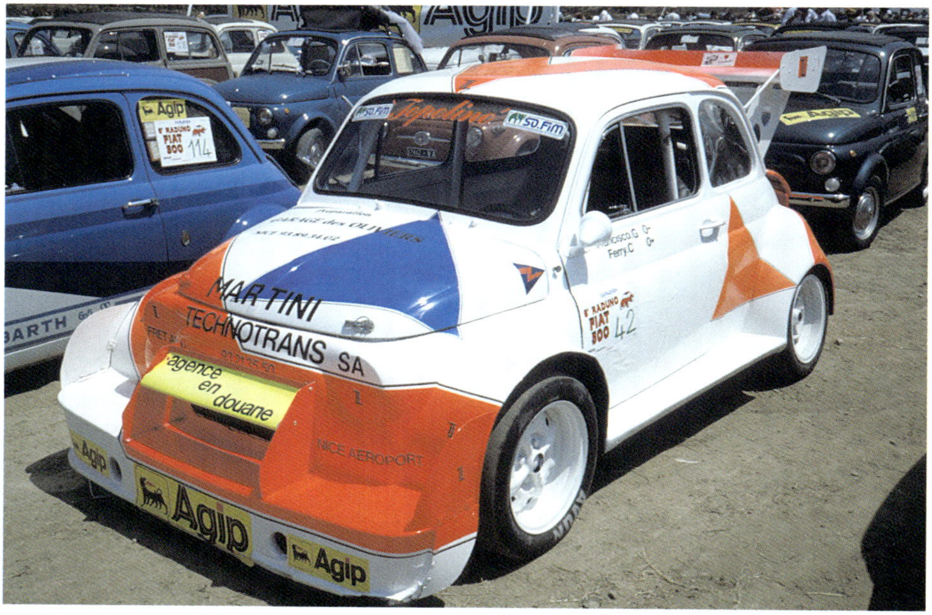

A volte le pacifiche 500 sono trasformate in bolidi rombanti!

Sometimes the peaceful 500s are turned into roaring racing cars!

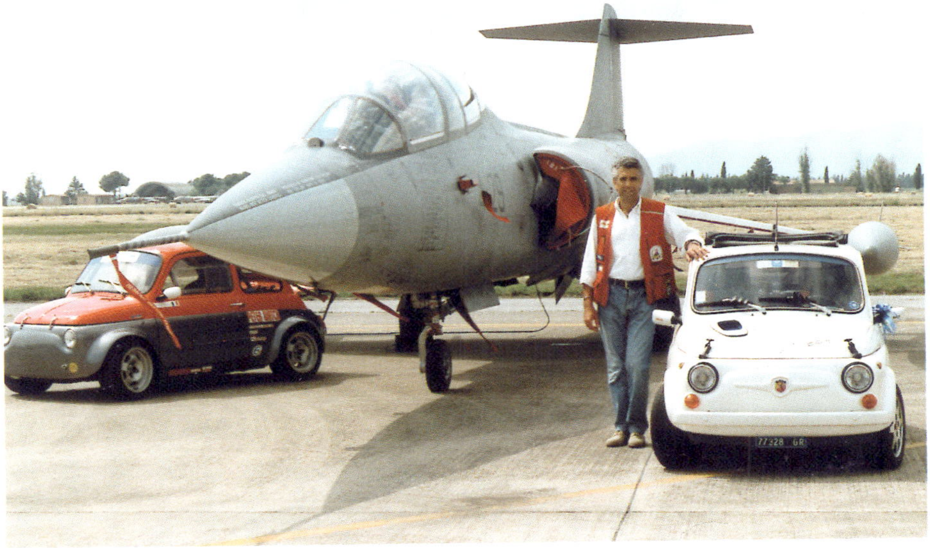

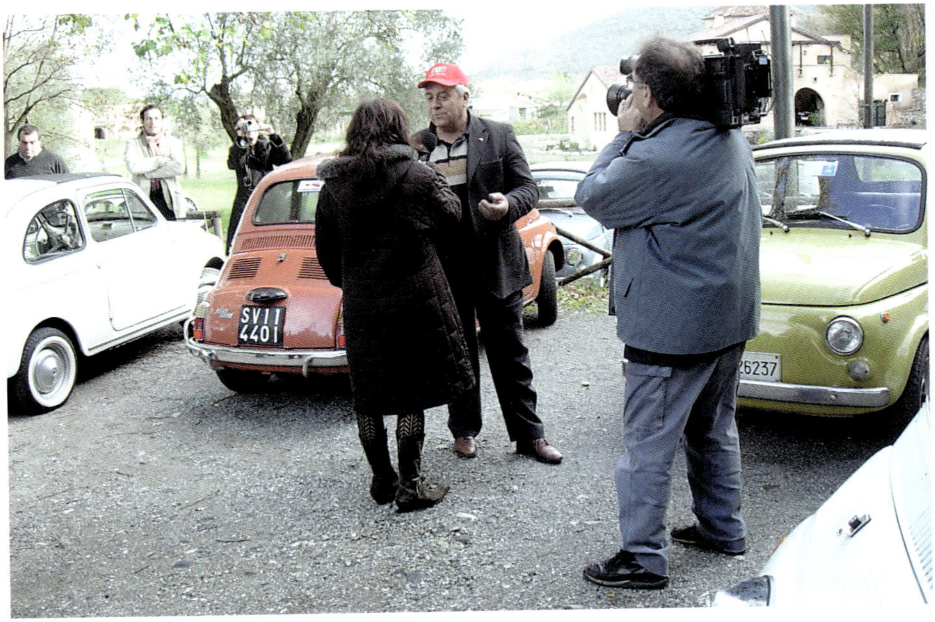

In alto, il fiduciario di Follonica Roberto Righetti all'aeroporto di Grosseto.
In basso, intervista di Alberto Bertoli, alla trasmissione "Bell'Italia" di RaiTre.

Above: the trustee from Follonica Roberto Righetti at the airport in Grosseto.
Below: Alberto Bertoli is interviewed for the RaiTre TV programme "Bell'Italia".

spese per la manutenzione e le revisioni. Perciò, *oltre all'aver usato ogni accorgimento tendente a ridurre i consumi ad un livello che costituisce un progresso decisivo rispetto ad ogni precedente soluzione, sono state ancora più radicalmente migliorate sia la sicurezza e la durata delle parti meccaniche che la semplicità delle operazioni di manutenzione e di revisione.*

Dalla presentazione di Alberto Bellucci: *È stata l'auto della nostra giovinezza, il sogno di milioni di italiani. Per molti di loro, i più fortunati, è stata anche la "prima" auto, quella che non si scorda mai.* E *per tutti i "fidanzati" della piccola utilitaria questo libro rappresenta una vera e propria storia di un amore lontano nel tempo quanto vicino nel cuore.* Un *amore singolare per i sentimenti e le passioni che ha saputo suscitare: nessun'altra auto, a quindici anni dalla sua scomparsa, è così "viva" come la* "500". *Non la* "600", *né la* "850" *e neppure le splendide spider* Fiat *degli anni* Sessanta. *Nessun'altra macchina, d'altronde, ha saputo "toccare" con tanta forza i sentimenti degli italiani.*

Il raduno del 1990 è il primo ad essere ufficializzato dalla rivista "4piccoleruote" con la prima delle tante "classifiche" che animeranno i raduni in tutta Italia. Tra i premiati troviamo: *per la 500 più fedele* Marianna Klier Marchesini, *per la 500 più frivola* Sergio Giromini, *per la 500 più originale* Enrico Barabino, *per la 500 meglio conservata* Edoardo Maria Rinaldi, *per la 500 più simpatica* Camillo e Giuseppe Russo, *per la 500 più caratteristica* Antonio Iandico, *per la 500 più grintosa* Helmut Notdurfter, *per la 500 più elaborata* Augusto Zerbone.

employing all possible solutions aimed at reducing the costs to a level that constitutes a decisive progress with respect to any previous solution - both the safety and life of the mechanical parts and the simplicity of maintenance and repairs have been even more radically improved.

The following is an extract of the presentation given by Alberto Bellucci: *It has been the car of our youth, the dream of millions of Italians. For many of them - the luckiest ones - it has also been their "first" car, the never forgotten one. And for all the "fiancées" of the small runabout this book is the story of a love far back in time but close in their hearts.* A *unique love for the feelings and the passion that it has been capable of stirring: no other car, fifteen years after its going out of production, is as "alive" as the* "500". Not *the* "600", *nor the* "850" *and not even the gorgeous* Fiat *spiders of the* Sixties. No *other car, on the other hand, was able to "touch" so deeply into the emotions of the Italians.*

The 1990 meeting is the first to get an official recognition by the magazine "4piccoleruote" with the first of the many "classifications" that will animate the meetings all over Italy. Among those who were awarded a prize are: Marianna Klier Marchesini for the *most faithful* 500, Sergio Giromini for the *most frivolous* 500, Enrico Barabino for the *most original* 500, Edoardo Maria Rinaldi for the *best preserved* 500, Camillo and Giuseppe Russo for the *cutest* 500, Antonio Iandico for the *most typical* 500, Helmut Notdurfter for the *most dashing* 500, Augusto Zerbone for the *most tuned* 500.

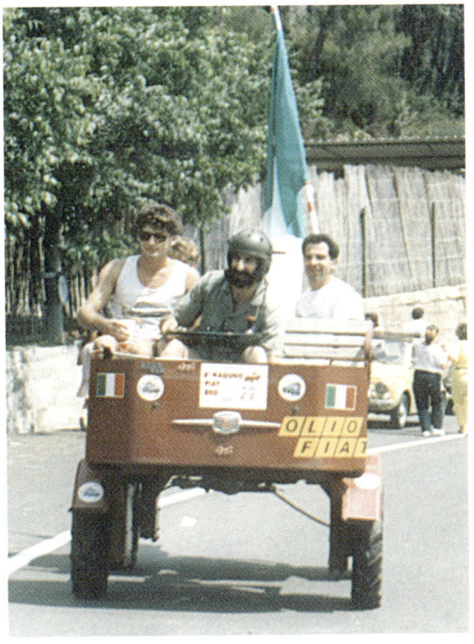

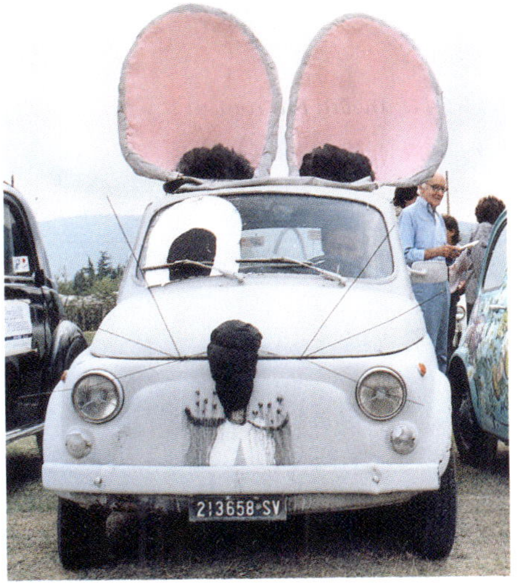

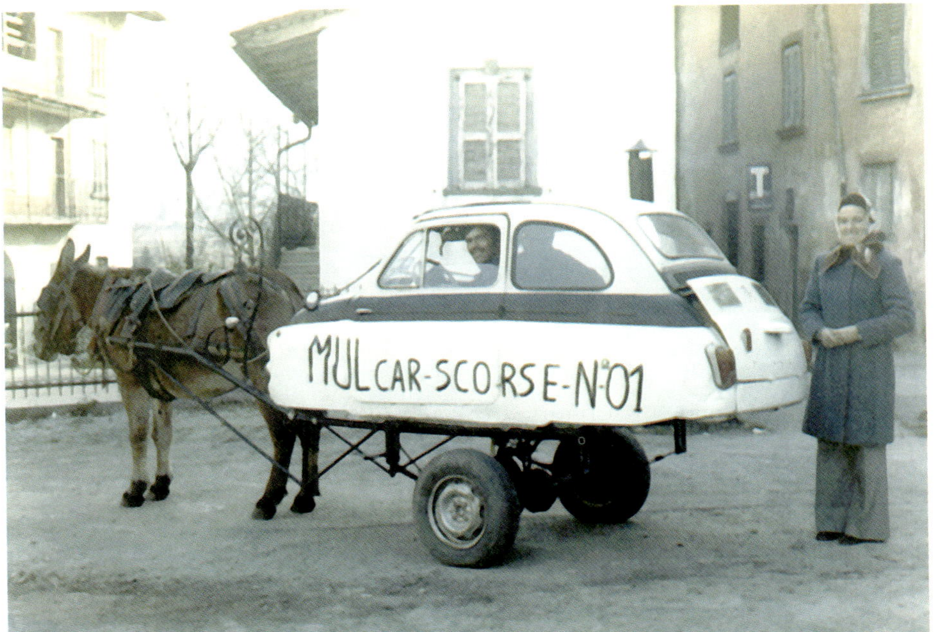

Agli incontri dei cinquecentisti non mancano ironia e buonumore!

There is no lack of good humour at Cinquecento enthusiasts meetings!

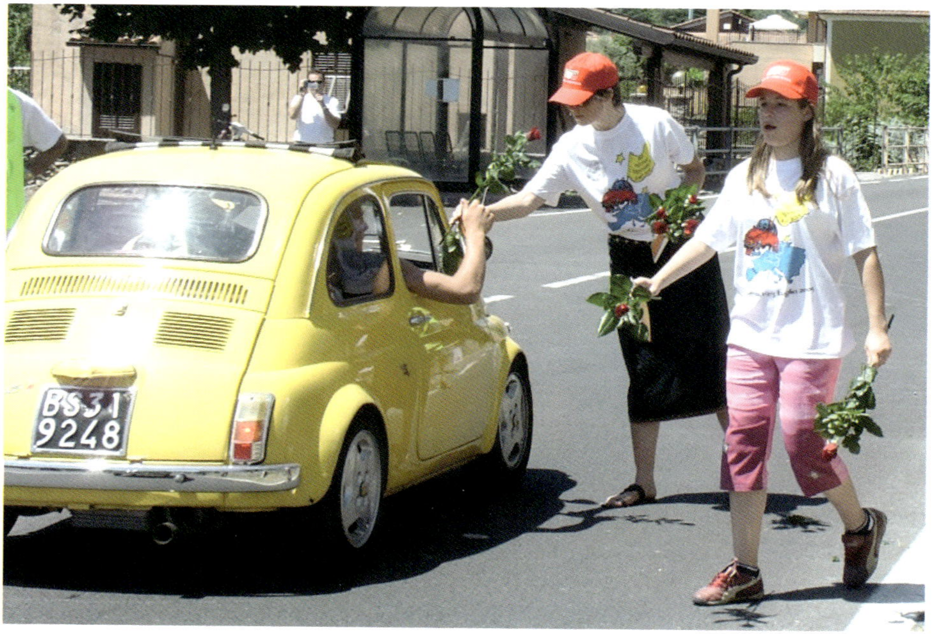

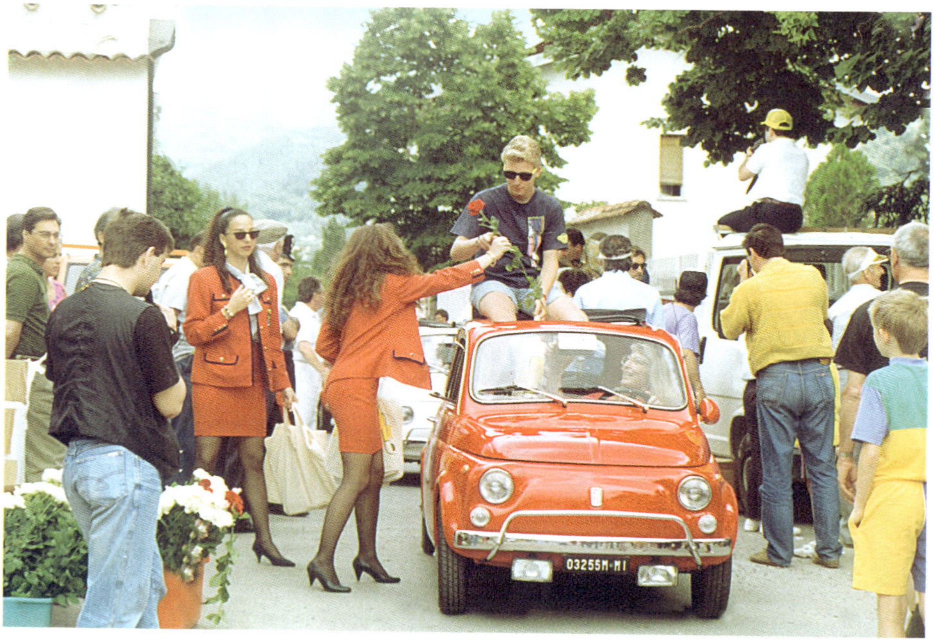

Continua la tradizione di accogliere i cinquecentisti con fiori e sorrisi.

The tradition of welcoming Cinquecento enthusiasts with flowers and smiles goes on.

Cresce la passione

1991

Il fiduciario di zona Gino Ravazza ed il presidente De Capitani consegnano la cinquecentesima tessera sociale al festeggiato Roberto Borio di S. Anna Costigliole.

In settembre Federico Moioli partecipa al "tour dei passi", maratona automobilistica che da Ardesio (BG) lo porta in due giorni e dopo oltre ottocento chilometri ad attraversare ben tredici tra i valichi alpini più impegnativi, compreso il passo dello Stelvio (2760 metri s.l.m.).

Il 26 ottobre Giorgio Balbo, fiduciario di Alassio e socio fondatore, si sposa con Sandra Novello. **Inizia la bella tradizione della partecipazione degli amici degli sposi con le loro 500.**

Nel 1991 si organizzano anche il primo raduno piemontese a Nizza Monferrato, a cura di Luigi "Gino" Ravazza, il primo raduno emiliano a Bobbio in provincia di Piacenza a cura di Lucio Bianchi ed il primo raduno toscano a Barga (LU) in Garfagnana ad opera del fiduciario Pietro Paolo Martinelli.

Nello stesso anno giunge al raduno di Garlenda, al volante della sua 500 del 1963, Padre Guido del convento genovese dei Cappuccini di Santa Caterina, al secolo Alberto Bonacina. L'intenzione di Padre Guido è di festeggiare alla manifestazione il suo 80° compleanno e il 56° di sacerdozio. Viene immediatamente proclamato, a furor di popolo, "guida spirituale del raduno".

A questo proposito scrive il giornalista

The passion grows

1991

The local trustee and the president De Capitani hand over the five hundredth membership card to Roberto Borio from S. Anna Costigliole.

In September Federico Moioli takes part in the "tour dei passi" (tour of the passes), a car race that from Ardesio (BG) takes him in just two days and eight hundred kilometres to cross an impressive thirteen among the most challenging Alpine passes, including the Stelvio Pass (2,760 m above the sea level).

On the 26th October Giorgio Balbo, trustee from Alassio and founding member, gets married to Sandra Novello. **The tradition starts of friends participating in the wedding with their 500s**.

1991 is also the year of the first Piedmontese meeting in Nizza Monferrato, organized by Luigi "Gino" Ravazza, the first Emilian meeting in Bobbio, in the province of Piacenza organized by Lucio Bianchi and the first Tuscan meeting in Barga (LU), in the Garfagnana region, by the trustee Pietro Paolo Martinelli.

In the same year Father Guido, in the world Alberto Bonacina - from the Genoese Capuchin Convent of Santa Caterina - arrives at the meeting at the wheel of his 1963 500. Father Guido intends to celebrate

sportivo genovese Cesare Rosso sul "Corriere Mercantile":
Un riconoscimento "inventato" sull'occasione appropriato pur nel suo gioco di parole, estemporaneo rispetto a quelli soliti rilasciati ogni anno al raduno di Garlenda vale a dire ai possessori delle 500 più originali [...] Un riconoscimento spontaneo, che fra l'altro ha dato una ulteriore connotazione alla sagra automobilistica di Garlenda, dove se andiamo a ben vedere tutto può essere considerato "francescano" per lo spirito di volontariato e di uguaglianza che si respira vedendo all'opera dal primo cittadino, il sindaco, all'ultimo incaricato, gli organizzatori ed i gestori di questa manifestazione senza uguali per il suo rapido evolversi e crescere [...].
Al raduno partecipa per la prima volta Monica Costa di Genova, con la 500 ereditata da suo nonno Carlo. Da allora non farà mancare notizie sue e della sua amata vettura.
Paolo M. Amadori scrive sulla "Gazzetta di Parma":
È nata a Torino nel 1964 da una famiglia assai numerosa. Ha ventisette anni, ma non li dimostra. L'aria di Sanremo dove è andata ad abitare assai giovane l'ha aiutata a mantenersi in forma. Stiamo parlando della "500 D" di Annamaria Valletta, la colornese che si è aggiudicata il Gran premio annuale indetto dal "Club Italia 500" e assegnato a Garlenda (SV) alla vettura in migliori condizioni. L'abbiamo incontrata in via Du Tillot, dove abita, reduce da un viaggio di 10 ore da Sanremo a Colorno. A meno di 50 chilometri orari di media. «Da quando la mia 500 è diventata famosa - dice - non mi fido più a

his 80th birthday as well as his 56 years of priesthood at the meeting. He is immediately elected by public acclaim "spiritual guide of the meeting".
The Genoese sports journalist Cesare Rosso writes about it on the "Corriere Mercantile":
A title "made up" for the occasion, an appropriate one even if a pun, unprepared if compared to those usually given each year during the Garlenda meeting, i.e. to the owners of the most original 500s. [...] A title that came spontaneously, adding a further touch to the Garlenda car festival, where - taking a closer look - all can be considered a bit "Franciscan" given the spirit of solidarity and equality that one can notice when one sees everybody at work, from the first citizen, the mayor, to the last of the workers, the organizers and the managers of this event that has no equals when it comes to its rapid development and growth [...].
For the first time Monica Costa from Genoa takes part in the meeting with the 500 that she inherited from her grandfather Carlo. She has not failed to give news about herself as well as of her beloved car ever since.
Paolo M. Amadori writes on the "Gazzetta di Parma":
She was born in Turin in 1964 in a very large family. She is twenty-seven but does not look her age. The air of Sanremo - where she moved to when she was quite young – has helped her to keep in shape. We are talking about the "500 D" belonging to Annamaria Valletta from Colorno, who won the Great annual prize of the "Club Italia 500" and awarded in Garlenda (SV) to the

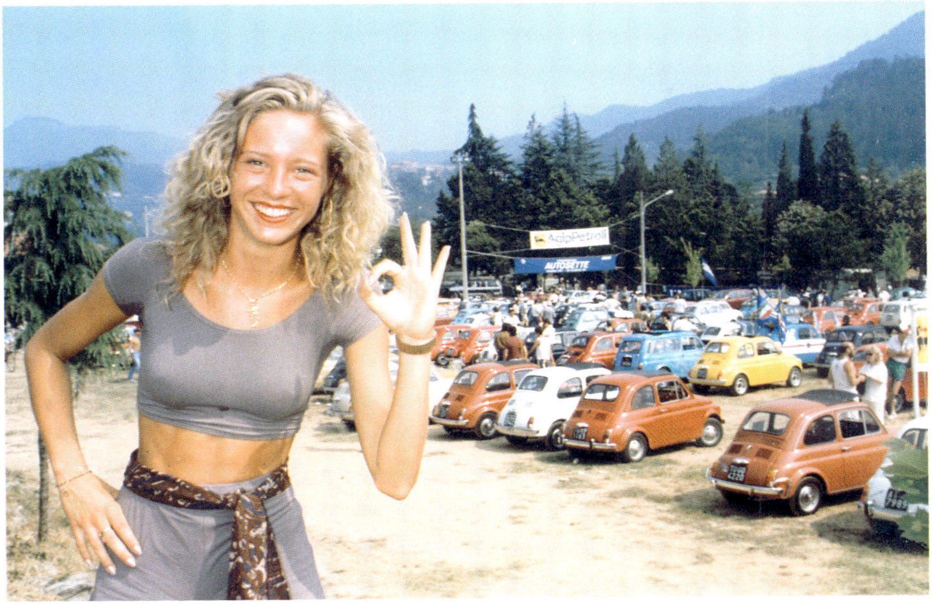

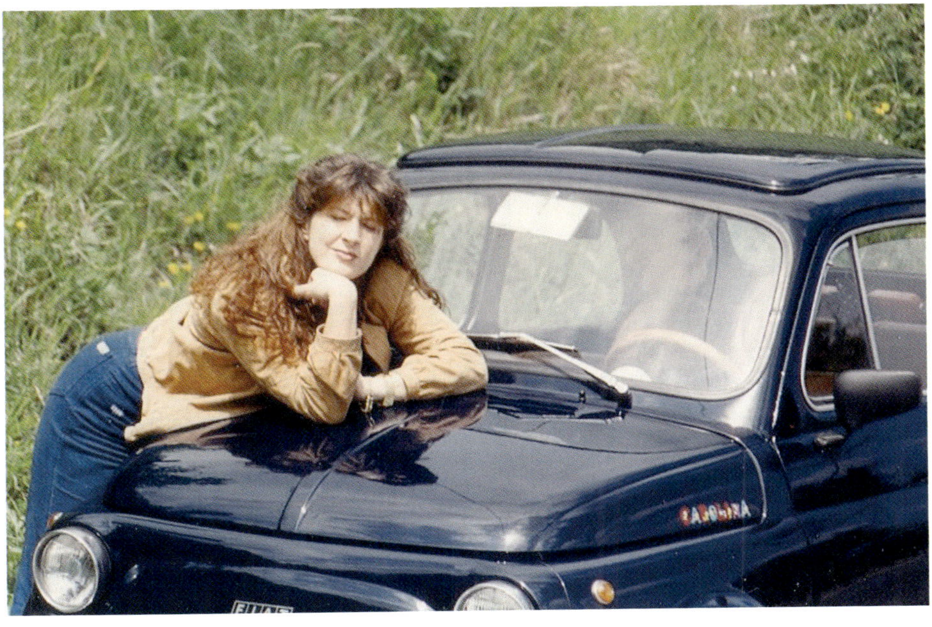

In alto, una graziosa cinquecentista esprime gradimento per il raduno.
In basso, Monica Costa con la sua "Carolina".

Above: a pretty Cinquecento enthusiast shows her appreciation for the meeting.
Below: Monica Costa with her "Carolina".

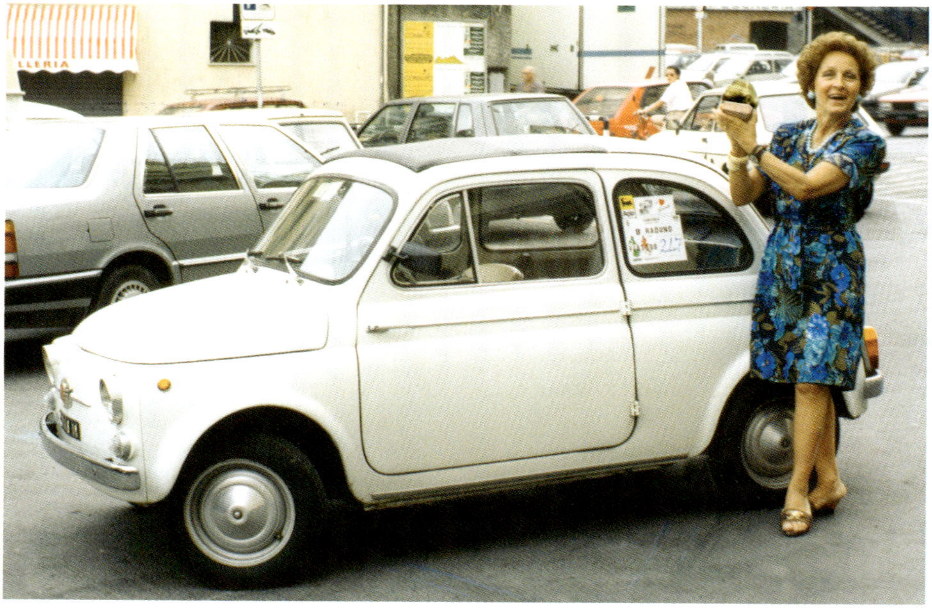

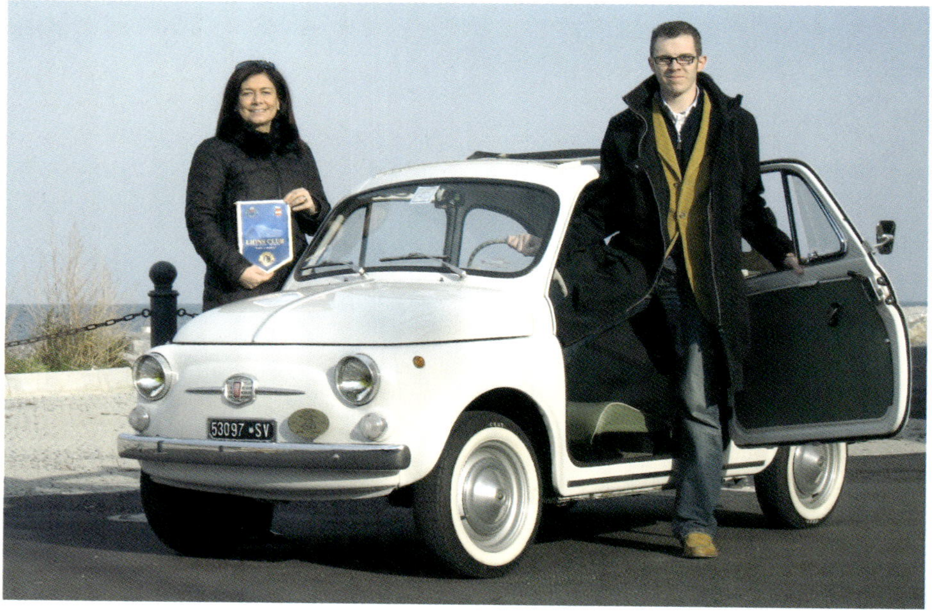

In alto, Anna Maria Valletta mostra con gioia il premio ricevuto a Garlenda.
In basso, Carlo Giuliani con Antonella Partigliani, vicepresidente del Lions Club Vado Ligure.

Above: Anna Maria Valletta happily shows the prize she has been awarded.
Below: Carlo Giuliani with Antonella Partigliani, vice-president of the Vado Ligure Lions Club.

lasciarla al mare, così ho pensato di portarla a casa e di tenerla in garage». [...] «Dell'esistenza del raduno del Club Italia riservato alle 500 - riprende la signora Annamaria - sono venuta a conoscenza per caso, incontrando l'ex proprietario dell'auto. Vada signora, mi disse, perché l'auto è assolutamente originale: non ho mai sostituito nessun pezzo. Subito ero un po' indecisa, poi mi sono tuffata nell'avventura. Sapevo che mi avrebbero dato degli adesivi da attaccare alla mia macchina ed ero già contenta. Ho imboccato l'autostrada con a fianco il signor Ugo, il mio vicino di casa, e ho raggiunto Garlenda. La mia 500, assieme ad altre 470 sorelle, ha dato vita ad un affascinante carosello lungo le strade del savonese: una cosa indimenticabile. [...] Il giorno dopo sarei dovuta tornare per la cerimonia, ma non ne avevo voglia. Non avrei mai immaginato di essere io a vincere. Di buon mattino, mi sono messa al volante e ho cominciato a girare per Sanremo come faccio di solito. ***All'improvviso una vocina - sorride - mi ha detto di andare a Garlenda. Sono andata e ho vinto».*** Medaglia d'oro, trofeo, onori del sindaco di Garlenda, del prefetto di Savona e di alcuni parlamentari hanno accompagnato la proclamazione. *«Ma le cose che ho apprezzato maggiormente dello splendido raduno - ammette - sono state il caloroso abbraccio della gente e gli sportivissimi complimenti di un gruppo di modenesi conosciuti nell'occasione.».*

Marinella Pifferi da Bologna scrive su "4piccoleruote": «*Vi scrivo questa lettera per farvi i complimenti sull'ottima organizzazione dell'8° Raduno svoltosi il*

best preserved car. We have met her in Via Du Tillot, where she lives, just after arriving from a 10 hour journey from Sanremo to Colorno. Travelling at an average speed of less than 50 kmph. "Ever since my 500 has become famous – she says – I do not feel like leaving it at the seaside, so I have thought of bringing it home with me and keep it in the garage". [...] "I learnt of the meeting of the Club Italia reserved to the '500' by chance – continues Annamaria – when I bumped into the old owner of the car. You should go there, Madam, he told me, because the car is completely original: I have never changed a single piece. At first I was a bit hesitant, then I plunged into this adventure. I knew I would be given some stickers to stick on my car and I was already happy with that. I set off for Garlenda with my neighbour Ugo sitting next to me. My 500, together with another 470 sisters, has given life to a fascinating show along the roads of the Savona region: an unforgettable experience. [...] The following day I should have gone back for the ceremony, but I did not feel like going. I would never have imagined that I would be the winner. I got behind the wheel in the early morning and I started to wander around Sanremo, as I usually do. ***Suddenly, a voice – she smiles – told me to go to Garlenda. I went there and I won****". A gold medal, a trophy, the homage of the mayor of Garlenda, of the prefect of Savona and of some members of Parliament have applauded the announcement. "But the things that I have appreciated the most about this wonderful meeting – she admits – were the warm hugs of the people and the sporting compliments of a group from Modena met on that occasion.".*

Marinella Pifferi from Bologna

6/7 luglio scorsi. Io e mio marito Stelio abbiamo partecipato per la prima volta e, lo ammetto, con una certa titubanza, quasi certi di aderire ad un "ritrovo di matti" e invece ci siamo divertiti tantissimo. [...] vi abbiamo subito riconosciuto per la vostra gentilezza, ospitalità e organizzazione [...] Sì, è stata veramente una bella esperienza, spero di ripeterla l'anno prossimo ritrovandovi ancora tutti con lo stesso spirito di corpo e allegria.»

E dalla Nuova Zelanda Bruce Bruton scrive: «*Sono proprietario di Fiat 500 da molto tempo. La mia famiglia possiede quattro 110 F, una 120 D e una 126, e mia moglie ha una Uno 60. Ho guidato circa 250000 km in Fiat, il 98% dei quali in 500. Mi hanno chiamato "la migliore propaganda Fiat in Nuova Zelanda". Ho visto la mia prima Topolino circa nel 1960 e ho posseduto la mia prima Fiat 500 D nel 1963. E non me ne sono mai stancato. Passiamo il tempo a giocarci, a divertirci e metterle a punto. Il mio attuale progetto si rivolge alla mia 500 F vecchia di ben 24 anni.*»

Bruton continua con i dettagli dei suoi interventi meccanici, lamentando la mancanza di una manualistica adeguata e chiedendo l'intervento del Club in tal senso. Inoltre spiega: «*Sono state importate 5000 Fiat 500 in Nuova Zelanda in un periodo di 14 anni. Una gran parte sono tuttora in circolazione e la situazione ricambi non è male, ma potrebbe essere migliore.*»

Barricelli e Baiano realizzano le simpatiche vignette che accompagneranno i primi anni di "4piccoleruote".

writes on "4piccoleruote": "*I am writing this letter to compliment you on your excellent organization of the 8th Meeting of the 6/7 July last. My husband Stelio and I have participated for the first time and - I must admit it - with a certain hesitation, almost certain that we would join a 'meeting of crazy people'. Actually, we ended up having a great time. [...] we recognized you at once for your kindness, hospitality and organization [...] It has been a truly good experience indeed. I hope to repeat it next year and find you all with the same group spirit and cheerfulness.*"

Bruce Bruton writes from New Zealand: "*I have owned a Fiat 500 for a long time. My family owns four 110 F, one 120 D and one 126, and my wife has a Uno 60. I have driven about 250,000 kms in Fiat cars, the 98% of which in a 500. They call me 'the best Fiat propaganda in New Zealand'. I saw my first Topolino around the year 1960 and I have owned my first Fiat 500 D in 1963. I have never got tired of them. We spend our time playing with them, having fun and tuning them up. My current project is on my 24 year old 500 F.*"

Bruton continues his letter with the details of his mechanical interventions, complaining about the lack of suitable manuals and asking the Club to intervene in this matter. Furthermore he explains: "*Five thousand 500s have been imported into New Zealand over a 14-year period. The great majority of them are still circulating and the spare-parts availability is not bad, but it could be better.*"

Barricelli and Baiano realize the cute cartoons that will accompany the first years of "4piccoleruote".

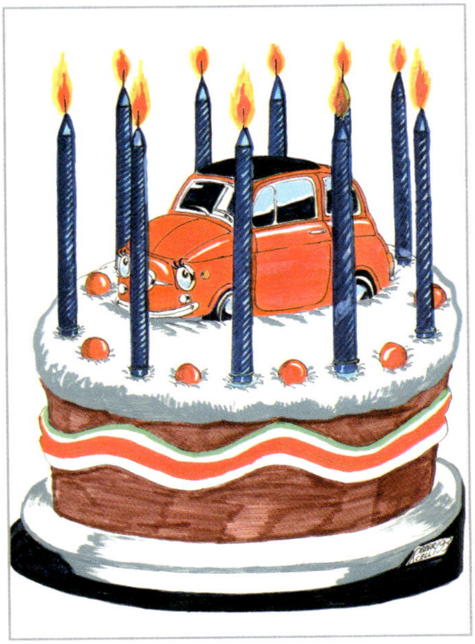

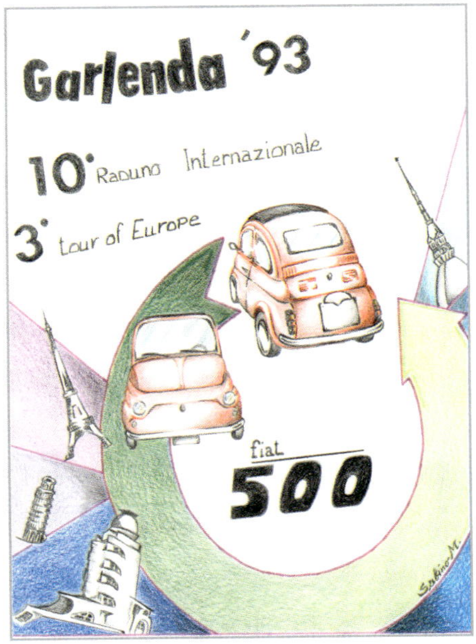

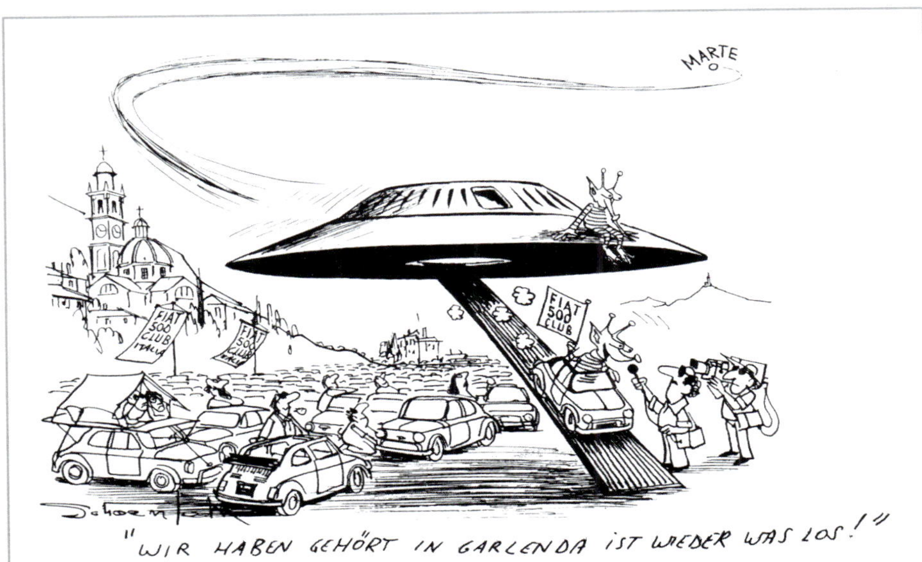

"Abbiamo sentito dire che a Garlenda ancora una volta c'è qualcosa di nuovo"

In alto, le candeline e il manifesto del decimo raduno internazionale.
In basso, una vignetta del noto caricaturista Karl Schöenfeld.

Above: the candles and the poster of the tenth international meeting.
Below: a cartoon by the famous caricaturist Karl Schöenfeld.

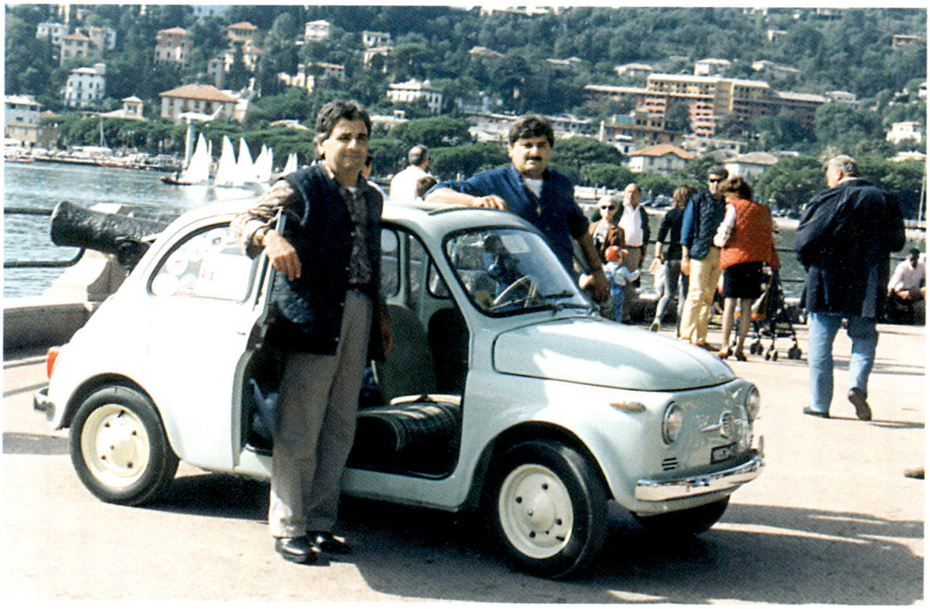

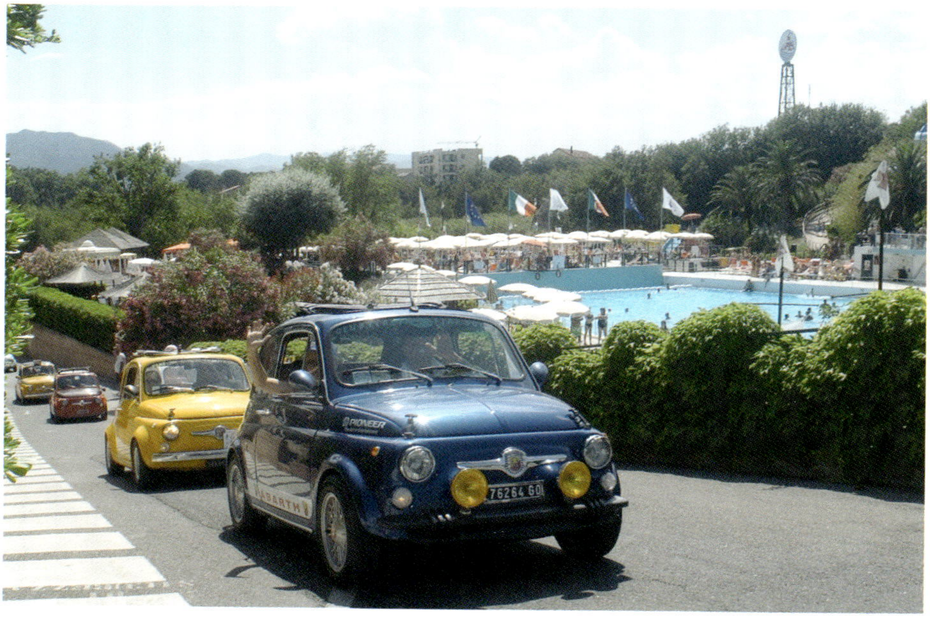

In alto, i soci storici Tito e Fortunato Tripodi di Genova con la loro 500.
In basso, le 500 all'interno del Parco Acquatico "Le Caravelle" di Ceriale (SV).

Above: the historic members Tito and Fortunato Tripodi with their 500.
Below: the 500s inside the Water Park "Le Caravelle" in Ceriale (SV).

1992

Si programmano il primo raduno in Sicilia ed il primo raduno campano. La tessera numero mille venne consegnata alla signora Adriana Bartoli Ponzano di Milano.

Si registrano sia la partecipazione ad Automotoretrò di Torino sia la prima volta del Club al Salone dell'auto storica Autostory di Genova. Adriano Bonavita, i fratelli Tripodi, Mario Ferrando e Gregorio Crugliano fanno le cose in grande: allestiscono uno stand molto visitato, con l'esposizione di ben 6 macchine: la 500 del '59 di Beppe Laurenti di Locana; le due 500 di Mario e Marco Ferrando, la 500 Sport di Narciso Balbi di Busalla, la Jolly Ghia del '63 tipo Spiaggia con le tendine di Marianne Klier Marchesini di Alassio e un'altra 500 Jolly carrozzata Ghia decappottabile di proprietà del noto pittore Mario Berrino sempre di Alassio, inventore tra l'altro del celebre Muretto.

Bonavita, coadiuvato dai soci locali, organizza anche il primo raduno nel capoluogo ligure. È sempre del 1992 il primo raduno di Mercogliano (Avellino), seguito dai raduni di Caserta e Napoli.

Al raduno nazionale di Garlenda è particolarmente numeroso il coordinamento di Modena, che porta dieci equipaggi guidati da Idris Morselli, già organizzatore del primo raduno della Pianura Padana.

Inizia la collaborazione con il grande Parco Acquatico "Le Caravelle" di Ceriale.

Su "4piccoleruote" viene pubblicata la lettera del socio Raffaele De Bona (cancelliere di ambasciata) che scrive

1992

The first meetings in Sicily and Campania are planned. The membership card number one thousand is given to Mrs Adriana Bartoli Ponzano from Milan.

The participation to "Automotoretrò" in Turin and the first time of the Club at the vintage car show "Autostory" in Genoa must be recorded. Adriano Bonavita, the brothers Tripodi, Mario Ferrando and Gregorio Crugliano do things in a big way: they set up a stand visited by many people, where 6 cars are on display: the 1959 500 of Beppe Laurenti from Locana; the two 500s of Marco and Mario Ferrando, the 500 Sport of Narciso Balbi from Busalla, the 1963 Jolly Ghia Spiaggia with curtains of Marianne Klier Marchesini from Alassio and another convertible 500 Jolly Ghia owned by the famous painter Mario Berrino from Alassio, the inventor, among other things, of the famous "Muretto".

Bonavita, assisted by the local members, also organizes the first meeting in the Ligurian capital. 1992 is also the year of the first meeting in Mercogliano (Avellino), followed by the meetings of Caserta and Naples.

The group from Modena is particularly numerous at the Garlenda meeting, with ten teams lead by Idris Morselli, already organizer of the first meeting of the "Pianura Padana".

The collaboration with the big aquatic park "Le Caravelle" in Ceriale starts.

"4piccoleruote" publishes the letter from the member Raffaele De Bona

dalla Thailandia: «*In data 15.12 scorso il Bangkok Post, uno dei quotidiani in lingua inglese, ha dedicato uno "speciale" proprio alla 500 che a Nonthaburi, città satellite della periferia di Bangkok, da oltre 35 anni continua ad essere la beniamina della gente del luogo, tanto da essere considerata ormai anche un'attrazione turistica [...] anche qui, a 10 mila km. dall'Italia, la piccola grande cinquecento continua ad essere amata ed a godere di grande prestigio.*»

Massimo Medola di Bologna esprime alcune acute osservazioni sul mondo delle 500 nel capoluogo emiliano: «*La maggior parte sono in ottimo stato di carrozzeria, di cui alcune veramente perfette e restaurate di recente, tenute pulitissime; rare sono quelle tenute in cattivo stato e ci sono molte mediocri, con il paraurti anteriore ammaccato dai parcheggi, ma in stato generale dignitoso e restaurabili. Le vetture si trovano soprattutto nei quartieri medio-alti e nel centro storico. [...]* ***La maggior parte sono di proprietà di signore e signorine che le tengono meglio degli uomini.***»

Sergio Boggione e la moglie Anita partecipano con Simone e Giusy Foco al raduno presso il lago di Costanza in Germania, incontrando altri cinquecentisti e allacciando nuove amicizie.

La vicepresidente Maria Cristina Cavallo in un bellissimo articolo su "4piccoleruote" descrive l'atmosfera calorosa della tradizionale festa degli auguri durante la quale si registra da parte dei soci una plebiscitaria richiesta a Gian Paolo De Capitani affinché resti alla guida del sodalizio, nonostante i suoi impegni professionali.

(embassy chancellor) writing from Thailand: "*On the 15.12 last, the Bangkok Post, one of the English language newspapers, has dedicated a special report to the 500 that, in Nonthaburi - a satellite town in the suburbs of Bangkok - has been for over 35 years the favourite car for locals, to such an extent that it is now also considered a tourist attraction [...] even here, 10 thousand kilometres from Italy, the small great Cinquento continues to be loved and to have great prestige.*"

Massimo Medola from Bologna makes some sharp remarks on the world of the Fiat 500 in the region's capital: "*Most of them are in a perfect body condition, some of which in a truly perfect state and recently restored, very tidily kept; badly kept ones are rare and there are many mediocre ones, with the front bumper dented by parking, but in a decent general condition and restorable. The vehicles are found mainly in upper middle-class quarters and in the old town. [...]* ***Most of them are owned by ladies and young ladies who keep them better than men do.***"

Sergio Boggione and his wife Anita with Simone and Giusy Foco participate in the rally held on the Constance Lake, in Germany, where they meet other 500 enthusiasts and make new friends.

The vice-president Maria Cristina Cavallo, in a superb article on "4piccoleruote" describes the warm atmosphere of the traditional Christmas party during which Gian Paolo De Capitani was unanimously requested to remain at the presidency of the association, notwithstanding his many professional engagements.

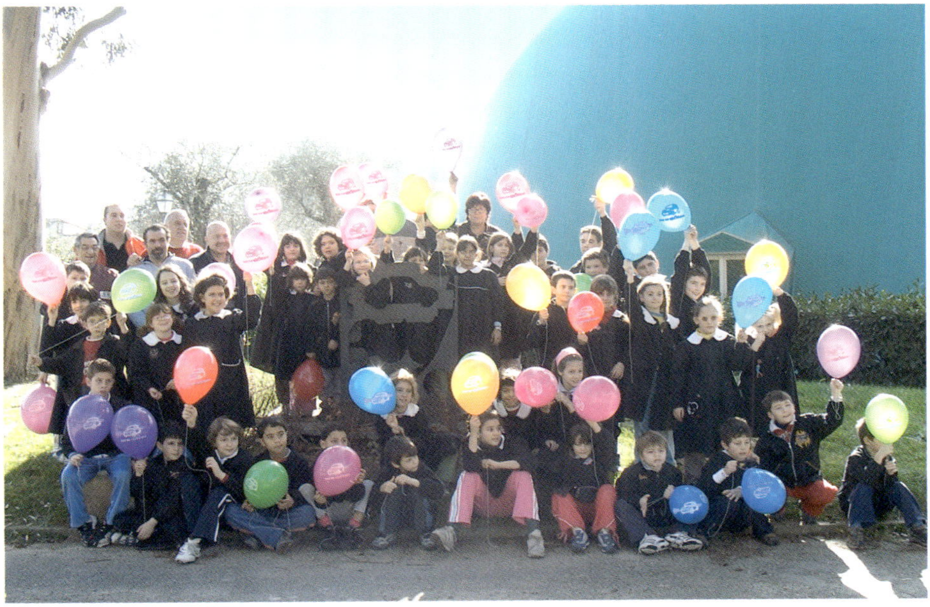

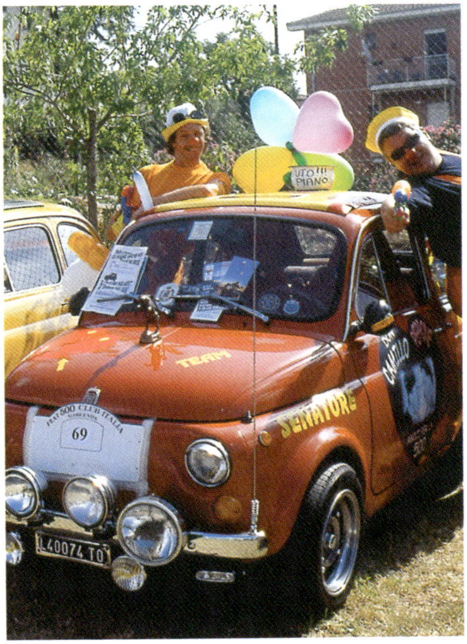

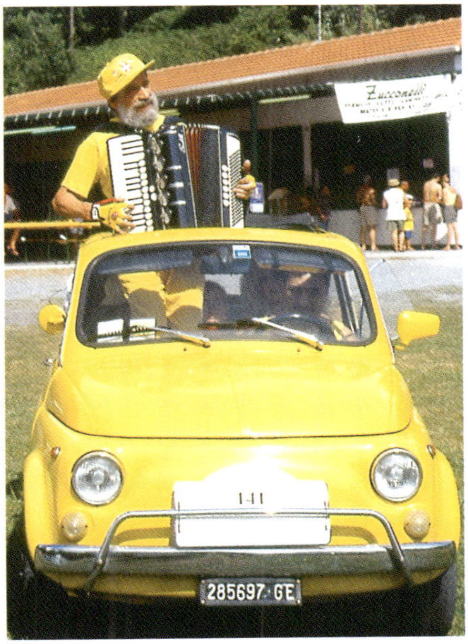

In alto, i bambini delle scuole di Garlenda attorno al monumento alla 500.
In basso, la 500 come portatrice di allegria e gioia di vivere.

Above: the schoolchildren of Garlenda next to the monument dedicated to the 500.
Below: the 500 as a bearer of joy and *joie de vivre*.

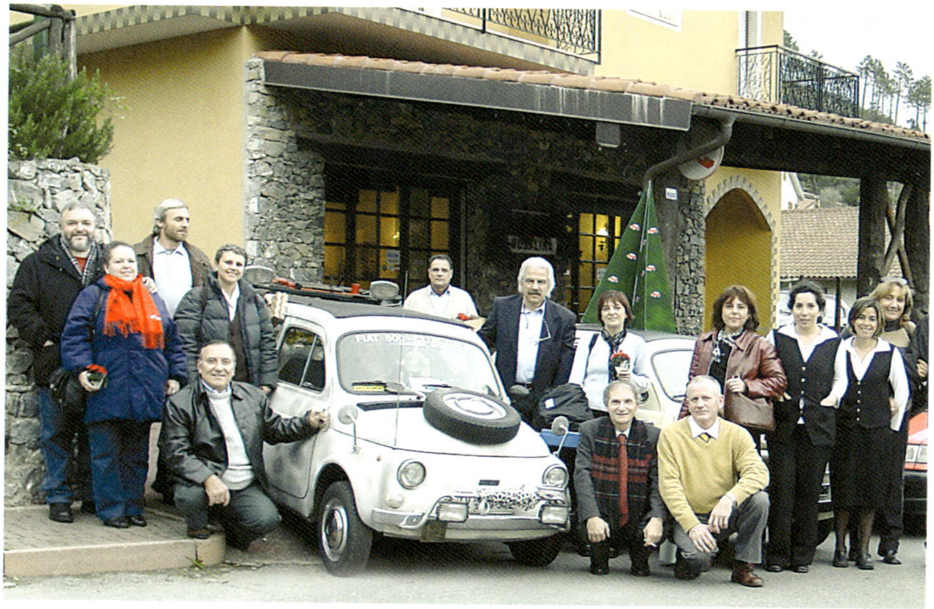

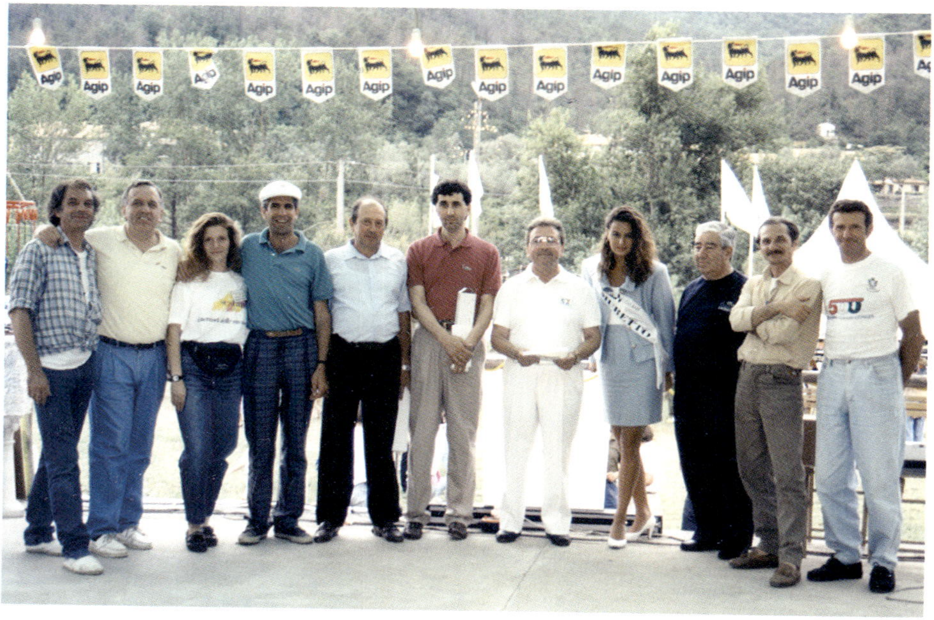

In alto, Maurizio Gherardi con la sua speciale 500 giardiniera e un gruppo di soci.
In basso, al centro: Gian Paolo De Capitani con alcuni personaggi importanti per la storia del Club.

Above: Maurizio Gherardi with his special 500 Giardiniera and a group of members.
Below, in the centre: Gian Paolo De Capitani with a group of personalities important in the history of the Club.

1993

Si organizza il primo Meeting Città di Torino. Il ricavato della manifestazione viene devoluto a scopi benefici.
La signora Allegra Agnelli ringrazia il Club con una affettuosa lettera: «*Gentile Signor Bo, a Lei, al Signor Palladino e alla Delegazione di Torino del Fiat 500 Club Italia il mio grazie di cuore per aver voluto organizzare il 1° Meeting Città di Torino il cui ricavato è stato destinato alla nostra Associazione. Il vostro è un gesto di grande solidarietà che ci incoraggia a perseverare con sempre maggior impegno in una delle battaglie più importanti della nostra epoca. Nel complimentarmi per la riuscita della simpatica manifestazione e con la speranza possa divenire un consueto appuntamento a favore della ricerca, rinnovo i ringraziamenti dell'intero Consiglio Direttivo ed invio i più cordiali saluti.*»
Sullo stesso numero della nostra rivista viene riportata la lettera, datata 1 giugno, indirizzata da Dante Giacosa a Domenico Romano: «*Ho ricevuto e letto con piacere il "4piccoleruote" del 4 aprile e naturalmente mi sono soffermato sulla "Storia della cinquecento firmata dalla Polistil". Ed ecco alcune mie precisazioni. Il lavoro di progettazione di quella che fu chiamata a "furor di popolo" - Topolino - ebbe inizio nel marzo del 1934. Mai una automobile fu concepita e costruita in tempo così breve da poter essere provata 7 mesi dopo su un piuttosto difficile percorso stradale. Così nacque nel 1936, su disegni distinti con la sigla "Zero A" la vettura commercialmente denominata 500A e dalla gente Topolino. Dopo la guerra, la 500A subì*

1993

The first "Meeting Città di Torino" is organized. The proceeds of the event are given to charity.
Ms Allegra Agnelli addresses an affectionate letter of thanks to the Club: "*Dear Mr Bo, my warm thank you to you, to Mr Palladino and to the Turin Branch of the 500 Club Italia for organizing the 1st Meeting Città di Torino, the proceeds of which have been allocated to our Association. Your gesture is one of great solidarity that encourages us to persevere with greater and greater efforts in one of the most important battles of our times. I compliment you for the success of this admirable event and I hope that it may become a customary appointment in favour of research. I thank you on behalf of the entire Board of Directors. Yours sincerely.*"
On the same issue of our magazine is published the letter written by Dante Giacosa to Domenico Romano on the 1st June: "*I have received and read with pleasure '4piccoleruote' of the 4th April and of course I have been dwelling on the 'Storia della cinquecento firmata dalla Polistil' (History of the 500 signed by Polistil n.t.). And here are some clarifications that I wish to provide. The design work of the car that was named 'by public acclaim' Topolino started in March 1934. Never before then had a car been conceived and built in such a short time to be tested 7 months later on a fairly difficult road. So, in 1936, based on the designs marked 'Zero A', the car commercially called 500A and commonly known as Topolino, was born. After the war, the 500A underwent over time a number of improvements marked with the letters B and C, until when, in 1955, it was replaced by the 600 (project 100), a 4-seater, lighter (585 kg) and more economical than the Topolino.*

nel tempo la serie di miglioramenti distinti con le lettere B e C, fino a quando nel 1955 fu sostituita dalla 600 (progetto 100), vettura a 4 posti più leggera (585 kg) ed economica della Topolino. Il peso era, in quel periodo, indice del costo. Della Topolino furono costruiti circa 603.000 esemplari compresa la versione Giardiniera (610 kg) e la successiva Belvedere (660 kg). Ma non fu perso tempo poiché durante la messa a punto e l'allestimento degli impianti di produzione della 600, fu concepita la "Nuova 500" (470 kg)... La presentazione della "Nuova 500" alla Presidenza e alla Direz. Generale avvenne durante la sfilata di tutti i modelli Fiat e Autobianchi nel parco del Castello di Stupinigi il 18 ottobre 1955. ***La presentazione al pubblico ebbe luogo*** *all'inizio della produzione nello stabilimento di Mirafiori* ***una sera del mese di Luglio 1957. La produzione ebbe fine nel 1975 quando erano stati costruiti, comprendendo la Bianchina, circa 4.000.000 di esemplari.*** *La comunicazione che la piccola gloriosa 500 sarebbe stata sostituita da una imponente "Cinquecento" non fu per me di alcuna consolazione.»*

Maurizio Gherardi propone a Vittorio Veneto il primo raduno d'inverno, con ben 102 equipaggi, tutti rigorosamente su Fiat 500 di tutti i modelli e serie. Martin De Groot, uno dei primi e più attivi fiduciari del Club, organizza, con notevole successo di partecipanti, il primo raduno di Firenze sul piazzale Michelangelo.

Al raduno nazionale di Garlenda partecipano ben 500 auto.

Alla manifestazione prendono parte an-

At the time, the weight was an indication of the cost. The Topolino was built in about 603,000 units including the Giardiniera version (610 kg) and the subsequent Belvedere (660 kg). But no time was wasted as during the tuning and the setting up of the 600 production installations, the "Nuova 500" was conceived (470 kg)... The presentation of the "Nuova 500" to the Chairman and the General Management took place during the parade of all the Fiat and Autobianchi models in the park of Stupinigi Castle on the 18th October 1955. ***The public launch took place*** *when the production at the Mirafiori plant began,* ***an evening of July 1957. The production ended in 1975 after about 4,000,000 units, including the Bianchina, had been built.*** *The announcement that the little glorious 500 would be substituted by a large 'Cinquecento' was of no consolation to me."*

Maurizio Gherardi organizes the first Winter meeting in Vittorio Veneto, with an impressive 102 teams participating, all strictly at the wheel of their Fiat 500 of all models and series. Martin De Groot, one of the first and most active trustees of the Club, organizes, with great success in the number of participants, the first meeting in Florence, at the Piazzale Michelangelo.

An impressive 500 cars participate in the national meeting of Garlenda. Elisabetta Mandraccio (1992 Miss Muretto) and the banner-wavers from Ventimiglia also take part in the event. Many are the anecdotes worth mentioning: from the misadventures of Jonny Porcu from Turin (his 500 spilt an impressive 5 kilograms of oil!) to the beautiful love story of Claudia Martellani from Gorizia, who defines her car as follows: "*For me and for my husband it*

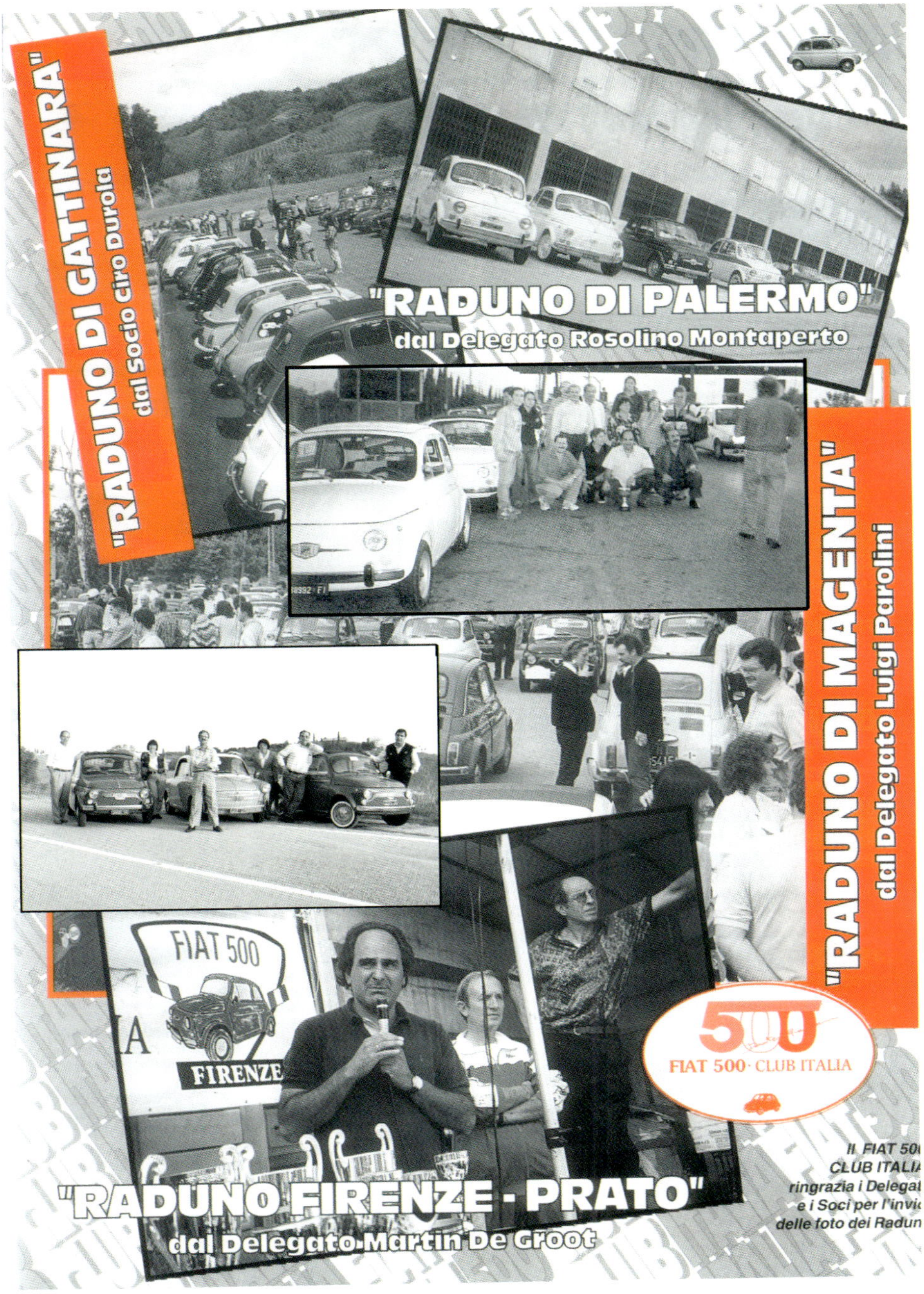

Un collage dei primi raduni con Martin De Groot (in primo piano).

A collage of the first meetings with Martin De Groot (in the foreground).

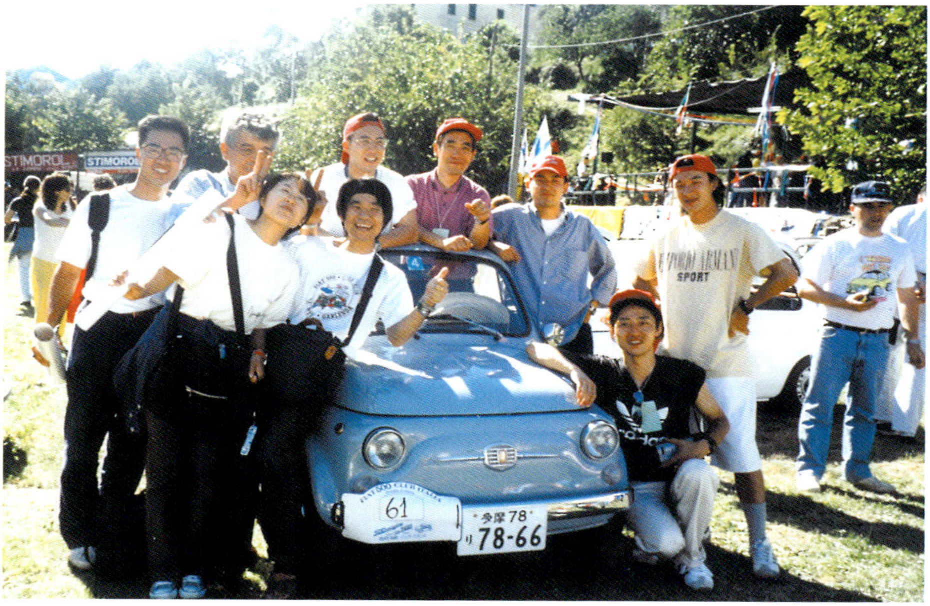

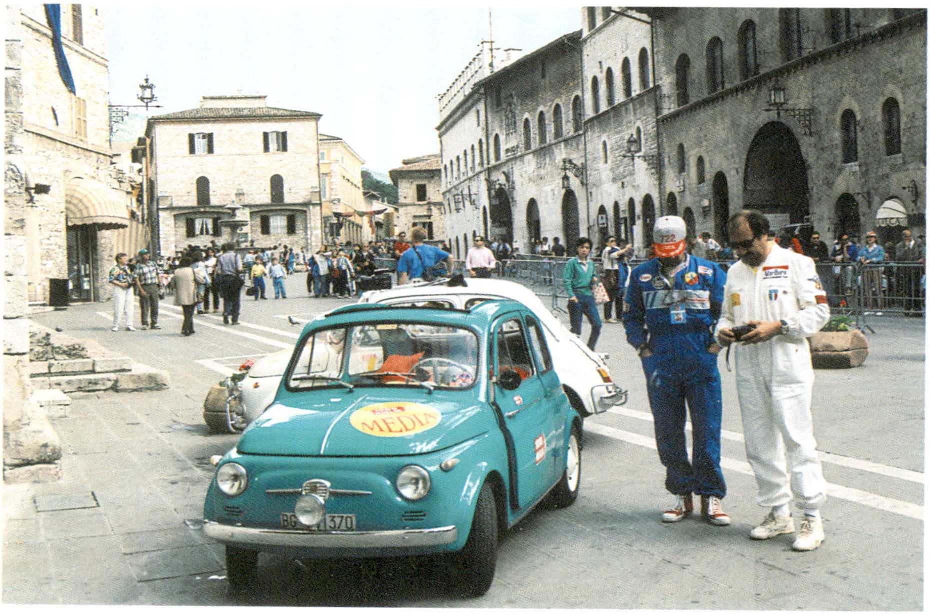

In alto, il gruppo di giapponesi con l'auto che ha partecipato alla prima "500 Miglia in 500".
In basso, Federico Moioli e Mario Begotti alla "Mille Miglia".

Above: the Japanese group with the car that has taken part in the first "500 Miglia in 500".
Below: Federico Moioli and Mario Begotti at the "Mille Miglia".

che Elisabetta Mandraccio (Miss Muretto '92) e gli sbandieratori di Ventimiglia. Numerosi gli aneddoti che meritano di essere riportati: dalle disavventure di Jonny Porcu di Torino (la sua 500 ha buttato fuori ben 5 chili di olio!) alla bella storia d'amore di Claudia Martellani di Gorizia, che così definisce la sua auto: «*Per me e mio marito è il nostro anello di fidanzamento nel senso che l'abbiamo presa insieme, scelta insieme, comprata insieme e ci ha portato fino all'altare*». Tra i partecipanti provenienti da più lontano i siciliani Rosolino Montaperto e Ugo Autino, che hanno viaggiato 24 ore, Elio Maroadi da Zurigo, il presidente del Club olandese Ivo van Wijk e i giapponesi Hiroko Terasawa e Takao Uchino. Il gruppo straniero più numeroso è quello di Jerome Rougé, presidente del Club di Perpignan (Francia), alla testa di ben 10 auto.
Marco Schincaglia partecipa con i soci Castellana, Candini, Cheli e Ferriani alla gara di regolarità "Casalecchio - Rocca di Roffeno" di 140 km in dodici prove. Ottavio Lauria organizza il primo raduno a Mercogliano (AV), il cui ricavato sarà in parte devoluto all'Unicef.
Andrea Zocca partecipa alla "Winter Marathon", corsa di 500 km in notturna attraverso le Dolomiti.
Federico Moioli e Mario Begotti prendono parte alla "Mille Miglia" riscuotendo simpatia ed ammirazione. Gli altri equipaggi devono constatare che le piccole 500 sono in grado di tenere il passo di altre macchine più potenti e blasonate.
Renato Donati di Bologna partecipa al suo primo raduno a Savigno, organizzato da Stelio e Marinella Yannoulis, e racconta nella sua lettera a "4piccole-

is our engagement ring in the sense that we got it together, chose it together, bought it together and it has accompanied us to the altar". Among the participants coming from farthest away are the Sicilian Rosolino Montaperto and Ugo Autino, who have travelled for 24 hours, Elio Maroadi from Zurich, the president of the Dutch Club Ivo van Wijk and the Japanese Hiroko Terasawa and Takao Uchino. The largest foreign group is the one lead by Jerome Rougé, president of the Club of Perpignan (France), with 10 cars.
Marco Schincaglia takes part, together with the members Castellana, Candini, Cheli and Ferriani in the regularity race "Casalecchio-Rocca di Roffeno", covering 140 kms in twelve stages. Ottavio Lauria organizes the first meeting in Mercogliano (AV), the proceeds of which are partly assigned to Unicef.
Andrea Zocca participates in the "Winter Marathon", a 500 km night-race across the Dolomites.
Federico Moioli and Mario Begotti take part in the "Mille Miglia" where they receive praise and admiration. The other teams have to take notice that the little 500s are capable of keeping pace with other more powerful and prestigious cars.
Renato Donati from Bologna takes part in his first meeting in Savigno, organized by Stelio and Marinella Yannoulis, and in his letter to "4piccoleruote" he provides a smart and ironic account of that day: "*Who is writing is a 'new' member, dragged into the Club by some 500 enthusiast friends, who forced me, in the sense that, as owner of a*

ruote" la cronaca di quella giornata, con garbo ed ironia: «*Chi vi scrive è un socio "novello", trascinato per il bavero nel Club 500 da amici cinquecentisti che mi hanno usato "violenza", in quanto io, proprietario di una Fiat Abarth 595 mi sono sempre sentito "diverso" dai cinquecentisti "comuni" in virtù della proprietà di una vettura più "blasonata" della "normale" 500. Questo è il primo raduno di 500 a cui partecipo, e non avrò proprio da pentirmene, anzi, ritengo di aver vissuto un'esperienza bellissima ed entusiasmante, per cui mi sono ripromesso solennemente di partecipare a più raduni 500 che mi sarà possibile. Partiamo da Bologna alle 8 del mattino di una bella giornata di sole. Le 500 presentatesi al raduno sono una quarantina, e tutti incolonnati e ben ordinati ci dirigiamo verso la strada provinciale "Bazzanese", dopo aver dato gli ultimi ritocchi di toeletta al nostro personale gioiello. Ogni tanto, lungo il percorso, compare qualche fascinoso cartello stradale indicante "Maranello", che ha l'effetto sui più scatenati di far affondare il piede più profondamente sull'acceleratore.* ***Ai lati della strada c'è sempre una folta ala di pubblico, giovane e meno giovane, che guarda, i primi con interesse, i secondi con tenerezza,*** *la sfilata di tante belle 500. [...] fino a Savigno, dove tutte le 500 si concentrano nella piazza centrale [...] Qui comincia il "guarda-guarda" di ciascun proprietario alla macchina altrui, chi invidioso per qualche "diabolico" accessorio meccanico o di bordo, chi interessato ad un particolare restauro, o colorazione o assetto e via dicendo. Il tutto però in un clima di festosa e disinteressata amicizia.*

Fiat Abarth 595, I have always felt 'different' from 'common' 500 enthusiasts, given that my car is more 'prestigious' than the 'standard' 500. This is the first 500 meeting I take part in, and I will not regret it at all. On the contrary, I feel like I have lived a wonderful and exciting experience, therefore I have promised myself that I will participate in as many 500 meetings as possible. We leave Bologna at 8 am on a beautiful sunny day. About forty 500s have showed up to the meeting, and all lined up and in an orderly manner we proceed towards the "Bazzanese" provincial road, after touching up the make-up of our gems. Now and then, along the way, some fascinating road signs indicating 'Maranello' appear, having the effect on the wildest ones to make them push further down on the accelerator. ***There is always a crowd of public along the sides of the road, young and less young people, watching – the former with interest, the latter with tenderness*** *– the parade of so many beautiful 500s [...] up to Savigno, where all the 500s gather onto the main square [...] Here the owners start looking at one another's cars, there are those envious of some 'diabolic' mechanic or onboard accessories, those interested in a particular type of restoration, or colour or trim and so on. All this, however, takes place in a climate of hearty and unbiased friendship. [...] we move out of the square for a forty-kilometres run. [...]*
The organization, although 'non-professional', is extremely efficient, in waiting for the slowest ones, in assisting the unlucky ones having some 'age-related' troubles, in always showing to everybody the right direction to take, also in calming down the hot spirits of those hot-blooded ones who want to let their car's horse power loose. [...] Around the table, it is the tongue to be let loose instead of the horse

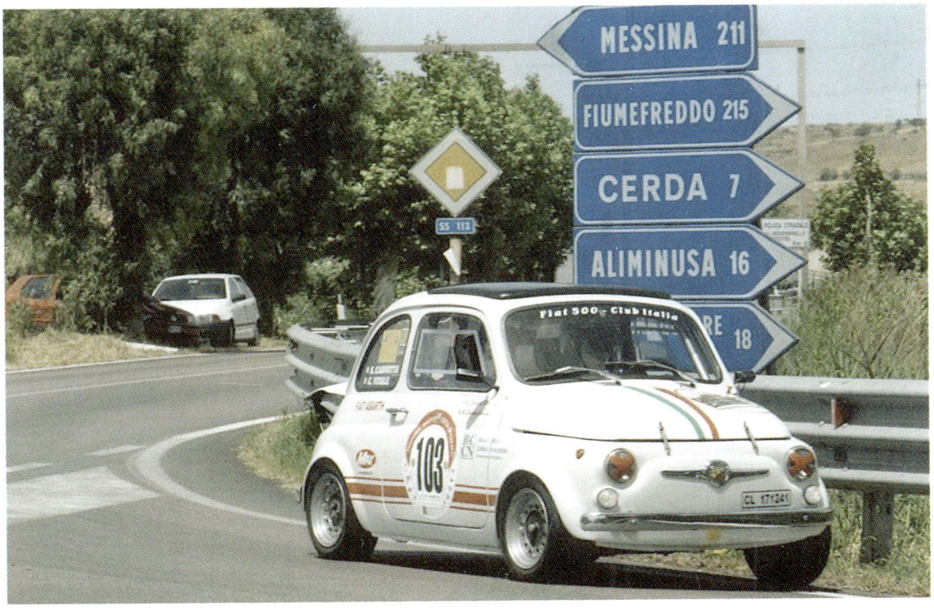

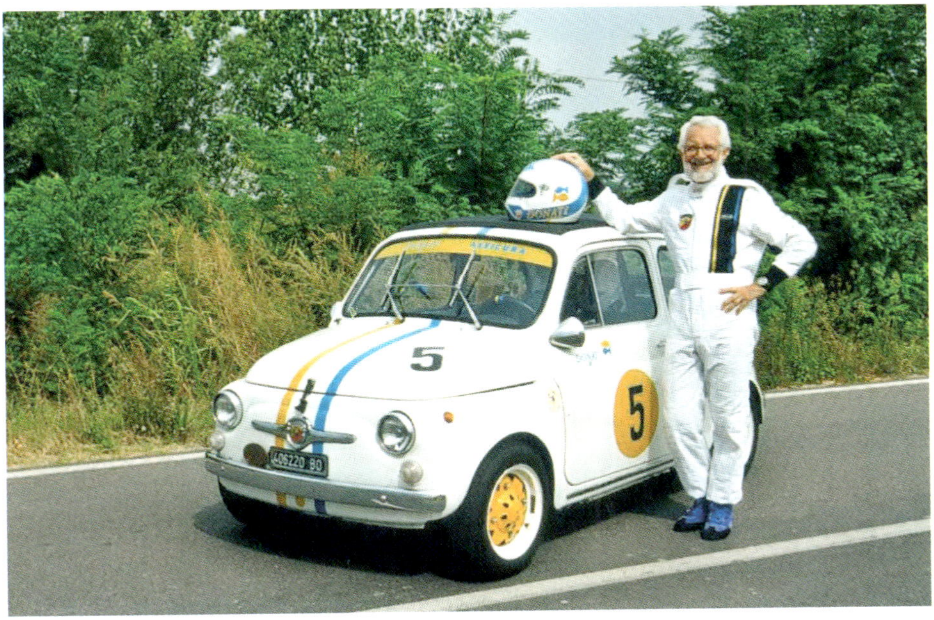

La 695 Abarth di Salvatore Carvotta e Claudio Vitale in azione sulle strade siciliane.
In basso, Renato Donati in tenuta da gara accanto alla sua 595 Abarth.

The 695 Abarth of Salvatore Carvotta and Claudio Vitale in action on the roads of Sicily.
Below: Renato Donati in his racing uniform next to his 595 Abarth.

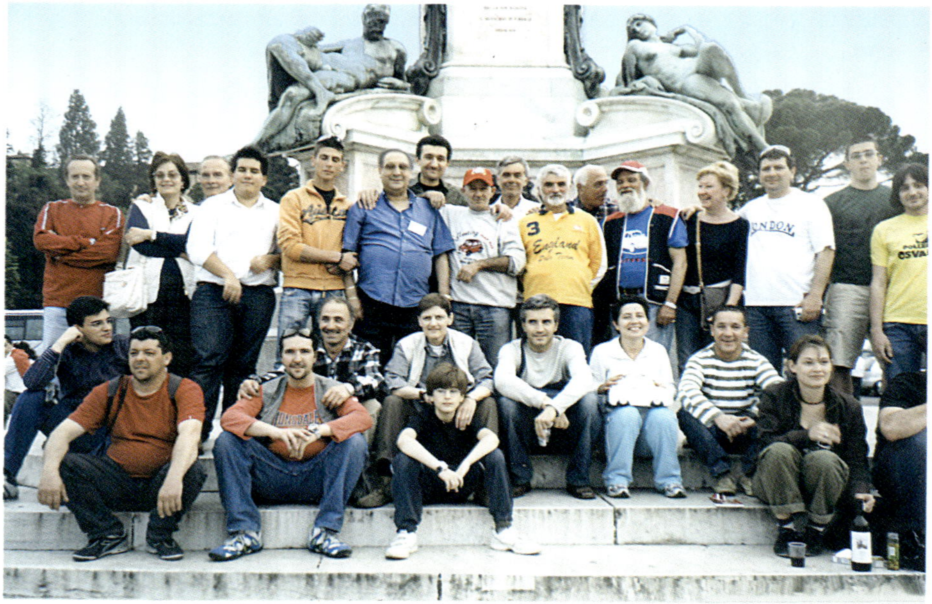

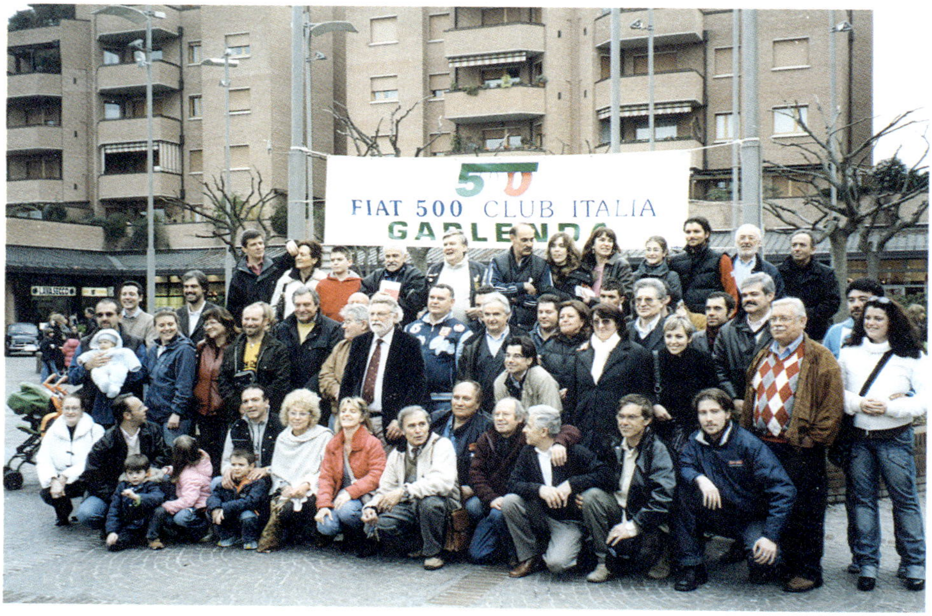

In alto, Vincenzo Santanna con i soci del Coordinamento di Firenze-Prato.
In basso, il Coordinamento di Bologna guidato da Marco Schincaglia.

Above: Vincenzo Santanna with the members of the Firenze - Prato branch.
Below: the Bologna Branch headed by Marco Schincaglia.

[...] ci muoviamo dalla piazza per una sgambata di una quarantina di chilometri. [...] L'organizzazione, se pur "artigianale", è veramente efficiente, nell'aspettare i più lenti, nel soccorrere gli sfortunati con qualche guaio di "vecchiaia", nell'indicare sempre a tutti la giusta direzione da prendere, anche calmando i bollenti spiriti dei più focosi che vogliono slegare i cavalli del loro mezzo. [...] A tavola invece dei cavalli si scatena la "lingua" e c'è chi racconta dove ha trovato la sua macchina, come l'ha restaurata, chi era il primo proprietario, di che anno è la prima immatricolazione, mentre i proprietari dei bolidi si fanno ascoltare quando raccontano dei cavalli della loro bestia, facendo passare forse per cavallo qualche "asino" in più. Tutto si svolge nella più allegra, simpatica, sincera spensieratezza.»

Germano Marcelli di Ascoli Piceno invia al presidente Gian Paolo De Capitani un dettagliato resoconto della trasferta in Ungheria sul lago Balaton.

Monica Costa racconta a "4piccoleruote" la propria esperienza in occasione della rovinosa alluvione che ha colpito Genova nell'anno precedente, quando, grazie alla fidata Carolina (questo il nomignolo della 500) ha superato brillantemente la furia degli elementi: «*Con l'acqua sempre all'altezza dei finestrini, i tergicristalli che servivano a ben poco, ha superato tutti gli ostacoli, ogni "lago", ogni strada e mi ha ricondotta a casa.* [...] *Ho ringraziato molte volte Carolina per non avermi abbandonata in quel momento, e credo che ognuno di noi abbia avuto modo, in diverse occasioni di essere grato alle nostre piccole utilitarie.*».

power. There are those who tell where they found their car, how they restored it, who was the first owner, which is the year of first registration, while the racing car owners find an audience when they tell how many horse power their beast has, probably playing some extra 'donkeys' off as horses. All takes places in the most cheerful, pleasant, sincere lightheartedness."

Germano Marcelli from Ascoli Piceno sends to the president Gian Paolo De Capitani a detailed account of his trip to Lake Balaton, Hungary.

Monica Costa tells "4piccoleruote" of her experience during the disastrous flood that hit Genoa in the previous year when, thanks to the reliable Carolina (this is her 500's nickname) she overcame the fury of nature: "*With the water always at the windows level, the windscreen wipers being of little use, she overcame the obstacles, every single 'lake', every road and she got me back home. [...] I have thanked Carolina many times for not letting me down at that time, and I think that each one of us has had the opportunity, on quite a few occasions, to be grateful to their small runabouts.*"

The schoolteacher Carla Giobellina keeps passing on her passion for the 500 to the schoolchildren of Acqui Terme elementary school, who adopt her car, nicknamed Carolina.

Walter Drovetto from Turin wins the treasure-hunt organized during the event "Ciriè in 500".

1994

At the beginning of the year Marco Maglietti from Alassio is elected president. He is a twenty-six year old

La maestra Carla Giobellina continua a trasmettere la sua passione per la 500 ai bambini delle elementari di Acqui Terme, che adottano la sua 500 di nome Carolina.
Walter Drovetto di Torino vince la caccia al tesoro organizzata nell'ambito della manifestazione "Ciriè in 500".

1994

Agli inizi dell'anno viene eletto presidente Marco Maglietti di Alassio, ventiseienne geometra e cinquecentista di lunga data, mentre vice presidente viene nominato Franco Giannini (figlio del mitico preparatore Domenico); tesoriere è Giuseppe Nespolo, socio fondatore e attuale Presidente Onorario. Fioriscono numerosissimi raduni. Ricordiamo tra gli altri "Torino, il Po e la 500", organizzato da Enrico Bo (il ricavato è devoluto in beneficenza per l'associazione "Genitori Ragazzi Handicappati" di Druento), la due giorni del "Clusone show" diretto da Federico Moioli ed i raduni di Ancona, Cavriago, Gorizia e Piani di Coreglia. Beppe Gianoglio, noto sportivo e attuale organizzatore del Salone Automotoretrò a Torino, racconta su "4piccoleruote" della sua partecipazione al Rally del Sestriere del 1968 sulla sua 500 F in coppia con il suo collega Franco Rocco.
Si continua intensamente l'attività, potenziando in modo particolare la rete dei Fiduciari di Zona. Fruttuosi i rapporti con il Giappone, grazie all'intelligente azione di Andrea Fortunato, fiduciario italiano per il Sol Levante.
Il Club partecipa alla maratona televisiva "30 ore per la vita" a favore della A.I.S.M., Associazione Italiana

surveyor and has been a 500 enthusiast for a long time. Franco Giannini (the son of the legendary preparer Domenico) is appointed vice-president; the treasurer is Giuseppe Nespolo, a founding member and currently Honorary President. Meetings flourish in number. Among others we can mention: "Torino, il Po e la 500" (Turin, the River Po and the 500), organized by Enrico Bo (the proceedings are assigned to the charitable association "Genitori ragazzi handicappati" (Parents of handicapped children) in Druento), the two days of the "Clusone show" directed by Federico Moioli and the meetings of Ancona, Cavriago, Gorizia and Piani di Coreglia. Beppe Gianoglio, a well-known sportsman and the current organizer of the "Automotoretrò" Exhibition in Turin, reports on "4piccoleruote" the story of his participation to the 1968 Sestriere Rally in his 500 F, paired with his colleague Franco Rocco.
The activities are pursued intensely, in particular by reinforcing the network of Local Trustees. The relationship with Japan is fruitful, thanks to the bright action of Andrea Fortunato, the Italian trustee for Japan, constantly in touch with the Japanese members.
The Club participates in the TV marathon "30 ore per la vita" (30 hours for life) in support of A.I.S.M. Associazione Italiana Sclerosi Multipla (Italian Association for Multiple Sclerosis), conducted by Lorella Cuccarini and Licia Colò. A meeting at the Tor di Valle racecourse in Rome is organized for this occasion. In the afternoon a delegation headed by

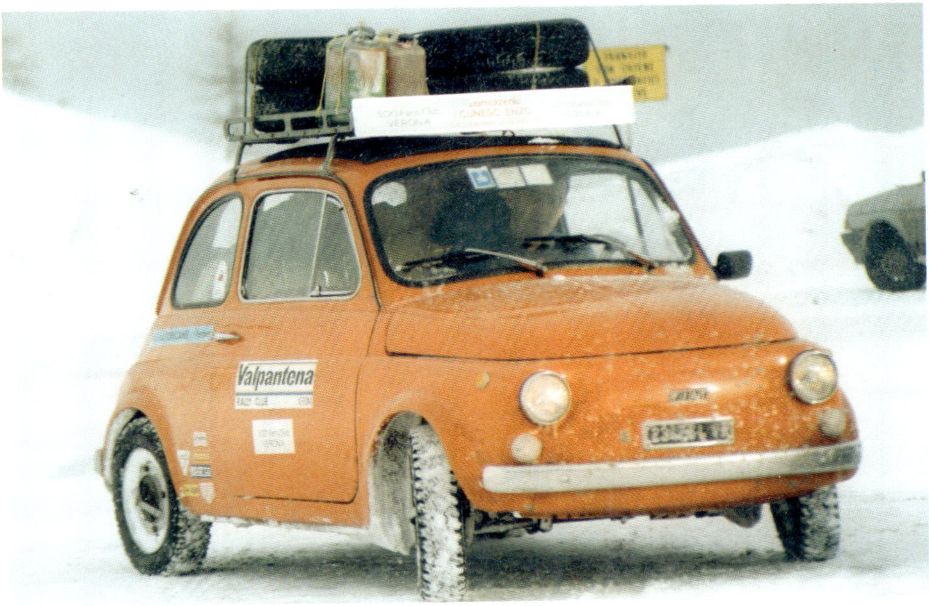

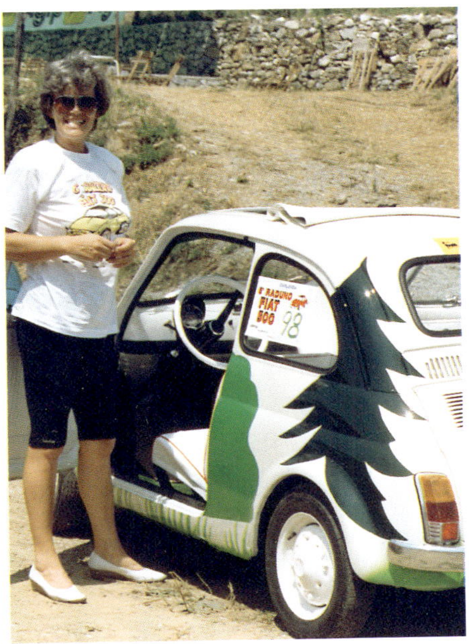

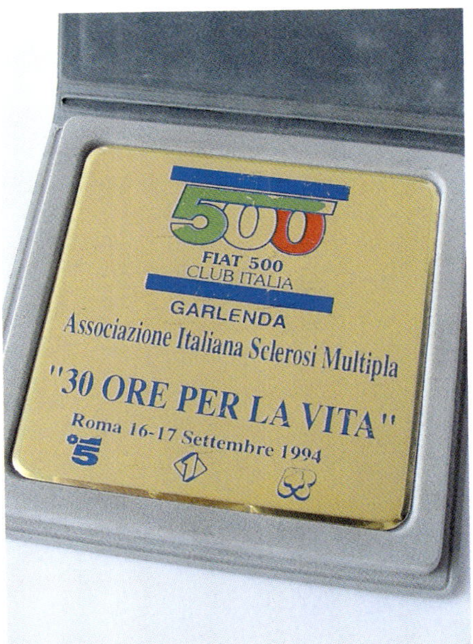

In alto, la 500 di Beppe Gianoglio e Franco Rocco al Rally del Sestriere del 1968.
In basso, da sinistra, la 500 ecologica di Dorrit Binder; la targa di "30 ore per la vita".

Above: Beppe Gianoglio and Franco Rocco's 500 at the 1968 Sestiere Rally.
Below from left: the 'ecological' 500 of Dorrit Binder; the plaque for the "30 ore per la vita".

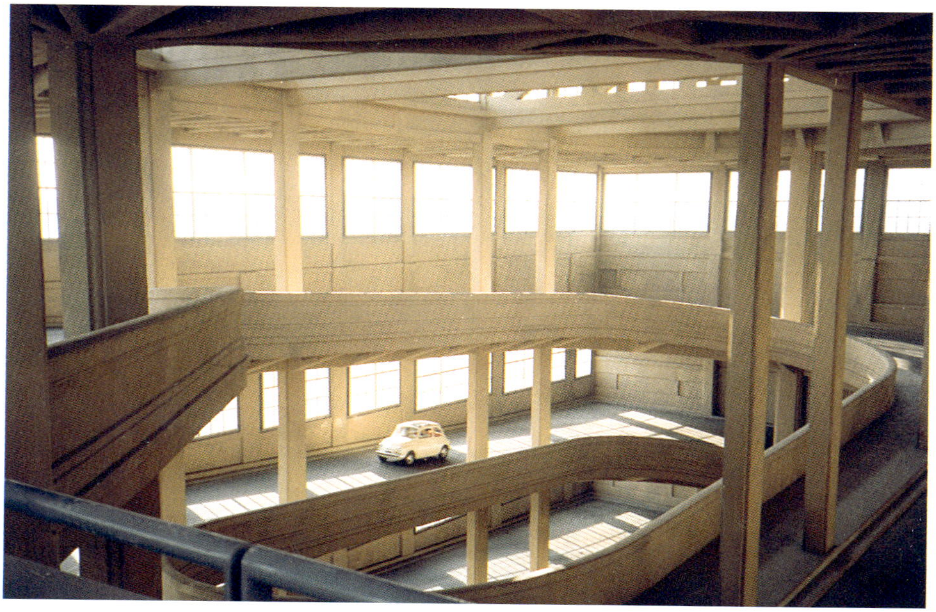

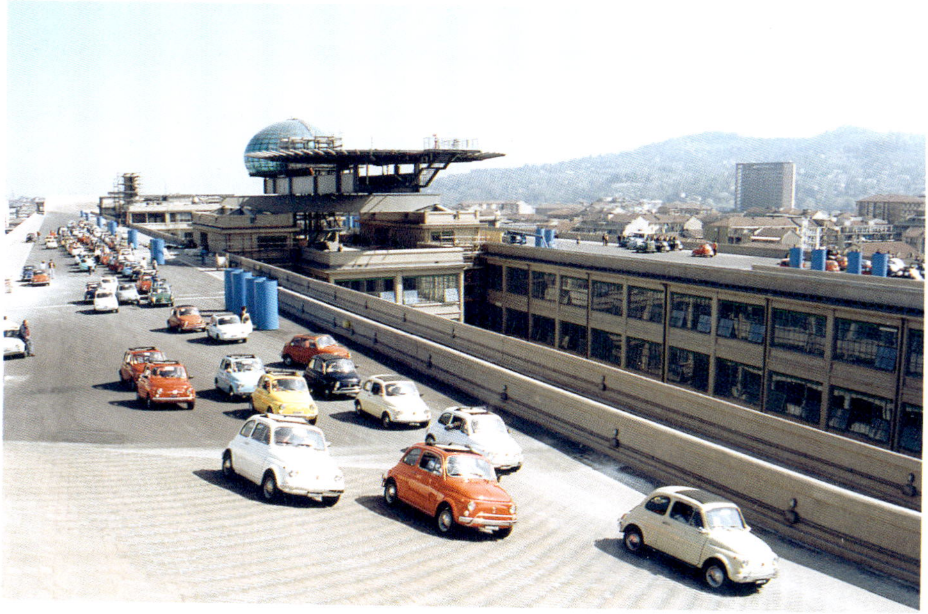

In alto, una 500 sulla mitica rampa interna del Lingotto.
In basso, un serpentone di bicilindriche sfila sull'anello di prova dello storico stabilimento Fiat.

Above: a 500 on the famous inside ramp of the Lingotto.
Below: a long "snake" of twin-cylindered parading on the test track of the legendary Fiat plant.

Sclerosi Multipla, condotta da Lorella Cuccarini e Licia Colò. Per l'occasione viene organizzato un raduno all'ippodromo romano di Tor di Valle. Nel pomeriggio una delegazione guidata da Roberto Righetti, Bruno Capannari e Domenico Romano attraversa il centro storico di Roma per recarsi alla cerimonia al Campidoglio, riscuotendo ammirazione e meritando molte fotografie dei turisti americani e giapponesi.

1995

Al raduno nazionale di Garlenda partecipa un nutrito stuolo di giapponesi guidati dai fiduciari Andrea Fortunato e Seiro Itoh, mentre dalla Sicilia arriva il trombettiere e fiduciario di Palermo Rosolino Montaperto. Franca e Marco Ferrando, sposatisi alla vigilia e ancora in abiti da cerimonia, non vogliono mancare all'appuntamento di Garlenda; anche Carmelo Monteleone e Mariele Gavino rinviano la partenza del viaggio di nozze per essere presenti.

La rete televisiva inglese BBC dedica un servizio alla 500. Una troupe del regista Richard Pearson giunge a Torino e, guidata da Enrico Bo, riprende le 500 sulle scale elicoidali del Lingotto e sul caratteristico anello di prova, a Torino Esposizione e nei luoghi più caratteristici della città. Sono presenti tra gli altri i soci Raballo, Cocozza, Amberti e i fratelli Tripodi.

Viene organizzato a Varazze (SV), Città delle Donne, il primo raduno femminile. A tutte le cinquecentiste viene offerto il pernottamento gratuito.

I fiduciari toscani Danilo Cosci, Massimo Pinzuti e Roberto Righetti organizzano

Roberto Righetti, Bruno Capannari and Domenico Romano drives through the old town centre of Rome on its way to the "Campidoglio". They are much admired and photographed by American and Japanese tourists.

1995

A large delegation from Japan takes part in the national meeting in Garlenda. They are lead by the trustees Andrea Fortunato and Seiro Itoh, while the trumpeter and Palermo trustee, Rosolino Montaperti, arrives from Sicily. Franca and Marco Ferrando, married on the eve of the meeting and still dressed in their formal dresses, do not want to miss the Garlenda appointment; also Carmelo Monteleone and Mariele Gavino postpone their honeymoons so that they can be present.

The British TV BBC makes a special report on the 500. The crew, directed by Richard Pearson, arrives in Turin and, under the supervision of Enrico Bo, films the 500s on the helicoidal ramp of the Lingotto, on the unique test track of "Torino Esposizione" and in the most characteristic places of the city. Are present, among others, the members Raballo, Cocozza, Amberti and the brothers Tripodi.

The first women's meeting is organized in Varazze (SV), "The Town of Women". All the ladies arriving at the wheel of their 500 are offered a free hotel overnight stay. The Tuscan trustees Danilo Cosci, Massimo Pinzuti and Roberto Righetti organize the first national Meeting "Giornate in Maremma".

il primo Meeting nazionale "Giornate in Maremma".
Adriano e Marco Bonavita, con la loro 695 Abarth, vincono la gara di ripresa al Clusone 500 Show organizzato da Federico Moioli. Enrico Bo, con la sua 500 D del 1963 color avorio 214, partecipa, superandola, alla seduta di omologazione ASI. Si tratta della prima 500 del Club iscritta all'ASI. Enrico Bo diventerà, in seguito, commissario tecnico.
Il Club è presente ad Automotoretrò con tre modelli di particolare rilievo: la replica di una 695 SS A. C. di Franco Cerva, la Gamine di Pietro Cocozza e la 500 D Giannini TV di Pasquale Ribezzo.
Michele Sangervasio di Grugliasco (TO) con la biografia della sua "Reika" **vince la prima edizione del concorso** lanciato dalle pagine di "4piccoleruote" **"Io e la 500**. Le piccole grandi storie di una piccola e grande auto". Questa la motivazione: «*Attraverso la storia individuale, vivace, a tratti spumeggiante, si intravede in filigrana la storia più grande della società italiana: l'auto come oggetto di affetto, il conseguimento della patente, il pendolarismo per lavoro, infine, come nelle favole che si rispettano, la piccola grande auto diventò "reginetta" grazie al* Fiat 500 *Club* Italia *e alla sua opera di valorizzazione dell'utilitaria ideata dall'ingegner Giacosa.*»
Nell'ambito del concorso che ha avuto un notevole successo, meritano una particolare citazione i lavori di Marinella Pifferi, Marco e Adriano Nocito, Fabio Fabbricatore, Ivan Barzaghi, Maria Teresa Bettazzi, Giovanni Cagna, Emanuela Forlin, Tiziana Picchiardi, Cristian Ferrari, Guido Tripiani, Nino Schilardi, Mario Losini, Lorenzo Achilli e Mario Casini.

Adriano and Marco Bonavita, in their 695 Abarth, win the second half of the race at the Clusone 500 Show organized by Federico Moioli. Enrico Bo, with his 1963 500 D finished in ivory 214, undergoes and passes the ASI (Italian Historic Automotive Society) approval test. It is the first 500 of the Club registered with ASI. Enrico Bo will then be appointed technical manager.
The Club is present at the show "Automotoretrò" with three models of particular interest: Franco Cerva's replica of a 695 SS A. C., Pietro Cocozza's Gamine and the 500 D Giannini TV of Pasquale Ribezzo.
Michele Sangervasio from Grugliasco (TO) with the biography of his "Reika" **wins the first edition of the contest** launched from the pages of "4piccoleruote" "**Io e la 500.** Le piccole grandi storie di una piccola e grande auto" (the 500 and I. Short great stories of a big little car). The motivation is the following: "*Through the individual history, lively, at times bubbly, one can catch a glimpse of the watermark of the larger history of* Italian *society: the car as an object of love, the obtaining of the driving licence, the commuting for work reasons, in the end, as in all fairy tales, the big little car became the 'queen' thanks to the* Fiat 500 Club *Italia and its work for the recognition of the runabout designed by the engineer Giacosa.*"
Within the contest deserve a special mention the works by Marinella Pifferi, Marco e Adriano Nocito, Fabio Fabbricatore, Ivan Barzaghi, Maria Teresa Bettazzi, Giovanni Cagna, Emanuela Forlin, Tiziana Picchiardi, Cristian Ferrari, Guido Tripiani, Nino Schilardi, Mario Losini, Lorenzo Achilli e Mario Casini.
The Club's stand at "Autostory" is a

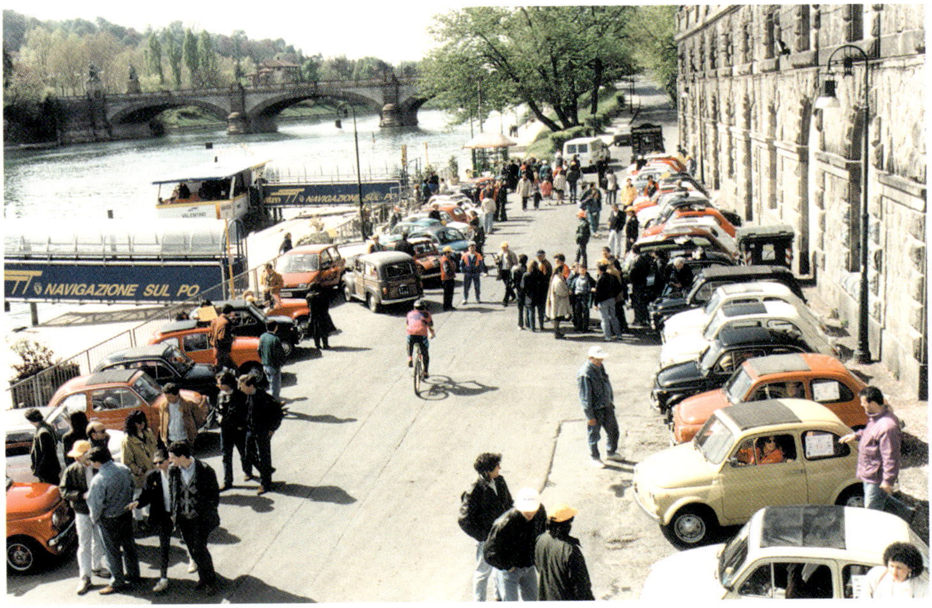

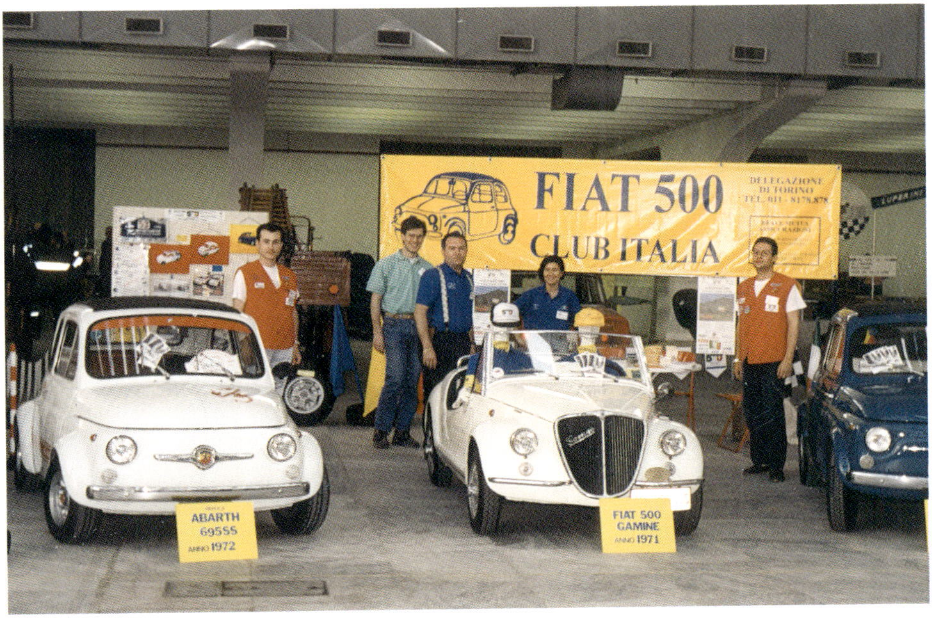

In alto, le vetture allineate ai Murazzi durante il raduno "Torino, il Po e la 500".
In basso, Automotoretrò: Davide Cormuto, Andrea Tenderini, Enrico ed Elisabetta Bo, Roberto Procchio.

Above: the cars lined up at the "Murazzi" during the meeting "Torino, il Po e la 500".
Below: Davide Cormuto, Andrea Tenderini, Enrico and Elisabetta Bo, Roberto Procchio at "Automotoretrò".

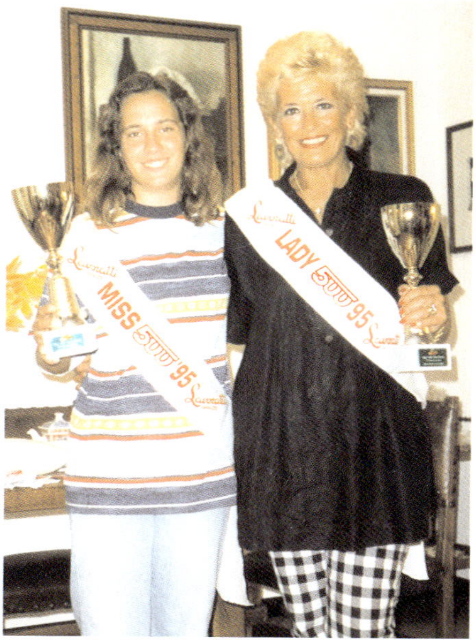

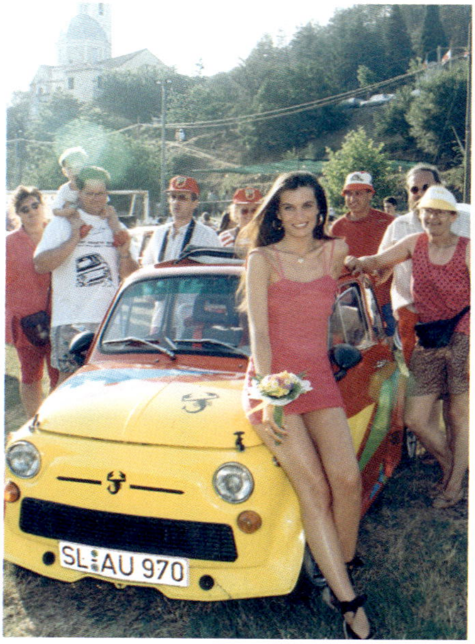

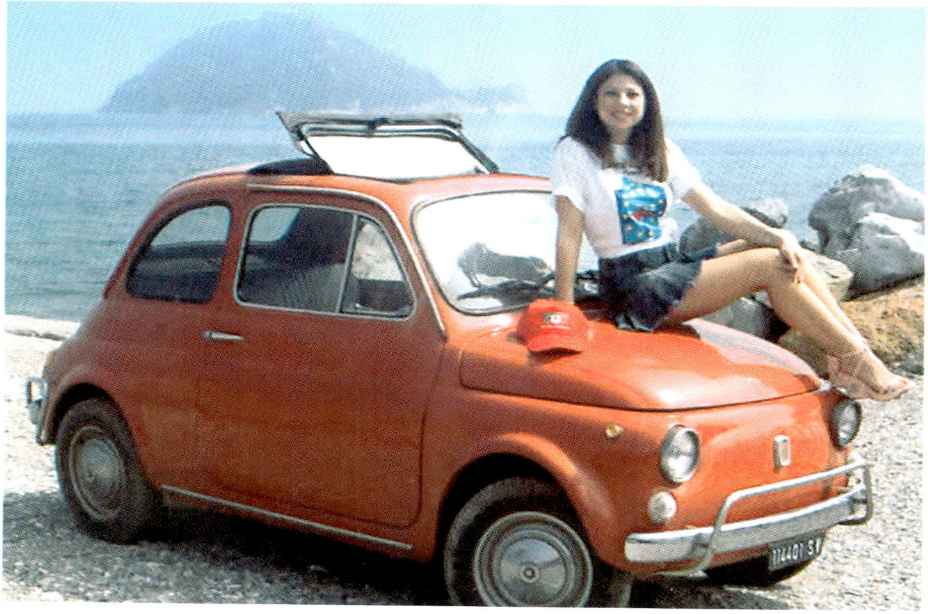

In alto a sinistra, Stefania Romano ed Enrica Simone, Miss e Lady 500 1995; a destra, Elisabetta Mandraccio Miss Muretto di Alassio. In basso, l'attrice e cantante Stefania Fratepietro.

Above from left: Stefania Romano and Enrica Simone, 1995 Miss 500 and Lady 500 respectively; right: Elisabetta Mandraccio, Miss Muretto of Alassio. Below: the actor and singer Stefania Fratepietro.

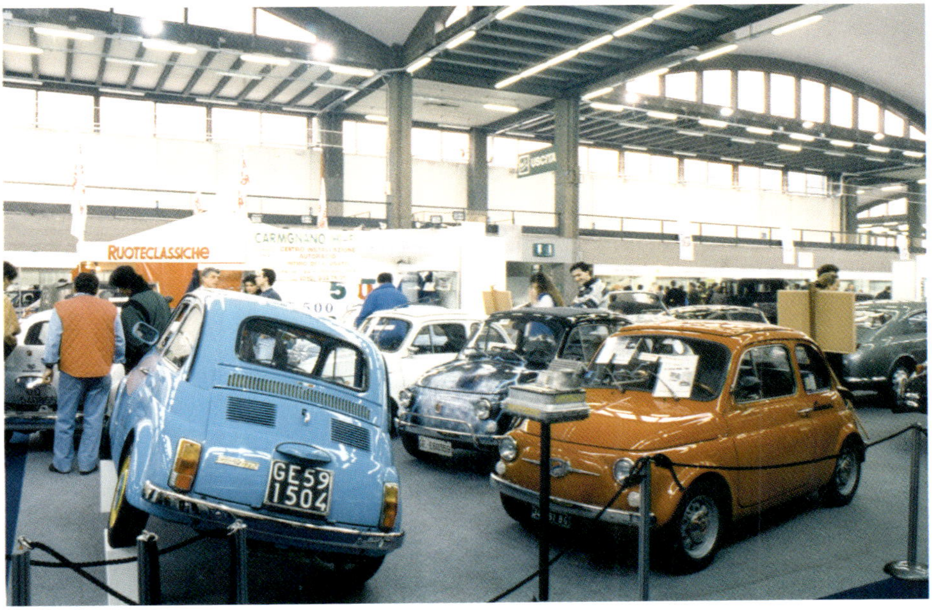

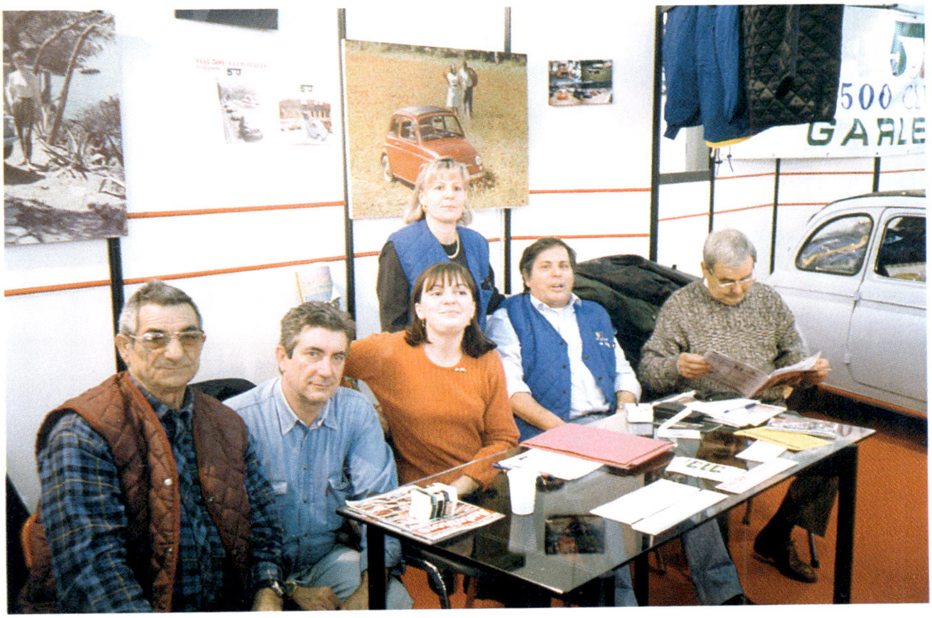

In alto, le 500 allineate ad Autostory di Genova. Sotto da sinistra Romeo Moretti, Franco Cerva, Marina Manieristi, Franca e Adriano Bonavita e Giuseppe Nespolo nello stand del Club.

Above: the 500s lined up at "Autostory" in Genoa. Below from left: Romeo Moretti, Franco Cerva, Marina Manieristi, Franca and Adriano Bonavita and Giuseppe Nespolo on the stand of Club.

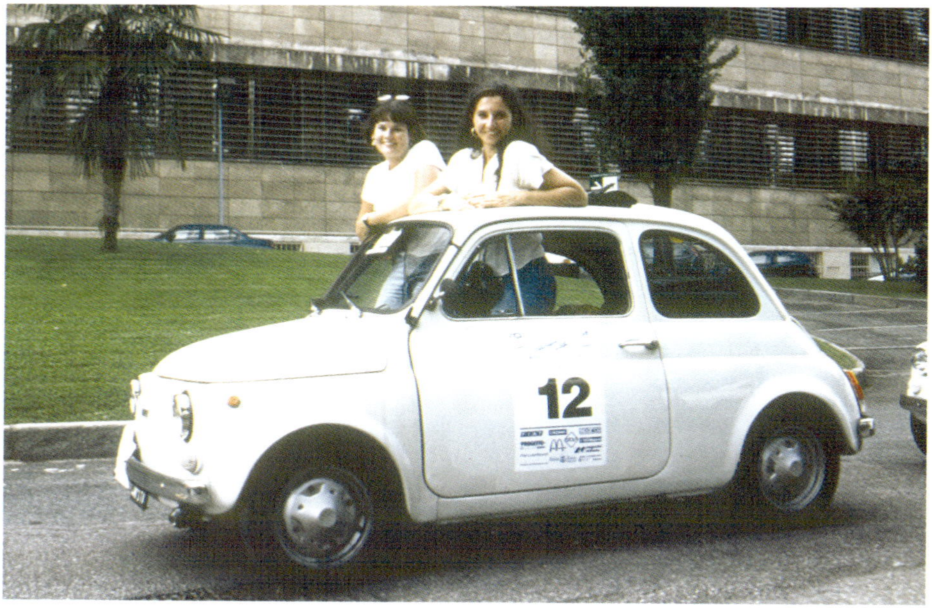

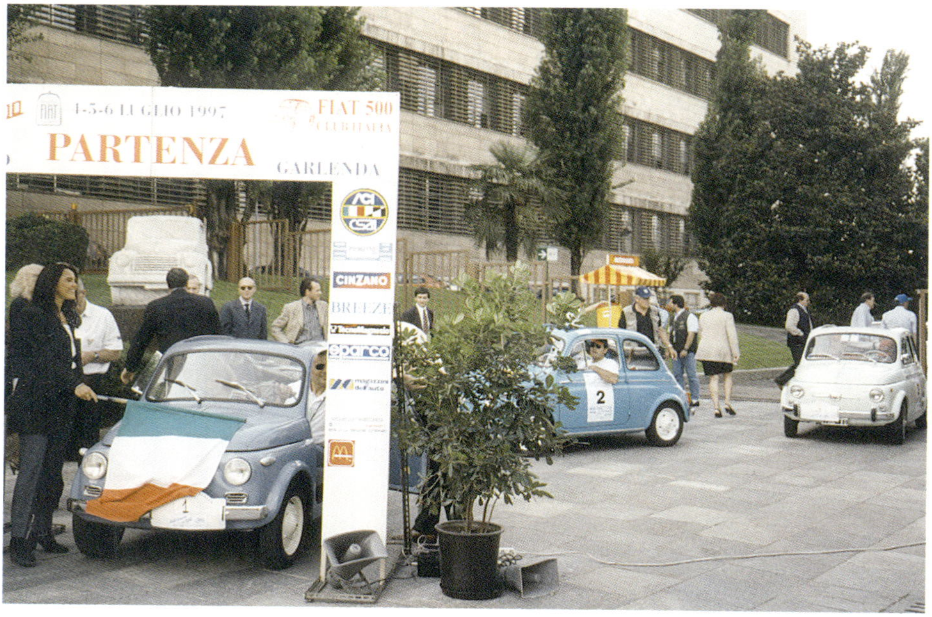

In alto, Vanessa Cole e Alessandra Barbero alla partenza della "500 Miglia in 500". In basso, la partenza della gara dallo stabilimento Fiat Mirafiori di Torino.

Above: Vanessa Cole and Alessandra Barbero at the start of the "500 Miglia in 500". Below: the departure of the race from the Fiat Mirafiori plant in Turin.

Si ritorna ad Autostory di Genova. Presenti, oltre a Marco Maglietti, Tito Tripodi con una Nuova 500 del 1957, Vittorio Capurro con una 500 R, Adriano Bonavita con una 500 L elaborata Lavazza, Gian Paolo De Capitani con la sua Gamine e una 500 Sport di Balbi.
Vanessa Cole dalla Nuova Zelanda scrive al Club raccontando della sua Fiat 500 F del 1969 di colore rosa e promette di venire in Italia «*a fare un pellegrinaggio per vedere i luoghi di origine di questa favolosa piccola auto*».

1996

Con la presidenza di Franco Cerva si amplia in modo considerevole la consulenza tecnica ai soci, grazie all'impegno e alla competenza del presidente e del commissario tecnico Enrico Bo.
A questo periodo si deve la nascita della gara di regolarità "500 miglia in 500", che ha preso le mosse da un'idea lanciata da Marino Ribet. Alla prima edizione partecipano ben 90 equipaggi.
I fratelli Tito e Fortunato Tripodi sono ospiti nella trasmissione televisiva "I nostri primi quarant'anni" di Rai2, ma i riflettori sono soprattutto per la loro "Nuova 500 economica", due posti, vetri fissi, del luglio 1957.
Autostory di Genova festeggia il sessantesimo anniversario della nascita della Topolino. Il nostro stand viene preparato dai soci Adriano Bonavita, Gregorio Crugliano, Tito e Fortunato Tripodi. Molto ammirata la Fiat Abarth 695 A.C.
Grande successo del primo raduno giapponese all'autodromo di Fuji, organizzato da Andrea Fortunato e Seiro Itoh con l'aiuto di Vittorio Capurro.

success. Are present, besides Marco Maglietti, Tito Tripodi with a 1957 Nuova 500, Vittorio Capurro with a 500 R, Adriano Bonavita with a 500 L tuned by Lavazza, Gian Paolo De Capitani with his Gamine and a 500 Sport belonging to Mr Balbi.
Vanessa Cole from New Zealand writes to the Club about her 1969 pink Fiat 500 F and she promises to come to Italy "*on a pilgrimage to visit the places of origin of this amazing little car*".

1996

Under the presidency of Franco Cerva, the technical consulting for members is largely increased, thanks to the work and the competence of the president and of the technical expert Enrico Bo.
In this period the regularity race "500 miglia in 500" (500 miles in a 500) is born, following an idea of Marino Ribet. An impressive 90 teams take part in the first edition.
The brothers Tito and Fortunato Tripodi are guests in the TV programme "I nostri primi quarant'anni" (Our first forty years) on Rai2, but the spotlight is on their "Nuova 500 economica", a two-seater with fixed windows, of July 1957.
"Autostory" in Genoa celebrates the sixtieth anniversary of the Topolino. Our stand is set up by the members Adriano Bonavita, Gregorio Crugliano, Tito and Fortunato Tripodi. The Fiat Abarth 695 A.C. is much admired.
The first Japanese meeting at the Fuji circuit is a great success; it is organized by Andrea Fortunato and Seiro

Al grande raduno giapponese - che prevede concorso d'eleganza, gara a cronometro, mostra dei pezzi di ricambio - sono presenti 450 persone con 180 macchine.
Giorgio Lavesio con la sua 695 SS Corsa partecipa al primo Superslalom di Dronero (CN) con 65 vetture iscritte e si classifica al sesto posto davanti a bolidi come Porsche, Bmw e Peugeot.
Continua il feeling con il Giappone.
Al quattordicesimo raduno nazionale di Garlenda partecipano i due emozionati sposi Yuko e Hiroshi Kikuma di Kumagaya, che hanno deciso di prolungare il viaggio di nozze sino alla "Mecca" delle 500.
Il socio torinese Roberto Procchio pubblica su "4piccoleruote" un interessante articolo dedicato ai collezionisti di modellini, nel quale cita prestigiose case del settore ormai scomparse, riportando così indietro nel tempo la memoria dei lettori.
Il numero di novembre-dicembre 1996 della rivista porta una pagina dedicata ai raduni di Gattinara, Magenta, Palermo e Prato.
Enrico Bo partecipa, con Franco Cerva in qualità di navigatore, alla gara di regolarità "Sestrierestorico" e descrive lo stato d'animo dei cinquecentisti partecipanti a questo genere di competizione: «*Chiusi in uno spazio ristretto, reso ancora più piccolo da svariati "aggeggi" più o meno utili, l'equipaggio di una 500 si trova catapultato su strada a competere con vetture di gran lunga più potenti (ci vuol poco!...) condotte da piloti più smaliziati*».

Itoh with the help of Vittorio Capurro.
At the meeting – during which an elegance contest, a time trial, a spare parts exhibition are held – are present 450 people with 180 cars.
Giorgio Lavesio with his 695 SS Corsa takes part in the first Superslalom in Dronero (CN) with 65 cars registered and comes in sixth place in front of racing cars such as Porsche, Bmw and Peugeot.
The rapport with Japan continues.
The two newlyweds Yuko and Hiroshi Kikuma from Kumagaya - who have prolonged their honeymoon to the "Mecca" of the 500 - participate with excitement in the fourteenth national meeting in Garlenda. The member from Turin Roberto Procchio publishes on "4piccoleruote" an interesting article dedicated to collectors, in which he mentions some prestigious makes of the sector now disappeared, thus taking the readers' memories back in time.
The 1996 November-December issue of the magazine contains a page dedicated to the meetings of Gattinara, Magenta, Palermo and Prato.
Enrico Bo participates, with Franco Cerva as navigator, in the regularity race "Sestrierestorico" and describes the mood of those Fiat 500 drivers participating in such races: "*Enclosed in a narrow space, made even more restricted by the presence of various more or less useful "tools", the team of a 500 is launched onto the road to compete with much more powerful cars (it does not take much!...) driven by shrewd drivers*".

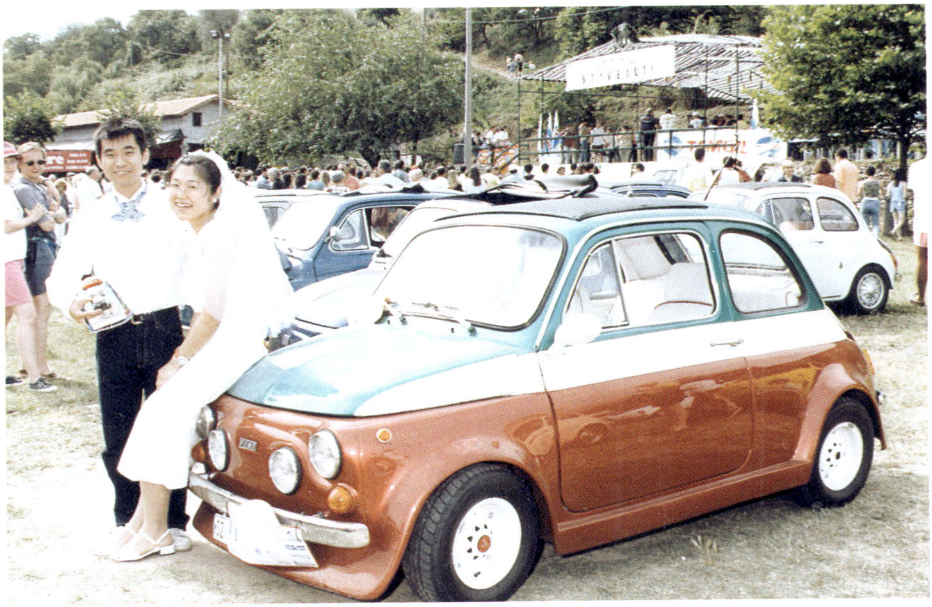

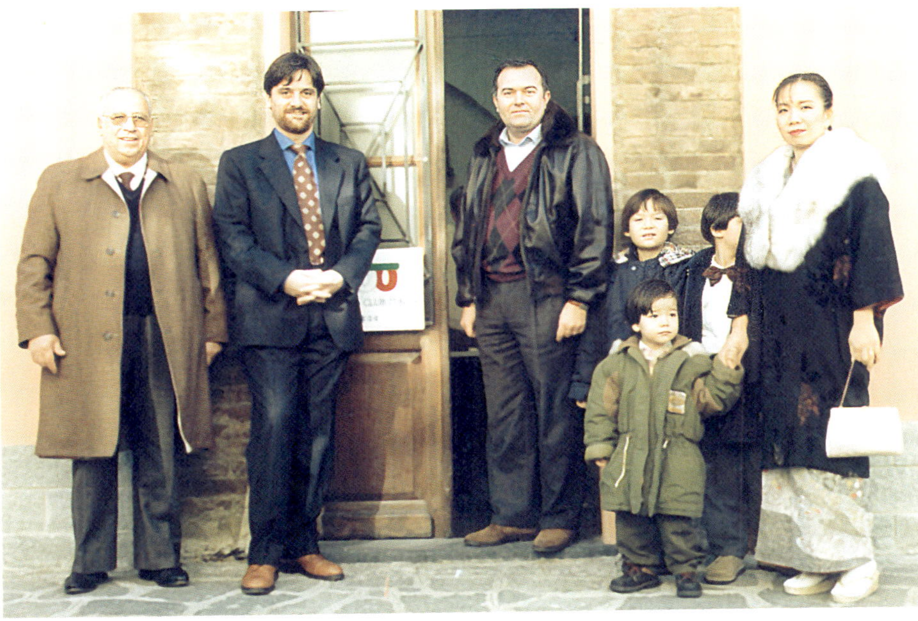

In alto, gli sposi giapponesi Yuko e Hiroschi Kikuma con la 500 di Elio Maroadi.
In basso, il fiduciario per il Giappone Andrea Fortunato con la famiglia, Franco Giannini e Enrico Bo.

Above: the newlyweds from Japan Yuko and Hiroshi Kikuma with Elio Maroadi's 500.
Below: the Japanese trustee Andrea Fortunato and his family, Franco Giannini and Enrico Bo.

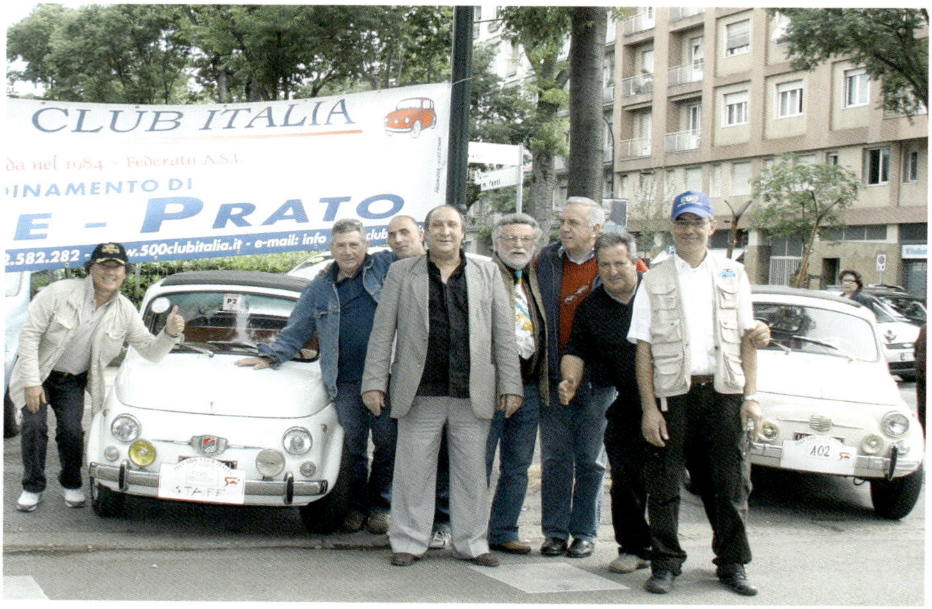

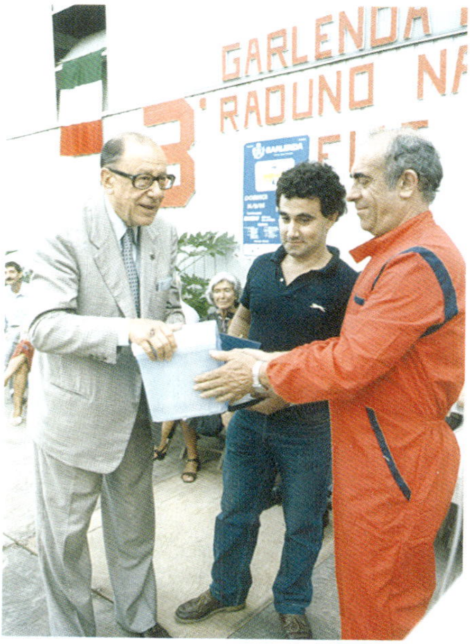

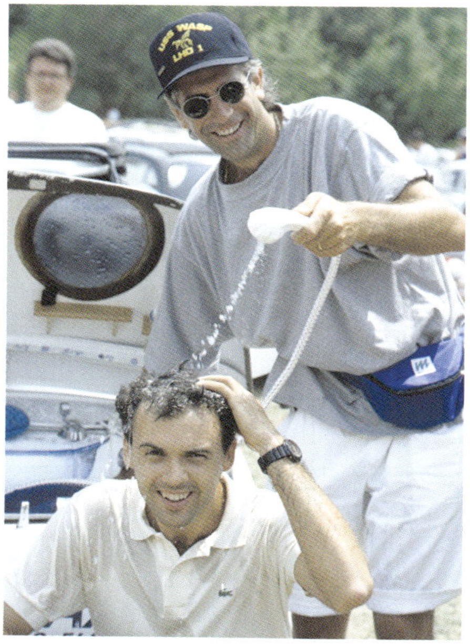

In alto, Luciano Chellini (secondo da sin.) con la sua Giannini a Firenze. In basso da destra, Pierluigi Noberasco premia Giorgio Callegaro e Marco Ferrando; Marco Maglietti "rinfrescato" da Roberto Righetti.

Above: Luciano Chellini (second from left) and his Giannini in Florence. Below from right: Pierluigi Noberasco presents the prize to Giorgio Callegaro and Marco Ferrando: Marco Maglietti is being "freshened up" by Roberto Righetti.

1997

Su iniziativa di Marco Maglietti **si inaugura il primo sito internet del Club che registra subito un grande successo.**

A reggere la segreteria viene assunta Marina Manieristi, che diventa ben presto un prezioso punto di riferimento per i cinquecentisti italiani e stranieri.

"4piccoleruote" viene tradotto in giapponese per facilitare i contatti con i numerosi iscritti del Sol Levante.

Maurizio Gramegna e Andrea Borro partecipano, sulla pista degli Oleandri ad Arma di Taggia, alla prima gara di regolarità per auto storiche e al Rally Storico di Sanremo, ottenendo ottimi piazzamenti. Andrea Guido con l'amico Carlo parte da Genova con la sua 500 e dopo 9.600 km arriva a Capo Nord senza alcun problema (consumo medio 21,5 km/l).

Luciano Chellini di Firenze vince il concorso di storia della 500 "Scopri l'errore".

Viene consegnato il Premio Personaggio dell'Anno a Pierluigi Noberasco, con la seguente motivazione: «*Cavaliere del Lavoro e primo sponsor del Raduno Internazionale di Garlenda. Durante una vita di lavoro, coronata da un successo non solo italiano ma internazionale, Noberasco, da ligure autentico che ama le cose semplici, genuine e funzionali, ha sempre dimostrato attenzione e disponibilità per la Fiat 500, contribuendo all'affermazione del nostro sodalizio. La "500" e Pierluigi Noberasco hanno in comune la laboriosità, il concetto progettuale e di vita teso al risparmio e alla massimizzazione del rendimento, la lunga durata e una grande carica di simpatia e umanità.*»

1997

From an initiative of Marco Maglietti **the first web site of the Club is launched and it encounters an immediate success**. Marina Manieristi is employed as secretary and she soon becomes a valuable reference for Italian and foreign 500 enthusiasts.

"4piccoleruote" is translated into Japanese to facilitate the contacts with the many Japanese members. Maurizio Gramegna and Andrea Borro take part, on the Oleandri circuit in Arma di Taggia, in the first regularity race for vintage cars and to the Sanremo Historic Rally, obtaining very good placings. Andrea Guido with his friend Carlo leaves from Genoa in his 500 and, after 9,600 kms, reaches North Cape without any problems (average consumption 21.5 km/l).

Luciano Chellini wins the cultural contest on the 500 "Scopri l'errore" (Find out the mistakes).

Pierluigi Noberasco is awarded the Personality of the Year Prize, with the following motivation: "A *'Cavaliere del Lavoro'* (an Italian knighthood recognizing professional excellence *n.t.*) *and the first sponsor of the International Meeting of Garlenda. In the course of a life's work, crowned with success not only in Italy but also internationally, Mr Noberasco, as a true Ligurian who loves simple, genuine and functional things, has always shown regard and willingness towards the Fiat 500, thus contributing to the achievements of our association. The '500' and Pierluigi Noberasco have in common the industriousness, the planning and life concept aimed at saving and maximizing the performance, the long duration and a large store of popularity and humanity.*"

1998

Marino Ribet, piemontese giovane e dinamico, viene eletto presidente. Marino ha percorso tutta la trafila all'interno del Club: socio, fiduciario di zona, consigliere ed infine presidente. Vice presidente è nominato Franco Cerva, con Pasquale Meli segretario e Adriano Bonavita tesoriere. Sotto la guida di Marino Ribet si intensifica la presenza ai vari raduni nazionali e si confermano le presenze ad Autostory e Automotoretrò.

Inizia una piacevole e meritoria tradizione che dura ancora oggi: il giorno dell'**Epifania** una delegazione del Club, del Comune, della Pro Loco e della Croce Bianca di Garlenda si reca **all'istituto medico pediatrico Gaslini di Genova** per consegnare, tramite l'Associazione Gaslini Band-Band diretta dal professor Pierluigi Bruschettini, regali ai piccoli ricoverati e far passare loro alcune ore liete.

L'attivissima delegazione di Bologna partecipa per la prima volta all'importante Mostra Scambio di Ferrara. Nello stand vengono esposte le 500 dei soci Maurizio Candini, Adriano Zocca, Alberto Ferriani e Giuliano Rossetti con la collaborazione di Alessandro Turrini, Franco Fazzi, Enrica Greghi, Maurizio Fabbri, Claudio Calzolari, Stefano e Monica Nobili.

Adriano Bonavita, fiduciario di Genova centro, partecipa al raduno di tutte le Abarth all'Autodromo di Monza.

Sandro Iazzetti, fiduciario di Roma, organizza il primo raduno "Città di Frascati", che, nonostante non sia stato pubblicizzato, può contare sulla partecipazione di 83 equipaggi.

1998

Marino Ribet, a dynamic young man from Piedmont, is elected president. Marino has worked his way up within the Club: member, area trustee, councillor and finally president. Franco Cerva is appointed vice-president, Pasquale Meli is the secretary and Adriano Bonavita the treasurer. Under the guidance of Marino Ribet the presence in the various national meetings is intensified and its participation in "Autostory" and "Automotoretrò" is confirmed.

A pleasant and praiseworthy tradition is started and it lives on today: on the day of the **Epiphany** a delegation of members of the Club, of the Pro Loco and the White Cross of Garlenda visits the **Paediatric Hospital "Gaslini" in Genoa** and – through the Association Gaslini Band-Band directed by Professor Pierluigi Bruschettini – gives out presents to the young patients and makes them spend a few happy hours.

The very active Bologna branch takes part for the first time in the important Exhibition in Ferrara. On the stand are exhibited the 500s of the members Maurizio Candini, Adriano Zocca, Alberto Ferriani and Giuliano Rossetti with the cooperation of Alessandro Turrini, Franco Fazzi, Enrica Greghi, Maurizio Fabbri, Claudio Calzolari, Stefano and Monica Nobili.

Adriano Bonavita, trustee for central Genoa , participates in the meeting of all Abarths at the Monza Circuit.

Sandro Iazzetti, Rome trustee, organizes the first meeting "Città di Frascati": 83 teams participate in the meeting, notwithstanding that there was no publicity.

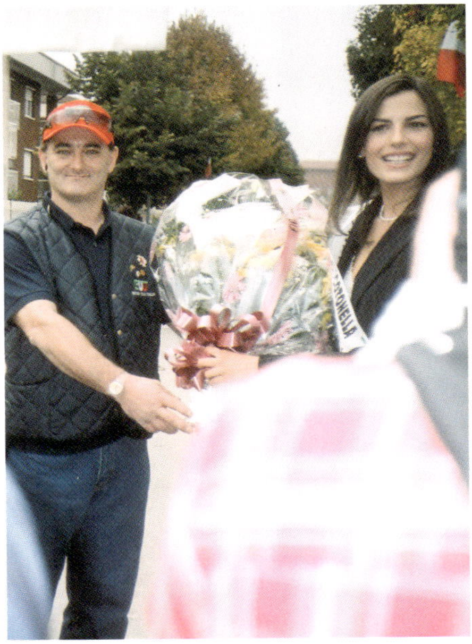

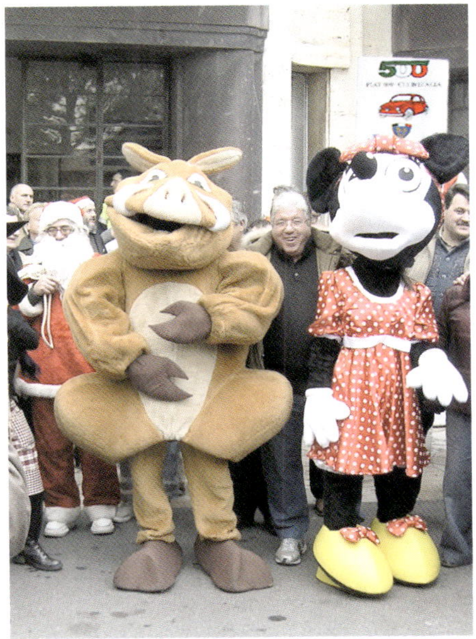

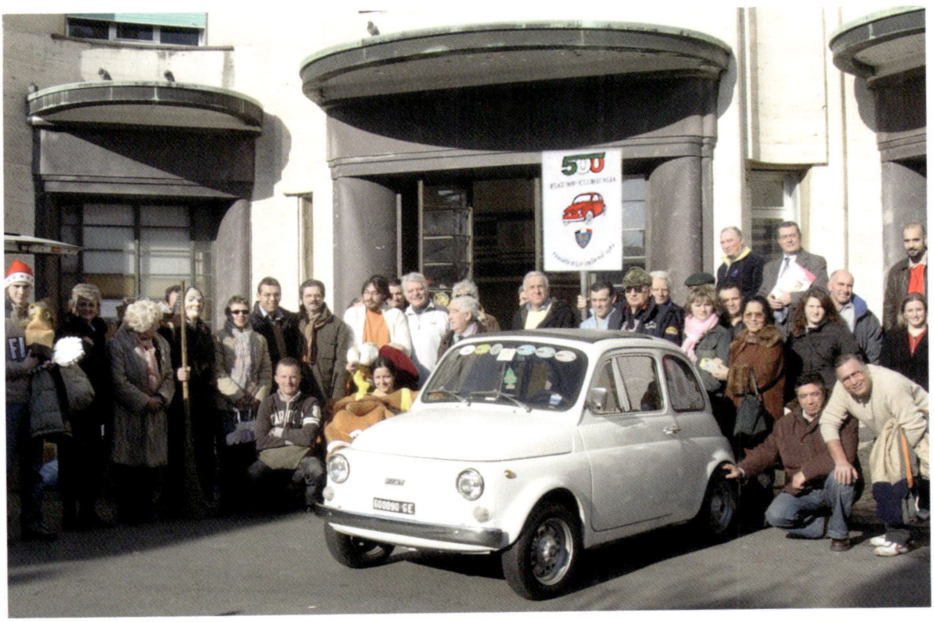

In alto a sinistra, Marino Ribet con Miss Italia. A destra, "Pumba" e "Minni" davanti all'ospedale. In basso, il gruppo dei cinquecentisti all'Istituto Pediatrico "G. Gaslini" di Genova.

Above left: Marino Ribet with Miss Italy. Right, "Pumba" and "Minnie" in front of the hospital. Below: the group of Cinquecento enthusiasts at the Paediatric Hospital "G. Gaslini" in Genoa.

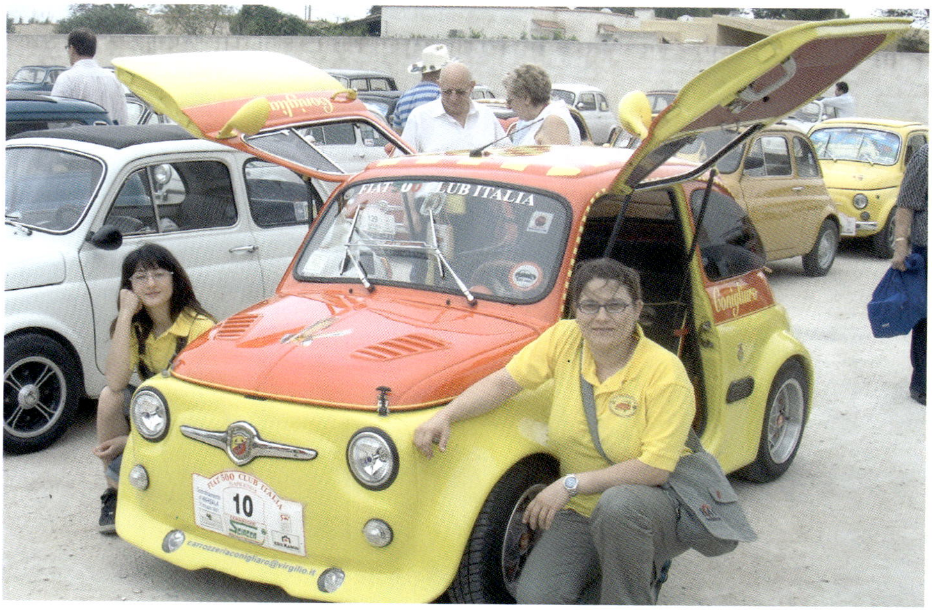

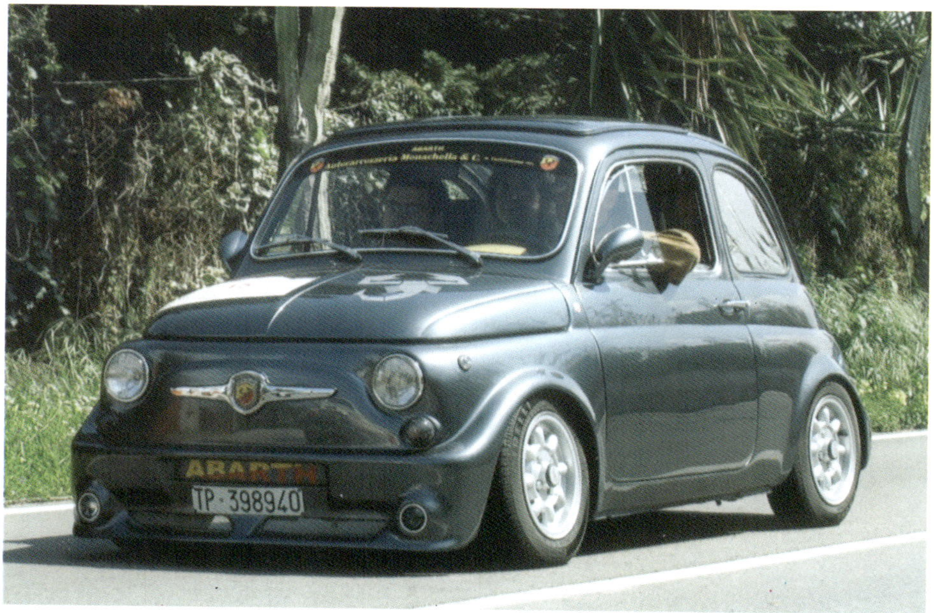

In alto, la 500 "con le ali" di Rosario Conigliaro di Carini (Palermo).
In basso, il bolide di Maria Ingoglia Parrino di Castelvetrano (Trapani).

Above: the "winged 500" of Rosario Conigliaro from Carini (Palermo).
Below: the racing car of Maria Ingoglia Parrino from Castelvetrano (Trapani).

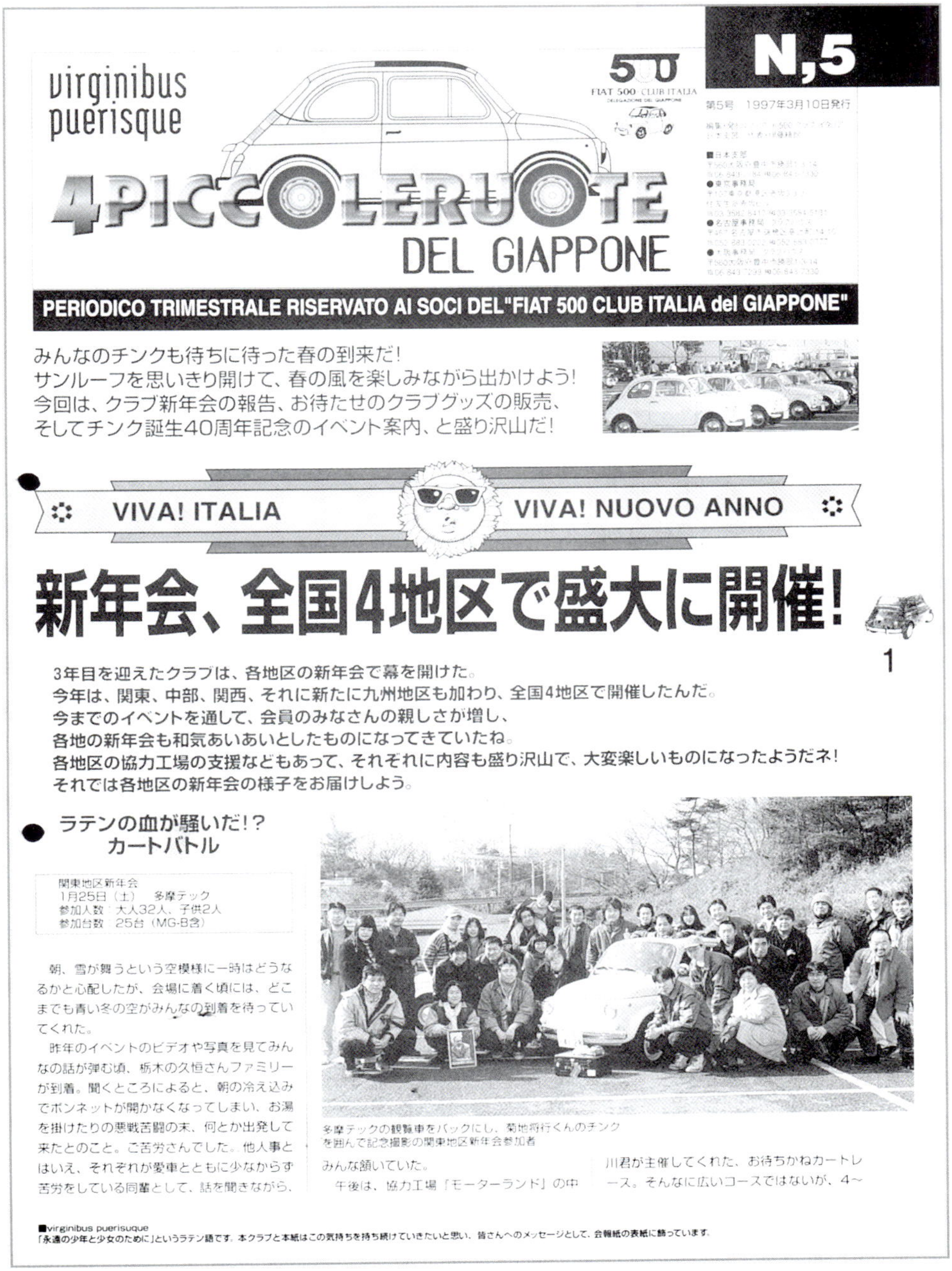

virginibus puerisque

4PICCOLERUOTE DEL GIAPPONE

FIAT 500 CLUB ITALIA

N,5

第5号　1997年3月10日発行

■日本支部

●東京事務局

●名古屋事務局

●大阪事務局

PERIODICO TRIMESTRALE RISERVATO AI SOCI DEL"FIAT 500 CLUB ITALIA del GIAPPONE"

みんなのチンクも待ちに待った春の到来だ!
サンルーフを思いきり開けて、春の風を楽しみながら出かけよう!
今回は、クラブ新年会の報告、お待たせのクラブグッズの販売、
そしてチンク誕生40周年記念のイベント案内、と盛り沢山だ!

VIVA! ITALIA　VIVA! NUOVO ANNO

新年会、全国4地区で盛大に開催!

1

3年目を迎えたクラブは、各地区の新年会で幕を開けた。
今年は、関東、中部、関西、それに新たに九州地区も加わり、全国4地区で開催したんだ。
今までのイベントを通して、会員のみなさんの親しさが増し、
各地の新年会も和気あいあいとしたものになってきていたね。
各地区の協力工場の支援などもあって、それぞれに内容も盛り沢山で、大変楽しいものになったようだネ!
それでは各地区の新年会の様子をお届けしよう。

ラテンの血が騒いだ!? カートバトル

関東地区新年会
1月25日(土)　多摩テック
参加人数：大人32人、子供2人
参加台数：25台(MG-B含)

朝、雪が舞うという空模様に一時はどうなるかと心配したが、会場に着く頃には、どこまでも青い冬の空がみんなの到着を待っていてくれた。

昨年のイベントのビデオや写真を見てみんなの話が弾む頃、栃木の久恒さんファミリーが到着。聞くところによると、朝の冷え込みでボンネットが開かなくなってしまい、お湯を掛けたりの悪戦苦闘の末、何とか出発して来たとのこと。ご苦労さんでした。他人事とはいえ、それぞれが愛車とともに少なからず苦労をしている同輩として、話を聞きながら、みんな頷いていた。

午後は、協力工場「モーターランド」の中川君が主催してくれた、お待ちかねカートレース。そんなに広いコースではないが、4〜

多摩テックの観覧車をバックにし、菊地将行くんのチンクを囲んで記念撮影の関東地区新年会参加者

■virginibus puerisuque
「永遠の少年と少女のために」というラテン語です。本クラブと本紙はこの気持ちを持ち続けていきたいと思い、皆さんへのメッセージとして、会報紙の表紙に飾っています。

L'edizione giapponese di "4piccoleruote".

The Japanese edition of "4piccoleruote".

Si svolge la prima cronoscalata Vado-Monzuno, organizzata dalla locale Cooperativa di solidarietà sociale. Alberto Ferriani, Claudio Calzolari, Gianni Leonardi, Marco Schincaglia e Fabrizio Zanoli si piazzano ai primi cinque posti.

1999

Silvio Pezzana e Davide Morando con due 500 R del '75 compiono il loro primo tour attraverso le principali capitali europee.

Alla cerimonia di consegna del premio "Sportivo dell'Anno" partecipano Gian Paolo De Capitani, Antonio Pincin e la segretaria Marina Manieristi.

Ernesto Romano di Poggibonsi, con la sua 500 con bagno e doccia, partecipa alla trasmissione televisiva di Giancarlo Magalli "I Cervelloni". Ospite della serata Renzo Arbore.

In occasione di "Autostory" alla Fiera di Genova, si riunisce il consiglio direttivo e si discute sulle prospettive che darebbe la federazione del Club all'ASI (AutomotoClub Storico Italiano). Dopo una esauriente relazione di Vincenzo Santanna il consiglio incarica Franco Giannini di studiare le procedure per perfezionare l'adesione all'ASI.

Marinella Pifferi e Stelio Yannoulis redigono un vademecum per gli organizzatori di raduni. Dopo aver esaminato tutte le difficoltà nel scegliere la stagione («periodo non troppo freddo ma non caldo, umidità moderata ma non afoso») e fissare la data (coincidenza con eventi familiari, incontri sportivi, ferie, concomitanza con altre manifestazioni...) consigliano di rivolgersi al Comune chiedendo quand'è la festa del paese!

The first uphill time trial Vado-Monzuno takes place, organized by the local social solidarity Cooperative. Alberto Ferriani, Claudio Calzolari, Gianni Leonardi, Marco Schincaglia and Fabrizio Zanoli are placed in the first five positions.

1999

Silvio Pezzana and Davide Morando on two 1975 500 R make their first tour across the main European capital cities.

Gian Paolo De Capitani, Antonio Pincin and the secretary Marina Manieristi participate in the ceremony for the award of the Prize "Sportivo dell'Anno" (Sportsman of the Year).

Ernesto Romano from Poggibonsi, with his 500 with bathroom and shower, takes part in the TV show "I Cervelloni" conducted by Giancarlo Magalli. Renzo Arbore is the guest of the evening.

During "Autostory" at the Genoa fairgrounds, the executive board meets to discuss the possible openings offered by the affiliation of the Club to ASI (AutomotoClub Storico Italiano) – Italian Historic Automotive Society –. Following a comprehensive report by Vincenzo Santanna, the board entrusts Franco Giannini with the study of the procedure for applying to ASI.

Marinella Pifferi and Stelio Yannoulis draft a short handbook for meetings' organizers. After examining all the difficulties in choosing the season ("not too cold but not a hot period, moderately humid but not sultry") and fix a date (concurrence with family events, sports contests, holidays, concurrence with other events...) they suggest to ask the Municipality when the town festival takes place!

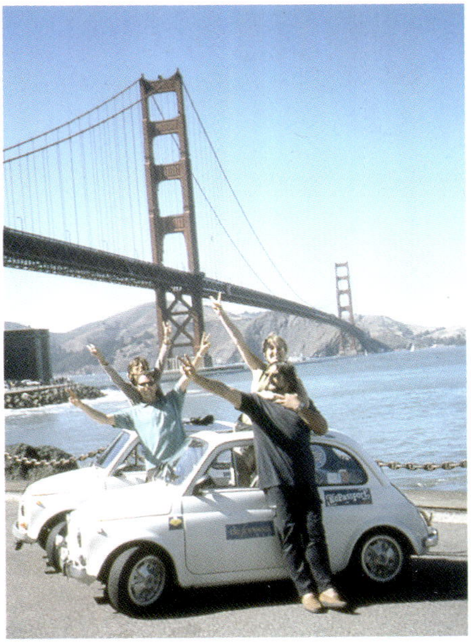

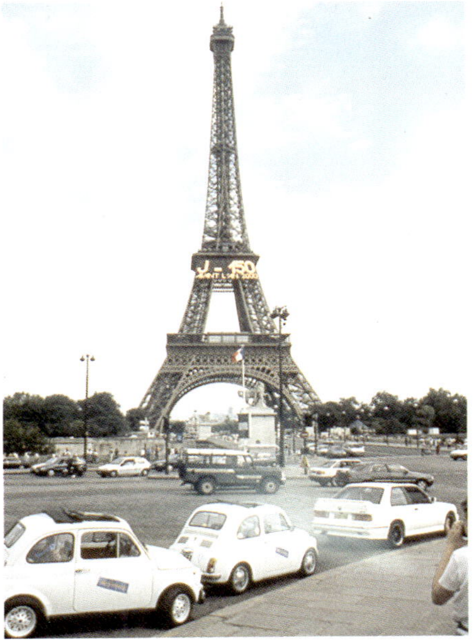

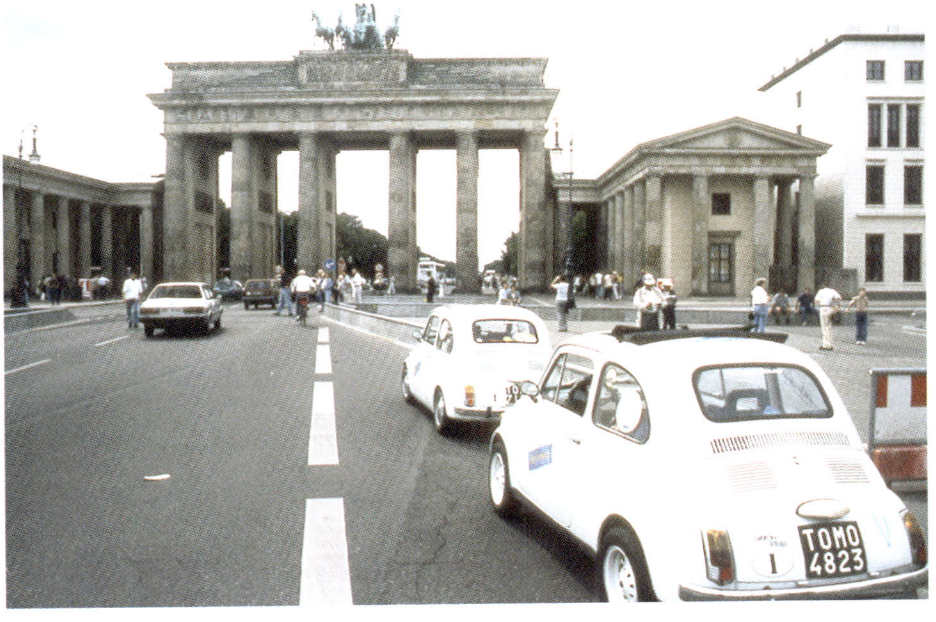

Le 500 R di Silvio Pezzana e Davide Morando nella Baia di San Francisco (USA), sotto la Tour Eiffel (Francia) e la porta di Brandeburgo (Germania).

The 500 R of Silvio Pezzana and Davide Morando at the San Francisco Bay (USA), under the Eiffel Tower (France) and at the Brandenburg Gate (Germany).

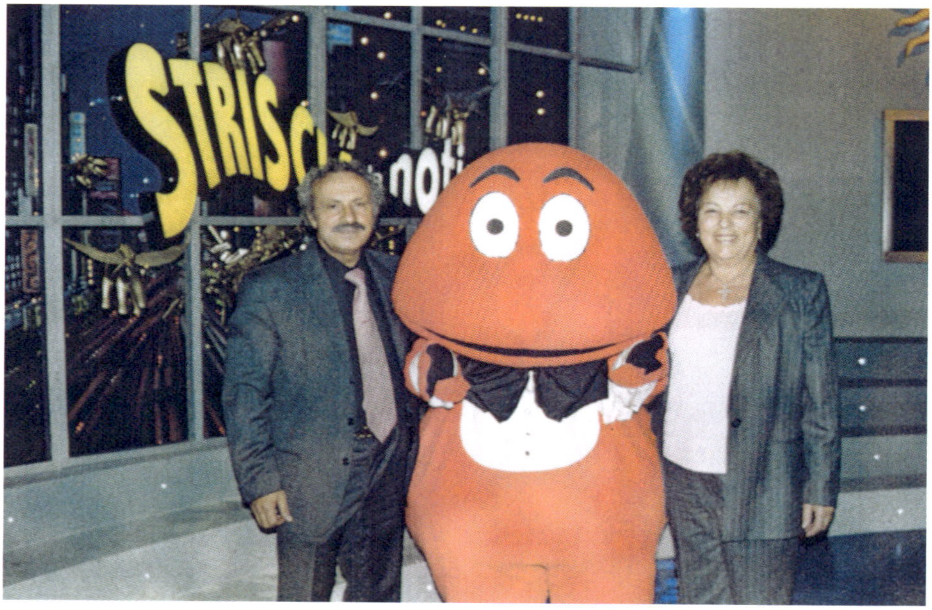

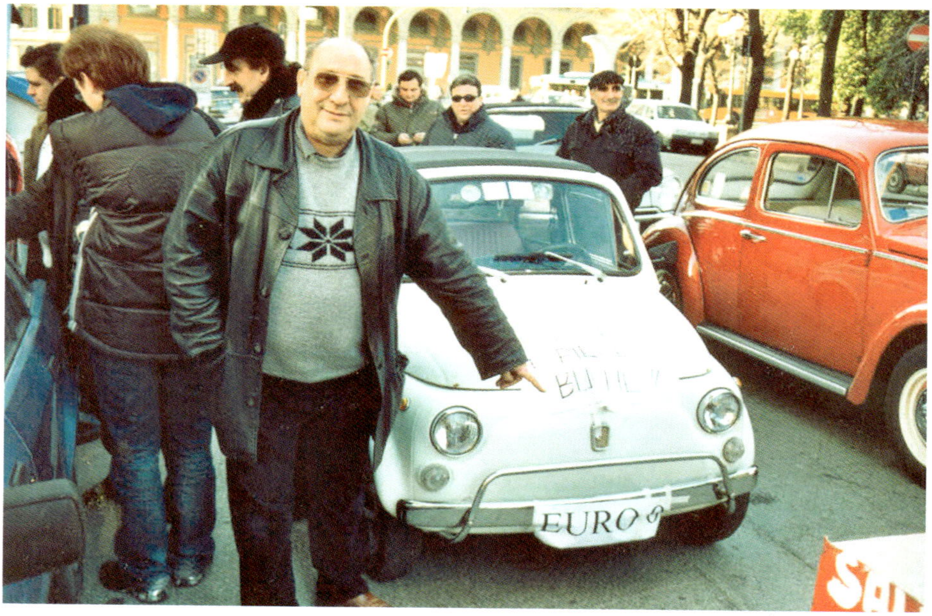

In alto, Ernesto Romano con la moglie a "Striscia la notizia". In basso, Vincenzo Santanna e una simpaticissima "Euro 0" (che nei centri storici inquina meno delle catalitiche...).

Above: Ernesto Romano with his wife at the TV programme "Striscia la Notizia". Below: Vincenzo Santanna and one very cute "Euro 0" (that in old town centres in less polluting than catalytic cars...).

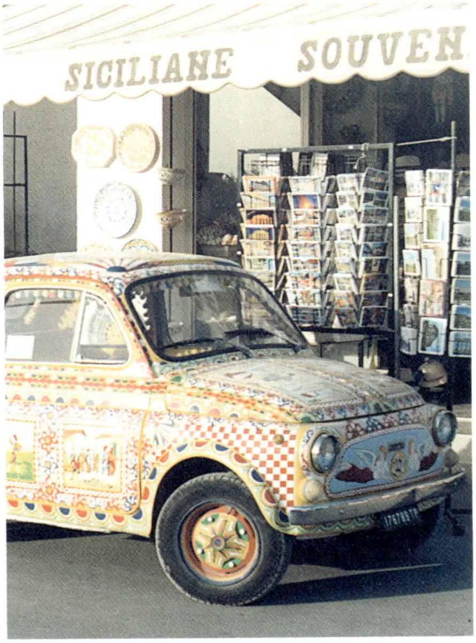

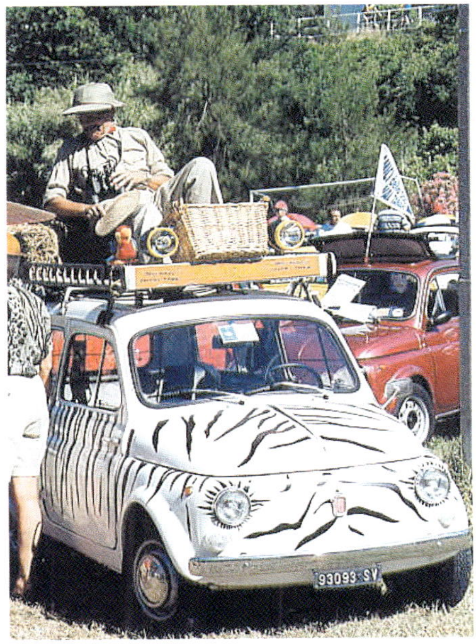

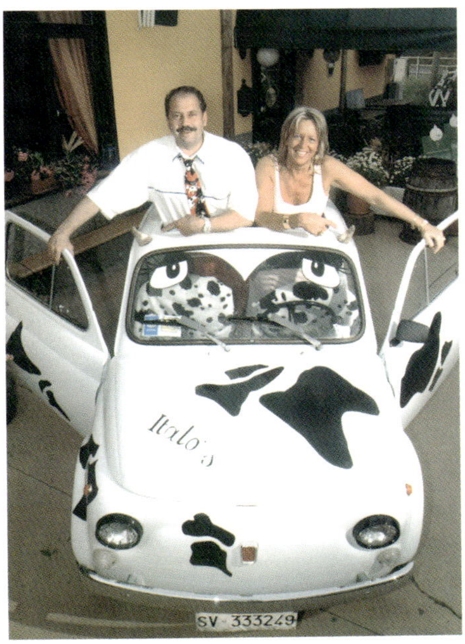

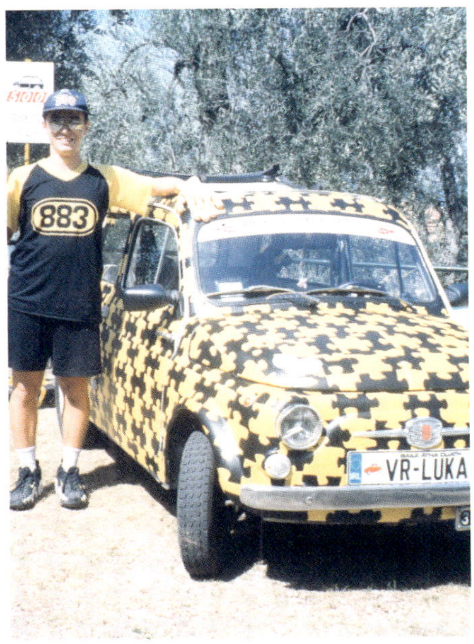

La fantasia degli appassionati non ha limiti...

The imagination of Cinquecento enthusiasts has no limits....

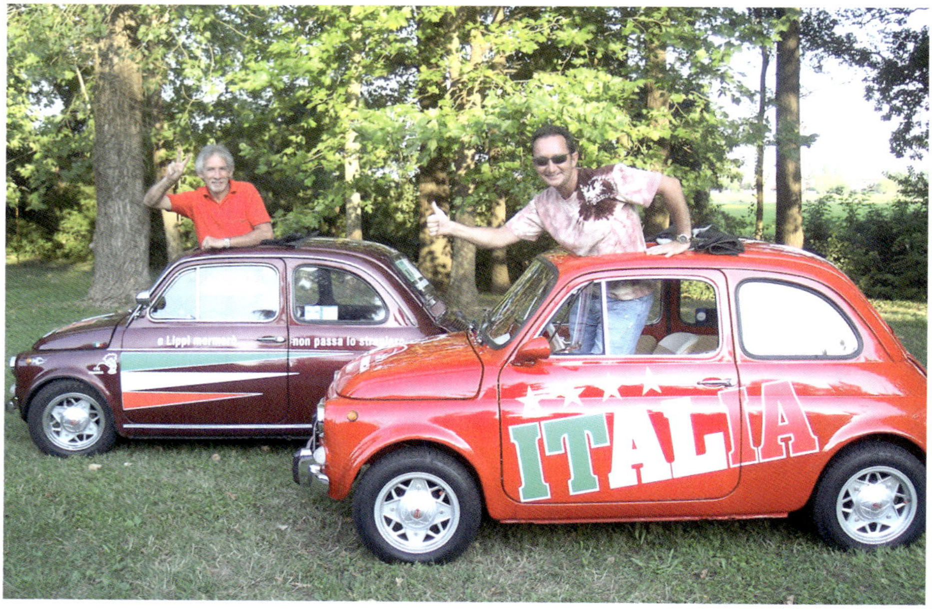

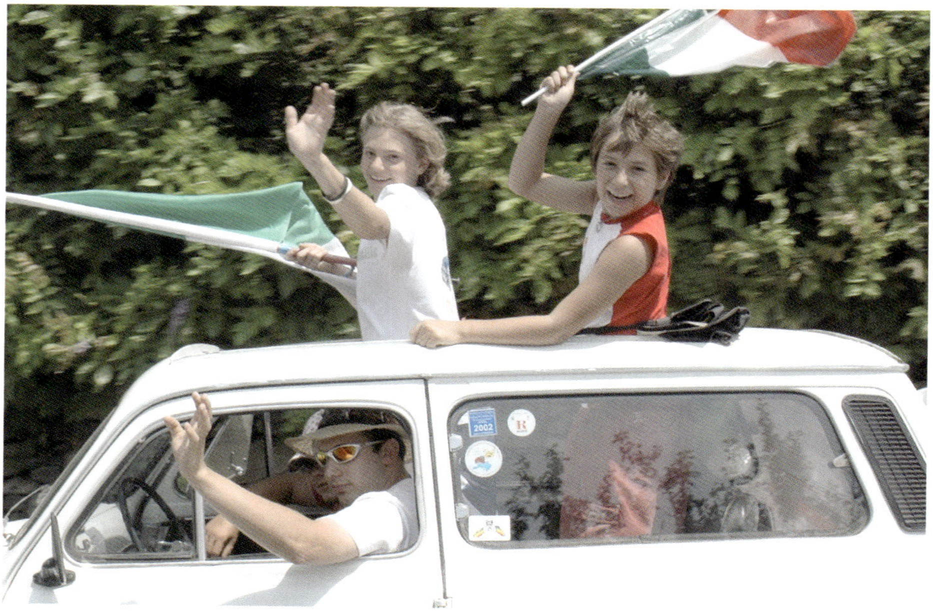

I cinquecentisti festeggiano l'Italia campione del mondo di calcio.

Cinquecento enthusiasts celebrate Italy's victory at the Football World Cup.

La passione si diffonde

Con il nuovo millennio prende il via una stagione di grande crescita. Gli appassionati aumentano e di pari passo aumentano le iniziative sul territorio, segno dell'autenticità della passione di chi si affilia al sodalizio. Molti infatti non si accontentano di avere la "tessera in tasca", ma vogliono rendere palese il loro amore per la 500.
Sempre più foto e soprattutto storie – divertenti, sorprendenti, talvolta commoventi – giungono in sede per trovare spazio su "4piccoleruote" e su internet. I cinquecentisti hanno una gran voglia di raccontarsi, di scambiare esperienze, di incontrare altri appassionati.
Molto importante è il ruolo del fiduciario di zona quale riferimento per i cinquecentisti locali e per i rapporti con gli enti e le associazioni. La sua attività, impegno ed entusiasmo sono indispensabili per diffondere e mantenere vivo l'interesse per la 500. Nonostante i mille impegni quotidiani da affrontare, non mancano i "temerari" che richiedono e ottengono di diventare fiduciari del Fiat 500 Club Italia e si mettono all'opera, impegnandosi negli svariati compiti che tale incarico comporta.
Così si legge nel "Codice Etico del Fiduciario di Zona":
Sarà compito del fiduciario promuovere le nuove iscrizioni [...] Il fiduciario dovrà avere il massimo riguardo e fornire informazioni ad ogni socio e comunque ad ogni altra persona/ente interessato alla 500.
Chiunque abbia tentato di mettere in piedi una qualunque iniziativa, dalla

The passion spreads

With the new millennium a period of great growth begins. The number of enthusiasts increases and at the same time the initiatives on the territory proliferate, a sign of the genuine passion of those who join the association. Many, in fact, are not satisfied with just having a "membership card in their pockets", but they want to make their love for the 500 known to everybody. More and more photographs and mainly stories – funny, astonishing and sometimes moving ones – are sent to the head office for publication in "4piccoleruote" and on the website. Fiat 500 enthusiasts have a strong desire to tell their stories, to share experiences, to meet other enthusiasts. The role of local trustees is very important as they are a reference for local enthusiasts and for external bodies and associations. Their work, commitment and enthusiasm are essential in the spreading and the maintaining of the interest in the Fiat 500.
There are always those "reckless ones" who - notwithstanding their many daily responsibilities - ask for and obtain to become trustees of the Fiat 500 Club Italia. They get down to work, engaging themselves in the various commitments demanded by the office.
The "Codice Etico del Fiduciario di Zona" (Ethical Code of Local Trustees) states:
It will be the trustee's task to encourage new membership [...] The trustee will have to pay the utmost care and provide information to every member and to any

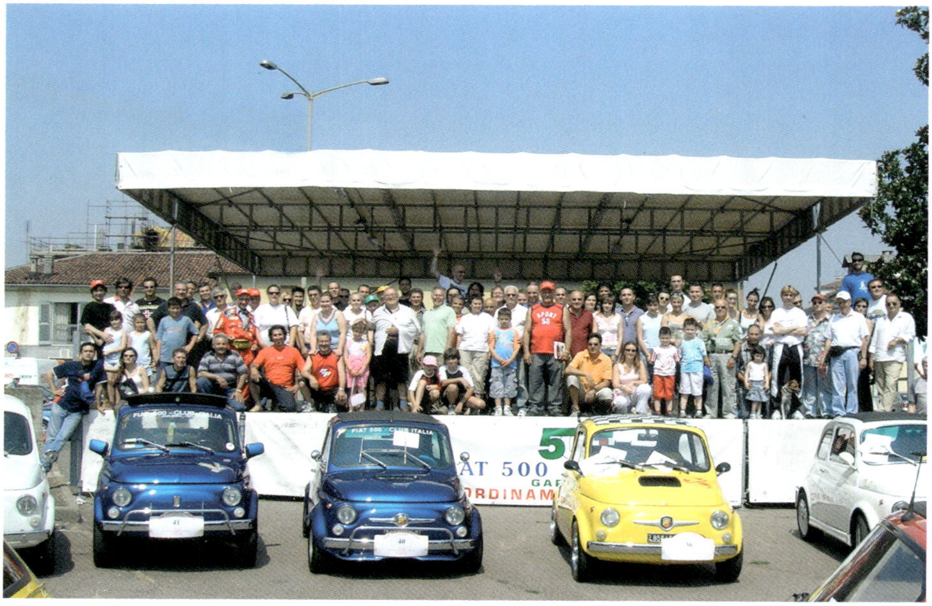

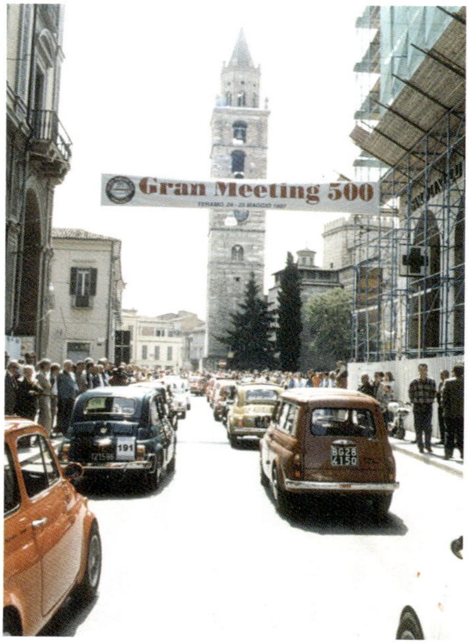

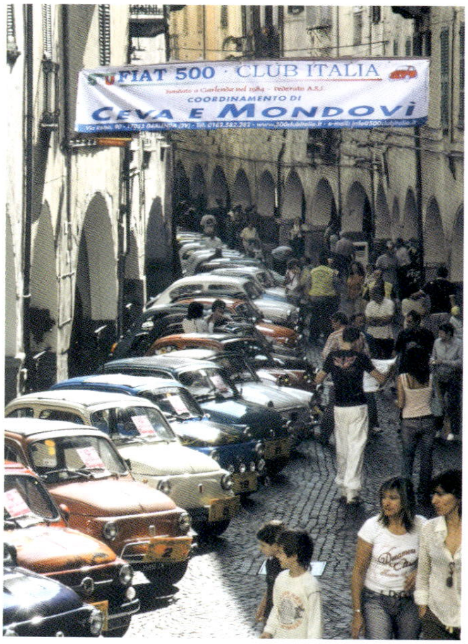

Foto di gruppo sul palco del Raduno di Nichelino (TO).
In basso da sinistra, le 500 in parata ai raduni di Teramo e Ceva (CN)

Group photograph at the meeting in Nichelino (TO).
Below left: the 500s parading at the meetings in Teramo and (below right) Ceva (CN).

conferenza al concerto, dalla pesca di beneficenza allo spettacolo teatrale, sa quanto sia faticoso e quanti dettagli rischino di sfuggire al controllo anche del più attento e scrupoloso organizzatore! Eppure le difficoltà non sembrano fermare gli impavidi membri del Club, che, anzi, vengono baciati dal successo.

Successo che non sta solo nel numero degli equipaggi che anche il raduno meno "ambizioso" ormai riesce a coinvolgere (il traguardo delle 100 auto viene spesso e volentieri superato), ma anche nella capacità di "scaldare l'ambiente" che le mitiche 500 sembrano possedere come per magia. Sempre più di frequente, infatti, gli appuntamenti per i cinquecentisti si inseriscono in contesti più ampi e molto sentiti: feste patronali, sagre enogastronomiche, notti bianche, rievocazioni storiche, meeting sportivi... I vantaggi dell'abbinamento non sono solo di ordine pratico. Il pubblico è naturalmente attratto in misura maggiore e il tocco di colore delle scatenate, rombanti 500 arricchisce l'offerta. **Il dialogo con Comuni, Comunità Montane, Province, Regioni, Aziende e altre Associazioni si fa sempre più intenso e proficuo: le 500 chiamano e il territorio risponde e viceversa.** In quest'ottica non mancano neppure le occasioni di esprimere la propria vocazione alla solidarietà nei modi più diversi.

Apprezzate anche le gite, i mini tour, le visite a luoghi di interesse storico-architettonico o naturalistico... tutte ottime occasioni per andare alla scoperta delle bellezze italiche a bordo di un'auto che – forse proprio per la sua non eccelsa velocità e l'assenza dei gadget tecnologici tanto presenti sulle vetture moderne –

other person/body interested in the 500. Whoever has tried to set up any kind of initiative, from a conference to a concert, from a lucky dip to a theatre representation, knows how difficult it is and how many details risk to get out of the control of even the most careful and scrupulous organizer! However, the difficulties do not seem to discourage the undaunted members of the Club, who, on the contrary, are blessed by success.

Such a success lies not merely in the number of teams that even the least "ambitious" meeting manages to get involved (the target of the 100 cars is very often exceeded), but also in the ability to "warm up the atmosphere" that the glorious 500s seem to magically possess. More and more often, in fact, the meetings for 500 enthusiasts take place in wider and deeply felt contests: sponsored patronal feasts, gastronomic events, white nights, memorials, sports meetings ...The advantages of combining these events are not merely of a practical nature. A larger public is of course attracted and the touch of colour added by the wild, roaring 500s enriches the offer. **The communication with Municipalities, Mountain Communities, Provinces, Regions, Enterprises and other Associations becomes more and more intense and profitable: the 500s call out and the territory responds, and the other way round.** Many opportunities arise to support a multitude of charities and good causes. Excursions, small tours, visits to sites of historical-architectural or natural interest are also appreciated ... all great opportunities to discover the beauties of Italy in a car that – maybe exactly for its not so

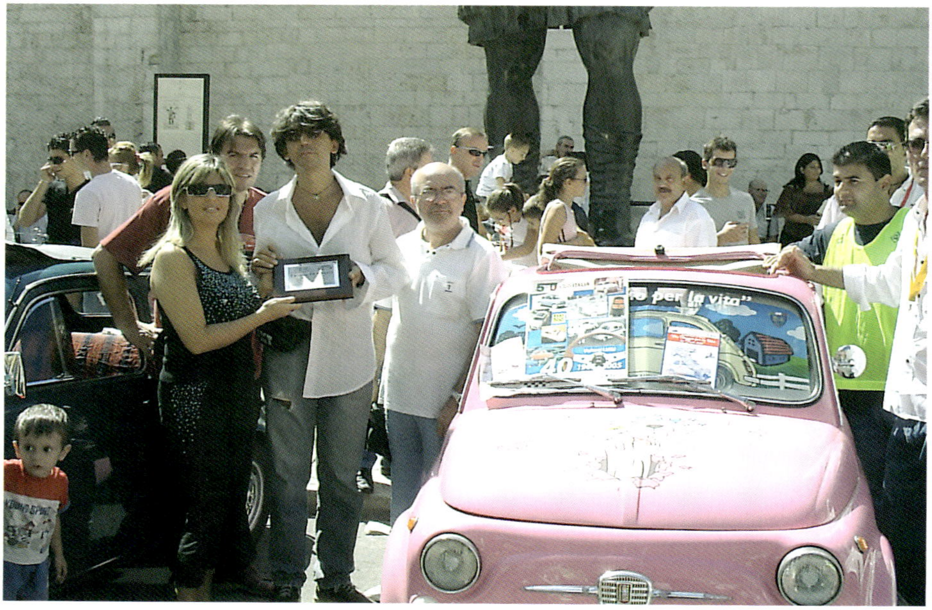

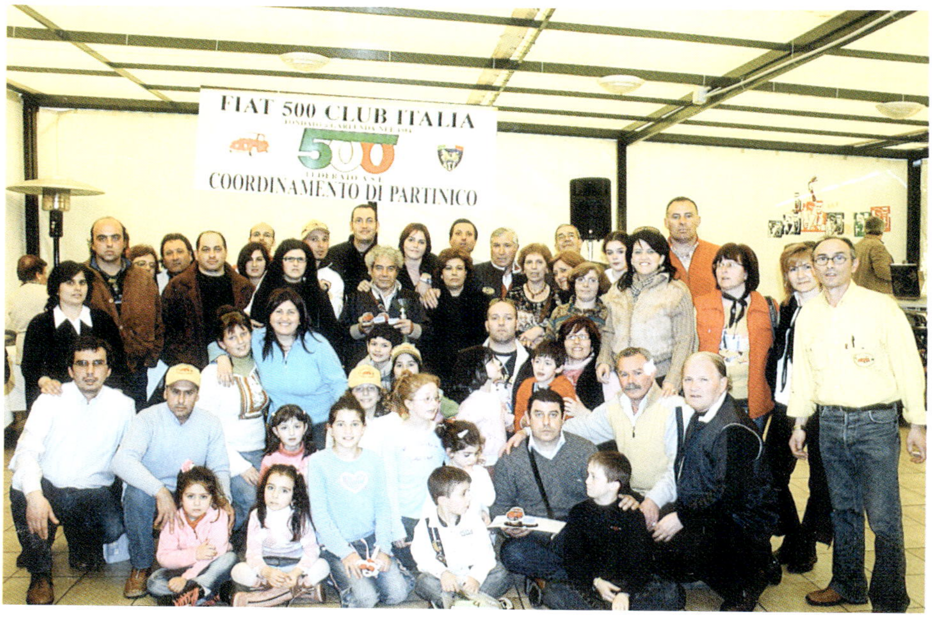

In alto, Antonio Belsito al raduno di Barletta.
In basso, foto di gruppo al raduno "40 miglia in 500" di Partinico (PA).

Above: Antonio Belsito at the Barletta meeting.
Below: Group photograph taken at the meeting "40 miglia in 500" in Partinico (PA).

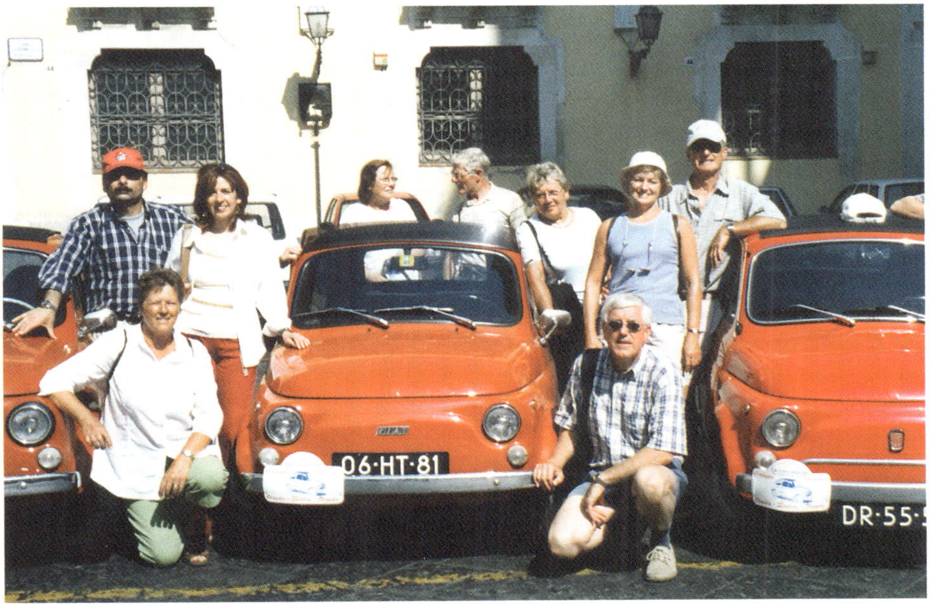

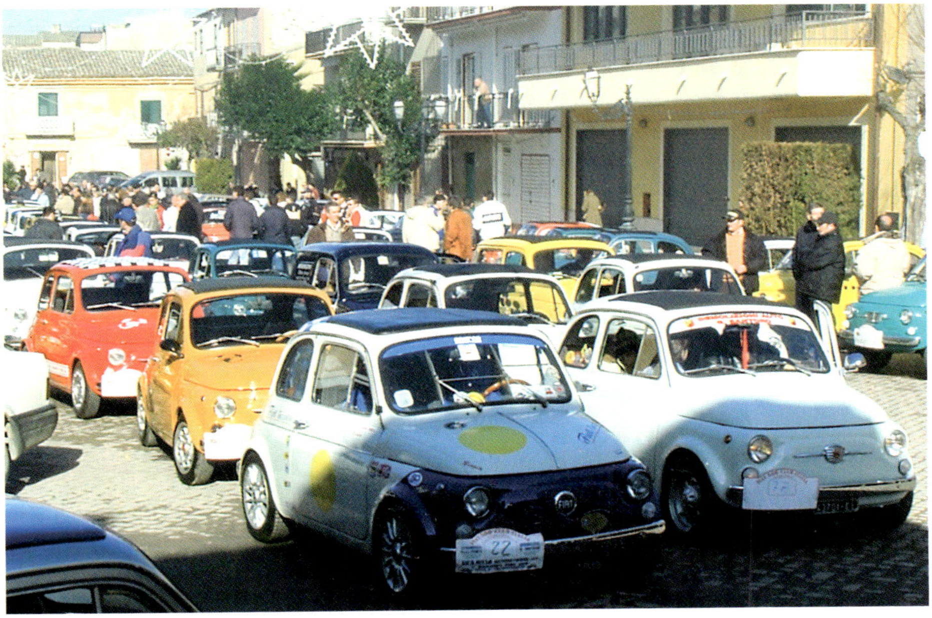

In alto, cinquecentisti olandesi con Giuseppe Anzaldi, fiduciario di Riesi-Gela (CL).
In basso, le 500 in sfilata al raduno di Montedoro (CL).

Above: Dutch 500 enthusiasts with Giuseppe Anzaldi, trustee of Riesi-Gela (CL).
Below: the 500s parading at the meeting in Montedoro (CL).

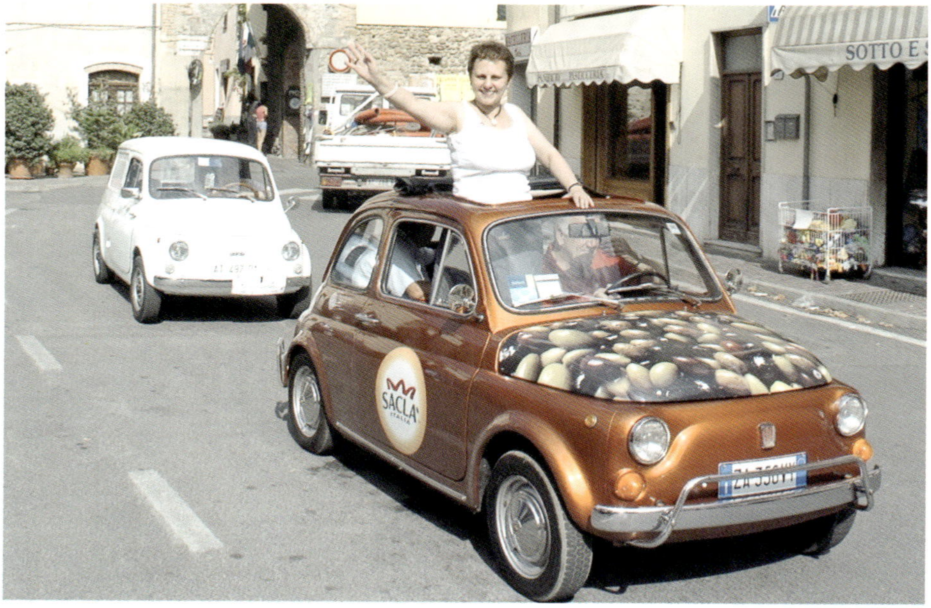

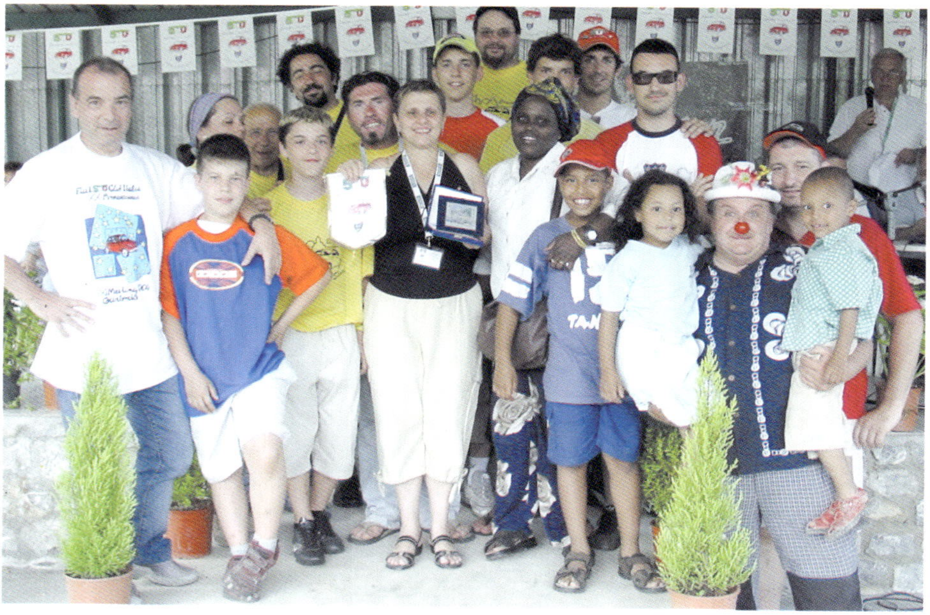

In alto, la presidente Silvia Depaoli di fronte al centro storico di Villanova d'Albenga (SV).
In basso, Silvia con i soci ed i bambini del gruppo di Bergamo.

Above: the president Silvia Depaoli in front of the old town centre of Villanova d'Albenga (SV).
Below: Silvia with the members and the children of the Bergamo branch.

permette di godersi meglio il paesaggio che sfila ai bordi delle strade.
Infine, va segnalata la partecipazione alle grandi fiere e mostre mercato: di anno in anno gli stand del Fiat 500 Club Italia suscitano sempre di più l'interesse dei visitatori. E che dire della 500 esposta all'edizione 2006 del Motorshow di Bologna?
Essere al centro dell'attenzione piace alla piccola grande auto che, come una diva, sa fare entrate ad effetto e conquistare la scena. Ma il "motore" di tutto ciò è la passione di chi questa diva coccola ed esalta, perché in primo luogo lei – la 500 – è la compagna dei momenti migliori delle persone che la amano.

2000

Giunge alla presidenza del Club Silvia Depaoli, di Torino, prima donna a capo del sodalizio. Vice presidente è nominato Danilo Cosci di Grosseto.
Silvia si mette subito all'opera, dimostrando ben presto grandi capacità personali e non comuni doti manageriali ed organizzative. Sotto la sua guida il Club diventa veramente grande. I soci superano quota 7000.
Si conferma l'ottima collaborazione con l'ASI (AutomotoClub Storico Italiano) con l'aumento delle iscrizioni e la partecipazione alle più importanti manifestazioni del settore dell'automobilismo d'epoca.
Scrive Michele Marchianò, in un servizio realizzato presso il Castello Costa del Carretto di Garlenda per "La Manovella", rivista mensile ufficiale dell'A.S.I.:
Con il primo gennaio l'AutomotoClub Storico Italiano ha accolto la domanda di

great speed and its lack of the technological gadgets of modern cars – gives an opportunity to better enjoy the landscape along the sides of the roads.
Finally, we must mention the participation in the big fairs and the market exhibitions: year after year the stands of the Fiat 500 Club Italia attract a greater interest from visitors. And what about the 500 on display at the 2006 edition of the Bologna Motorshow?
This big little car loves to be the centre of the attention and, like a star, it knows how to make a sensational entry on stage. But the "driving force" behind all this is the passion of those who cuddle and glorify this star, because in the first place, she – the 500 – is the companion of the best moments of those who love her.

2000

Silvia Depaoli, from Turin, becomes president of the Club, the first woman at the head of the association. Danilo Cosci from Grosseto is vice-president.
Silvia immediately gets down to work, showing at an early stage her great personal capabilities and unusual managerial and organizational skills. Under her guidance the Club becomes really large. The members exceed 7,000.
The excellent cooperation with ASI (AutomotoClub Storico Italiano) is confirmed, with an increase in applications and the participation in the main events of the vintage car sector.
Michele Marchianò, writes in a report made at the Costa del Carretto Castle in Garlenda for the "La Manovella", ASI official monthly magazine:
As of the first of January the AutomotoClub

affiliazione del Fiat 500 Club Italia, che ha subito conquistato due importanti primati: è il più numeroso e nello stesso tempo il più giovane (età media 38 anni). Abbiamo avuto l'impressione di essere in presenza di dirigenti consapevoli di aver assunto un impegno molto importante e che si dichiarano pronti ad affrontare il salto di mentalità che la federazione all'ASI richiede.

La rivista "Ruote Classiche" pubblica un ampio servizio sul Club e sulla 500 in generale, riportando i dati più significativi dei 18 anni di produzione della vettura e le foto dei modelli più rappresentativi. I soci del coordinamento di Torino sono ritratti con le loro beniamine nella prestigiosa Piazza San Carlo.

2001

Il sito www.500clubitalia.it viene arricchito con una sezione tecnica che contiene i manuali d'uso e manutenzione delle 500 più diffuse, l'elenco dei numeri di telaio suddivisi per anni e modello, la tabella dei colori, le diverse serie di bicilindriche prodotte a partire dal 1957 sino al 1975. Oltre a numerose notizie utili, si trova una galleria fotografica dove si possono inserire "on line" le foto delle macchine. Sempre molto apprezzata è inoltre la bacheca, frequentata da coloro che vogliono scambiare quattro chiacchiere in amicizia.

In ottobre il Club partecipa per la prima volta alla Fiera di Padova, una delle principali manifestazioni dedicate al motorismo storico. Maurizio Candini, Antonio Cassella, Aldo Grassano ed Elena Schincaglia espongono i loro "pezzi da novanta" ottenendo un ottimo successo.

Storico Italiano has accepted the affiliation application made by the Fiat 500 Club Italia, that has immediately set two important records: it is the largest and at the same time the youngest (average age 38 years). We have had the impression of being in the presence of managers aware of the importance of the commitment undertaken and who declare themselves ready for the mind-changing required by ASI.

The magazine "Ruote Classiche" publishes a long report on the Club and on the 500 in general, with an account of the most remarkable information in the 18 years of the car's production and the pictures of the most representative models. The members of the Turin branch are portrayed with their beloved one on the impressive Piazza San Carlo.

2001

The website www.500clubitalia.it is improved with the adding of a technical section with the use and maintenance manuals of the most common 500s, the list of chassis numbers arranged by year and model, the colour charts, the various series of cars produced from 1957 to 1975. Besides much useful information, one can find a photogallery where members can add the pictures of their cars on-line. The forum is also much appreciated and it is visited by those who wish to exchange some friendly words.

In October the Club takes part for the first time in the Padua Exhibition, one of the most important events dedicated to the world of classic cars. Maurizio Candini, Antonio Cassella, Aldo Grassano and Elena Schincaglia display their "bigwigs" obtaining a great success.

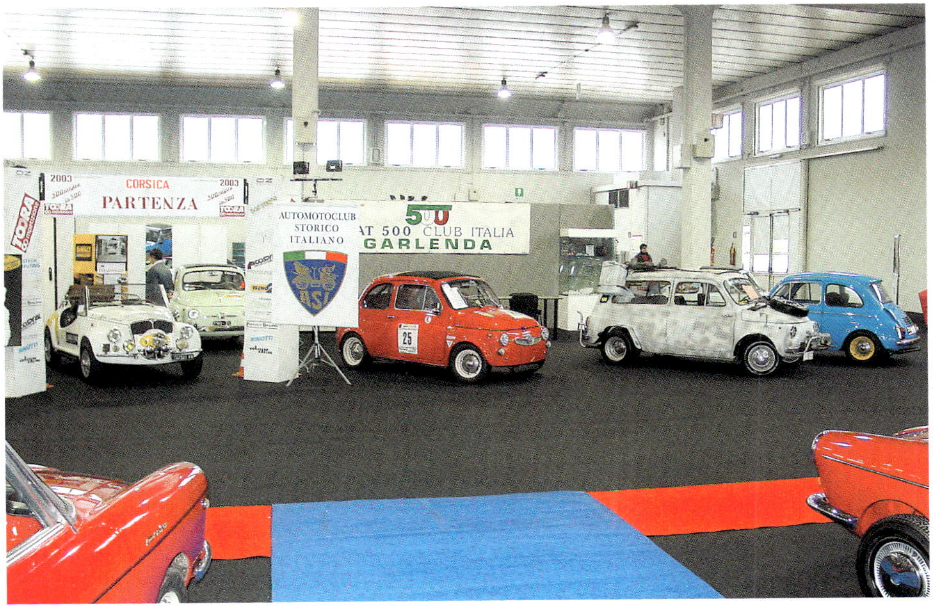

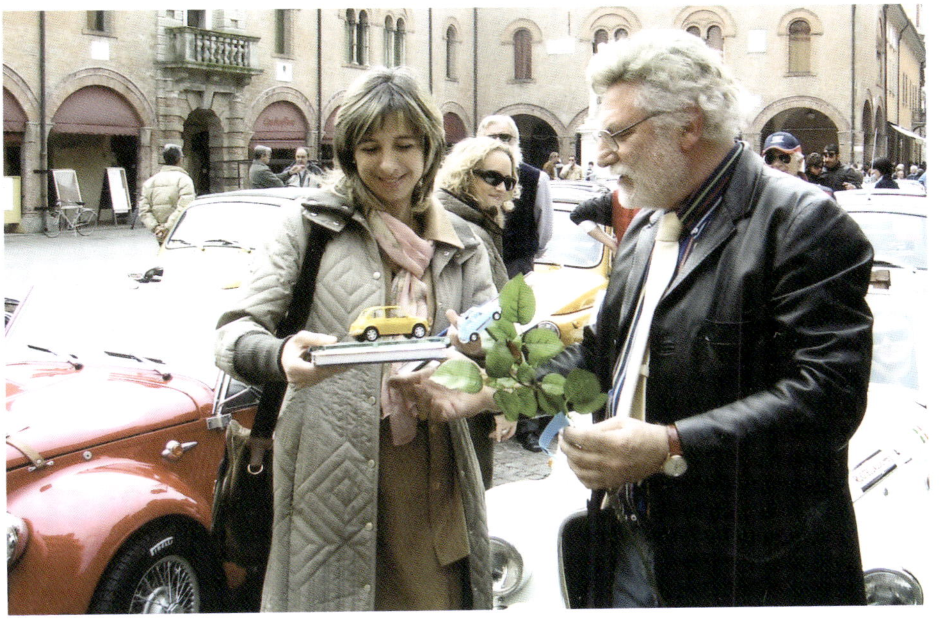

In alto, lo stand del Club alla Fiera di Padova.
In basso, Maurizio Candini con Paola Morselli, assessore alla Cultura del Comune di Cento (FE).

Above: the Club's stand at the Padua Exhibition.
Below: Maurizio Candini with Paola Morselli, councillor for Culture in the Municipality of Cento (FE).

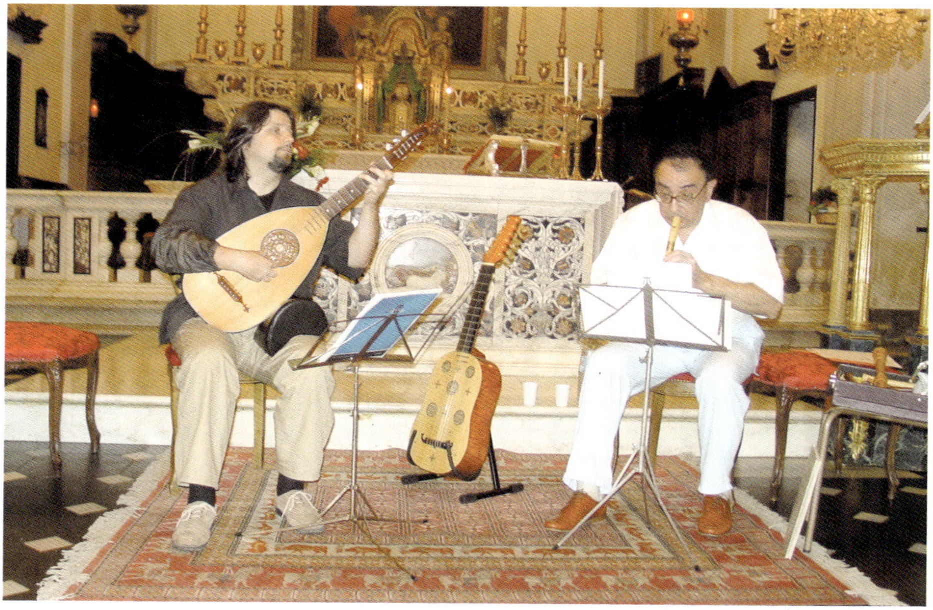

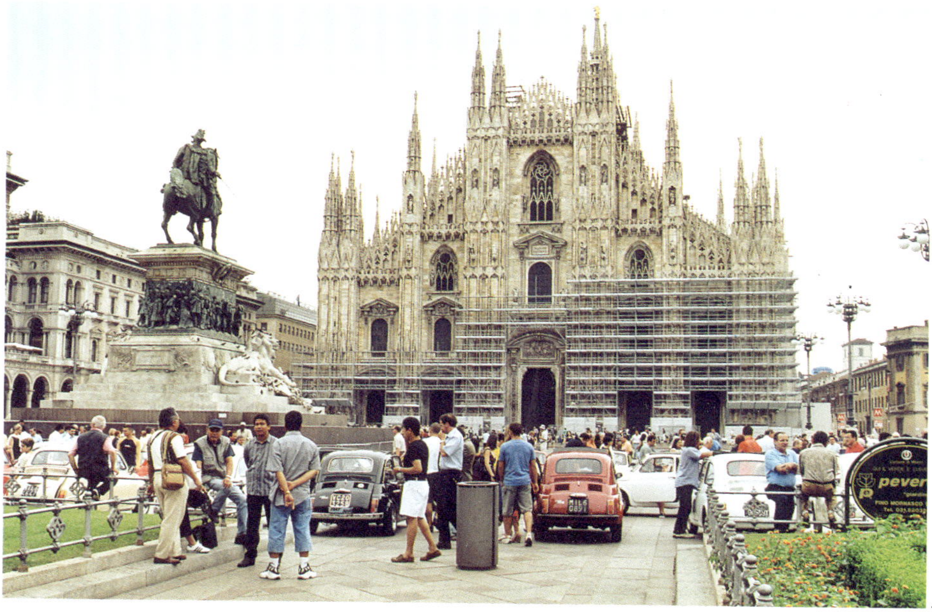

In alto, la passione e l'impegno di Marco Schincaglia nel concerto con Gianni Landroni.
In basso, le 500 in Piazza del Duomo a Milano.

Above: the passion and the commitment of Marco Schincaglia in the concert with Gianni Landroni.
Below: the 500s on the Piazza Duomo in Milan.

Nel dicembre 2001 l'assemblea approva all'unanimità l'operato della brillante Silvia e la riconferma. L'affianca, in qualità di vice presidente, Marco Schincaglia, bolognese doc, valente musicista e musicologo. La vigilia del tradizionale pranzo degli auguri, lo stesso Schincaglia e Gianni Landroni tengono un concerto di musiche antiche nella Chiesa Parrocchiale della Natività di Maria a Garlenda.

Nello stesso periodo tutto il Club è in lutto per la scomparsa di Gian Paolo De Capitani, socio fondatore e presidente onorario, che tanta parte ha avuto nella vita e nello sviluppo del sodalizio.

Su "4piccoleruote" si legge un commosso ricordo: «*Di Gian Paolo i soci apprezzavano le grandi doti di umanità, serietà e signorilità, unite a correttezza e lealtà non comuni. Con il suo spirito di servizio, la sua costanza e l'entusiasmo,* De Capitani *nei quattro anni della sua presidenza ha dato un notevolissimo impulso al Club*».

L'anno seguente, il Consiglio Direttivo, in occasione del raduno nazionale, gli intitolerà la sede del Club.

Varie e numerose le manifestazioni su e giù per la penisola. Il fiduciario di Milano Luigi Parolini organizza il primo raduno nel capoluogo lombardo: vedere tutte le 500 ben allineate nella splendida piazza del Duomo è motivo di orgoglio e soddisfazione per tutti.

Sempre in Lombardia, il Club partecipa con oltre 60 vetture al raduno di solidarietà di Brembate (BG), per aiutare la San Vincenzo locale.

Per quanto riguarda la Toscana, si registra il crescente successo del raduno di Cecina, ottimamente organizzato dal fiduciario di Livorno Lido Bandini.

In December 2001 the assembly unanimously approves Silvia's excellent work and re-appoints her. Marco Schincaglia - an authentic Bolognese and a talented musician and musicologist - is elected vice-president. On the eve of the traditional Christmas lunch, Schincaglia himself and Gianni Landroni hold a concert of ancient music in the Parish Church of St. Mary's Nativity in Garlenda.

During the same period the whole Club is plunged into mourning the death of Gian Paolo De Capitani, founding member and honorary president, who played a very important role in the life and the developing of the association.

A touching obituary is published in "4piccoleruote": "*The members appreciated Gian Paolo's great humanity, reliability and gentlemanly manners, together with his uncommon uprightness and loyalty. With his spirit of service, his perseverance and his enthusiasm, De Capitani, in the course of his four-year presidency, has given a great boost to the Club*".

The following year, the Executive Board, on the occasion of the national meeting, will name the Club's head office after him.

The initiatives all along the peninsula are many. The trustee from Milan Luigi Parolini organizes the first meeting in the region's capital: seeing all the 500s lined up on the beautiful Piazza del Duomo fills everybody with pride and satisfaction.

Still in Lombardy, the Club takes part, with over 60 cars, in the charity meeting in Brembate (BG), in support of the local San Vincenzo.

As of Tuscany, the meeting in Cecina becomes increasingly successful, perfectly organized by the Livorno trustee Lido Bandini.

In piazza Mercatale a Prato si festeggia la nona edizione del raduno. Vincenzo Santanna fa le cose in grande e prepara ben due itinerari per i partecipanti. Di particolare rilievo l'itinerario storico che permette di visitare i monumenti della cittadina toscana.
Molti gli appuntamenti in Piemonte. Gianlorenzo e Rosalba Bisio festeggiano il decimo anniversario del raduno di Monterotondo di Gavi. L'edizione viene dedicata alla memoria di Franco Rossi, cinquecentista doc, e il ricavato viene devoluto alla Croce Rossa Italiana per il progetto Cernobyl. Il fiduciario di Vercelli Francesco Carta ottiene uno strepitoso successo organizzando il secondo raduno 500 a Perlengo Vercellese. Giovanni Bighin organizza il primo meeting di Pancalieri, località rinomata per la lavorazione della menta e delle piante officinali. Prima edizione anche ad Asti, su iniziativa di Roberto Codogno, fiduciario della città dell'Alfieri.
Al raduno di Cuneo viene distribuito ai partecipanti il questionario redatto da Marco Novelli di Roccasparvera (CN) **"Che tipo di cinquecentista sei?".** Pur essendo eseguito su un campione limitato, riteniamo il risultato abbastanza rappresentativo dell'universo dei soci:
A) *i puristi* (35%): *la loro 500 deve essere come Mamma Fiat l'ha fatta. Soffrono se anche una sola vite non è originale, usano la 500 raramente, partecipano ai raduni, ma spesso passano più tempo nella rimessa a lucidare le cromature della loro bellezza. La massima aspirazione è quella di vedere riconosciuto il valore del restauro/conservazione con l'omologazione ASI. Se piove o minaccia di piovere tengono la macchina chiusa in garage.*

On Piazza Mercatale in Prato, the ninth edition of the meeting is celebrated. Vincenzo Santanna does things in a big way and prepares two itineraries for the participants. The historical itinerary is of particular relevance as it gives an opportunity to visit the town's monuments.
Many are the events taking place in Piedmont. Gianlorenzo and Rosalba Bisio celebrate the tenth anniversary of the Monterotondo di Gavi meeting. This edition is dedicated to the memory of Franco Rossi, an authentic Cinquecento enthusiast, and the proceeds are assigned to the Italian Red Cross for the Chernobyl project. The Vercelli trustee Francesco Carta obtains a resounding success organizing the second 500 rally in Perlengo Vercellese. Giovanni Bighin organizes the first meeting in Pancalieri, a place renowned for the manufacture of mint and officinal plants. It is a first edition in Asti, too, on the initiative of Roberto Codogno, trustee of the town of birth of Alfieri.
During the Cuneo meeting the questionnaire **"What kind of Cinquecento enthusiast are you?"** by Marco Novelli from Roccasparvera (CN) is distributed to the participants. Although the survey is carried out on a limited sample, we believe that the result is fairly representative of the world of members:
A) *the purists* (35%): *their 500 must be just like 'Mother' Fiat made it. They suffer if even a screw is not original, they use their 500 rarely, they take part in meetings, but often spend more time in the garage polishing the chrome of their beauty. Their utmost aspiration is to have the value of the restoration/preservation recognized by the ASI homologation. If it rains or if it threatens to rain, they keep their car locked inside their garage.*

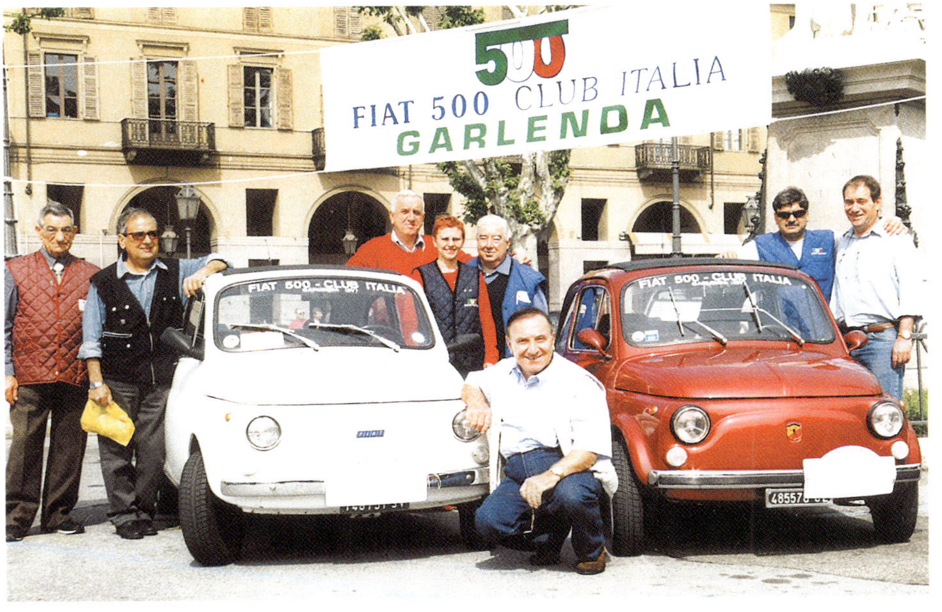

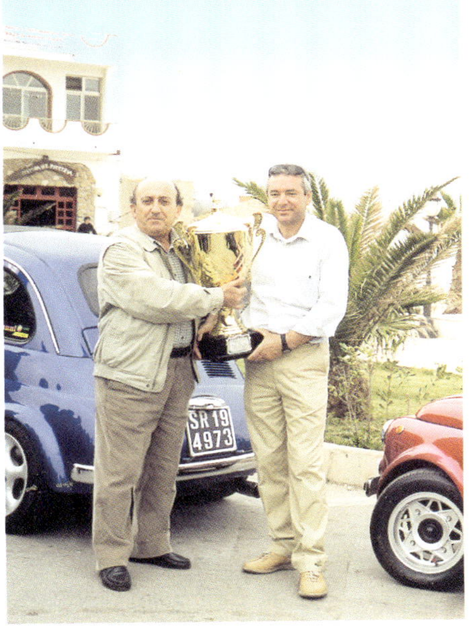

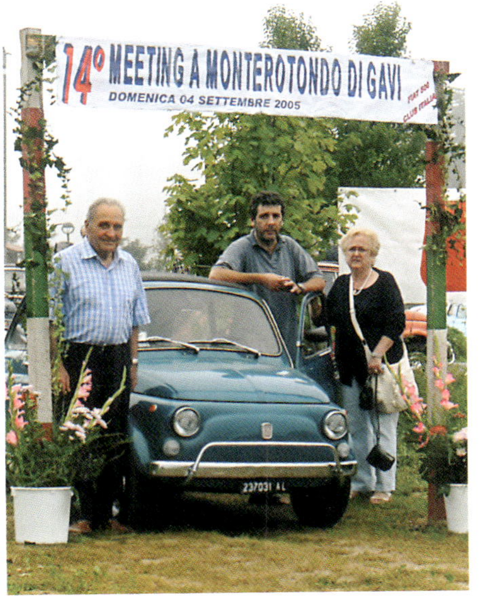

In alto, foto di gruppo al raduno di Asti. In basso a sinistra, Giovanni Modica e Antonio Di Tommasi, fiduciari di Ragusa e Pachino, a destra Rosalba e Gianlorenzo Bisio.

Above: group photograph at the Asti meeting. Below left: Giovanni Modica and Antonio Di Tommasi, trustees of Ragusa and Pachino. Right: Rosalba and Gianlorenzo Bisio.

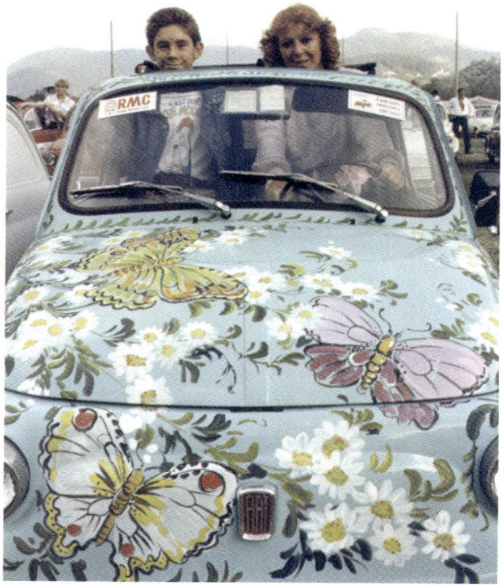

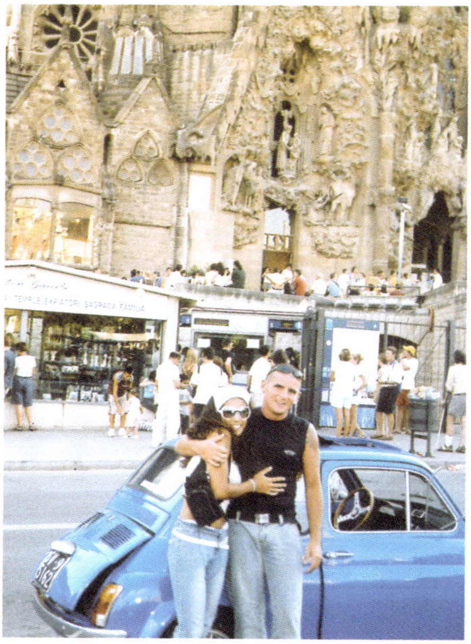

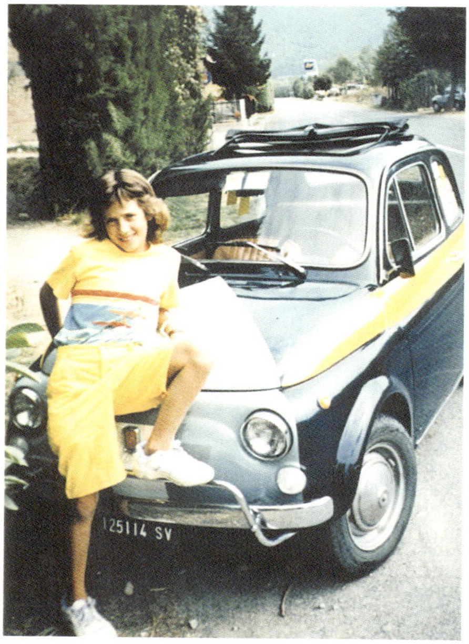

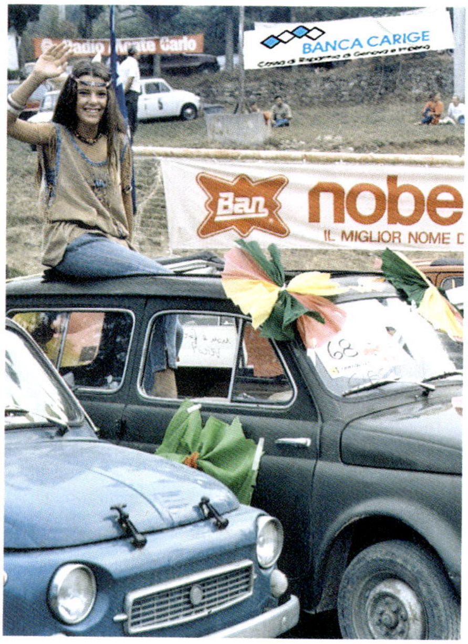

La 500 compagna di viaggio e di giorni felici per i giovani.

The 500 as a travelling companion and as the car of the happy times for the young.

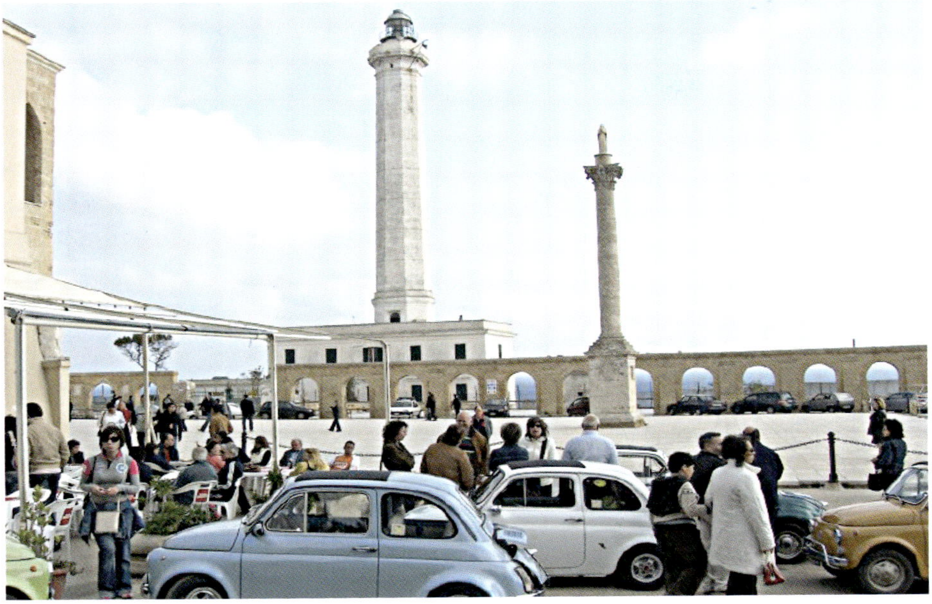

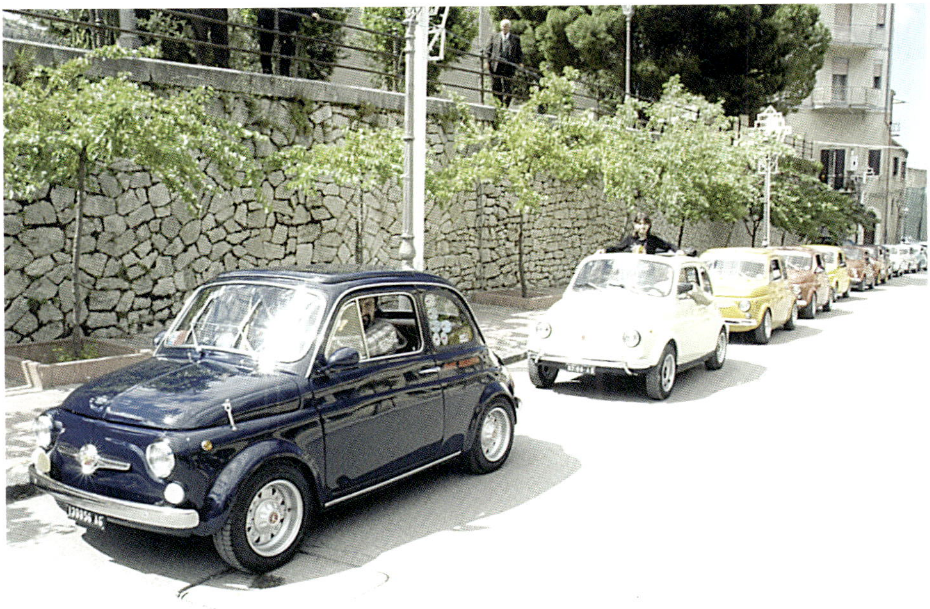

In alto, le 500 al faro di Santa Maria di Leuca (LE).
In basso, la 695 Abarth SS di Giuseppe Bellomo guida la sfilata a Santo Stefano Quisquina (AG).

Above: the 500s at the lighthouse of Santa Maria di Leuca (LE).
Below: Giuseppe Bellomo's 695 Abarth SS leads the parade in Santo Stefano Quisquina (AG).

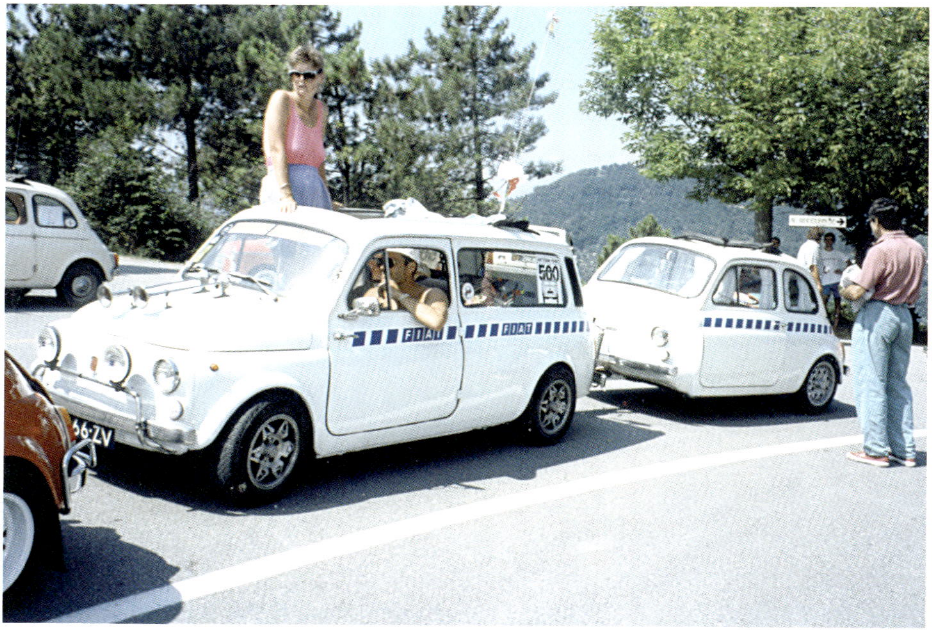

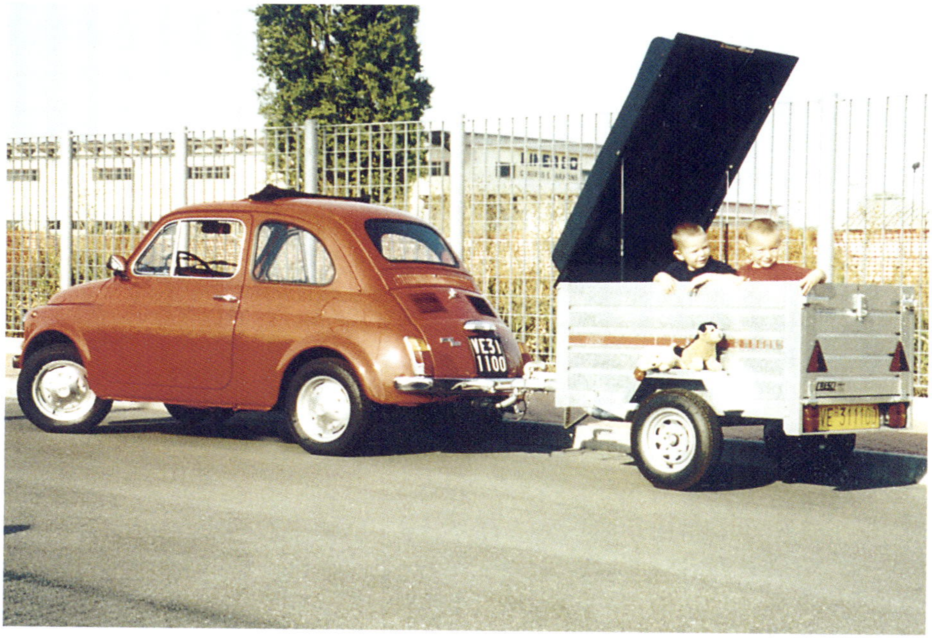

Due originali tender, uno olandese (in alto) e l'altro italiano.

Two original tenders, one is Dutch (above) and the other is Italian.

B) *gli entusiasti* (13%): *amano personalizzare al massimo la 500, la verniciano in colori improbabili (rosso Ferrari e tinte metallizzate), montano spoiler, fari, adesivi, cerchi in lega etc... Elaborano gli interni montando sedili sportivi, strumentazione speciale, cruscotti in radica etc.etc., spesso elaborano anche il motore. Sono gratificati soprattutto dall'ammirazione della gente ai raduni.*

C) *gli sportivi* (13%): *la loro 500 è un bolide, viaggiano sempre con il cofano motore alzato per mostrare i carburatori doppio corpo ad aspirazione diretta e le loro 500 si sentono da lontano per il rumore dello scarico. Godono a sapere che il loro cinquino sviluppa 40/50 cv e che se volesse potrebbe bruciare auto moderne senza problemi. In genere per strada viaggiano con la massima prudenza e rispetto per la macchina, per paura di sciupare il motore oppure di danneggiare la carrozzeria.*

D) *gli automobilisti* (10%): *sono quelli che usano la 500 tutti i giorni, come una normale utilitaria, la parcheggiano all'aperto, coprono la ruggine con il pennello, non si curano troppo delle ammaccature, ma non cambierebbero la 500 con nessuna altra automobile.*

E) *i sempre giovani* (29%): *non perdono occasione per usare la propria 500. Cercano di mantenerla dignitosamente originale evitando personalizzazioni di dubbio gusto. Per loro la 500 è uno stile di vita e quindi la adattano alle proprie esigenze senza preoccuparsi troppo del minimo particolare. Non si danno portatori del compito di preservare ai posteri una macchina esattamente uguale al giorno in cui è stata costruita (lasciano questo compito a quelli della categoria A), ma preferiscono un'auto che porti con sé i piccoli segni dei gusti e*

B) *the enthusiasts* (13%): *they love to personalize their 500 as much as possible; they paint it in unlikely colours (Ferrari red and metallic paint), they install spoilers, lights, stickers, alloy wheels, etc... They modify the interior by installing sports seats, special instruments, dashboards in briar-root, etc., they often soup up the engine, too. Their utmost satisfaction is people's admiration at meetings.*

C) *the sportsmen* (13%): *their 500 is a racing-car, they always drive with the engine bonnet up to show off their double carburettor with direct air inlet and you can hear them from far away due to the noise of the exhausts. They take great delight in knowing that their Cinquecento has a 40/50 bhp and that they could flash past modern cars, if they wanted to. Usually they drive very carefully and with great respect for their cars, for fear that they may ruin its engine or spoil the body.*

D) *the car drivers* (10%): *they use their 500 on a daily basis, like a normal runabout, parking it outside and hiding the rust with some paint. They are not much bothered about dents, but they would not swap their 500 with any other car.*

E) *the forever young* (29%): *they do not miss any opportunity to use their 500. They try to keep it respectably original avoiding doubtful taste personalization. To them the 500 is a way of life, therefore they adapt it to their needs without worrying too much about each single detail. They do not aim to pass down to their descendants a car which is exactly identical to when it was built (leaving this task to those in group A), but they prefer a car showing the small individual marks of its owner's tastes and life. If they soup up the engine, they do so to make their time aboard more comfortable and not for racing. If it rains they do not give up using their 500, but they dry it up carefully afterwards.*

della vita del proprietario. Se elaborano il motore, lo fanno per rendere ancora più piacevole la permanenza a bordo e non per correre. Se piove non rinunciano ad usare la 500, ma dopo la asciugano accuratamente.

Una delegazione inglese, guidata da James Di Carlo nostro fiduciario, visita la Fiat e Torino e partecipa al **memorial Dante Giacosa organizzato a Neive.**

Molto felice il pensiero del bravo James rivolto al "papà" della 500: «*Sono certo che ormai nell'aldilà non ci sono angeli che vanno ancora a piedi. L'ingegner Giacosa ha certamente progettato per loro un mezzo di trasporto per recarsi al lavoro nella città chiamata Cielo*».

Una notte di Natale speciale viene organizzata per i bambini in affido giudiziario di Torino. Silvio Pezzana raccoglie una montagna di giocattoli che, caricati sulla giardiniera della presidente, vengono consegnati da un simpatico Babbo Natale con tanto di folta barba bianca.

Spostandoci invece al sud, il coordinamento di Bisceglie, guidato da Antonio Belsito, partecipa con le auto dei soci Belsito, Graziani, Facchini e Pugliese al primo Show Motori del Levante organizzato a Bari, raccogliendo simpatia e adesioni.

Non mancano le imprese sportive e i lunghi viaggi. Emanuele Bianchi, con la sua 500 acquistata nel 1963, partecipa per la quinta volta consecutiva alla "500 miglia in 500".

Michele Gallione e Audo Giannotti gareggiano con la loro 500 R al Rally del Sestriere con ottimi risultati.

Monica Tiberio e Fulvio Tul, soci di Trieste, raggiungono, dopo aver percorso oltre 5.000 km attraverso l'Europa,

An English delegation, headed by our trustee James Di Carlo, visits the Fiat plant and the city of Turin and takes part in the **Dante Giacosa memorial in Neive**. Here are James' happy thoughts for the "father" of the 500: "*I am sure that in the other world there are by now no angels left moving around by foot. Mr Giacosa has certainly conceived for them a means of transport to go to work in the city called Heaven*".

A special Christmas Eve is organized for the children in judicial custody in Turin. Silvio Pezzana gathers a mountain of toys that, loaded onto the president's Giardiniera, are distributed by a very cheerful Father Christmas wearing a thick white beard.

Moving down South, the Bisceglie branch, lead by Antonio Belsito, participates - with the cars of the members Belsito, Graziani, Facchini and Pugliese - in the first Eastern Motor Show organized in Bari; they receive much admiration and praise.

There is no want of sports challenges and long journeys, either. Emanuele Bianchi, in his 500 bought in 1963, participates for the fifth time in a row in the "500 miglia in 500" (500 miles in a 500).

Michele Gallione and Aldo Giannotti compete in the Sestriere Rally in their 500 R obtaining excellent results.

Monica Tiberio and Fulvio Tul, members from Trieste, reach Northern Scotland, after travelling over 5,000 kms across Europe. "*A touching welcome was given to our car by the Italian immigrants who remembered having owned it and still missed it*".

Davide Morando and Silvio Pezzana embark their 500 in Genoa with destination the US, where they drive the

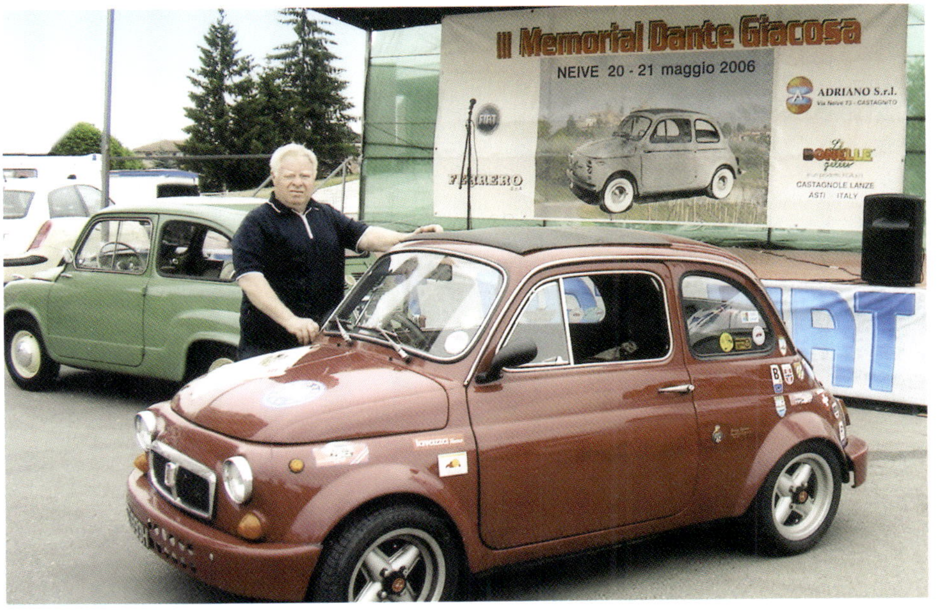

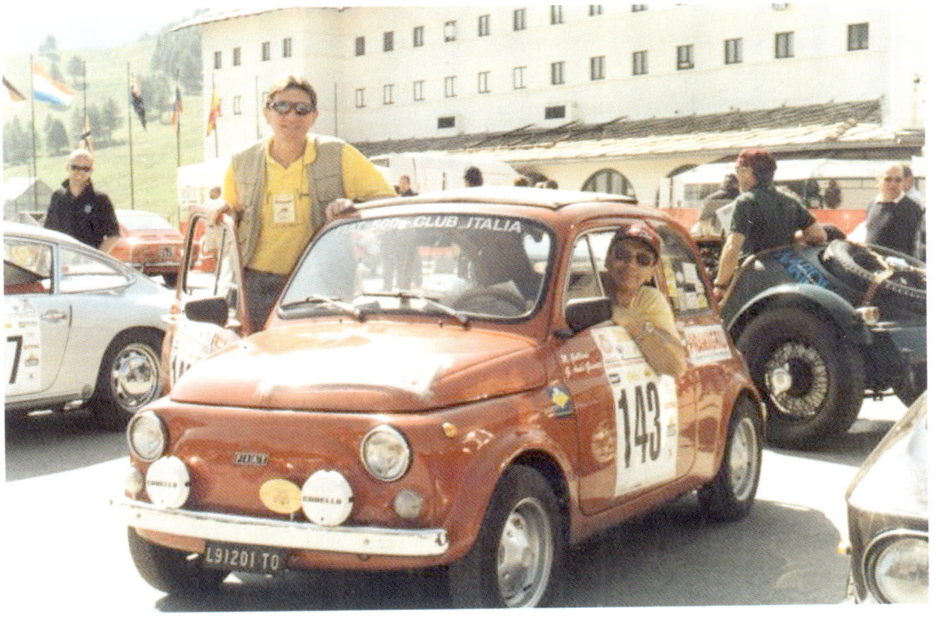

In alto: Neive (CN), James Di Carlo con la sua 500 compagna di tanti viaggi.
In basso, la 500 R di Michele Gallione e Audo Giannotti alla partenza del Rally del Sestriere Storico.

Above: Neive (CN), James Di Carlo with his 500, a companion on many trips.
Below: the 500 R of Michele Gallione and Aldo Giannotti at the start of the Sestriere Historic Rally.

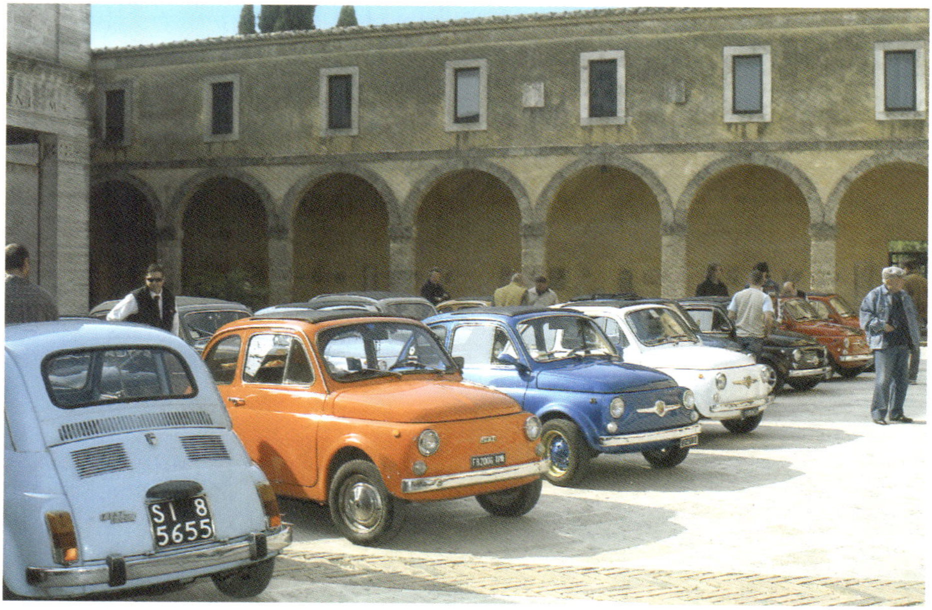

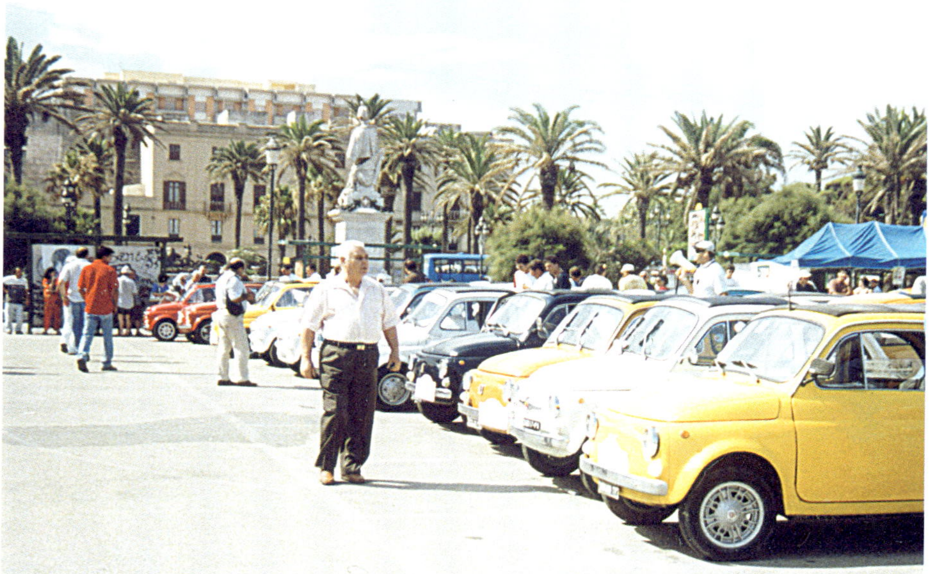

In alto, le 500 al raduno di Siena organizzato dal fiduciario Mario Peruzzi.
In basso, le 500 schierate sulla piazza di Trapani.

Above: the 500s at the meeting in Siena, organized by the trustee Mario Peruzzi.
Below: the 500s lined up on the square in Trapani.

il nord della Scozia. «*Commovente l'accoglienza riservata alla nostra automobile dagli italiani immigrati che ricordavano di averla avuta e la rimpiangevano ancora*».
Davide Morando e Silvio Pezzana imbarcano le loro 500 a Genova con destinazione Stati Uniti per compiere **il mitico viaggio "coast to coast" da New York a San Francisco** percorrendo ben 6.200 chilometri in 18 giorni.
Lorenzo Achilli compie una interessante ricerca su tutte le aziende, italiane e non, che hanno prodotto i modelli di 500.

2002

Il sud continua a "sfornare" ottimi raduni. Il primo a Torre di Marausa Lido, frazione di Trapani, è organizzato da Giacomo e Salvatore Grignano, con la collaborazione di Vincenzo e Piero Marrone e Domenico Cuntuliano. È presente anche Rosolino Montaperto, fiduciario di Palermo. Un altro raduno in Sicilia è organizzato da Salvatore Greco nella bella Corleone con la partecipazione di 55 vetture e visita al Palazzo Reale.
Il numero di maggio porta una novità per "4piccoleruote": il numero delle pagine passa da 24 a 32 con diverse sezioni a seconda degli argomenti trattati, e viene introdotta una preziosa sezione tecnica che era venuta a mancare negli ultimi anni. La copertina del rinnovato "4piccoleruote" porta la foto dei genitori del socio Alberto Piacentini di Torino che, negli anni '60, su una 500 stracarica di bagagli, stavano partendo per una vacanza in Turchia.
Ritorna al raduno di Garlenda il giornalista genovese Cesare Rosso, che ha seguito il Club sin dalla sua fondazione

famous "coast to coast" from New York to San Francisco, a 6,200 km journey in 18 days.
Lorenzo Achilli carries out an interesting research on all the Italian and foreign enterprises that have produced 500 models.

2002

The South goes on organizing excellent rallies. The first one in Torre di Marausa Lido, a hamlet of Trapani, is organized by Giacomo and Salvatore Grignano, in cooperation with Vincenzo and Piero Marrone and Domenico Cuntuliano. Also present is Rosolino Montaperto, trustee from Palermo. Another Sicilian meeting is organized by Salvatore Greco in the beautiful town of Corleone, with the participation of 55 cars and a visit to Palazzo Reale.
The May issue of "4piccoleruote" brings about a novelty: the number of pages increases from 24 to 32 with different sections arranged according to the subject, and a valuable technical section – that had gone missing in the last few years - is added. On the cover of the revamped "4piccoleruote" is a picture of the parents of the member Alberto Piacentini from Turin, taken in the 1960s when they were about to leave for a holiday in Turkey in their 500 overloaded with luggage.
The Genoese journalist Cesare Rosso comes back to the Garlenda meeting. He has kept track of the Club right from its foundation, taking its voice to newspapers and specialized magazines.
The 500 "icon" and the passion for vintage cars spread among the very young:

portandone la voce sui giornali e riviste specializzate.
Il mito della 500 e la passione per il motorismo storico si diffondono tra i giovanissimi: Paolo, figlio dei soci Fabrizio e Marta Zanoli, alla prova di esame delle Scuole Medie di Soliera, per raccontare la storia della motororizzazione di massa nei tempi moderni ha disegnato prima una Fiat 600 e poi tutte le serie delle 500. Alla domanda dei professori Paolo snocciola con sicurezza i dettagli tecnici dei vari modelli, raccogliendo l'ammirazione degli insegnanti.
Vincenzo Silvestri di Sarzana (SP) in un bellissimo articolo su "4piccoleruote" si inserisce nella polemica sul modo di organizzare i raduni, ne difende lo spirito sia per quanto riguarda l'aspetto culturale e sportivo sia per la cornice di intrattenimento e gastronomia.

2003

Numerosi gli appuntamenti nella capitale italiana dell'auto, ovvero Torino. **L'8 marzo si svolge la prima seduta di omologazione ASI interamente dedicata al Club.** Nella prestigiosa cornice del Museo dell'Automobile, diretto da Rodolfo Gaffino Rossi, sono presenti diciassette vetture di soci provenienti da tutta Italia. La Commissione Tecnica ASI composta da Umberto Anerdi, consigliere federale e responsabile della Commissione, Giancarlo Carlini, consigliere federale, Camillo Lucenti, commissario tecnico nazionale, ne approva ben sedici.
Il giudizio della Commissione sulla preparazione delle vetture, curata dai proprietari, è eccellente.

Paolo, the son of the members Fabrizio and Marta Zanoli, at the exam of the intermediate schools of Soliera, as a way of telling the history of mass motorization in modern times, has drawn first, a Fiat 600, followed by all the 500 series. When asked by the teachers, he confidently tells all the technical details of the various models, thus gaining their admiration.
Vincenzo Silvestri from Sarzana (SP) in a beautiful article on "4piccoleruote" joins the controversy on the way meetings are organized and he supports their spirit both regarding the cultural and sports aspect as well as their entertainment and gastronomy settings.

2003

The appointments in the Italian automobile capital city, i.e. Turin, are many.
On the 8th March the first ASI homologation session entirely dedicated to the Club, takes place. In the prestigious setting of the Automobile Museum, directed by Rodolfo Gaffino Rossi, are present seventeen cars of members from all over Italy. The ASI Technical Committee - made up of Umberto Anerdi, federal councillor and director of the Committee, Giancarlo Carlini, federal councillor, Camillo Lucenti, national technical board member - approves sixteen of them.
The Committee's judgement on the way the cars are prepared by the owners is an excellent one.
We go back to "Automotoretrò", an exhibition taking place at the Lingotto fairgrounds. On our stand are displayed six little gems belonging to Giorgio Rota,

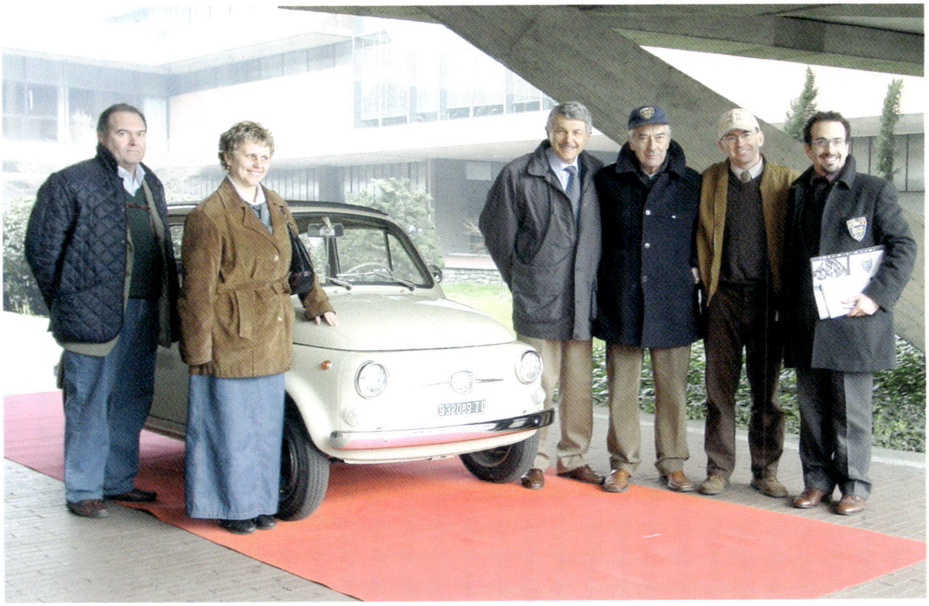

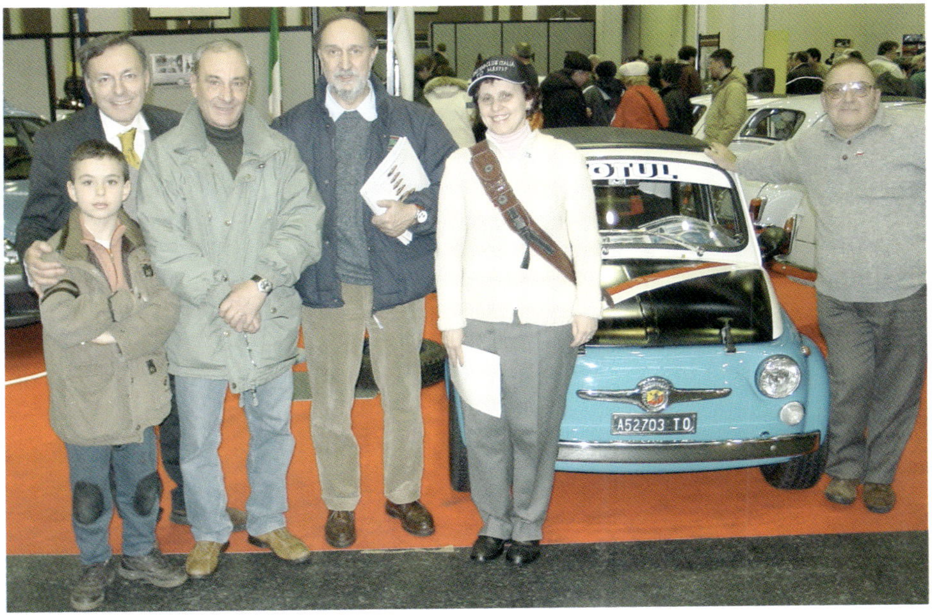

In alto, la commissione tecnica dell'ASI con il commissario tecnico Enrico Bo e Silvia Depaoli.
In basso, l'avvocato Roberto Loi in visita allo stand del Club ad Automotoretrò di Torino.

Above: the ASI technical committee with the technical officer Enrico Bo and Silvia Depaoli.
Below: Roberto Loi visits our stand at "Automotoretrò" in Turin.

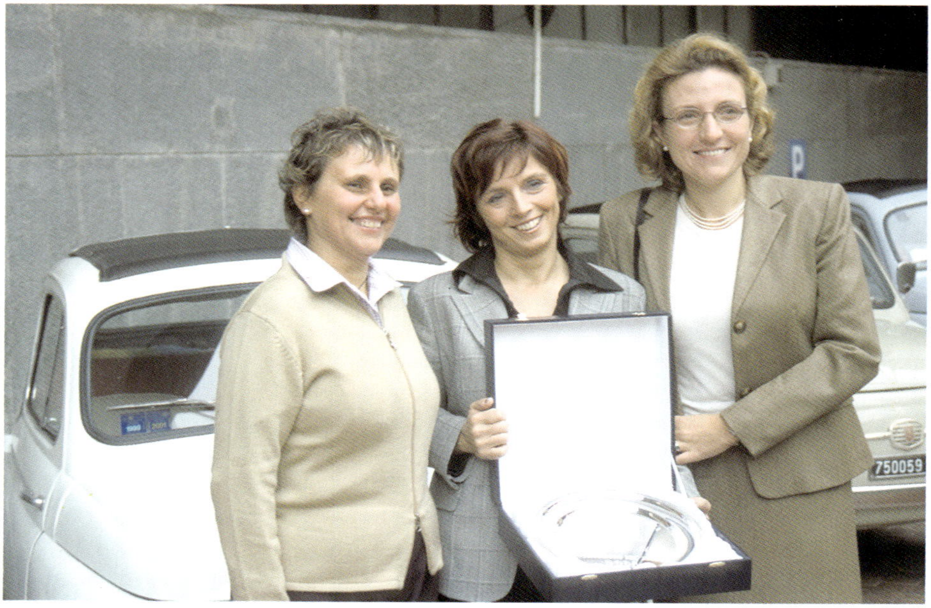

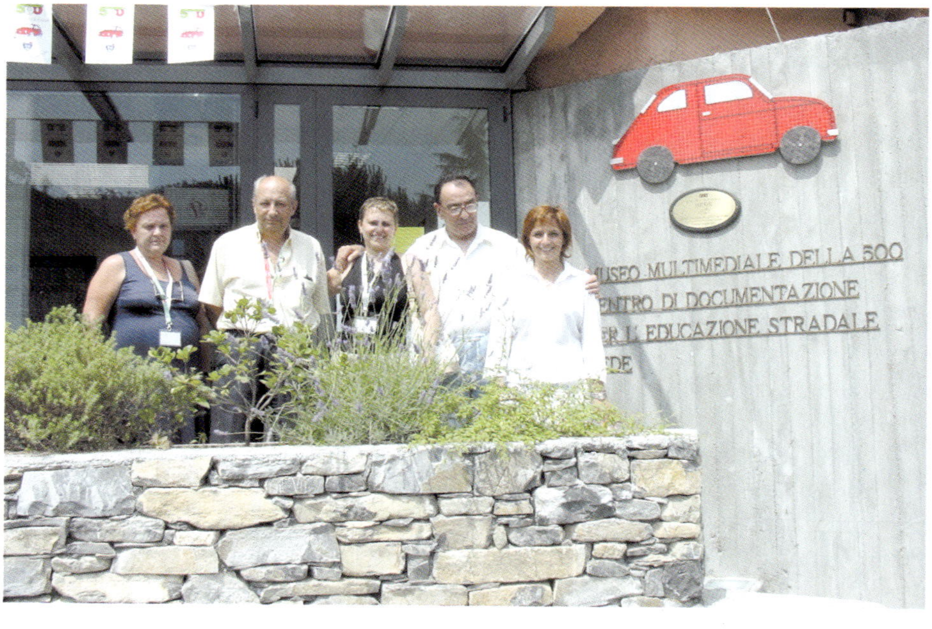

In alto, un momento della consegna del premio Personaggio dell'Anno all'ing. Cristina Siletto. In basso, foto ricordo della cerimonia davanti alla sede del Club.

Above: a moment at the ceremony for the presentation of Personality of the Year award to the engineer Cristina Siletto. Below: souvenir picture of the ceremony, in front of the Club's head office.

Si ritorna ad Automotoretrò, mostra scambio che si svolge presso il Lingotto Fiere. Lo stand espone sei piccoli gioielli di Giorgio Rota, Giovanni Bighin, Ezio Assente, Paolo Zambianchi, Silvia Depaoli e Fabio Bertarelli. Tra i visitatori Manuel Andréas Cases Y Puig, presidente del Fiat 500 Club Barcellona, che propone un gemellaggio dei due Club.
Il 20 luglio con la delegazione del Club, guidata dalla presidente Silvia e dal presidente onorario Marino Ribet, fa visita alla tomba dell'Avvocato Agnelli.
Il 25 ottobre nella cornice prestigiosa del Museo dell'Automobile di Torino viene consegnato **il premio "Personaggio dell'Anno Fiat 500 Club Italia" a Cristina Siletto di Fiat Auto.** L'ingegner Siletto coordina il team del "Progetto 199": l'auto che sostituirà, nel 2005, la "Punto", vettura che ha segnato un'epoca proprio come la "500".
Ecco la motivazione del premio: «*Il suo legame con la 500 è rappresentato dall'affinità con il genio di* Dante Giacosa, *in grado di creare delle vetture innovative, piacevoli nel design e nella guida, che lasceranno un segno indelebile nella storia dell'automobilismo italiano. La scelta dell'ingegner* Siletto *ha un duplice significato: confermare il rapporto di collaborazione del nostro* Club *con la* FIAT *e premiare la professionalità, la passione e la determinazione di questa giovane ingegnere.*»
Garlenda festeggia il ventennale del raduno con uno strepitoso successo. Si supera di quasi 100 macchine il numero inizialmente previsto di 400 partecipanti. Don Mauro Marchiano, parroco di Garlenda, rinnova la simpatica tradizione di Don Luigi Arduino e benedice tutti i partecipanti e le macchine.

Giovanni Bighin, Ezio Assente, Paolo Zambianchi, Silvia Depaoli and Fabio Bertarelli. Among the visitors is Manuel Andréas Cases Y Puig, the president of the Barcelona Fiat 500 Club, who proposes the twinning of the two Clubs.
On the 20th July the Club, with a delegation headed by the president Silvia and the honorary president Marino Ribet, pays a visit to the grave of the "Avvocato" Gianni Agnelli.
On the 25th October in the prestigious setting of the Automobile Museum **the prize "Personaggio dell'Anno Fiat 500 Club Italia" is presented to Cristina Siletto of Fiat Auto**.
Ms Siletto, engineer, coordinates the team of the project "Progetto 199": the car that, in 2005, will replace the "Punto", another car that has marked an era, exactly like the "500".
The motivation of the prize is the following: "*Her bond with the 500 lies in the affinity with the genius of* Dante Giacosa, *capable of conceiving innovative cars, agreeable in their design and driving, that will leave an indelible mark in the history of Italian motoring. The choice of* Ms Siletto *has a twofold meaning: to confirm our Club's cooperative relationship with* FIAT *and to reward the professionalism, the passion and the determination of this young engineer.*"
Garlenda celebrates its twentieth meeting with a huge success. The number of participants, at first expected to be 400, is exceeded by almost 100 cars. Don Mauro Marchiano, the parish priest of Garlenda, renews the fine tradition started by Don Luigi Arduino of blessing all the participants and the cars.
From the North to the South of the peninsula the events multiply. Roberto

Da nord a sud si moltiplicano le manifestazioni lungo tutta la penisola. Roberto Antonucci, nuovo fiduciario di Milano Città, organizza il primo raduno a Como nella splendida cornice del lago. Gaetano Bertolo organizza il primo Meeting di Fiat 500 a Chiomonte in provincia di Torino. A Cherasco si svolge il primo raduno organizzato in provincia di Cuneo.

Piero Rubeo, fiduciario di Roma, organizza con il figlio Pierluigi un raduno a Frascati. Francesco D'Albero, fiduciario di Salerno, organizza a San Valentino Torio (SA) il "Gran raduno Fiat 500".

In Sicilia si svolge il primo raduno "Città di Trapani", organizzato dal locale coordinamento guidato da Salvatore Grignano, che vede la partecipazione di ben 70 vetture. Giovanni Modica, fiduciario di Ragusa, organizza il primo raduno Fiat 500 inserito nell'ambito dei festeggiamenti per il "Settembre a Biscari". Il fiduciario Giuseppe Iervasi da Catania partecipa con tredici equipaggi al quinto raduno Fiat 500 e Auto Storiche di Corleone ove opera attivamente il fiduciario Salvatore Greco.

Come sempre più spesso accade, si registrano le cronache di lunghi viaggi e vere e proprie "imprese" a bordo delle bicilindriche. **Maurizio Candini vince la VII edizione della "500 Miglia in 500"** che ha visto 50 equipaggi gareggiare lungo le strade della Corsica.

Due giovani siciliani, Salvatore Carvotta e Angelo D'Anna organizzano per beneficenza un raid mozzafiato. I due attraversano l'Italia dalla Sicilia alla Liguria e ritornano in meno di 40 ore, viaggiando ad una media di 88 km/h. Partiti tra due ali di folla da Santa Caterina Villarmosa

Antonucci, the new trustee for central Milan, organizes the first meeting held in Como in the beautiful lake setting. Gaetano Bertolo organizes the first Fiat 500 Meeting in Chiomonte, in the province of Turin. The first meeting in the province of Cuneo takes place in Cherasco.

Piero Rubeo, Rome trustee, organizes with his son Luigi a meeting in Frascati. Francesco D'Albero, trustee for Salerno, organizes the "Grand Raduno Fiat 500" (Fiat 500 Grand Meeting) in San Valentino Torio (SA).

In Sicily the first meeting "Città di Trapani" takes place: it is organized by the local branch headed by Salvatore Grignano, with the participation of 70 cars. Giovanni Modica, trustee for Ragusa, organizes the first Fiat 500 meeting within the celebrations of the "Settembre a Biscari" (September in Biscari). The trustee Giuseppe Iervasi from Catania participates with thirteen teams in the fifth Fiat 500 and Historical Cars meeting in Corleone, where the trustee Salvatore Greco actively operates.

Accounts on long journeys and true "challenges" on board the two-cylinder cars become more and more frequent. **Maurizio Candini wins the 7th edition of the "500 Miglia in 500"**, that has seen 50 teams racing on the roads of Corsica.

Two young Sicilians, Salvatore Carvotta and Angelo D'Anna, organize a breathtaking charity run. The two of them drive across Italy, from Sicily to Liguria and back, in less than 40 hours, travelling at an average speed of 88 kmph. Leaving from Santa Caterina Villarmosa surrounded by crowds, with a support car following them, they reach Albenga and

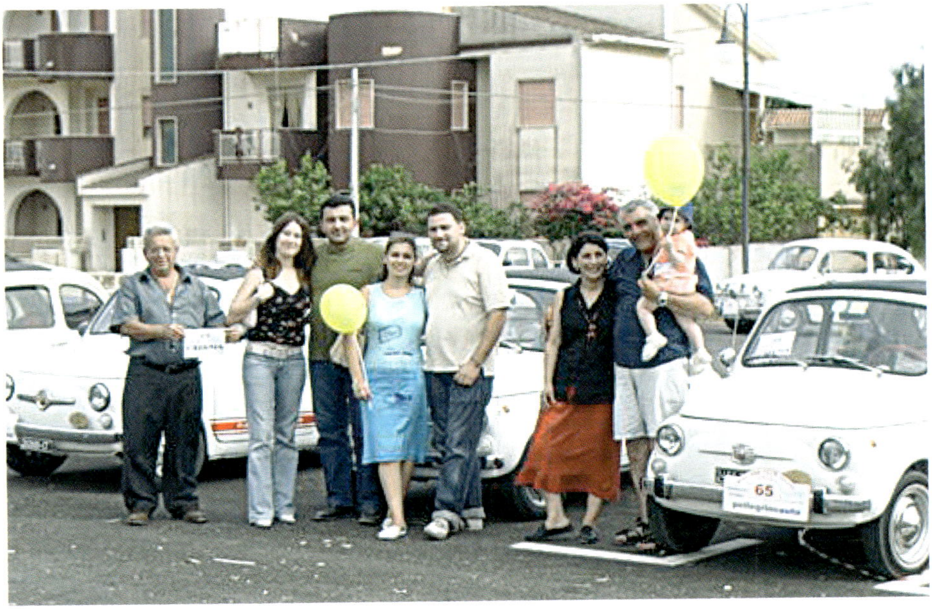

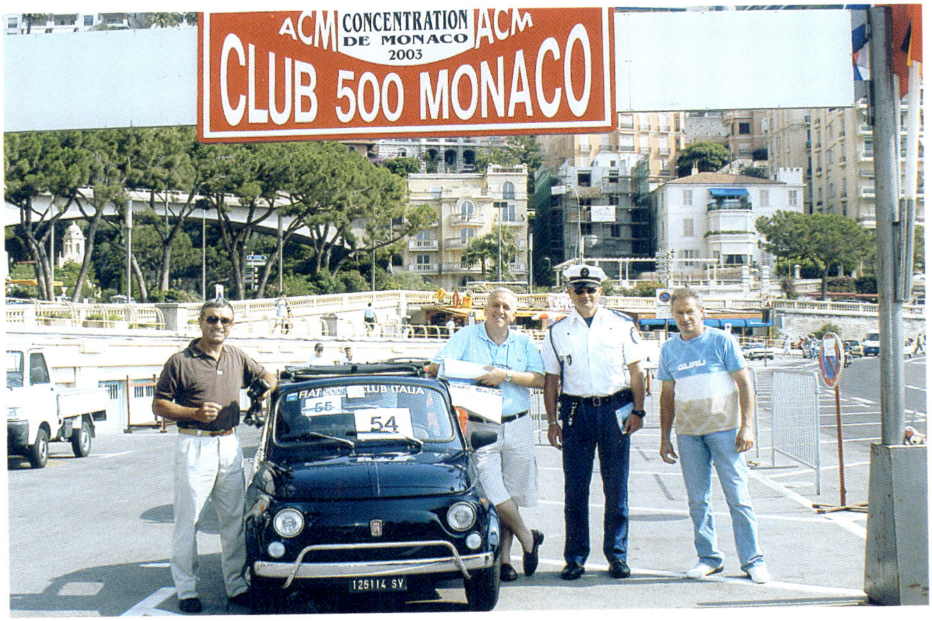

In alto, Giuseppe Iervasi, fiduciario di Catania, con la famiglia ed un gruppo di soci.
In basso, una rappresentanza dei cinquecentisti italiani a Montecarlo.

Above: Giuseppe Iervasi, trustee from Catania, with his family and a group of members.
Below: a delegation of Italian Cinquecento enthusiasts in Montecarlo.

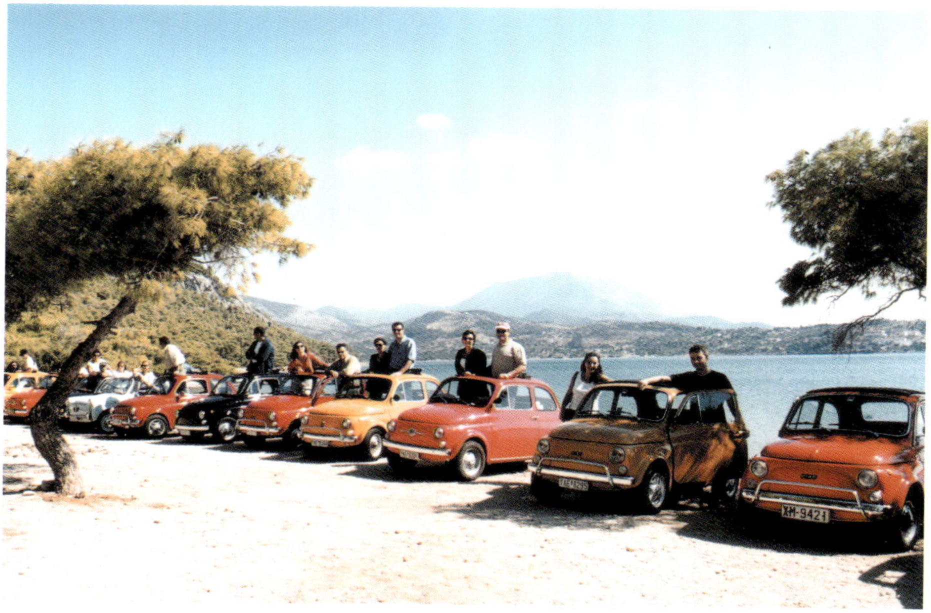

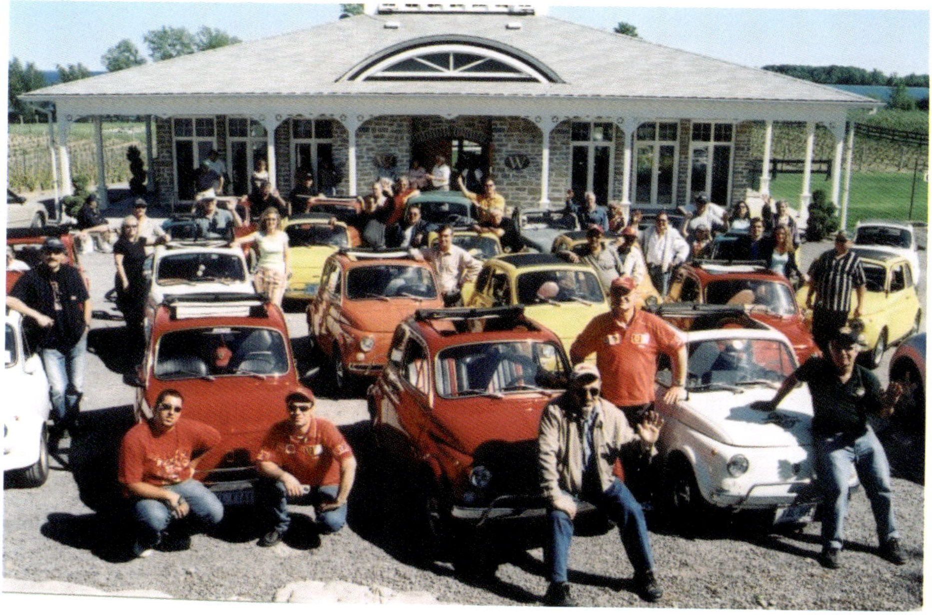

In alto, i cinquecentisti greci al raduno sul lago di Loutràki, a 90 km da Atene.
In basso, tutti in posa i soci canadesi guidati dal fiduciario Paolo Cargioli.

Above: Greek 500 enthusiasts at the meeting at Lake Loutràki, 90 kms from Athens.
Below: the Canadian members - lead by the trustee Paolo Cargioli - posing.

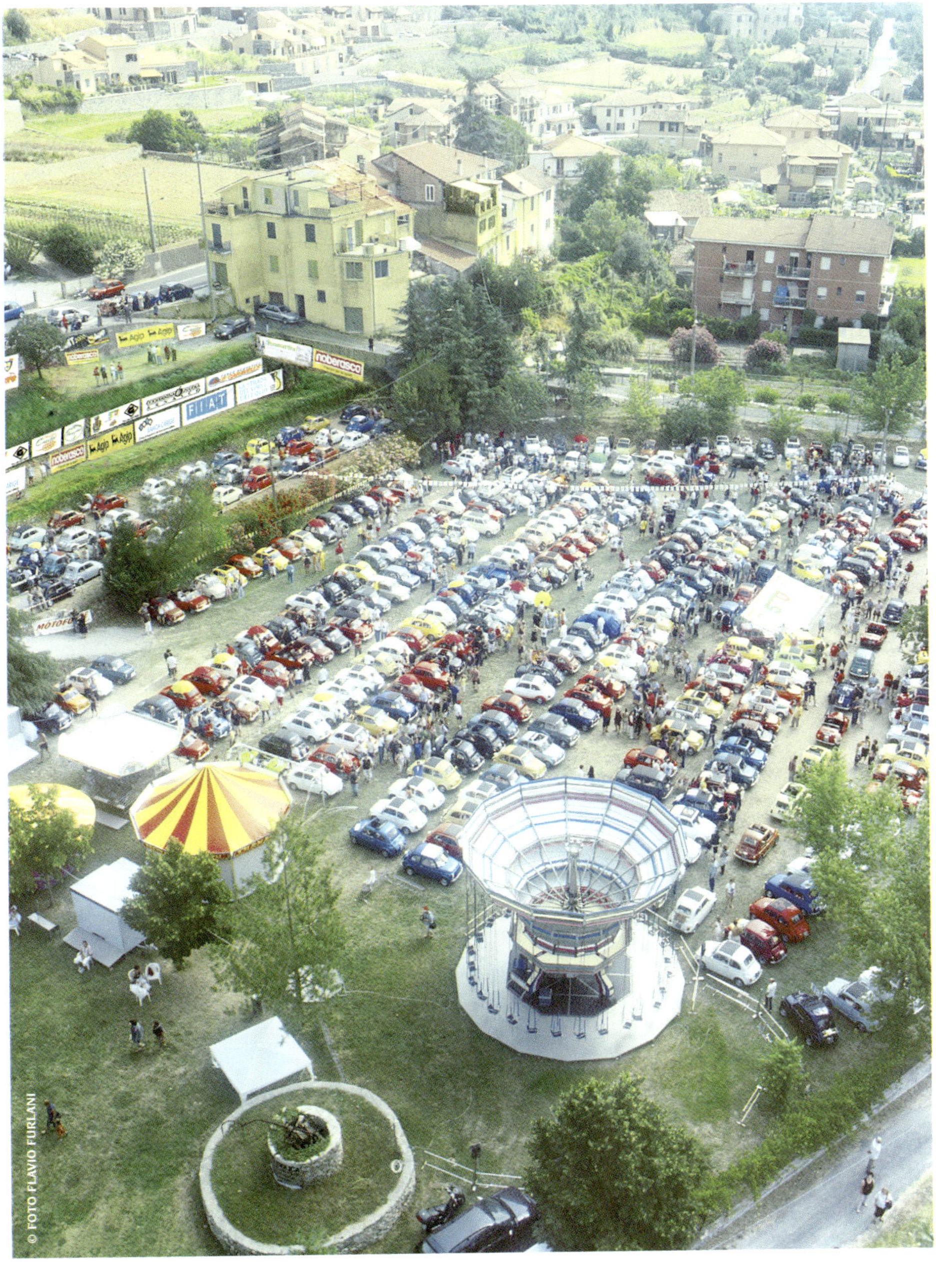

Garlenda, Raduno Internazionale 2004.

Garlenda, 2004 International Meeting.

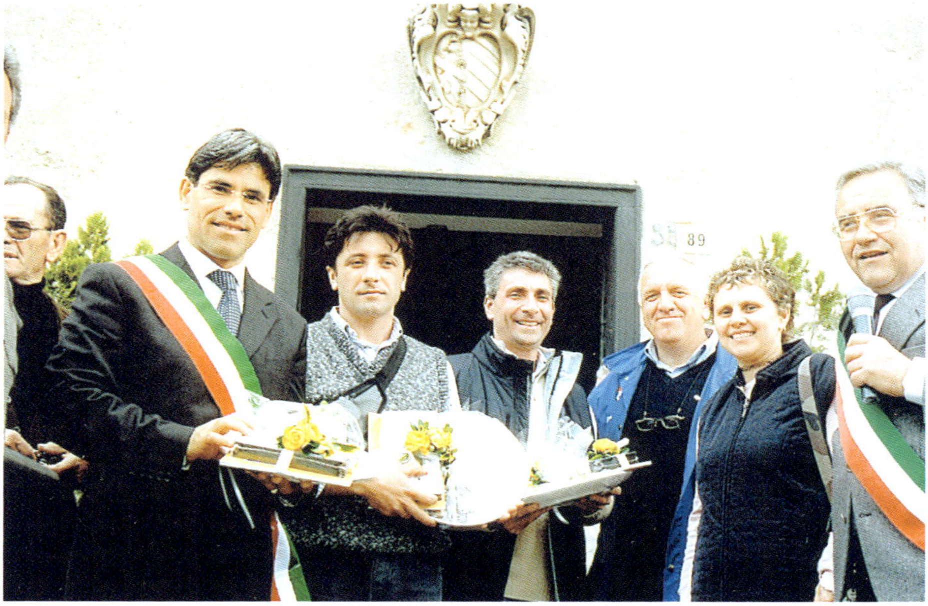

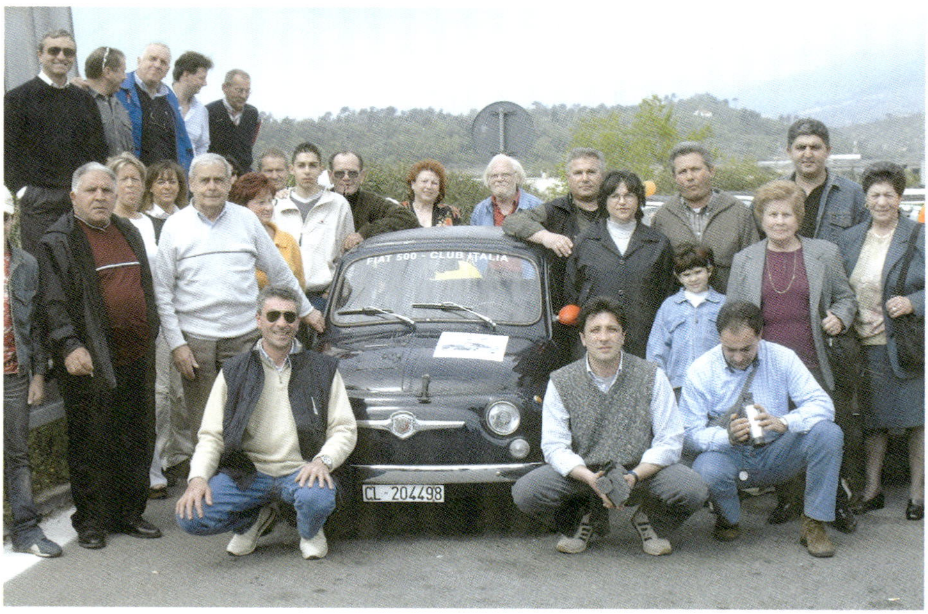

In alto, Salvatore Carvotta e Angelo D'Anna con i sindaci di Garlenda e S. Caterina Villarmosa.
In basso, foto ricordo all'arrivo al casello autostradale di Albenga.

Above: Salvatore Carvotta and Angelo D'Anna with the mayors of Garlenda and S. Caterina Villarmosa.
Below: souvenir picture of their arrival at the motorway exit in Albenga.

con un'auto di appoggio al seguito, raggiungono Albenga e quindi Garlenda, dove l'entrata è a dir poco trionfale. Sulla strada principale vicino al Castello Costa del Carretto li aspettano il Sindaco di Garlenda e il Sindaco di Santa Caterina di Villarmosa. **Con la maratona benefica i due giovani hanno stabilito un record,** ma soprattutto hanno confermato lo spirito di amicizia, semplicità e solidarietà che anima e caratterizza i cinquecentisti.

Sempre partendo da Santa Caterina Villarmosa, dopo un viaggio di 2.463 km, Salvatore Saporito con la sua 500 L del 1970 giunge a Kerpen, in Germania. Claudio Maranta di Napoli intraprende con la vettura acquistata a Palermo il lungo viaggio dalla sua città a Barcellona (Spagna), percorrendo senza alcun problema ben 4.900 km. Salvatore Ferito di Senago, con il compagno d'avventura Erminio Bessone, raggiunge a bordo della sua 500 L del 1972 la città di Lisbona dopo un viaggio di 4.000 km in nove giorni.

Continua l'attività benefica: Giovanni Modica e Nino Di Tommasi si recano a Portopalo di Capo Passero per consegnare al piccolo Samuele, ammalato, un modellino Fiat 500 Burago.

2004

Si festeggiano i vent'anni del Club con una nutrita serie di avvenimenti in ogni parte d'Italia.

Un numeroso gruppo di 500 attraversa per primo, inaugurandolo, il nuovo tunnel dell'Aurelia Bis che collega Alassio a Garlenda.

Si svolge la 21ª edizione del Meeting In-

then Garlenda, where they make a triumphal – to say the least – entry. On the main road, next to the Costa del Carretto Castle, the mayor of Garlenda and the mayor of Santa Caterina Villarmosa are waiting for them. **With this charity run the two young men have set a record,** but, most of all, they have reaffirmed the spirit of friendship, simplicity and solidarity animating Cinquecento enthusiasts.

Also leaving from Santa Caterina Villarmosa, after a 2,463 km journey, Salvatore Saporito with his 1970 500 L reaches Kerpen, in Germany. Claudio Maranta from Naples sets off on a long journey from his hometown to Barcelona (Spain), in the car that he has purchased in Palermo, driving for a good 4,900 kms without any problems. Salvatore Ferito from Senago, with his fellow adventurer Erminio Bessone, arrives in Lisbon on board of his 1972 500 L after a 4,000 km journey in nine days.

The charitable work continues: Giovanni Modica and Nino Di Tommasi travel to Portopalo di Capo Passero to deliver a Fiat 500 Burago model to little Samuele, a sick child.

2004

The Club's twentieth anniversary is celebrated all around Italy with a long string of events.

A large group of 500s inaugurates the new tunnel of the Aurelia Bis connecting Alassio to Garlenda.

The 21st International Meeting encounters a resounding success. Burt Richmond, engineer, arrives straight from Chicago with his brand-new

ternazionale che registra uno strepitoso successo e vede la partecipazione dell'Ing. Burt Richmond giunto con la sua fiammante Fiat 500 rossa direttamente da Chicago. Dalla Nuova Zelanda giunge il giornalista radiofonico e appassionato cinquecentista Todd Niall, proprietario di una 500 F comprata nel 1974. Niall racconterà questa entusiasmante esperienza ai suoi ascoltatori e in seguito scriverà un originale libro sulle vicende della Fiat 500, costruita direttamente nel suo Paese e commercializzata con il nome di "Bambina".

Nella splendida cornice del Castello Costa Del Carretto **viene consegnato il premio personaggio dell'anno a Renzo Arbore.** La motivazione del premio è la seguente: «*La 500 e Renzo Arbore rappresentano lo stile italiano conosciuto ed apprezzato in tutto il mondo; il premio è un giusto riconoscimento a chi ha fatto la storia della radio, della televisione e della canzone italiana insieme alla vettura simbolo dell'ingegno italiano. La 500 ha contribuito alla ripresa economica del dopo guerra e alla motorizzazione alla portata di tutti e Renzo Arbore, autorevole ambasciatore dello stile italiano nel mondo, contribuirà a conservarne e diffonderne il mito.*»

In Piemonte, il neonato coordinamento di Valli di Lanzo organizza il primo raduno "Mezzenile in 500 - II delle Valli": il fiduciario Carlo Martone, con il vice fiduciario Fabrizio Poma e il segretario Costantino Miravalle, registrano con soddisfazione la partecipazione di oltre 60 auto. Italo Nardini, fiduciario di Ceva, organizza il 5° Meeting Cebano.

Viene organizzato dal coordinamento di Torino il primo raduno "Città di Mondovì". Roberto Antonucci organizza

red Fiat 500. The radio journalist Todd Niall arrives from New Zealand, he is a 500 enthusiast and owner of a 500 F bought in 1974. Niall will tell his audience of this exciting experience and subsequently he will write an original book on the story of the Fiat 500, manufactured directly in his country and marketed under the name of "Bambina".

In the beautiful setting of the Costa Del Carretto Castle **the "Personality of the Year" award is assigned to Renzo Arbore**. The motivation of the prize is the following: "*The 500 and Renzo Arbore represent the Italian style as known and appreciated worldwide; this prize is a fair recognition to someone who has made the history of the Italian radio, television and song together with the car symbol of the Italian ingenuity. The 500 has contributed to the post-war economic pick-up and has made mass motorization possible. Renzo Arbore - an authoritative ambassador of the Italian style in the world - has contributed to the maintaining and the spreading of its 'legend'.*"

In Piedmont, the newly-born branch of Valli di Lanzo organizes the first meeting "Mezzenile in 500 - II delle Valli": over 60 teams take part in this rally, to the great satisfaction of the trustee Carlo Martone, the vice-trustee Fabrizio Poma and the secretary Costantino Miravalle. Italo Nardini, trustee from Ceva, organizes the 5th meeting in Ceva.

The first meeting "Città di Mondovì" is organized by the Turin branch. Roberto Antonucci organizes the first meeting "Città di Novara" with the participation of over 50 cars.

Vincenzo Santanna's great organizational skills are confirmed when he

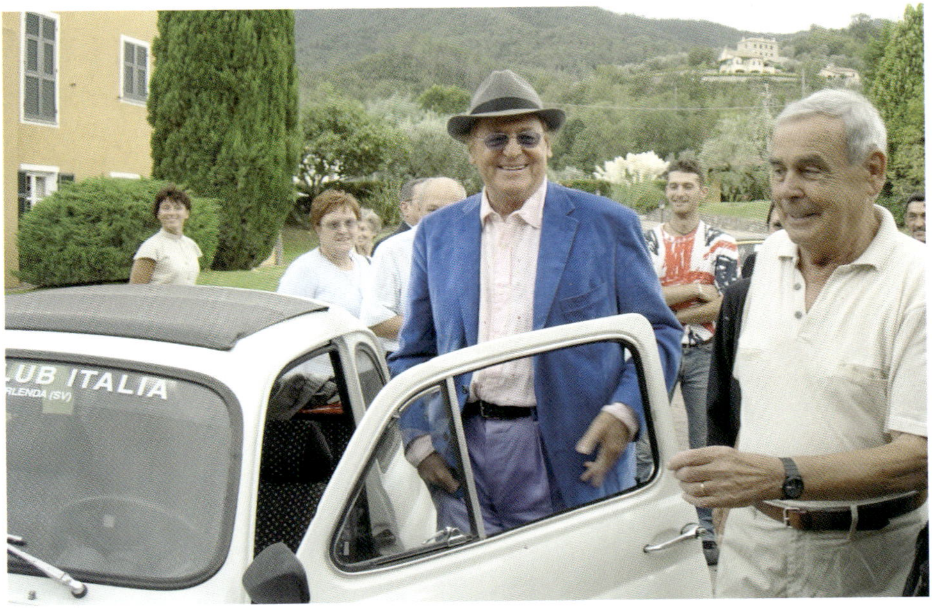

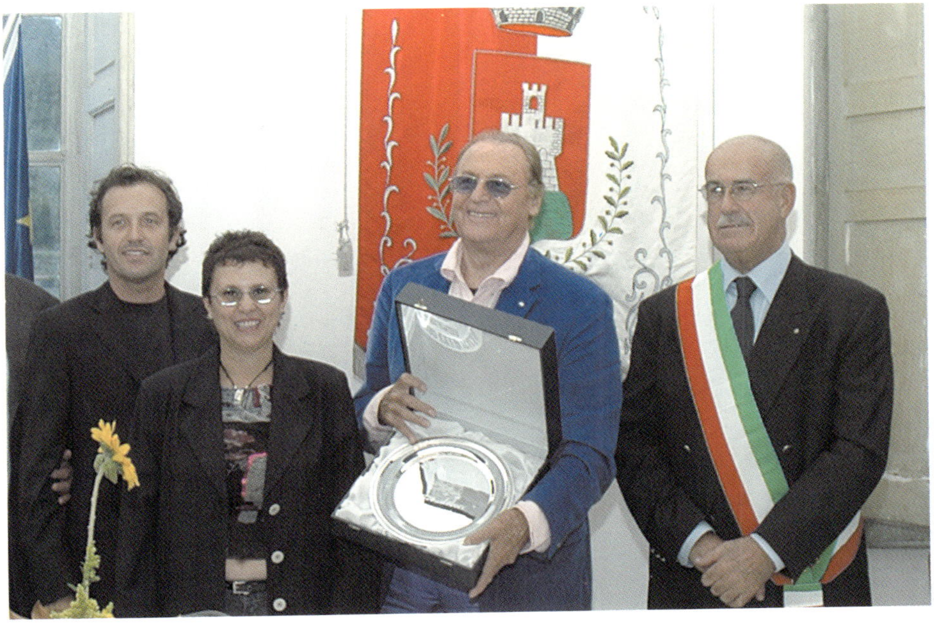

In alto, Renzo Arbore e il presidente onorario Giuseppe Nespolo. In basso, la consegna del premio Personaggio dell'Anno: da sinistra Massimo Zanelli, Silvia Depaoli, Renzo Arbore, Giuliano Miele.

Above: Renzo Arbore and the honorary president Giuseppe Nespolo. Below: the presentation of the Personality of the Year prize: from left Massimo Zanelli, Silvia Depaoli, Renzo Arbore, Giuliano Miele.

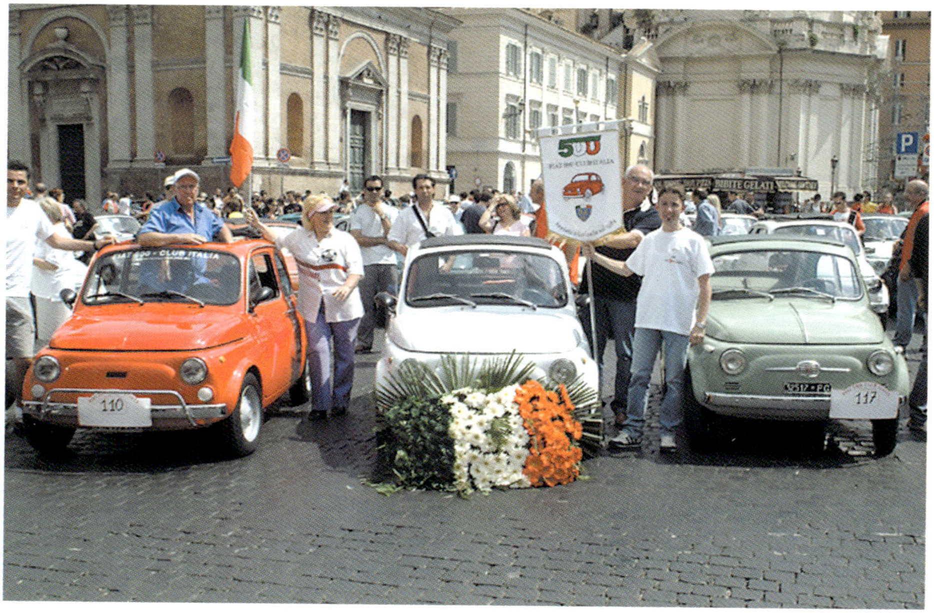

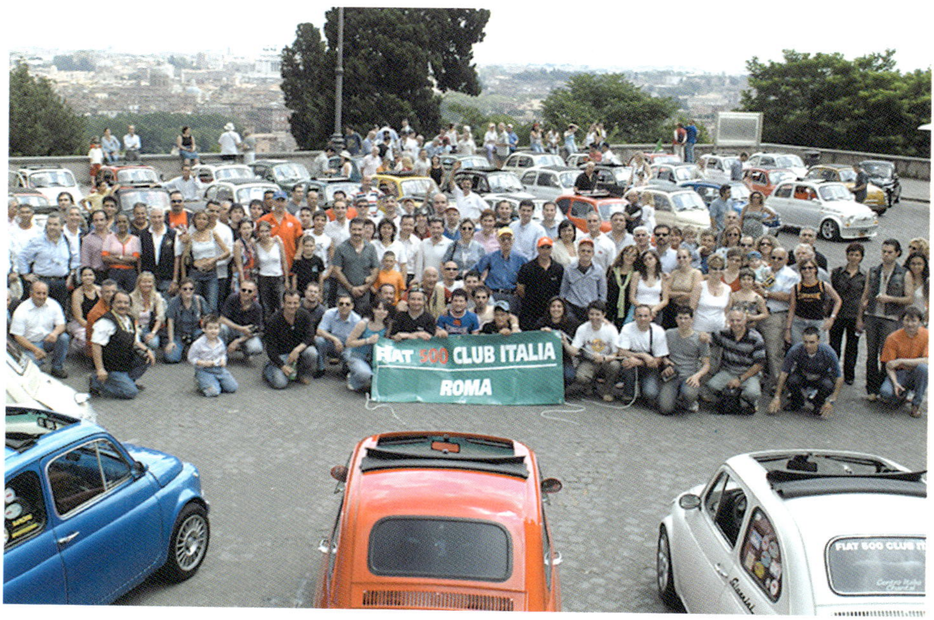

In alto, i soci del coordinamento di Roma rendono omaggio ai caduti di Nassirya.
In basso, il gruppo dei partecipanti al secondo raduno nella Capitale.

Above: the members of the Rome branch pay homage to the soldiers who died in Nassirya.
Below: the participants in the second meeting in the Capital.

il primo raduno Città di Novara a cui partecipano oltre 50 vetture.
Vincenzo Santanna vede la conferma delle sue grandi capacità organizzative portando al raduno di Vitolini Di Vinci (FI) ben 105 autovetture provenienti da ogni parte d'Italia. Il fiduciario di Roma, Piero Rubeo, organizza **il secondo raduno di Roma con il tema "Il mito della 500 nella Città Eterna".** I partecipanti dopo aver attraversato i luoghi più belli e suggestivi della capitale giungono all'Altare della Patria dove depositano un grande cuscino di fiori tricolori in memoria dei caduti di Nassirya.
Ferdinando Farese, fiduciario di Benevento ed Avellino, organizza a Montesarchio (BN) il sesto raduno Fiat 500 che vede circa 100 auto sfilare per le strade della Valle Caudina. Mimmo Facchini organizza la prima edizione del raduno "Città di Molfetta" cui partecipano oltre 70 auto. Paolo Giovinazzi fiduciario di Taranto organizza il secondo raduno nazionale Città di Massafra con il coinvolgimento di oltre 60 vetture.
Salvatore e Giacomo Grignano organizzano la seconda edizione del raduno Fiat 500 "Città di Trapani" ed hanno la soddisfazione di vedere i partecipanti superare la fatidica quota 100. Il coordinamento di Trapani organizza inoltre a Custonaci la prima edizione del Memorial Lalla Battiata, riscuotendo consensi per la bellezza delle auto partecipanti.
Non manca l'attività all'estero. Paolo Cargioli, fiduciario per il Canada, organizza **il primo raduno canadese a Woodbridge,** cittadina posta a 20 km a nord di Toronto. Vi partecipano 30 vetture che, attirandosi la curiosità e la simpatia dei canadesi, percorrono ben

manages to gather an impressive 105 cars arriving from all over Italy at the meeting of Vitolini Di Vinci (FI). The Rome trustee, Piero Rubeo, organizes **the second Rome meeting entitled "Il mito della 500 nella Città Eterna"** (The icon of the 500 in the Eternal City). After driving across the most beautiful and suggestive places of the city, the participants reach the "Altare della Patria" where they pay homage to the memorial of the soldiers died in Nassirya and leave a floral display in the colours of the Italian flag.
Ferdinando Farese, trustee for Benevento and Avellino, organizes in Montesarchio (BN) the sixth Fiat 500 meeting that sees about 100 cars parading along the roads of the Caudina Valley. Mimmo Facchini organizes the first edition of the meeting "Città di Molfetta" with the participation of over 70 cars. Paolo Giovinazzi, trustee from Taranto, organizes the second national meeting "Città di Massafra" with over 60 participants.
Salvatore and Giacomo Grignano organize the second edition of the Fiat 500 meeting "Città di Trapani", successfully exceeding the threshold of 100 participants. The Trapani branch, then, organizes in Custonaci, the first edition of the "Lalla Battiata Memorial", obtaining an unanimous approval, given the beauty of the cars taking part in it.
There is no lack of activities abroad, either. Paolo Cargioli, Canada trustee, organizes **the first Canadian meeting in Woodbridge**, a town situated 20 kms North of Toronto. Thirty cars participate in this rally and drive an

500 km costeggiando il lago Ontario. Il Club partecipa nuovamente ad Automotoretrò, mostra scambio che si svolge come di consuetudine presso il Lingotto di Torino. Lo stand è visitato dal presidente dell'ASI e vicepresidente FIVA Avv. Roberto Loi, che si complimenta con il Club e ammira le auto presenti.
Il coordinamento di Saluzzo guidato da Mauro Paire e Piera Manera organizza la Saluzzo - Parigi e ritorno, viaggio che in una settimana ha portato i cinquecentisti nella capitale francese.
Marina Re e Giuseppe Palmieri partecipano con la loro Gamine rossa alla coppa Milano-Sanremo 2004 trofeo di regolarità.
Tra la fine di aprile e i primi di maggio Antonio Belsito e Cesare Consueto organizzano la **prima Maratona d'Italia dedicata alla sicurezza stradale.** Antonio e Cesare, in 11 tappe, partendo da Bisceglie giungono a Garlenda dopo aver percorso circa 3.000 km distribuendo in ogni occasione un volantino con l'invito agli automobilisti, in particolare a quelli più giovani, a prestare una maggiore attenzione alla sicurezza stradale.
Dalla Germania l'attivissima Wally Fischer con il marito Schorsch e la fidata 500 di nome Flokki conquista un tris partecipando a ben tre raduni consecutivi in Italia: Roseto Degli Abruzzi, Fermo e Garlenda.
A ottobre giunge al Lingotto di Torino il primo Saclà Slow Tour. Ben 8 Fiat 500 preparate da Saclà U.K. con le verdure mediterranee disegnate sul cofano partendo dall'Inghilterra hanno visitato i presidi Slow Food del

impressive 500 kms along the coast of Lake Ontario, attracting the curiosity and the liking of Canadians.
The Club participates in "Automotoretrò" again, the exhibition is held, as usual, on the Lingotto premises in Turin. The stand is visited by the ASI president and FIVA vice-president Roberto Loi, lawyer, who compliments on the Club and expresses his admiration for the cars present.
The Saluzzo branch, headed by Mauro Paire and Piera Manera, organizes the "Saluzzo-Paris and back", a journey that in a week brings the 500 enthusiasts to the French capital.
Marina Re and Giuseppe Palmieri take part with their red Gamine in the 2004 Milan-Sanremo Cup regularity trophy.
Between the end of April and the beginning of May, Antonio Belsito and Cesare Consueto organize **the first Italian Marathon promoting road safety.** Antonio and Cesare start off in Bisceglie and arrive in Garlenda after driving about 3,000 kms in 11 stages. Along the way they distribute at every opportunity leaflets inviting drivers - in particular the youngest ones - to increase their road safety awareness.
From Germany, the very active Wally Fischer with her husband Schorsch and their reliable 500 called Flokki participate in three consecutive meetings in Italy: Roseto degli Abruzzi, Fermo and Garlenda.
In October the first "Saclà Slow Tour" arrives at the Lingotto in Turin. An impressive 8 Fiat 500s prepared by Saclà U.K. with Mediterranean vegetables painted on the bonnet have left from England and visited the Slow

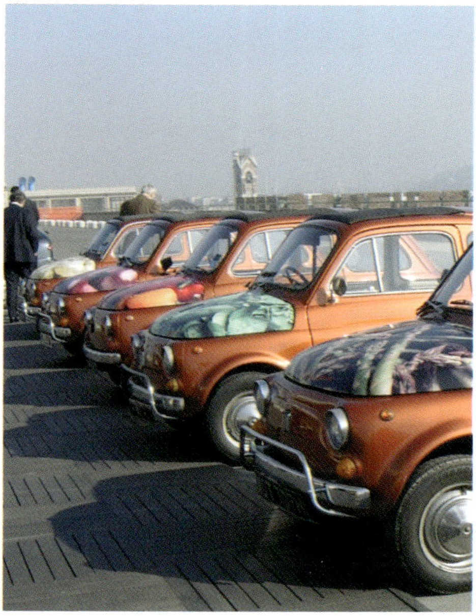

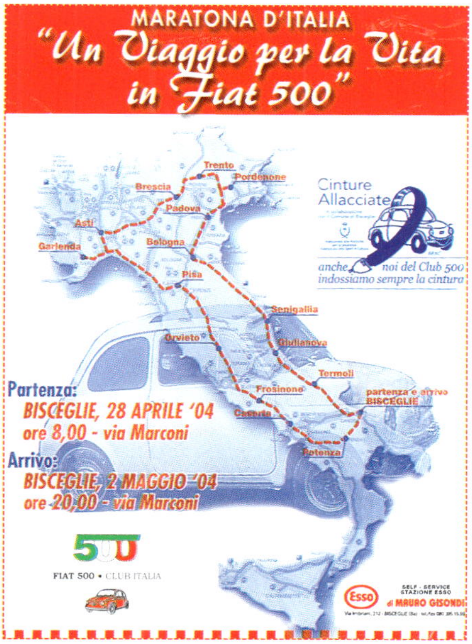

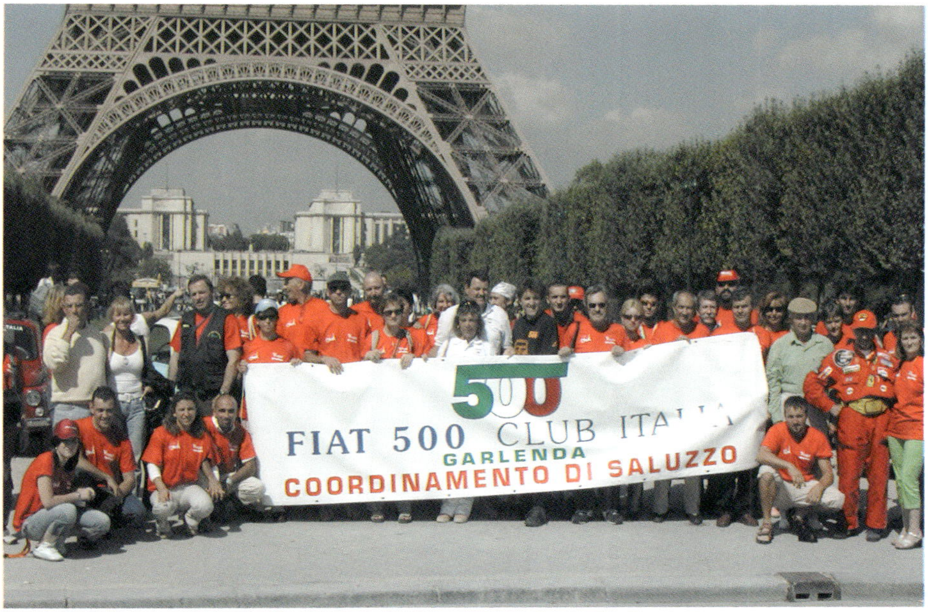

In alto a sinistra, le vetture della Saclà al Lingotto di Torino; a destra, il percorso della maratona per la sicurezza stradale. In basso, il coordinamento di Saluzzo a Parigi.

Above left: the Saclà cars at the Lingotto in Turin; right: the route of the marathon promoting road safety. Below: the members of the Saluzzo branch in Paris.

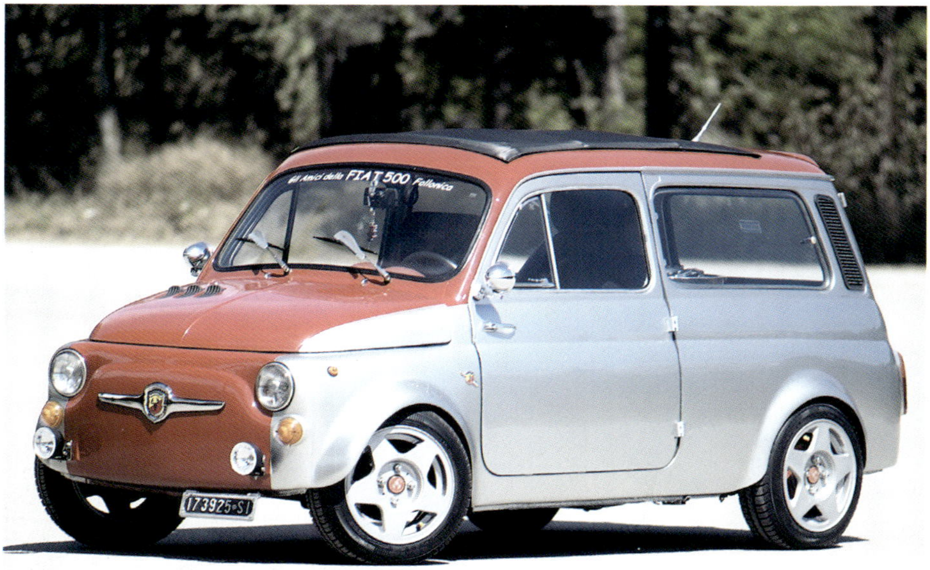

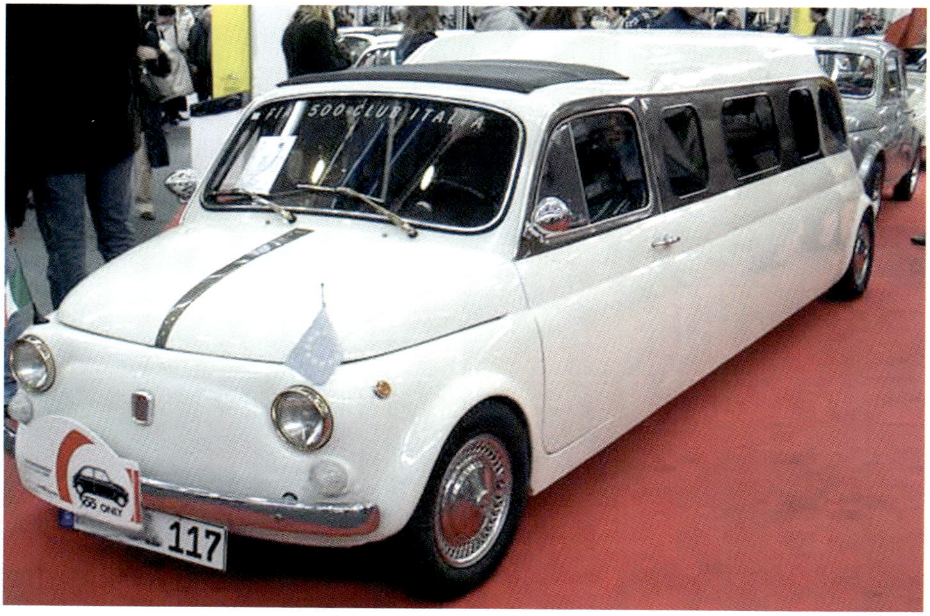

In alto, la 500 station wagon superaccessoriata e tecnologica di Fabio Osvaldo di Follonica.
In basso, la 500 limousine costruita da Sergio Bianchi di Morsano al Tagliamento.

Above: the "super-accessorized" and technological estate 500 of Fabio Osvaldo from Follonica.
Below: the 500 limousine built by Sergio Bianchi from Morsano al Tagliamento.

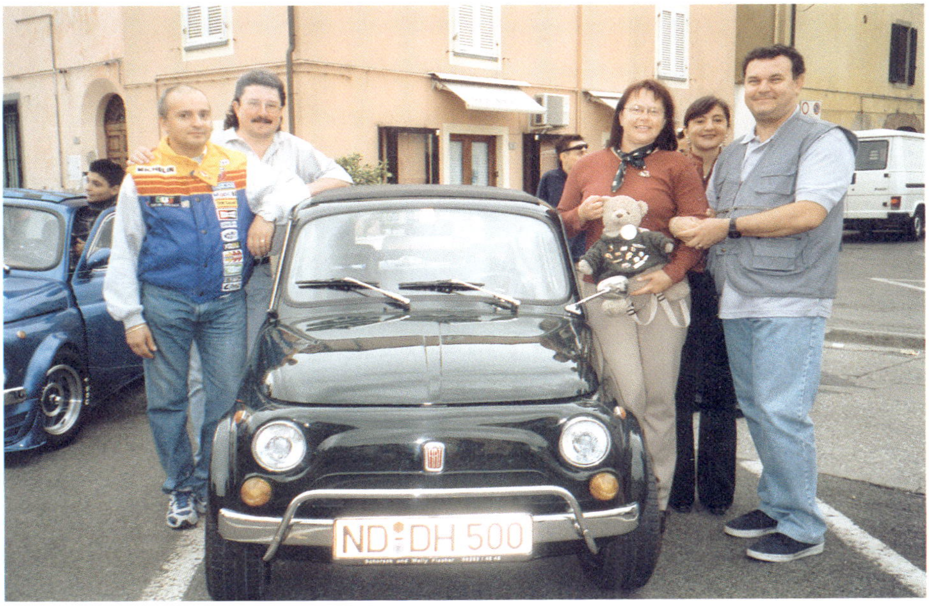

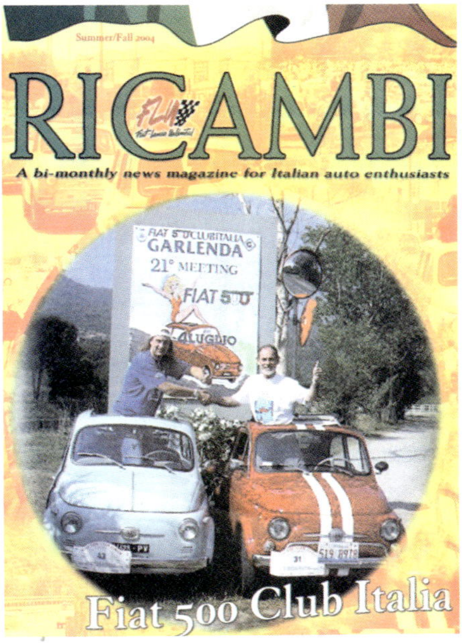

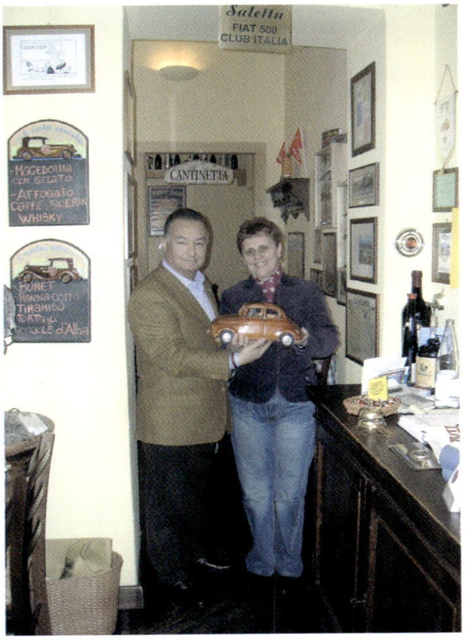

In alto, Wally e Schorsch Fischer con Stefano e Maura Pinotti e Maurizio Greghi.
In basso, l'ing. Burt Richmond e Paolo Rossanigo e, a destra, Silvia Depaoli con Riccardo Puglisi.

Above: Wally and Schorch Fischer with Stefano and Maura Pinotti and Maurizio Greghi.
Below: Burt Richmond and Paolo Rossanigo. Right: Silvia Depaoli with Riccardo Puglisi.

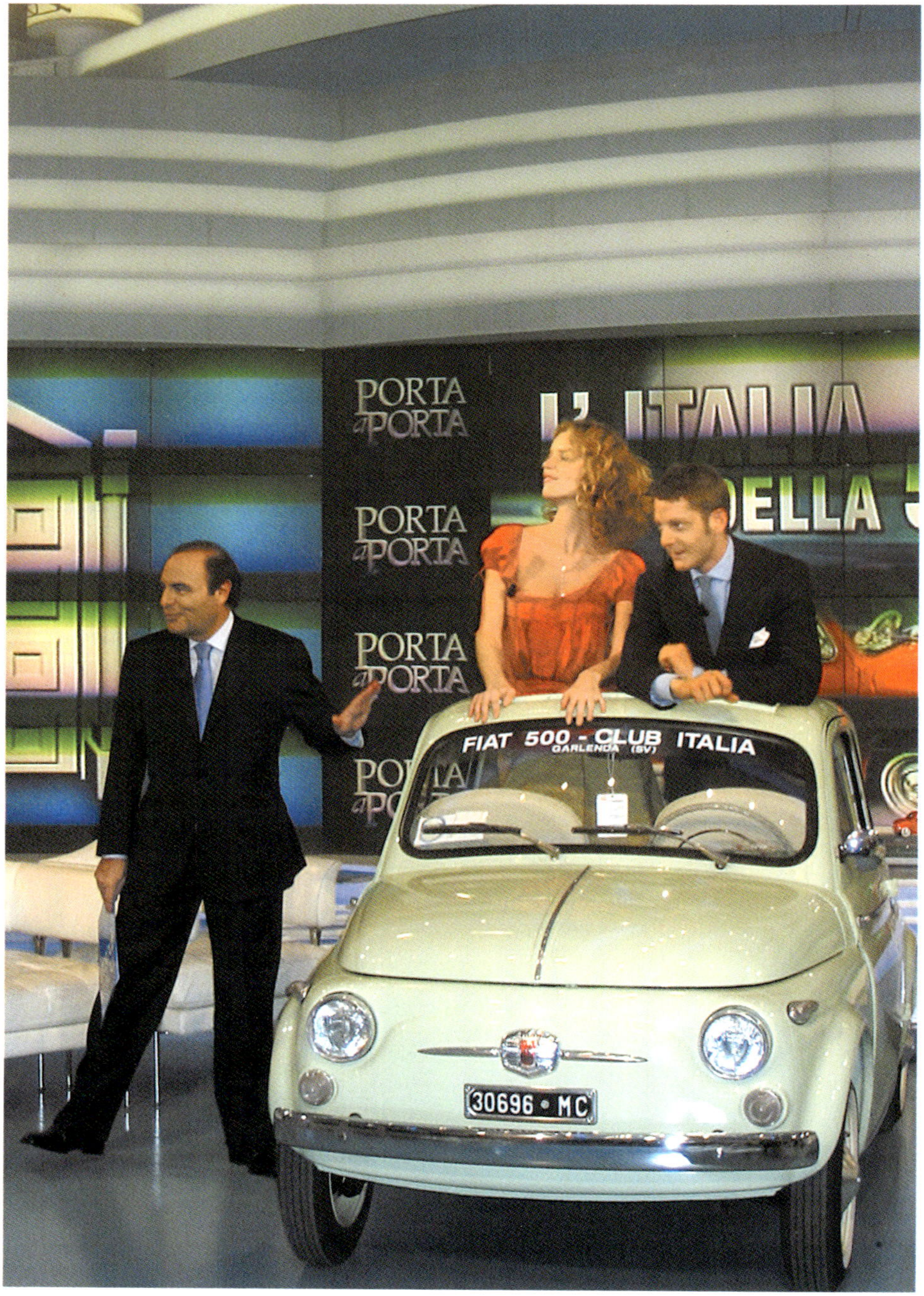

La 500 protagonista a "Porta a Porta".

The 500 protagonist of "Porta a Porta".

nord Italia. Tra i lunghi viaggi di cui si ha notizia, si segnalano quello di Igor e Tamara di Genova – che partono dalla loro città e dopo aver percorso 1350 km, esclusivamente su strade statali, giungono dopo 3 giorni a Barcellona – e quello di Paolisa Nebbia, che parte da Torino con la sua Fiat 500, carica di ogni genere di comfort e con tanto di mamma al seguito, per giungere a Southampton in Inghilterra.

Aumenta l'esposizione mediatica. Elisabetta Povoledo, giornalista della testata statunitense "International Herald Tribune", accompagnata da Barbara Testa de "La Stampa", giunge in visita a Garlenda. Il risultato è un bellissimo articolo di una pagina intera che contribuisce a dare un'ulteriore visibilità al sodalizio in tutto il mondo.

Il Club viene invitato a "Porta a Porta" da Bruno Vespa in una puntata dedicata al mito della Fiat 500: alla trasmissione di RaiUno partecipano Lapo Elkann per la Fiat e la modella Eva Herzigova che vengono ripresi a bordo di una bellissima Fiat 500 del socio Nicola Gualdi, condotta a Roma da Antonio Cassella, con un viaggio di circa 1000 chilometri.

A dicembre il coordinamento di Genova Ponente guidato da Gino Rigolli partecipa alla trasmissione "La Domenica del Villaggio" condotta da Davide Mengacci.

La 500 è sempre più oggetto di studi e di approfondimenti: a luglio Graziana Fusiello si laurea presso la facoltà di scienze politiche dell'Ateneo di Bari discutendo la tesi dal titolo "La Nuova 500 come metafora di un'Italia che cambia".

Food posts in Northern Italy.

Among the long journeys of which we are aware; we remember that of Igor and Tamara from Genoa – who leave their hometown and, after driving 1,350 kms strictly on state roads, arrive in Barcelona three days later – and the journey of Paolisa Nebbia who leaves from Turin to reach Southampton, in England, on her Fiat 500 loaded with all comforts and with even her mother among "the contents"!

The media exposure increases. Elisabetta Povoledo, a journalist for the American "International Herald Tribune", accompanied by Barbara Testa of "La Stampa", visits Garlenda. The outcome is an impressive whole- page article that contributes to give further visibility to the association worldwide.

The Club is invited to "Porta a Porta", conducted by Bruno Vespa, for an episode dedicated to the "myth" of the Fiat 500. Lapo Elkann - representing Fiat - and the model Eva Herzigova take part in the programme: they are filmed on board a beautiful Fiat 500 owned by the member Nicola Gualdi, driven to Rome by Antonio Cassella, in a journey of about 1,000 kms.

In December the West Genoa branch-lead by Gino Rigolli - takes part in the TV programme "La Domenica del Villaggio" conducted by Davide Mengacci.

The 500 becomes more and more an object of study and investigation: in July Graziana Fusiello graduates in Political Sciences from the University of Bari and writes a dissertation entitled "La Nuova 500 come metafora di un'Italia che cambia" (The Nuova 500 as the emblem of a changing Italy).

2005

Il Consiglio Direttivo del Club riunito a Firenze approva l'avvio della fase operativa per il Registro Storico di Modello Fiat 500, quale organo tecnico complementare del Fiat 500 Club Italia.
Il Registro Storico avrà come scopo «*lo studio e la ricerca finalizzata al corretto restauro e conservazione delle autovetture* Nuova Fiat 500 *e derivate in tutti i modelli costruiti ed ancora esistenti, prodotte dall'anno* 1957 *al* 1977».
Grazie all'impegno del fiduciario di Albenga, Angelo Burlando, il Club può annoverare tra i soci un altro personaggio importante: Giorgetto Giugiaro, Cavaliere del Lavoro e vincitore del "Compasso d'Oro", che a giugno è ospite d'onore con la sua 500 al primo raduno Città di Garessio.
Si svolge a Garlenda la XXII edizione del Meeting Internazionale che registra il numero record di partecipanti ben 622 vetture provenienti da ogni parte del mondo. Ma anche se questo appuntamento resta il momento clou della programmazione annuale, il calendario dei raduni si fa sempre più ricco e non c'è zona del Paese in cui le 500 non facciano notizia.
Per quanto riguarda il Nord-Est, per la prima volta si tiene a Caorle il meeting dedicato alla Fiat 500 organizzato dal fiduciario di Venezia - Padova - Treviso Maurizio Gherardi. Luca Tesini, fiduciario di Verona, organizza il suo primo raduno in occasione della "Festa della zucca" in collaborazione con l'Ente Fiera di Isola della Scala. L'impegno e le capacità organizzative di Luca sono premiate con la partecipazione di

2005

The Club's Executive Board, meeting in Florence, approves the operational phase for the creation of the Historical Register of the Fiat 500 Model, as a complementary technical branch to the Fiat 500 Club Italia.
The Historical Register is aimed at "*the study and research to guarantee the correct restoration and conservation of the* Nuova Fiat 500 *cars and derived versions in all the models built and still existing, produced from* 1957 *until* 1977".
Thanks to the efforts of Angelo Burlando - the trustee from Albenga - the Club can count among its members another important personality: Giorgetto Giugiaro, "Cavaliere del Lavoro" and winner of the Golden Compass award, who in June is the guest of honour at the first meeting "Città di Garessio".
The 22nd edition of the Garlenda International Meeting registers a record number of 622 participants from all over the world. Although this event remains the highlight of the Club's annual programme, the schedule of meetings becomes richer and busier and there is no region in Italy where the 500 does not make the news.
In the North East, a first rally dedicated to the Fiat 500 takes place in Caorle, organized by the trustee from Venezia – Padova – Treviso Maurizio Gherardi. Luca Tesini, trustee from Verona, organizes the first meeting during the "Festa della Zucca" (Pumpkin Festival) in association with the "Ente Fiera" (Fair Organization) in Isola della Scala. Luca's work and organizational skills are rewarded by the participation of many teams.

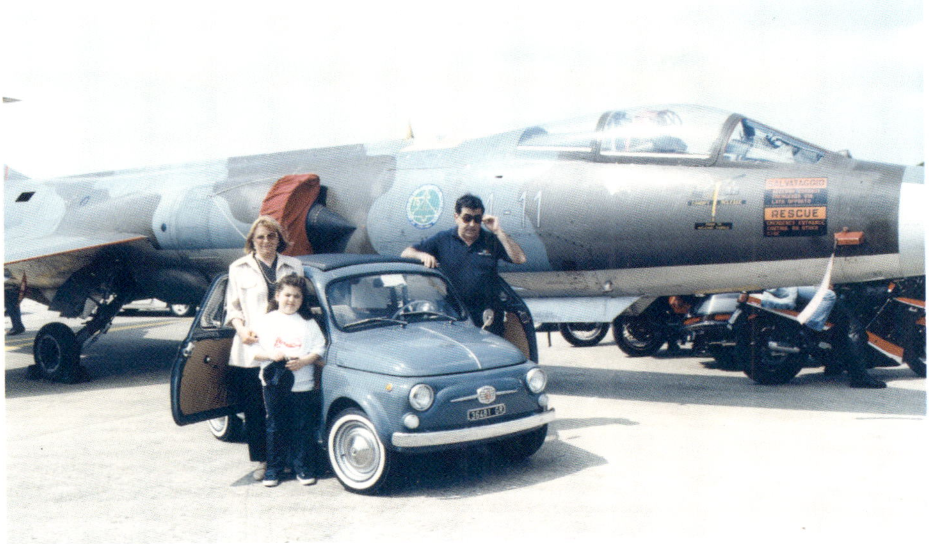

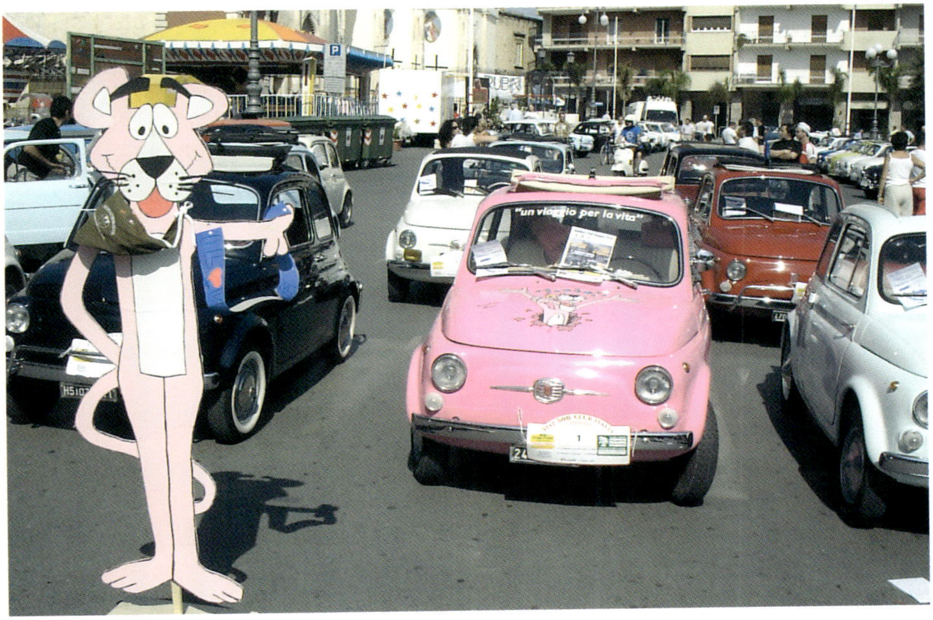

In alto: Grosseto, la 500 non sfigura accanto ad una "freccia dei cieli".
In basso, le due "Pantere Rosa" a Bisceglie.

Above: Grosseto, the 500 does not look out of place next to one of the "skies' arrows".
Below: the two "Pink Panthers" in Bisceglie.

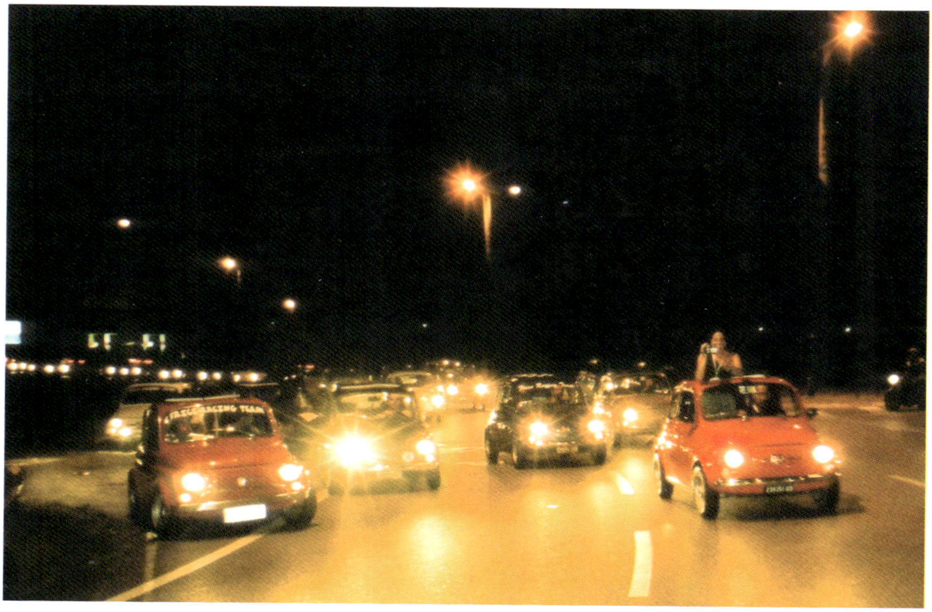

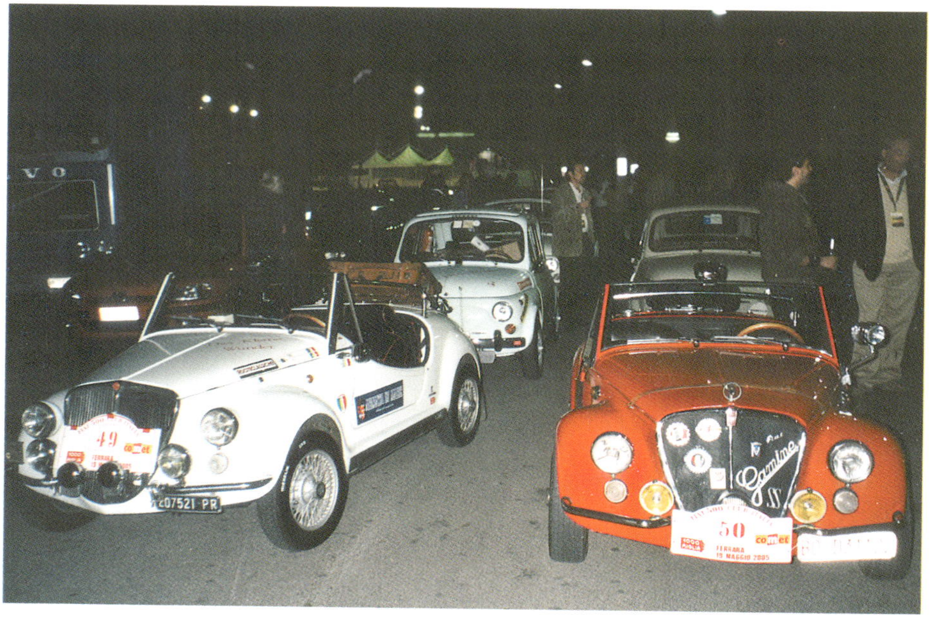

In alto, le 500 "by night" al raduno di Lignano Sabbiadoro.
In basso, il coordinamento di Bologna ospite della Mille Miglia a Ferrara.

Above: the 500s "by night" at the meeting in Lignano Sabbiadoro.
Below: the Bologna group guest at the "Mille Miglia" in Ferrara.

numerosi equipaggi. Il fiduciario di Udine e Pordenone Luciano Odorico organizza a San Michele al Tagliamento (VE) il terzo raduno Fiat 500 e l'ottava edizione del raduno "Fiat 500 By Night" a Lignano Sabbiadoro in provincia di Udine. Alla manifestazione partecipa anche Sergio Bianchi con la sua 500 limousine di 5,3 mt di lunghezza. La presidente Silvia Depaoli partecipa al raduno di fine settembre a Mori (TN) organizzato da Moreno Salvetti. Si difende bene anche il nord-ovest: si svolge a Cassago Magnago (VA), nell'ambito della sagra "Il paese dei sapori" in occasione della festa della Madonna del Rosario, il primo raduno Fiat 500 organizzato da Luigi e Giovanni Parolini. Si svolgono in Piemonte il secondo raduno città di Mondovì e il primo città di Nichelino. Alessandro Boeri coordinatore dell'alta Val di Vara organizza a Pieve di Zignago, nell'entroterra spezzino, il 4° raduno di Fiat 500 con un buon successo di pubblico e partecipanti.

Ci si dà da fare anche nel resto d'Italia: l'attivissimo Maurizio Candini organizza il tradizionale "Raduno di Primavera" del coordinamento di Bologna che quest'anno trova ospitalità a Riolo Terme. Il coordinamento in questione è inoltre ospite dell'organizzazione della Mille Miglia nella città di Ferrara sotto il castello Estense. Vincenzo Santanna organizza a Firenze il 4° "Raduno Internazionale Fiat 500 e Derivate". Ben 187 equipaggi giungono da ogni parte d'Italia nella bellissima cittadina toscana.

Sempre più sorprendente l'impegno al sud. Dalla collaborazione di Giovanni Mondo, Francesco Leonardo D'Albero e Ferdinando Farese rispettivamente

The trustee from Udine and Pordenone, Luciano Odorico, organizes the third Fiat 500 meeting in San Michele al Tagliamento (VE) and the eighth edition of the meeting "Fiat 500 By Night" in Lignano Sabbiadoro, in the province of Udine. Sergio Bianchi with his 5.3 metres long 500 limousine is also present at this event. The president Silvia Depaoli participates in the meeting held at the end of September in Cassago Magnago (VA) organized by Moreno Salvetti.

The North West performs well, too: the first Fiat 500 meeting organized by Luigi and Giovanni Parolini within the feast "Il Paese dei sapori" is held on the occasion of the celebration of the Madonna del Rosario. In Piedmont, the second meeting "Città di Mondovì" and the first meeting "Città di Nichelino" are held. Alessandro Boeri, the coordinator of the Upper Vara Valley, organizes the 4th Fiat 500 meeting in Pieve Di Zignago - in the hinterland of La Spezia – a success both from the number of public attending and the participants.

The rest of Italy is bustling, too: the very active Maurizio Candini organizes the traditional "Raduno di Primavera" (Spring Meeting) of the Bologna branch. This year the event is held in Riolo Terme.

The same group is also hosted by the Mille Miglia organizers in the town of Ferrara under the Este Castle. Vincenzo Santanna organizes in Florence the 4th "Raduno Internazionale Fiat 500 e Derivate" (International meeting of Fiat 500s and derivatives). An impressive 187 teams gather in this beautiful city from all over Italy.

fiduciari di Napoli, Salerno e Benevento, nasce a Napoli il primo Raduno Regionale Fiat 500. Restando in Campania, D'Albero organizza il 5° Meeting di Fiat 500 e Auto d'Epoca a San Valentino Torio. Anche in quest'occasione la partecipazione è grandissima e l'evento tocca i 135 equipaggi iscritti. Giuseppe Pellegrino, fiduciario di Potenza, organizza uno dei primi raduni della Basilicata con un interessante itinerario attraverso i luoghi più caratteristici di Venosa, città d'arte e cultura.

Numerose le manifestazioni in Puglia: il 17 aprile a Bari si tiene il primo raduno di Fiat 500 e auto storiche organizzato dal fiduciario Mimmo Facchini, che poi a giugno collabora con Raffaele Martelli per il primo raduno "Città di Monopoli"; è una prima edizione anche quella di Barletta, curata dal fiduciario di Bisceglie e Foggia Antonio Belsito e con la presenza dell'attore Michele Placido. A settembre Matteo Cotrufo si occupa del primo raduno di 500 e derivate a Manfredonia: l'evento ha un grandissimo successo attirando ben 160 autovetture e un migliaio di visitatori. Al raduno di Adelfia organizzato da Vincenzo Tenerelli partecipa anche Domenico Romano che incontra tra gli altri Giovanni Di Grumo fiduciario di Modugno, Oronzo Calasso fiduciario di Brindisi e Paolo Giovanazzi fiduciario di Taranto incoraggiandoli sulla strada di una sempre maggiore diffusione per la passione della 500.

Anche la Sicilia si dimostra attivissima. Si svolge a Caltanisetta il primo raduno organizzato dal fiduciario di Riesi - Gela Giuseppe Anzaldi. Antonino Di Tommasi organizza a Pachino il 5° Memorial

The commitment by the Southern regions is more and more remarkable. The first Fiat 500 Regional Meeting is born in Naples with the cooperation of Giovanni Mondo, Francesco Leonardo D'Albero and Ferdinando Farese, trustees of Naples, Salerno and Benevento respectively.

Still in Campania, D'Albero organizes the 5th Meeting of Fiat 500 and Historic Cars in San Valentino Torio. On this occasion, too, the participation is a large one and the event counts 135 teams. Giuseppe Pellegrino, trustee of Potenza, organizes one of the first meetings in Basilicata with an interesting itinerary across the most characteristic places in Venosa, town of art and culture.

Several events take place in Puglia: on the 17th April the first meeting of Fiat 500s and vintage cars takes place in Bari; it is organized by the trustee Mimmo Facchini, who in June collaborates with Raffaele Martelli in the first meeting "Città di Monopoli". A first edition is organized in Barletta, too, by the trustee of Bisceglie and Foggia Antonio Belsito and with the participation of the actor Michele Placido. In September, Matteo Cotrufo organizes the first meeting of 500 and derivatives in Manfredonia: the event turns out to be a great success with the participation of an impressive 160 cars and of about a thousand visitors. Domenico Romano, too, takes part in the meeting of Adelfia organized by Vincenzo Tenerelle; there he meets amongst others, Giovanni Di Grumo, trustee of Modugno, Oronzo Calasso, trustee of Brindisi and Paolo Giovanazzi, trustee of Taranto, encouraging them to spread the 500 Gospel.

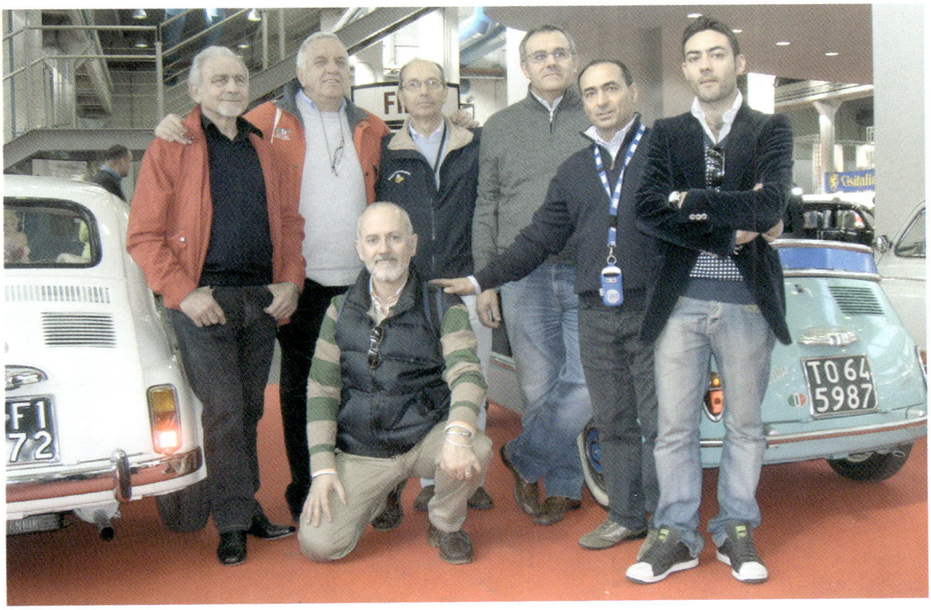

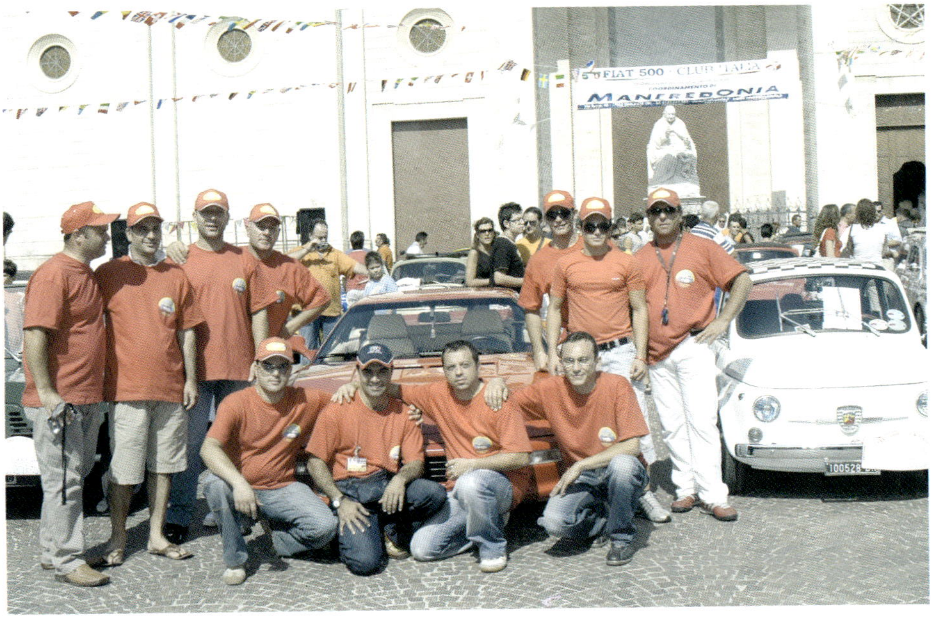

In alto, Giovanni Bighin, Domenico Romano, Michele Gallione, Salvatore Ignaccolo, Giuseppe e Rocco Pellegrino e Fabio Fabbricatore. In basso, Matteo Cotrufo con il suo staff al raduno di Manfredonia (FG).

Above: Giovanni Bighin, Domenico Romano, Michele Gallione, Salvatore Ignaccolo, Giuseppe e Rocco Pellegrino e Fabio Fabbricatore. Below: Matteo Cotrufo with his staff at the meeting in Manfredonia (FG).

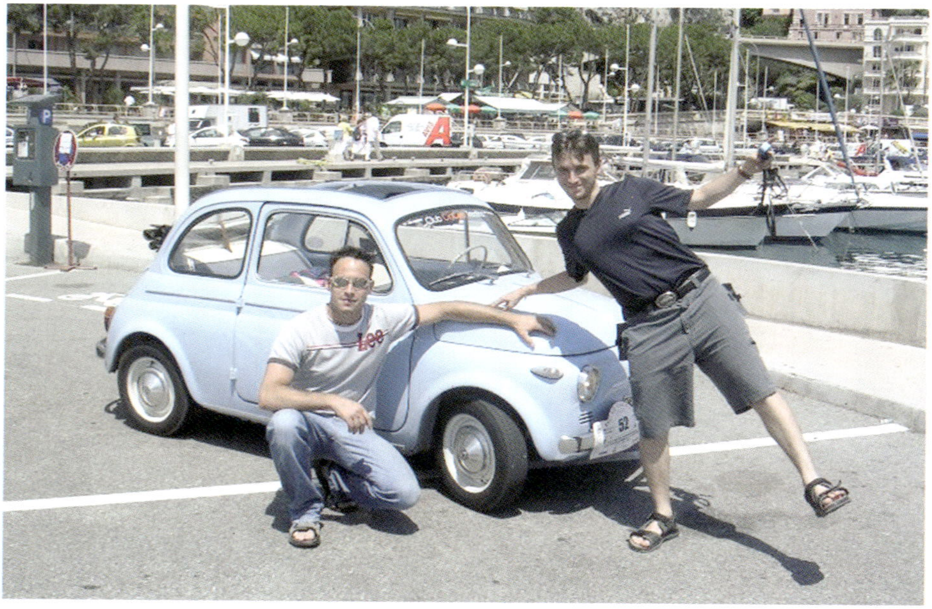

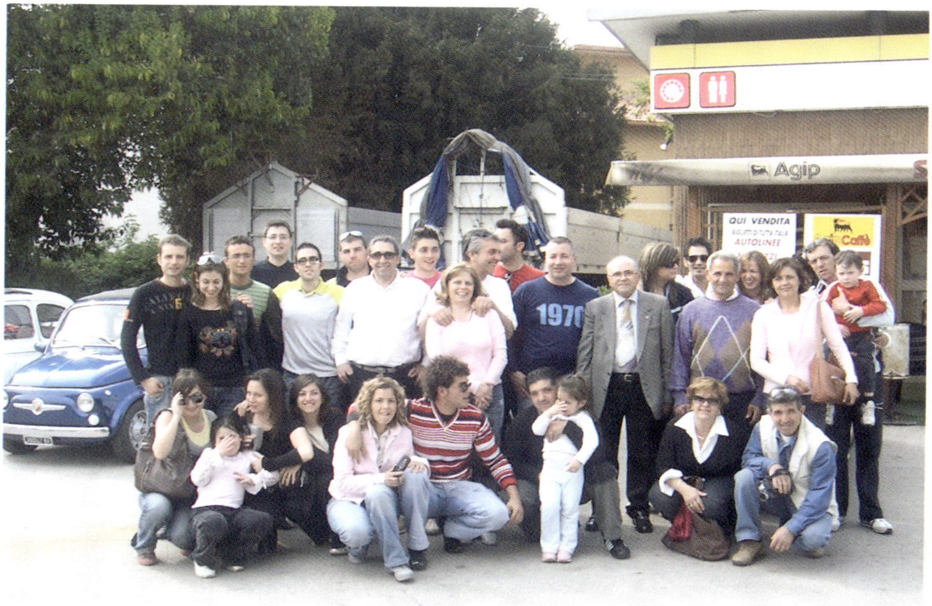

In alto, il fiduciario di Verona Luca Tesini con Moreno Salvetti.
In basso, Montesarchio (BN), foto di gruppo con Domenico Facchini e Ferdinando Farese.

Above: the trustee from Verona Luca Tesini with Moreno Salvetti.
Below: Montesarchio (BN), group photograph with Domenico Facchini and Ferdinando Farese.

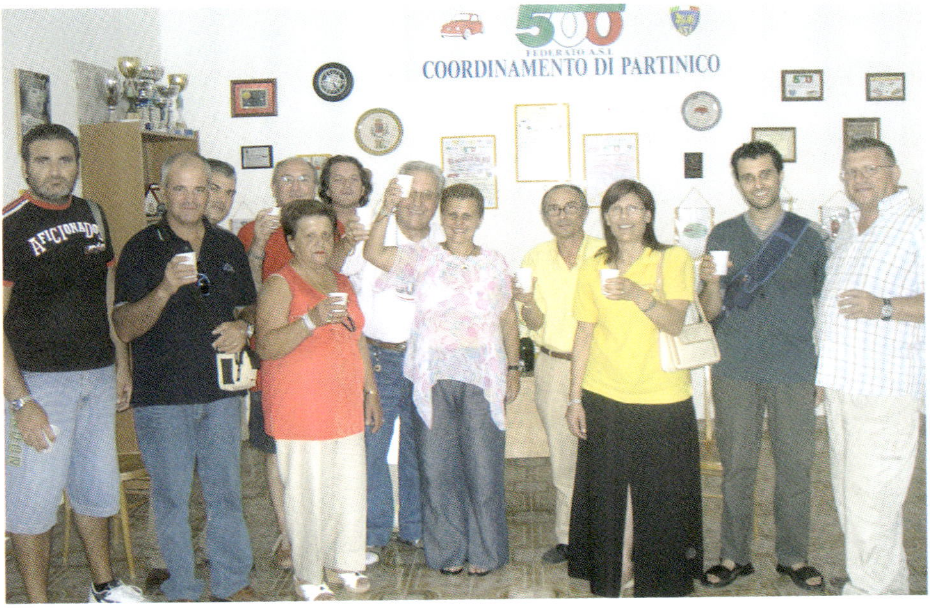

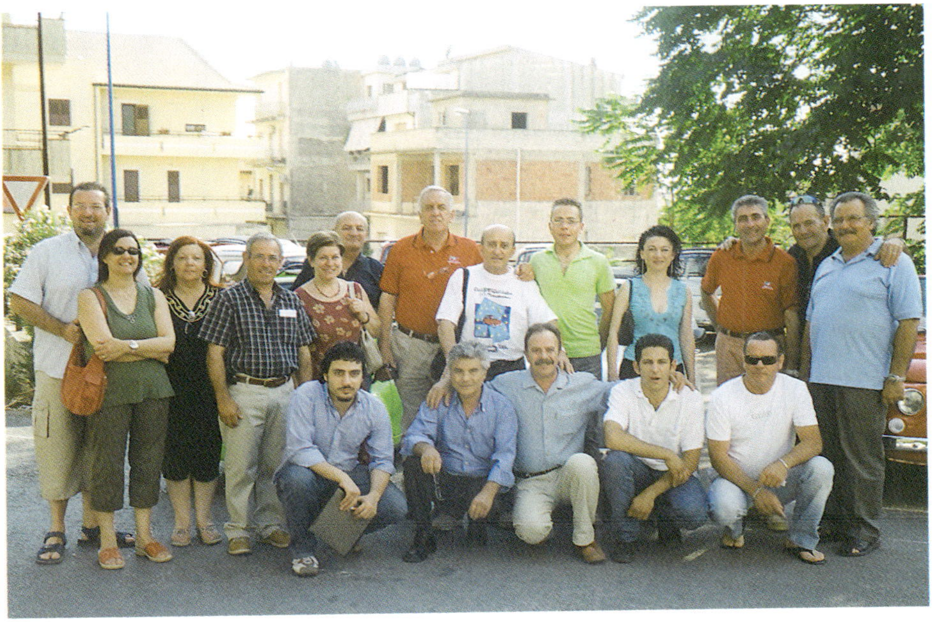

In alto, Silvia Depaoli con alcuni fiduciari siciliani. In basso, Domenico Romano con i fiduciari Giovanni Modica, Salvatore Carvotta e un gruppo di cinquecentisti isolani.

Above: Silvia Depaoli with some of the Sicilian trustees. Below: Domenico Romano with the trustees Giovanni Modica, Salvatore Carvotta and a group of Sicilian Cinquecento enthusiasts.

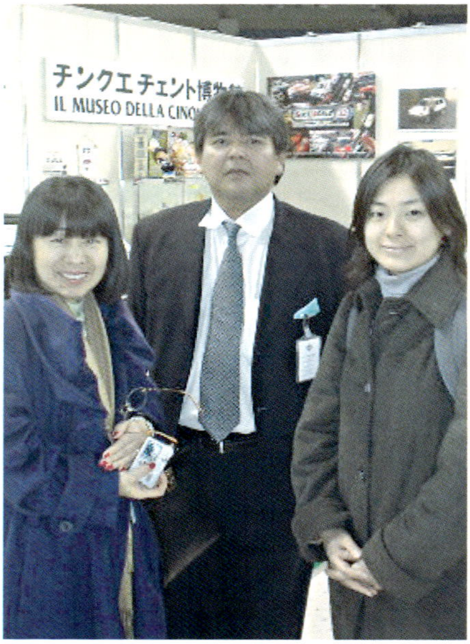

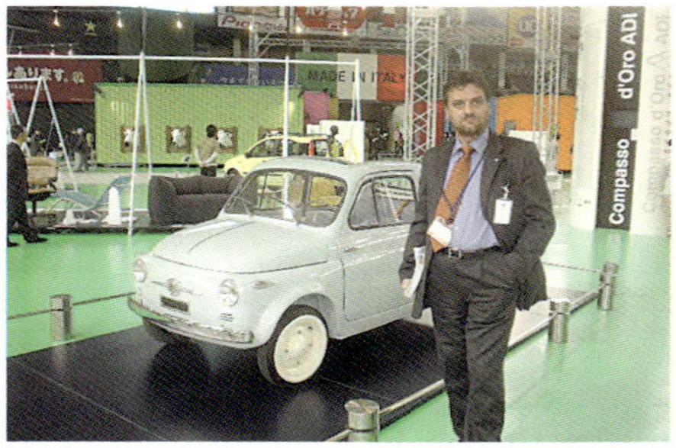

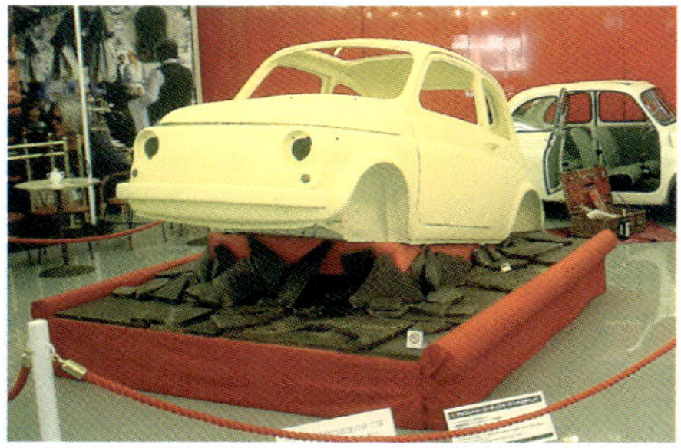

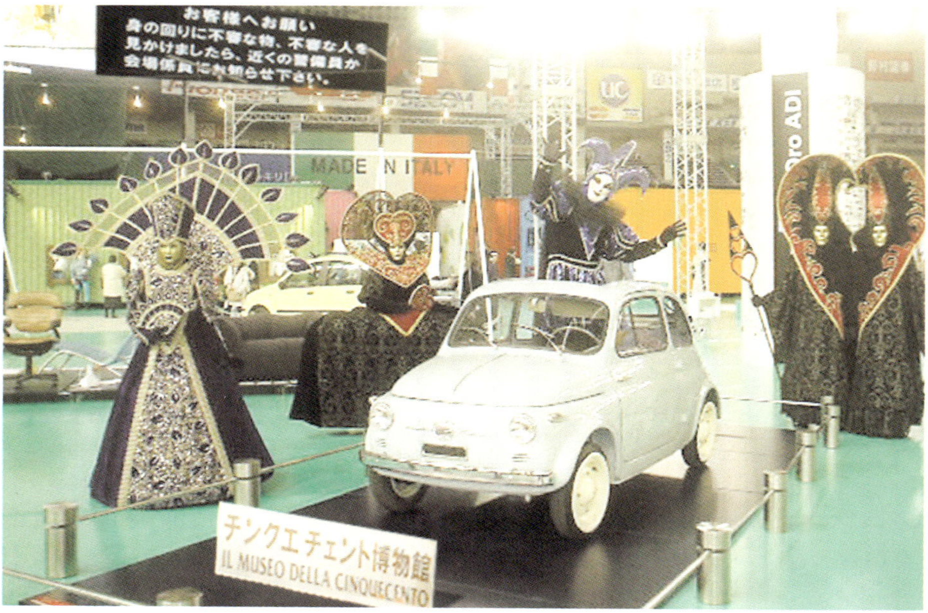

Da sinistra, Seiro Itoh fiduciario per il Giappone, Andrea Fortunato fiduciario italiano per il Giappone nello stand al Tokyo Dome durante l'Italian Festival.

From left: Seiro Itoh, Japanese trustee, Andrea Fortunato, Italian trustee for Japan on the stand at the Tokyo Dome during the Italian Festival.

"Mauro Adamo" . Si svolge a Ficuzza, frazione di Corleone, la manifestazione "Gusti, storia e motori di Trinacria" organizzata dal coordinamento di Corleone diretto da Salvatore Greco. Alla manifestazione partecipano oltre 200 equipaggi. Giuseppe Bellomo, fiduciario di zona di S. Stefano Quisquina, organizza nei comuni di Cianciana e Alessandria della Rocca il raduno di Fiat 500 e auto derivate riscuotendo un grande successo. Il coordinamento di Marsala, guidato da Lorenzo Ingrassia, organizza nella propria città il primo raduno con uno strepitoso successo di partecipanti. Il coordinamento trapanese, con il patrocinio dei comuni di Castelvetrano e Campobello di Mazara, organizza il "Tour del Belice", evento che oltre ad essere un momento di incontro per i cinquecentisti è stato anche l'ennesima dimostrazione di spirito solidale: i fondi raccolti vengono destinati all'acquisto di materiale didattico e ludico a favore dell'azienda socio-sanitaria di assistenza alla persona "M.A. Infranca - S. Giacomo" di Castelvetrano.
Da non trascurare gli eventi all'estero. **La Fiat 500 è protagonista all'Italian Festival nella capitale del Giappone** organizzato dal quotidiano Yomiuri Shimbun. Al Tokyo Dome (lo stadio coperto), nell'ambito della mostra sul design industriale italiano, viene esposta la Fiat 500 del 1957 di proprietà di Seiro Itoh presidente del museo della Fiat 500 di Aichi e delegato per il Paese del Sol Levante. Il legame è mantenuto anche dall'attivissimo fiduciario Andrea Fortunato di Genova.
All'autodromo di Suzuka il pilota Jarno Trulli compie un giro di pista sulla Fiat

Sicily, too, proves to be very active. The first meeting of Caltanisetta is organized by the trustee of Riesi – Gela Giuseppe Anzaldi. Antonino Di Tommasi organizes in Pachino the 5th Memorial "Mauro Adamo". In Ficuzza - a hamlet of Corleone - the event "Gusti, storia e motori di Trinacria" (Tastes, history and motors of Trinacria) is organized by the branch of Corleone headed by Salvatore Greco. Over 200 teams take part in this event. Giuseppe Bellomo, area trustee of S. Stefano Quisquina, organizes the meeting for Fiat 500 and derivatives in the municipalities of Cianciana and Alessandria della Rocca, with great success. The Marsala branch, headed by Lorenzo Ingrassia, organizes the first meeting in its hometown, attended by an impressive number of participants. The Trapani branch, under the sponsorship of the municipalities of Castelvetrano and Campobello di Mazara, organizes the "Tour del Belice". This event - besides being an opportunity for Cinquecento enthusiasts to meet up – is a further sign of the spirit of solidarity: the funds raised are in fact assigned to the purchasing of teaching material and toys for the "M.A. Infranca - Giacomo" of Castelvetarano (a social services body). Lastly, we must not forget those events taking place abroad. **The Fiat 500 is the protagonist of the Italian Festival** organized by the Yomiuri Shimbun **in the Japanese capital**. At the Tokyo Dome (the indoor stadium), within the context of the exhibition on Italian industrial design, is displayed the 1957 Fiat 500 owned by Seiro Itoh, president of the Fiat 500 museum of Aichi and trustee for Japan. The relationship is

500 Corsa del museo della 500 messagli a disposizione dallo stesso Seiro Itoh.
A Nagoya, nell'ambito dell'"Esposizione Universale di Aichi", il coordinamento locale pone in mostra nello stand italiano una 500 di cioccolata a grandezza naturale.
In ottobre, in California (USA), Antonella Turchetti allestisce uno stand italiano all'interno della manifestazione "International Festival" esponendo materiale e gadget del Club, riscuotendo la simpatia e la curiosità dei visitatori.
Gianni e Anna Maria Baisini nel loro viaggio nelle Filippine regalano ai bambini giocattoli e magliette della 500.
Il 20 novembre si svolge il 4° "Italian Classic Run" organizzato dal fiduciario per la Grecia Stathis Vlahacos.
Salvatore Ignaccolo, fiduciario di Montecarlo, presta assistenza ai soci Jean e Corinne Ferry nel "Rally Historique de Monte-Carlo". Max Andrè Mounoud partecipa con la sua Fiat 500 del '73, denominata Barbie, al Primo Rally d'Africa organizzato dalla rivista francese "Gazoline" percorrendo 4.312 km da Parigi a Meknes in Marocco.
Sempre restando in tema di gare, si svolge a Caltanisetta la cinquantunesima edizione della "Coppa Nissena", corsa in salita tra le più antiche d'Italia valida per il campionato della Montagna Auto Storiche. Alla manifestazione partecipano tre vetture 500 guidate da Salvatore Carvotta (con una 500 D del '61), Calogero Frattallone (con una 500 R del '74) e Claudio Vitale (con una 500 F del '67) a cui si aggiunge Bruno Vescio che registra una velocissima performance che gli consente di

kept alive also by the very active trustee Andrea Fortunato from Genoa.
At the Suzuka circuit the driver Jarno Trulli runs a lap of the circuit on the Fiat 500 Corsa owned by the Fiat 500 museum and put at his disposal by Seiro Itoh himself.
In Nagoya, within the context of the "Universal Exhibition in Aichi", a life-size chocolate 500 is displayed on the Italian stand by the local branch.
In October in California (USA), Antonella Turchetti sets up an Italian stand at the "International Festival" displaying material and merchandise of the Club. The stand is well liked and attracts the curiosity of visitors.
Gianni and Anna Maria Baisini - during their travelling in the Philippines - give out to the children toys and T-shirts of the 500. The 4th "Italian Classic Run", organized by the trustee for Greece Stathis Vlahacos, takes place on the 20th November.
Salvatore Ignaccolo, Montecarlo trustee, assists the members Jean and Corinne Ferry during the "Rally Historique de Monte-Carlo". Max André Mounoud participates with his 1973 Fiat 500, - nicknamed Barbie - in the First African rally organized by the French magazine "Gazoline", covering a distance of 4,312 kms from Paris to Meknes, in Morocco.
Still in the racing world, the fiftieth edition of the "Coppa Nissena" (Nissena Cup) is held in Caltanisetta: it is one of the oldest uphill races, valid for the "Montagna Auto Storiche" championship. Three 500s take part in this event: they are driven by Salvatore Carvotta (with a 1961 500 D), Calogero Frattallone (with a 1974 500 R) and

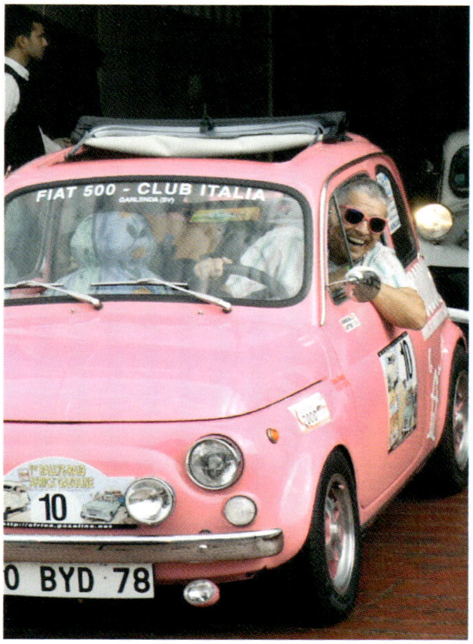

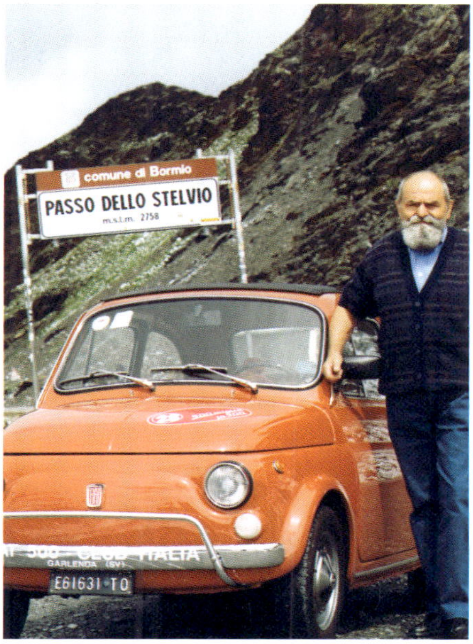

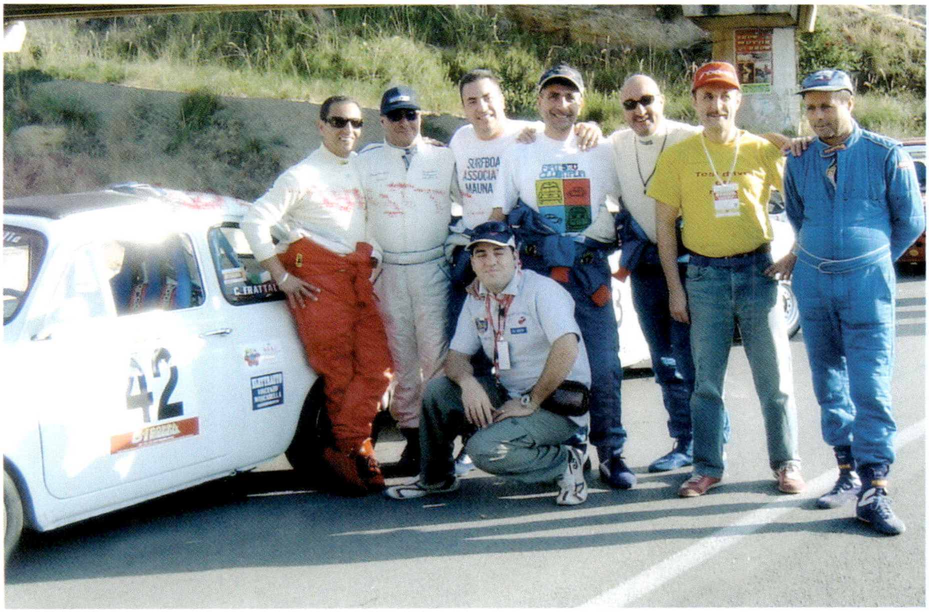

In alto da sinistra, Max André Mounoud alla partenza per il Marocco, Luigi Castore allo Stelvio.
In basso: Caltanissetta, i cinquecentisti sportivi alla Coppa Nissena.

Above from left: Max André Mounoud leaving for Morocco, Luigi Castore at the Stelvio Pass.
Below: Caltanissetta, the sporty Cinquecento enthusiasts at the Nissena Cup.

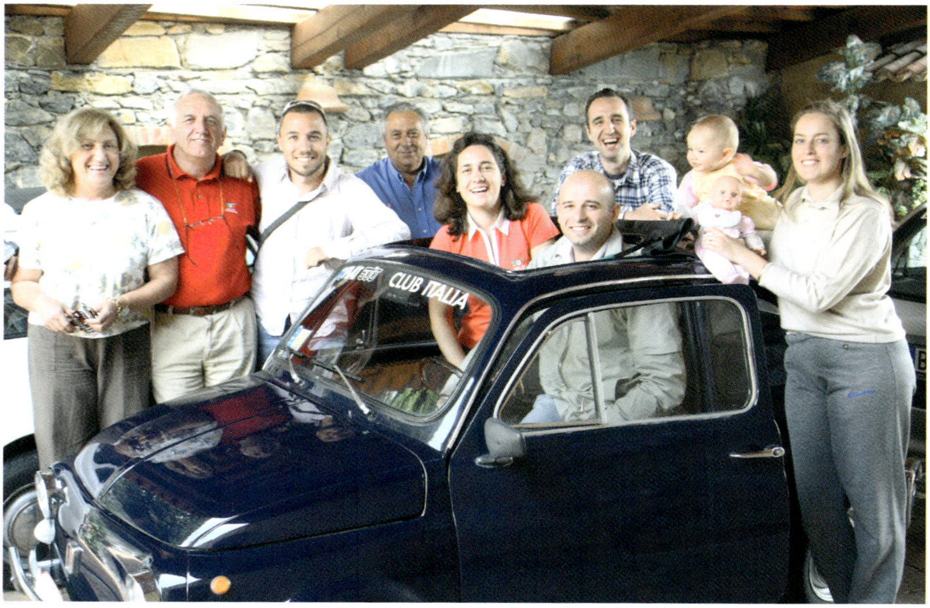

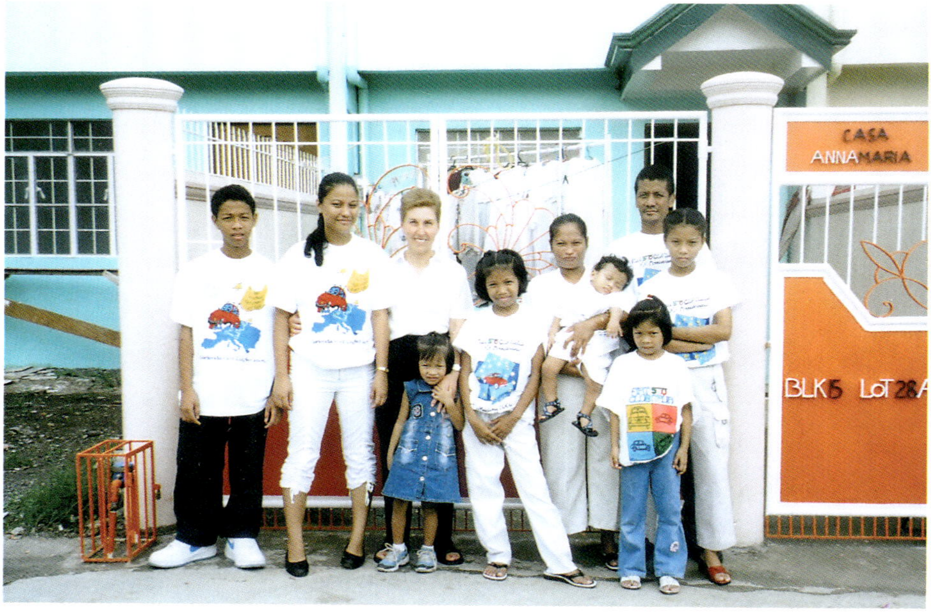

In alto, il giornalista Raffaele Panizza (inviato della rivista "Max") ospite della famiglia Romano a Garlenda. In basso, Anna Maria Baisini con i bambini delle Filippine.

Above: the journalist Raffaele Panizza (correspondent for the magazine "Max") hosted by the Romano family in Garlenda. Below: Anna Maria Baisini with the children from the Philippines.

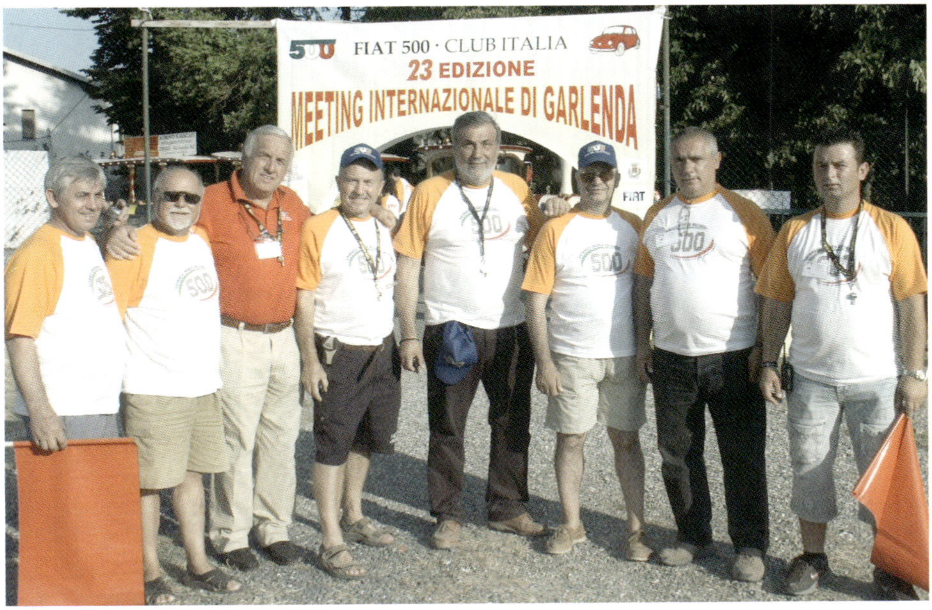

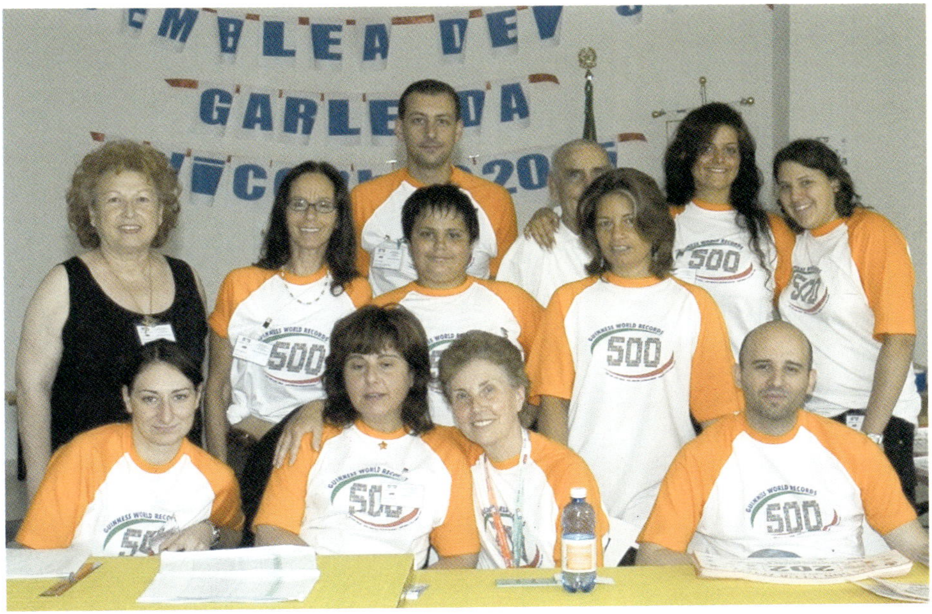

Garlenda. In alto, lo staff dei parcheggiatori con Domenico Romano e Alessandro Scarpa. In basso, il gruppo degli addetti alle iscrizioni con Giuseppe Nespolo e Marco Baracco.

Garlenda. Above: the parking attendants with Domenico Romano and Alessandro Scarpa. Below: the team in charge of the applications with Giuseppe Nespolo and Marco Baracco.

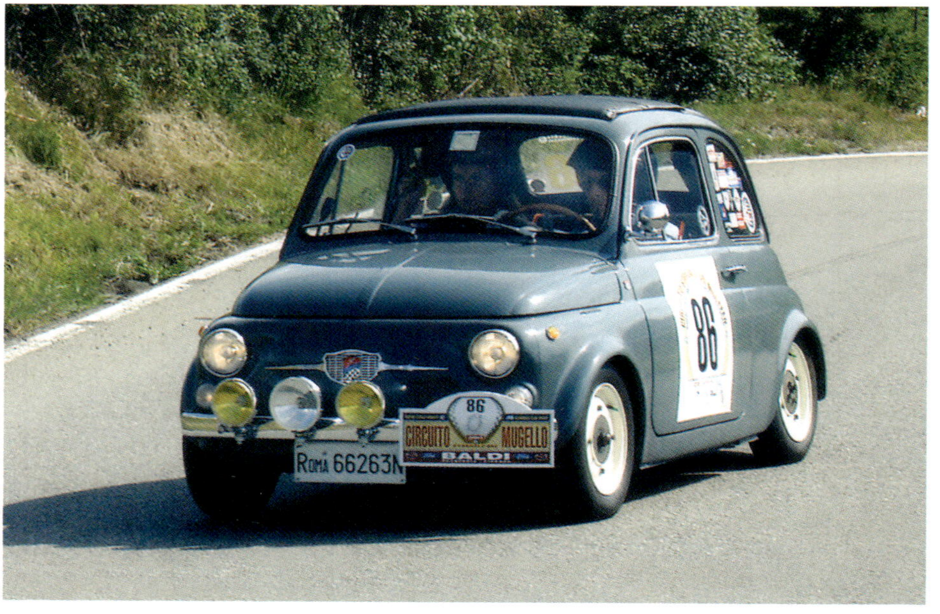

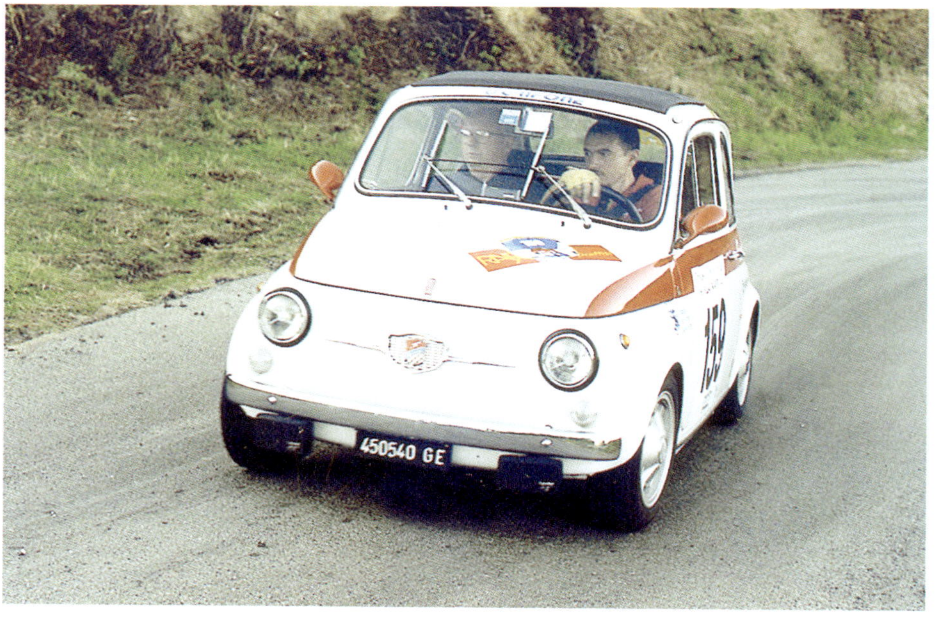

In alto, Dante e Daniela Capanna in azione sul circuito del Mugello.
In basso: Isola d'Elba, Paolo e Teresio Carozzo in gara con la loro Giannini 650.

Above: Dante and Daniela Capanna in action on the Mugello circuit.
Below: Elba Island, Paolo and Teresio Carozzo racing on their Giannini 650.

guadagnare punti per il campionato italiano.
Dante e Daniela Capanna, padre e figlia, partecipano con la loro Fiat 500 Giannini del '66 alla 18° edizione rievocativa del mitico "Circuito stradale del Mugello", massacrante prova di regolarità e rally su ben 124 km. I due grazie alla loro determinazione e audacia hanno ottenuto un incredibile piazzamento classificandosi al 1° posto di categoria e al 2° posto assoluto.
In occasione dei 25 anni del Club Fiat 500 olandese, partono dall'Italia due delegazioni, una guidata da Silvia Depaoli, l'altra organizzata dal fiduciario di Saluzzo Mauro Paire, per rendere omaggio al primo club di Fiat 500 in Europa. Il viaggio porta i due equipaggi a percorrere più di 2.600 km (tra andata e ritorno), tutti "cavalcati" rigorosamente a bordo dei propri cinquini
Luigi Castore, di Cantalupa (TO), giunge con la sua Fiat 500 L sul Passo dello Stelvio, il più alto d'Europa, dopo un viaggio di 450 km.
Giovanni Pirandelli organizza a Bolognetta (PA) un raduno che brilla per la bellezza delle vetture partecipanti. Si svolge a Trapani il IV Trofeo Endurance in 500 per automodellismo.
Rilevante anche l'attività sul fronte culturale e mediatico. A gennaio va in onda un bellissimo servizio televisivo realizzato in occasione del pranzo degli auguri da una troupe della trasmissione "Bell'Italia". Il 7 maggio **viene presentato alla fiera internazionale del libro il volume "Fiat 500 - Piccolo Grande Mito",** scritto da Alessandro Sannia con prefazione di Renzo Arbore. Sempre in campo editoriale, Claudio

Claudio Vitale (with a 1967 500 F) with Bruno Vescio, whose very quick performance gains points valid for the Italian championship.
Dante and Daniela Capanna - father and daughter - with their 1966 Fiat 500 Giannini, take part in the 18th edition of the revival of the legendary "Circuito stradale del Mugello" (Mugello road racing circuit), a gruelling regularity race and rally over 124 kms. The two of them, thanks to their determination and audacity, have obtained an incredible placing coming in the first place in their category and obtaining an overall second place.
On the 25th anniversary of the Dutch Fiat Club 500 two delegations depart from Italy, one headed by Silvia Depaoli and the other organized by the trustee from Saluzzo Mauro Paire, to pay tribute to the first Fiat 500 club in Europe. The two teams embark on a journey of over 2,600 kms (there and back), all strictly on board their Cinquecentos.
Luigi Castore from Cantalupa (TO), reaches the Stelvio Pass – the highest in Europe – in his 500 L, after a 450 km drive.
The cultural and media activity is also relevant. In January, the beautiful report made during the Christmas lunch by a production team of the TV programme "Bell'Italia" is broadcast. On the 7th May **the book "Fiat 500 – Piccolo Grande Mito"** (Fiat 500 – Great Little Icon) - written by Alessandro Sannia with the foreword by Renzo Arbore - **is launched at the international book fair.** Still within the publishing world, Claudio Bastelli from Bologna, a great fan and a 500 philanthropist, publishes the book "Le pazze avventure della famiglia Cin-

Bastelli di Bologna, grande appassionato e filantropo per le 500, pubblica il libro "Le pazze avventure della famiglia Cinquetta", 100 divertenti pagine sulle vicende di tre generazioni di patiti della 500, con tanto di ramo di sangue blu (i Conti di Bolandia).
Marino Ribet, presidente onorario, accoglie nel paese di Scalenghe la neo Miss Italia Edelfa Chiara Masciotta.
Il coordinamento di Roma partecipa alla 3 giorni dedicata a Telethon con una delegazione di oltre 30 macchine che raccolgono l'ammirazione dei moltissimi visitatori.
Marco Marsili di Sansepolcro (AR) rende una preziosa testimonianza sulla "immortalità della 500". Nel 1985 aveva lasciato e dimenticato una 500 in un casolare disabitato. Dopo 20 anni, ripulita e rifornita l'auto, è riuscito a metterla in moto come se il tempo non fosse passato.
Roberto Carra di Melzo (MI), che dopo molti anni è riuscito a coronare il sogno di possedere una Fiat 500, è l'emblema di quella generazione di ragazzi che hanno passato infanzia e giovinezza venendo scorazzati in giro per le strade italiane dai genitori a bordo di una Fiat 500, ed oggi, a distanza di diversi anni, sono rimasti legati all'auto simbolo di quello spensierato periodo.
A riprova della simpatia che le bicilindriche suscitano nei bambini, le scuole elementari di Santa Fiora e Garlenda realizzano un calendario che riproduce disegni interamente dedicati alla Fiat 500.
Andrea Miraglia, 18 anni da San Cataldo in provincia di Caltanisetta, è il socio·effettivo numero 15.000.

quetta" (The crazy adventures of the Cinquetta family), 100 entertaining pages on the adventures of three generations of 500 enthusiasts, counting even a blue blood branch (the Counts of Bolandia).
The Cuneo trustee, Marino Ribet, welcomes in the town of Scalenghe, together with a large group of members, the newly elected Miss Italy Edelfa Chiara Masciotta.
The Rome branch takes part in the 3-day event dedicated to Telethon with a delegation of over 30 cars praised by the numerous visitors.
Marco Marsili from Sansepolcro (AR) bears witness to the "immortality of the 500". In 1985 he had left a Fiat 500 in an abandoned house and forgotten about it. Twenty years later - having cleaned up the car from dust and cobwebs, filled it with petrol and fitted with a new battery - he managed to start it at once, as if no time at all had passed...
Roberto Carra from Melzo (MI), who after many years finally made his dream of owning a 500 come true, is the emblem of that generation of young people who have spent their childhood and youth being driven around by their parents in a Fiat 500 and now, a few years later, still have a bond with the car symbol of their carefree age.
As further proof of the popularity of the twin-cylindered cars among children, the elementary school of Santa Fiore, creates a calendar reproducing the drawings entirely dedicated to the Fiat 500.
Andrea Miraglia, 18 years old, from San Cataldo – in the province of Caltanisetta – becomes member number 15,000.

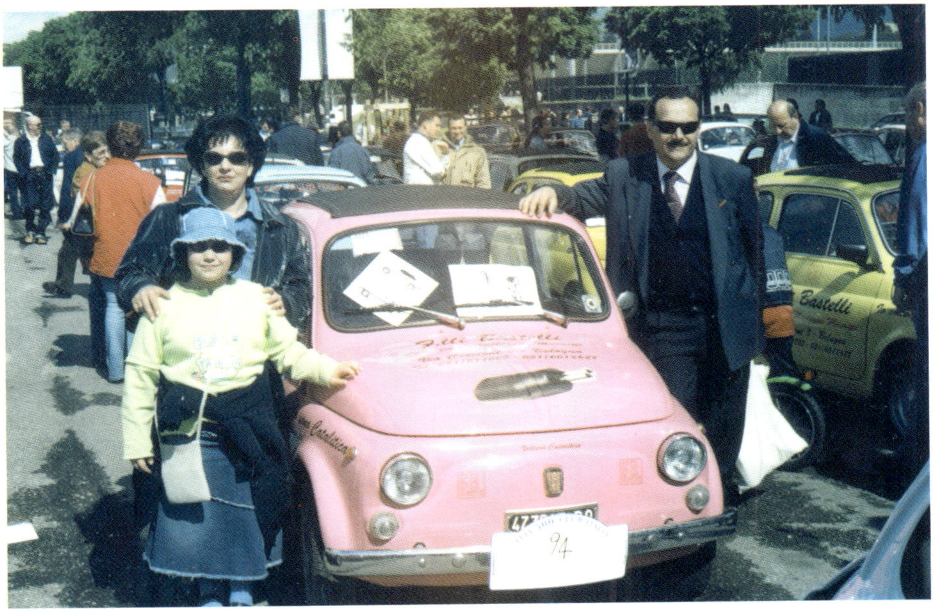

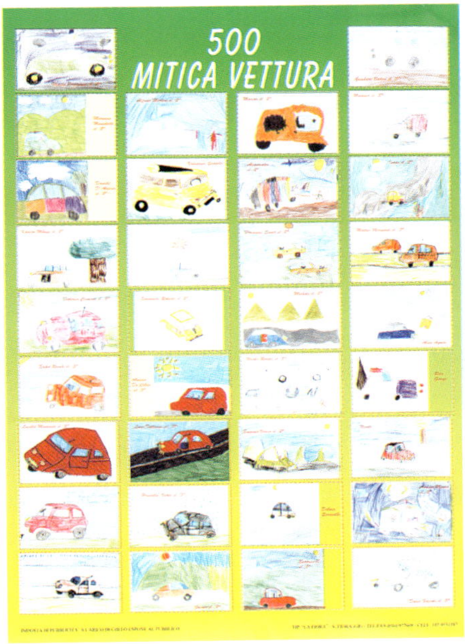

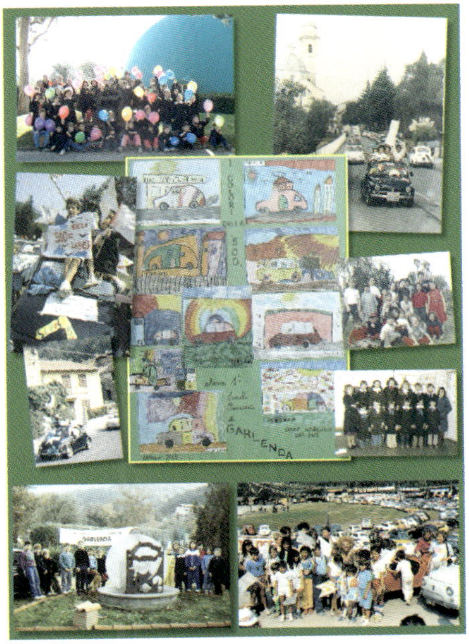

In alto: Bologna, Claudio Bastelli con la famiglia e una delle sue "cinquette".
In basso, i calendari dei bambini delle Elementari di Santa Fiora e Garlenda.

Above: Bologna, Claudio Bastelli with his family and one of his many "cinquette".
Below: the calendar made by the children of the elementary school of Santa Fiora and Garlenda.

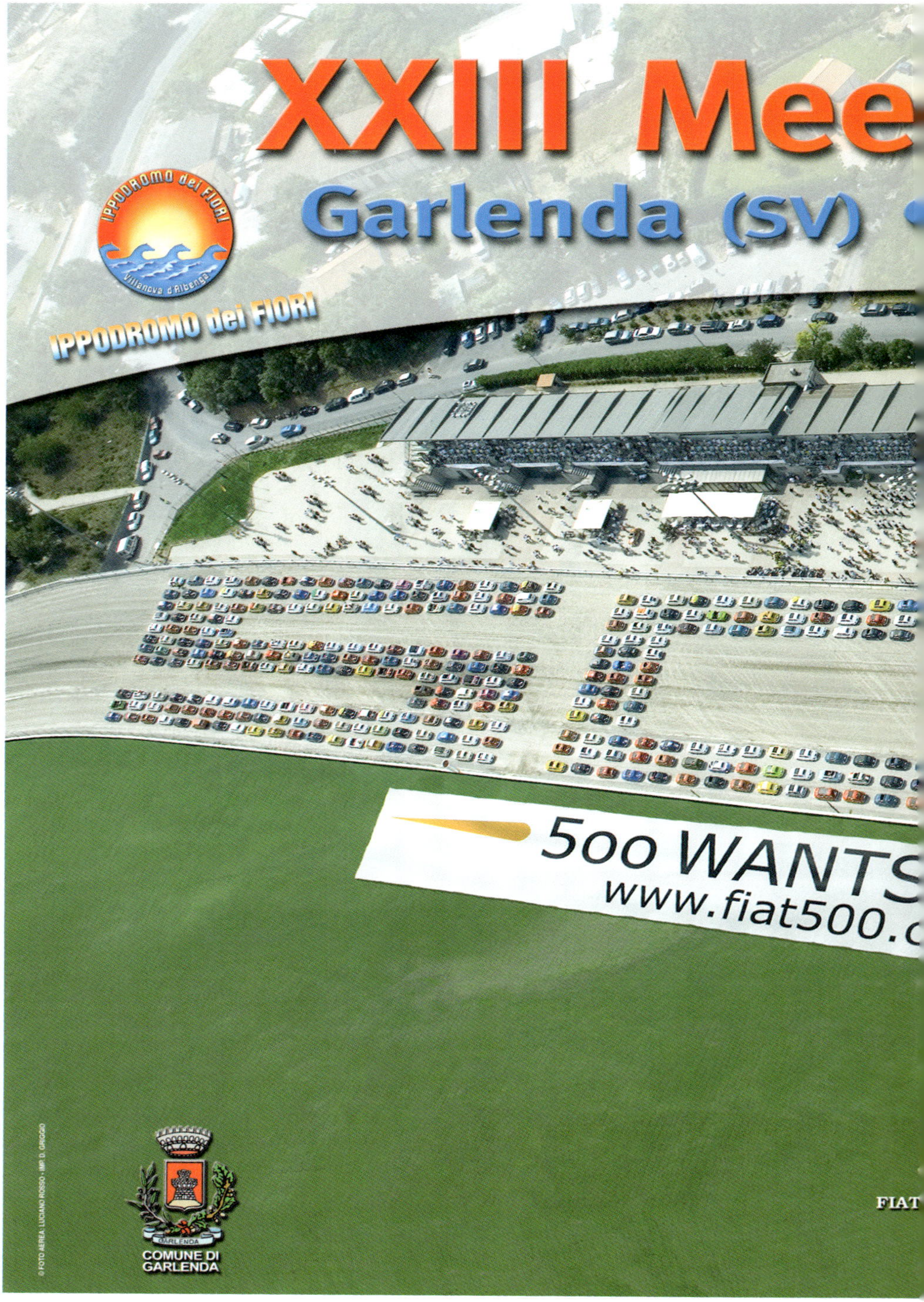
XXIII Mee
Garlenda (SV)
IPPODROMO dei FIORI
Villanova d'Albenga
IPPODROMO dei FIORI
500 WANTS
www.fiat500.c
FIAT
GARLENDA
COMUNE DI GARLENDA

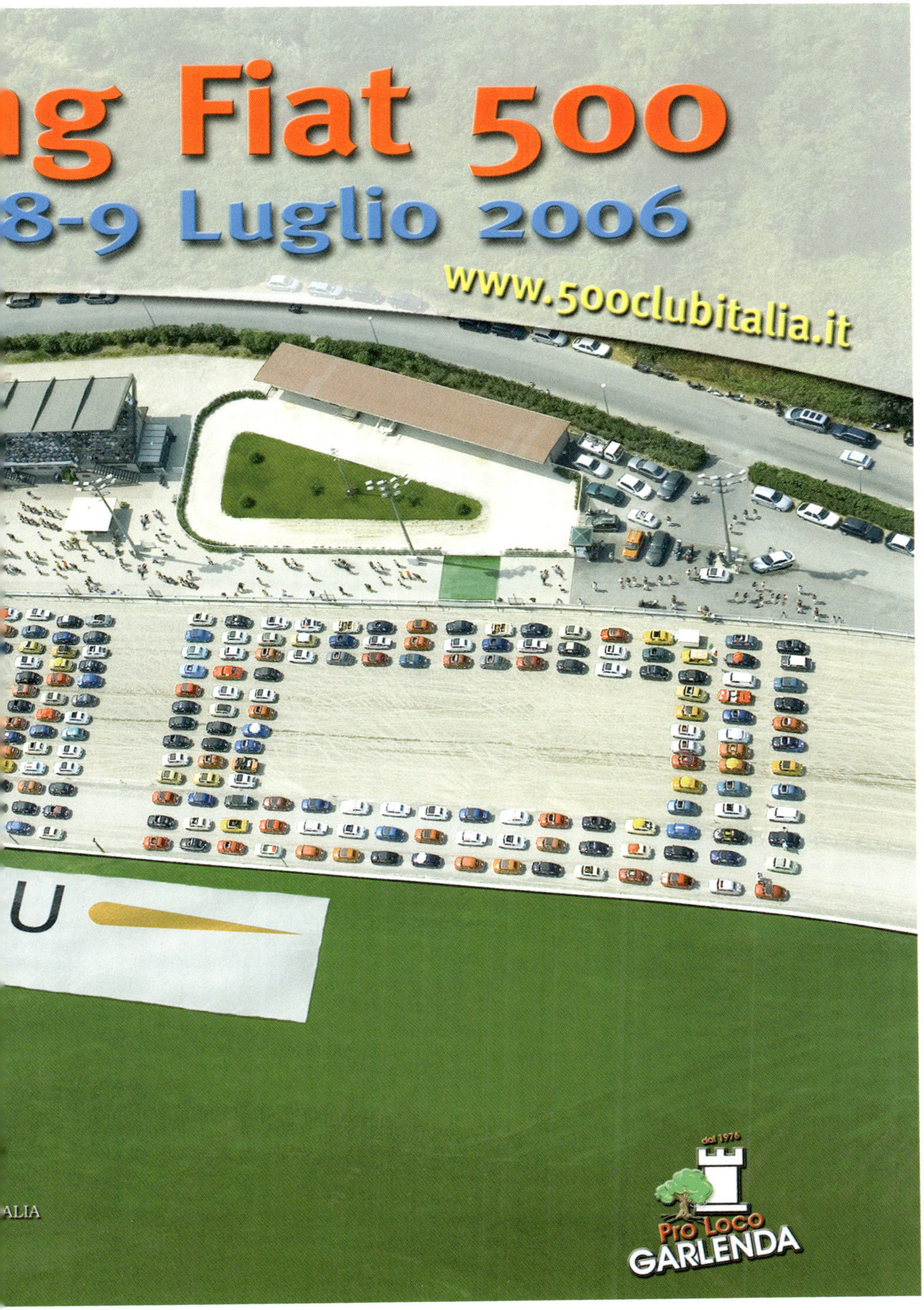
ng Fiat 500
8-9 Luglio 2006
www.500clubitalia.it
U
ALIA
dal 1976
Pro Loco
GARLENDA

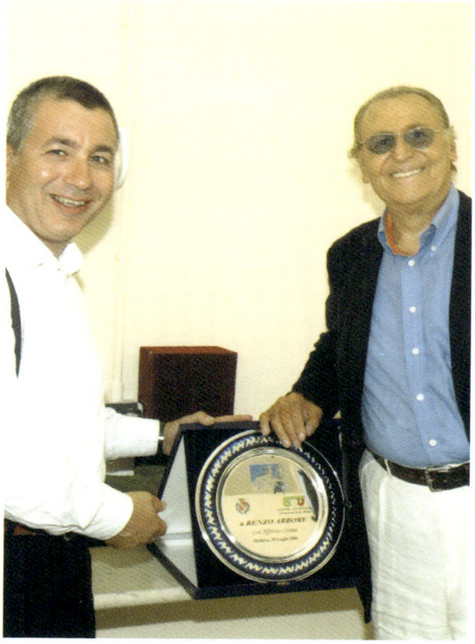

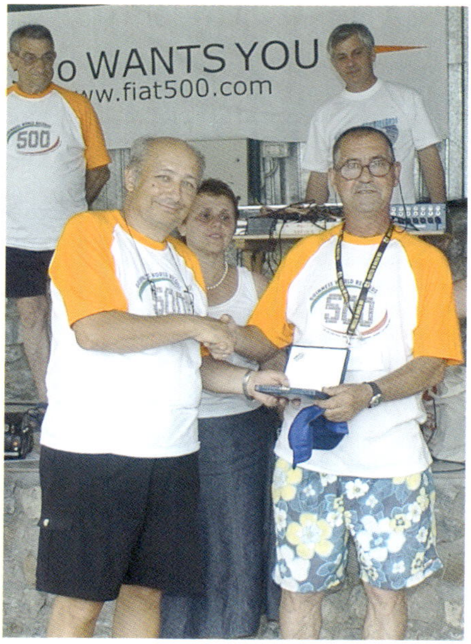

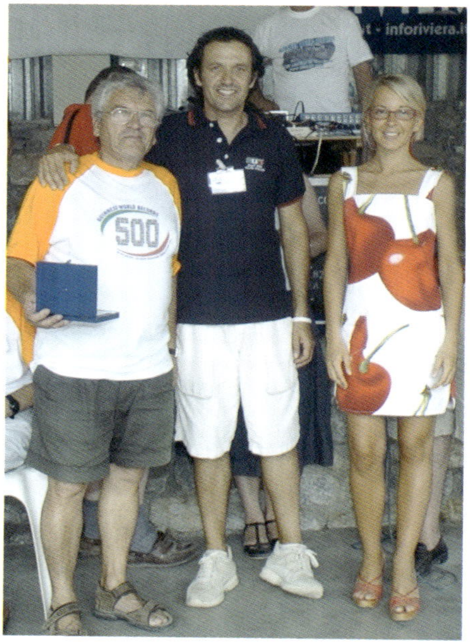

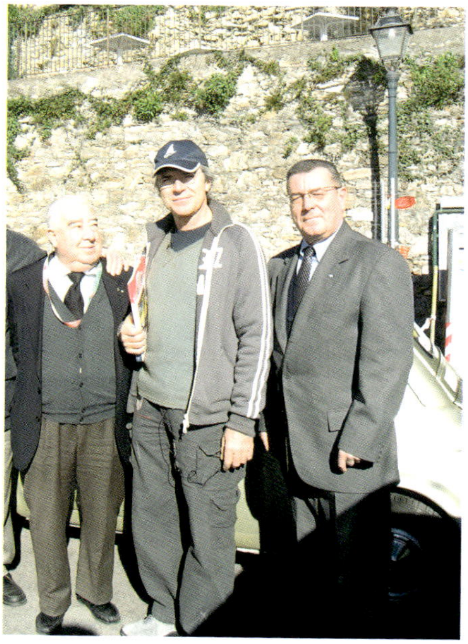

In alto, Mimmo Facchini con Renzo Arbore e Stelio Yannoulis con Silvio Cavallo. In basso, Silvia Pittoli con Massimo Zanelli e Gianfranco Fossati; Luigi Rigolli e Mario Ferrando con Tullio Solenghi.

Above: Mimmo Facchini with Renzo Arbore; Stelio Yannoulis with Silvio Cavallo. Below: Silvia Pittoli with Massimo Zanelli and Gianfranco Fossati; Luigi Rigolli and Mario Ferrando with Tullio Solenghi.

2006

Nel Consiglio Direttivo del 7 gennaio **Silvia Depaoli è riconfermata per il quarto mandato consecutivo.** È questo uno dei primi atti di un anno davvero intenso. Vicepresidente è nominato Stelio Yannoulis di Bologna. Stelio, con la moglie Marinella, ha sempre lavorato molto per diffondere con simpatia e signorilità la passione per la 500.
Non mancano le occasioni di contatto con personalità ed esponenti del mondo dello spettacolo, nonché di partecipazione ad eventi di rilievo internazionale. Dopo Renzo Arbore un altro artista si aggiunge alla lista dei "vip" appassionati di Fiat 500. La delegazione di Genova, guidata da Gino Rigolli e Mario Ferrando, visita sulle alture del capoluogo ligure Tullio Solenghi.
A febbraio una delegazione partecipa a Milano ad una puntata dedicata ai "miti di ieri e di oggi" all'interno del programma televisivo "Galatea".
In serata il gruppo incontra Renzo Arbore. Il bravo e simpatico Renzo rilascia un'intervista alla Vidigraph di Piero Frattari e compie un giro per le strade milanesi a bordo dell'auto di Luigi Parolini. Alcuni mesi dopo il fiduciario di Molfetta Mimmo Facchini consegnerà ad Arbore una targa a nome di tutti i cinquecentisti.
Durante le giornate olimpiche di Torino 2006 Giorgio Rota, del coordinamento di Torino, e Andrea De Gaetano trasportano i campioni olandesi di velocità su ghiaccio dal loro quartier generale al "Cafè Torino" di Piazza San Carlo. Una 500 con le ali di fuoco chiude le Olimpiadi Invernali di Torino. L'avventura "a

2006

During the Executive Board Meeting of the 7th January, **Silvia Depaoli is re-elected for her fourth consecutive mandate.** This is one of the first events of a very intense year. Stelio Yannoulis from Bologna is appointed vice-president. Stelio, with his wife Marinella, has always been working very hard to spread – with his likeable and gentlemanly manners - the passion for the 500.
There is no shortage of opportunities to rub shoulders with show business personalities and representatives, as well as participating in events of international relevance. After Renzo Arbore, another artist joins the group of VIPs fans of the Fiat 500. The Genoa delegation, headed by Gino Rigolli and Mario Ferrando, visits Tullio Solenghi in the hills of the Ligurian capital.
In February, in Milan, a delegation participates in an episode on "The legends of yesterday and of today" in the TV programme "Galatea".
In the evening the group meets Renzo Arbore. The talented and likeable Renzo gives an interview to Piero Frattari's Vidigraph and drives along the roads of Milan in Luigi Parolini's car. A few months later the trustee of Molfetta, Mimmo Facchini, presents a plaque to Arbore on behalf of all the Cinquecento enthusiasts.
During the Turin 2006 Olympics, Giorgio Rota, of the Turin branch, and Andrea De Gaetano drive the Speed Skating Dutch champions from their general quarters to the "Café Torino" in Piazza San Carlo. A Fiat 500 with fire wings closes the Turin 2006 Winter Olympics. The Olympic

cinque cerchi" non è però finita. A marzo 5 vetture del coordinamento di Saluzzo accompagnano per le vie centrali di Torino i tedofori che portano la fiamma delle IX Paralimpiadi invernali. Bagno di folla e grandi emozioni nel percorso fino allo Stadio Olimpico. Nello stesso periodo Rai 3 realizza uno speciale sulla 500.

A giugno il giornalista Raffaele Panizza e il fotografo Enzo Ranieri della rivista "Max" compiono la Parigi-Pachino (Sicilia) in 500, 1.900 chilometri. Tra le tappe anche quella – obbligata – a Garlenda. I due visitano il raduno di Garessio entusiasticamente accolti da Marco Baracco e da Giuseppe "Pino" Nespolo.

La conferenza stampa di presentazione del XXII Meeting Internazionale di Garlenda si tiene il 12 giugno al Fiat Cafè presso la Triennale di Milano. Presenti oltre alla presidente Silvia Depaoli, al direttore del Raduno Alessandro Scarpa e al sindaco di Garlenda Giuliano Miele, i soci della delegazione di Milano coordinati da Luigi e Giovanni Parolini; in visita a sorpresa Lapo Elkann.

Il 7 luglio tutto il mondo della 500 si trova puntuale in quel di Garlenda per il Meeting. I motori sposano il teatro: da Marsala arriva la Compagnia Teatrale Sipario per mettere in scena, nel giardino del Castello Costa Del Carretto, "Pensaci Giacomino" di Luigi Pirandello. Il momento clou della manifestazione è il 9 luglio presso l'Ippodromo di Villanova d'Albenga, quando oltre cinquecento 500 hanno composto il "500" e conquistano il Guinness World Record. In questa giornata da primati, la gioia per i partecipanti si moltiplica in concomitanza della vittoria della Nazionale

adventure, however, is not over. In March, 5 cars of the Saluzzo branch accompany along the streets of central Turin the torch-bearers carrying the flame of the 9th Paralympic Winter Games: a huge crowd and deep emotions on the way to the Olympic Stadium. In the same period Rai 3 Educational channel makes a special report on the Fiat 500.

In June the journalist Raffaele Panizza and the photographer Enzo Ranieri of "Max" magazine drive the Paris – Pachino (Sicily) in a Fiat 500: 1,900 kilometres. Garlenda is a stopover not to be missed. The two visit the Garessio meeting where they are enthusiastically welcome by our trustee Marco Baracco and by Giuseppe "Pino" Nespolo.

The press conference for the presentation of the Garlenda 22nd International Meeting is held on the 12th June at the Fiat Café, within the context of the "Triennale" of Milan. Present are, besides the president Silvia Depaoli, the director of the meeting Alessandro Scarpa and the mayor of Garlenda Giuliano Miele, the members of the Milan delegation coordinated by Luigi and Giovanni Parolini; Lapo Elkann pays an unexpected visit.

On the 7th July the whole Fiat 500 world punctually turns up in Garlenda for the Meeting. Motors and theatre marry together: the theatre group "Compagnia Teatrale Sipario" arrives from Marsala and stages - in the gardens of the Costa del Carretto Castle - Luigi Pirandello's play "Pensaci Giacomino". The highlight of the event is on the 9th July on the "Dei Fiori" racecourse in Villanova d'Albenga, when over five hundred 500s create the

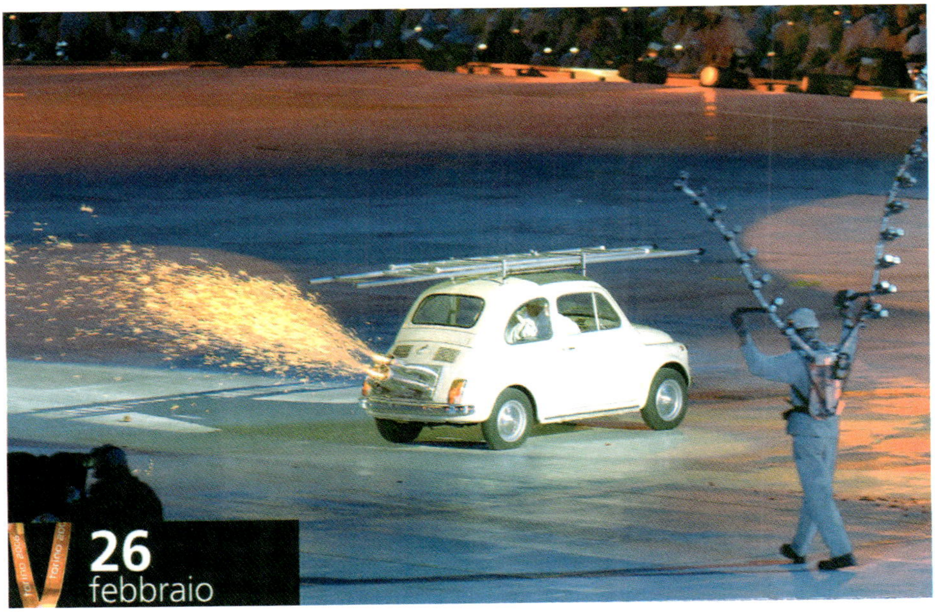

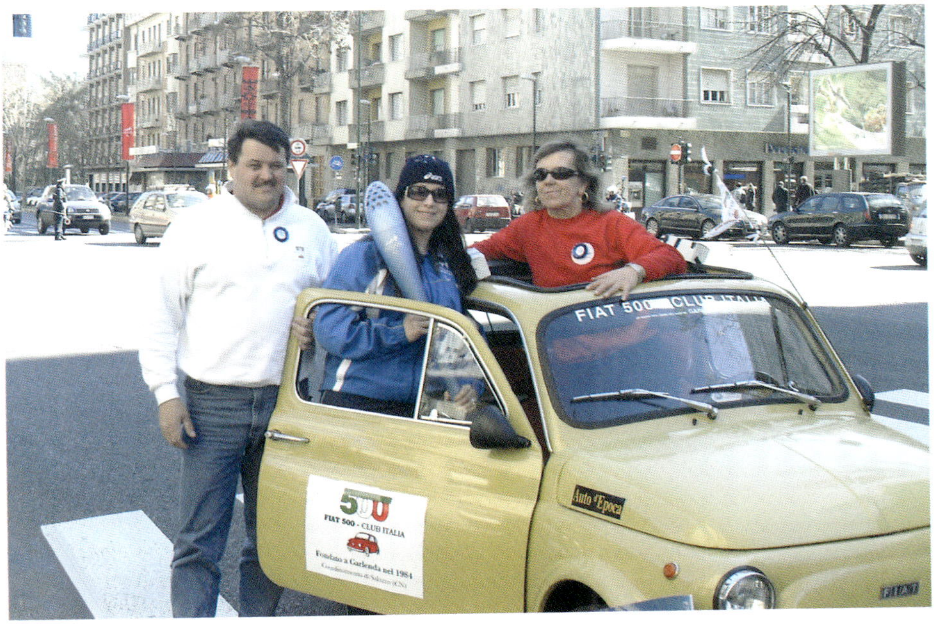

In alto, la 500 con le ali di fuoco alle Olimpiadi Invernali di Torino.
In basso, Mauro Paire e Piera Manera del coordinamento di Saluzzo alle Paralimpiadi.

Above: the fire-winged 500 at the Turin Winter Olympics.
Below: Mauro Paire and Piera Manera of the Saluzzo branch at the Paralympic Games.

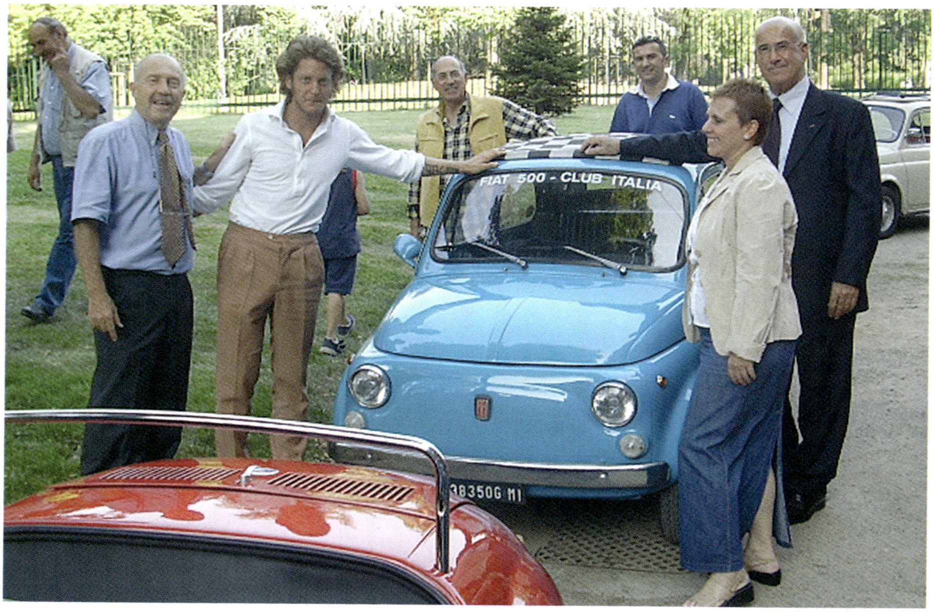

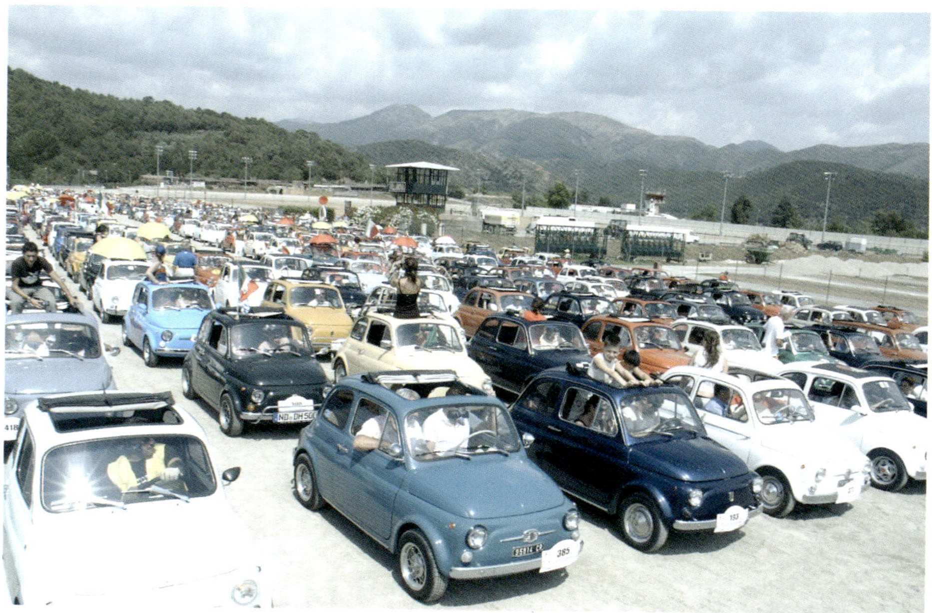

Sopra: Milano, la conferenza stampa al Caffè Fiat con i dirigenti del Club, Lapo Elkann e il sindaco di Garlenda. In basso, un momento dell'emozionante sfilata all'Ippodromo di Villanova d'Albenga.

Above: Milan, an instance during the press conference at "Caffè Fiat" with the Club's managers, Lapo Elkann and the mayor of Garlenda. Below: a moment during the parade at the Villanova Race Course.

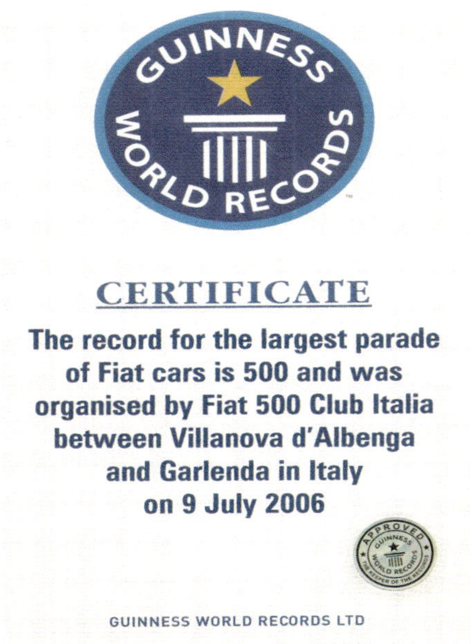
GUINNESS WORLD RECORDS

CERTIFICATE

The record for the largest parade of Fiat cars is 500 and was organised by Fiat 500 Club Italia between Villanova d'Albenga and Garlenda in Italy on 9 July 2006

GUINNESS WORLD RECORDS LTD

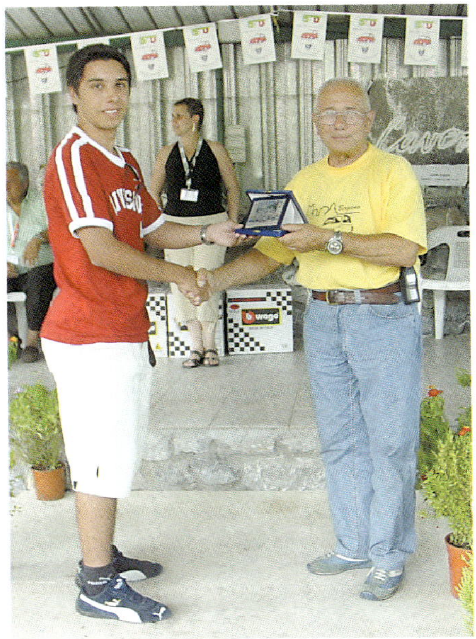

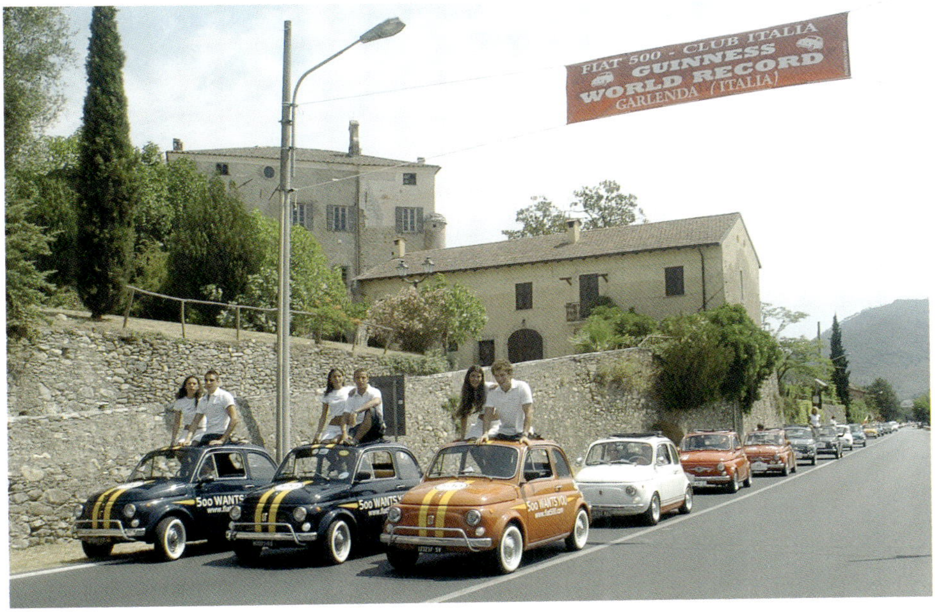

In alto, a sinistra, il certificato del Guinness; a destra, Raul Tentolini durante una premiazione. In basso, le 500 sfilano sotto lo striscione che annuncia il record.

Above left: the Guinness certification; right: Raul Tentolini during a prize giving ceremony. Below: the 500s parading under the banner announcing the Guinness Record.

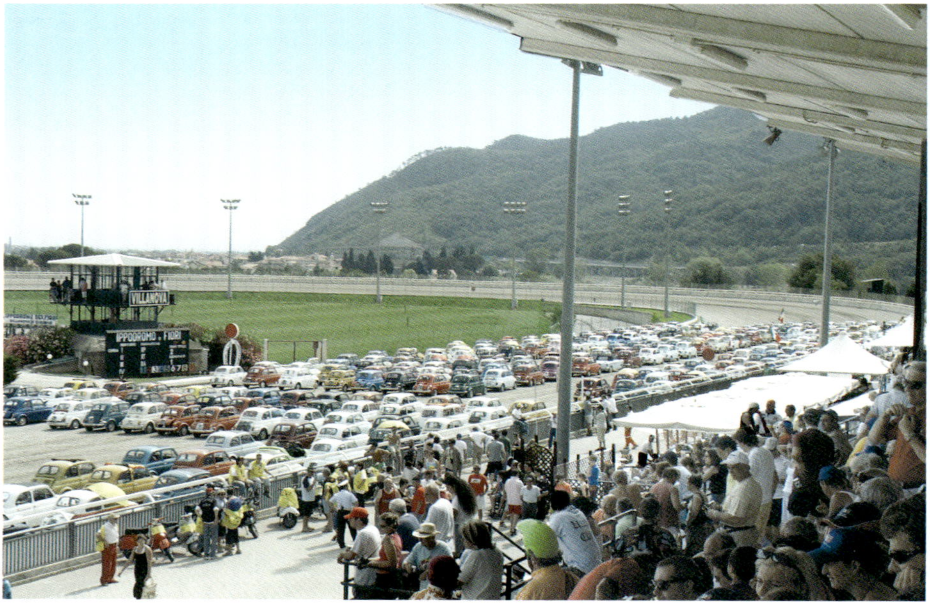

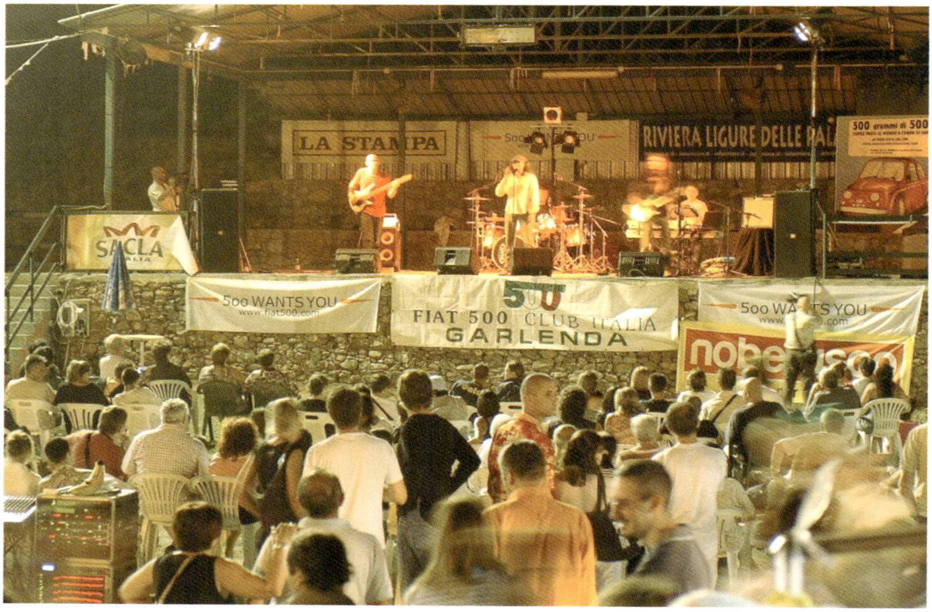

In alto, le 500 pronte per la grande parata per il Guinness World Record.
In basso, il tradizionale grande spettacolo del sabato sera al Parco Villafranca.

Above: the 500s ready for the grand parade for the Guinness Book of Records.
Below: the traditional Saturday night great event held in Villafranca Park.

Italiana ai Mondiali di Calcio.
Scrive Sandro Chiaramonti nell'inserto speciale che il 7 luglio "La Stampa" dedica all'evento:

Benvenuti a Garlenda – Il più grande raduno del mondo. *Se ci pensate bene, non è solo una questione di nostalgia, di tornare con la memoria ai tempi che, per molti, sono quelli della giovinezza. La tecnologia ha fatto passi da gigante, i designer si sono sbizzarriti inventando tipi di autoveicoli di ogni genere (talvolta brutti e pericolosi, come certi fuoristrada esasperati), ma l'attualità della Fiat 500 è lì, alla portata di tutti, così com'è. Dove si trovano infatti sulle auto di oggi quattro posti (stretti, ma quattro) in così poco spazio? E quel motore bicilindrico che fu semplicemente ruotato per trovare posto sulla versione Giardiniera, anticipando il concetto di propulsore "a sogliola"?* ***Quale altra idea di macchina è stata così rivoluzionaria e alla portata di tutti?*** *Concetti che, senza voler dare giudizi, si trovano perfetti nello slogan impresso su una delle magliette in vendita al raduno di Garlenda: 500, 0% Smart technology. Certo, oggi ci sono altri vincoli per sicurezza e inquinamento, ma sono anche passati ben 50 (cinquanta) anni e la 500 è sempre pronta a uscire dal garage per essere ammirata. La storia del design dell'auto, secondo i puristi che sarebbe meglio ascoltare di più, è fatta tutto sommato da una decina di tratti di matita, che qualcuno ha poi copiato e che raramente sono stati superati: lo scudetto dell'Alfa Romeo e lo stile inconfondibile delle sue auto, le feritoie laterali della Testarossa, le tre prese d'aria sul cofano di un'altra celebre Ferrari, la Gro, l'apertura ad ali di gabbiano della Mercedes. E adesso tornerà, la 500, per ripropor-*

"500 insigna" thus entering the Guinness Book of Records. On this record winning day, Italy's victory at the Football World Cup adds to the joy of the participants.
Sandro Chiaramonti writes in the special supplement to "La Stampa" of the 7th July, dedicated to the event:

Welcome to Garlenda – The biggest meeting in the world. *Thinking about it, it is not just a matter of nostalgic feelings, of going back with memories to those times that, to many, were those of their youth. Technology has made great progress, designers have satisfied their fancies creating any kind of cars (sometimes ugly and dangerous ones, like some extreme off-roaders), but the modern relevance of the Fiat 500 is here, available to anybody, just as it is. Actually, in which modern cars can you find four seats (tight ones, but still four) in so little space? And what about that two-cylinder engine that was simply turned 90 degrees to make up some extra space in the Giardiniera model, thus anticipating the flat engine?* ***Which other car concept has ever been so revolutionary and available to everybody?*** *These considerations, - without being judgemental - perfectly fit the slogan printed on one of the T-shirts on sale at the Garlenda meeting: "500, 0% technology". Of course, today there are other restrictions based on safety and pollution prevention, but we must think that 50 (fifty) years have passed and the 500 is always ready to come out of the garage to be admired. The history of car design, according to the purists - whom we should pay more attention to – at the end of the day lies in a dozen strokes of pencil, later imitated by some but that rarely have been surpassed: the Alfa Romeo badge and the unmistakable style of their cars, the side louvers of the Testarossa, the three bonnet air scoops of another famous Ferrari - the Gro - the gullwing opening doors of the Mercedes.*

re il suo stile in versione Anni 2000. Ecco perché questo 23° Meeting Internazionale Fiat 500, il più grande del mondo, di cui La Stampa è orgogliosa di essere media partner, assume un rilievo speciale. E non osiamo pensare che cosa accadrà l'anno prossimo, in occasione del 50° compleanno della 500. Benvenuti a Garlenda.

In luglio il presidente dell'Automoto-Club Storico Italiano avvocato Roberto Loi e il vicepresidente Umberto Anerdi visitano la sede di Garlenda, congratulandosi per l'iniziativa di dare vita ad un museo dedicato alla 500. A settembre il Club "ricambia la cortesia" partecipando alle celebrazioni dei 40 anni di vita dell'ASI con le vetture di Silvia Depaoli, Ezio Assente, Camillo Lucenti, Enrico Bo e Mario Carnazza.

In due occasioni si ricorda il "papà" della 500. A maggio si svolge la terza edizione del "Memorial Dante Giacosa" a Neive. Padrone di casa il Comune in collaborazione con il Club e il Registro Italiano Fiat. La seconda "Targa Dante Giacosa" al miglior progettista sulle orme del grande maestro viene assegnata all'ingegner Mauro Pierallini, responsabile Piattaforma Fiat Auto per la realizzazione della Nuova Fiat 500. Alla cerimonia partecipano anche Mariella Giacosa e Franca Girone, ultima segretaria dell'ingegnere. A settembre, ad Alba, si tiene invece il primo convegno sulla figura di Giacosa. Relatori: Giorgetto Giugiaro, Valerio Castronovo, Vittorio Marchis, Sergio Camuffo. È presente una delegazione dei soci di Alba guidati da Claudio Bertolusso e Luisella Marmo.

Per quanto riguarda i viaggi, va citata una nuova impresa del coordinamento di Saluzzo, che, con la bella

And now the 500 will be back with its style in a years 2000s version. That is why this 23rd Fiat 500 International Meeting - the biggest in the world - of which "La Stampa" is proud to be the media partner, is particularly important. And we do not dare think about what will happen next year, on the 50th anniversary of the Fiat 500. Welcome to Garlenda.

In July the president of the Automoto-Club Storico Italiano, Roberto Loi and the vice-president Umberto Anerdi, visit Garlenda and congratulate the Club on the initiative to create a museum dedicated to the 500. In September, the Club "reciprocates the courtesy" taking part in the celebrations for the 40th anniversary of ASI with the cars of Silvia Depaoli, Ezio Assente, Camillo Lucenti, Enrico Bo and Mario Carnazza.

On two occasions the "father" of the 500 is remembered. In May, the third edition of the "Dante Giacosa Memorial" takes place in Neive. It is hosted by the Municipality in cooperation with the Club and the "Registro Italiano Fiat". The second "Targa Dante Giacosa" (Dante Giacosa Plaque) for the best designer in the footsteps of the great master is awarded to the engineer Mauro Pierallini, director of Piattaforma Fiat Auto for the creation of the Nuova Fiat 500. Mariella Giacosa and Franca Girone, the engineer's last secretary, are also present at the ceremony. In September, the first conference on Giacosa is held in Alba. The speakers are: Giorgetto Giugiaro, Valerio Castronovo, Vittorio Marchis, Sergio Camuffo. Is present a delegation of members from Alba headed by the new trustee Claudio Bertolusso and by Luisella Marmo.

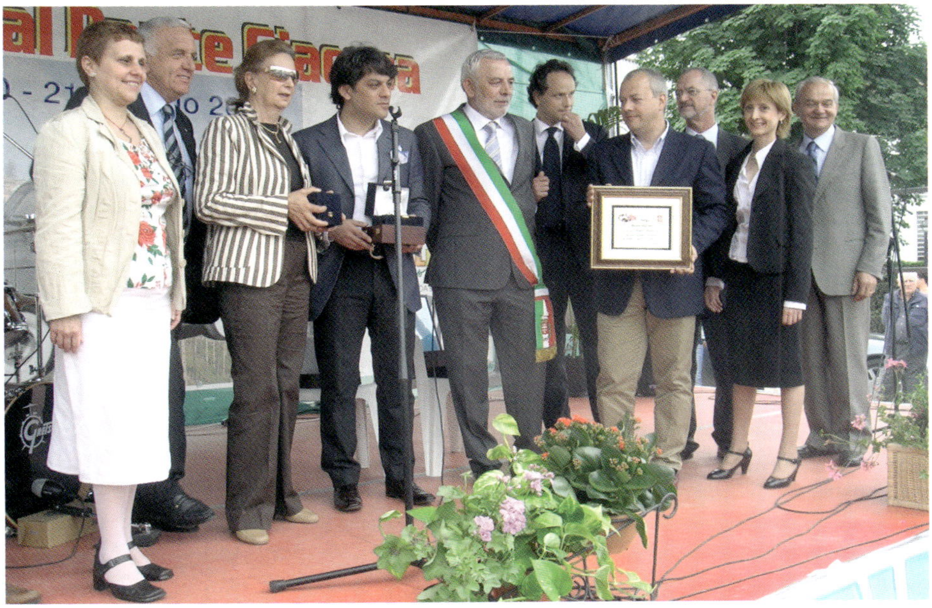

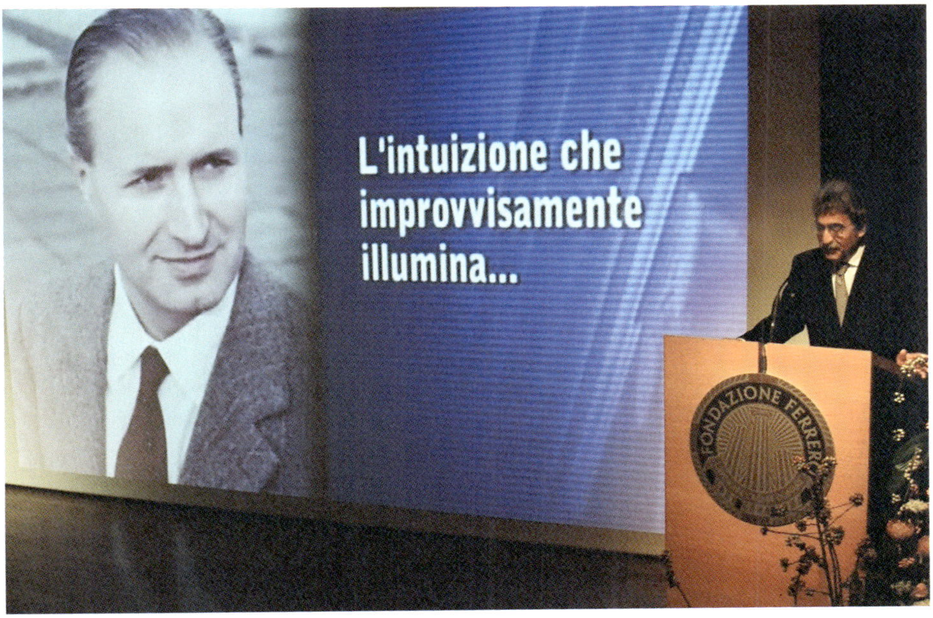

In alto, la consegna del premio Dante Giacosa con Luca De Meo e Mariella Giacosa.
In basso, un momento del convegno di Alba dedicato alla figura dell'ingegnere.

Above: the presentation of the "Dante Giacosa" prize with Luca De Meo and Mariella Giacosa.
Below: an instance of the Alba conference on the life and achievements of the engineer.

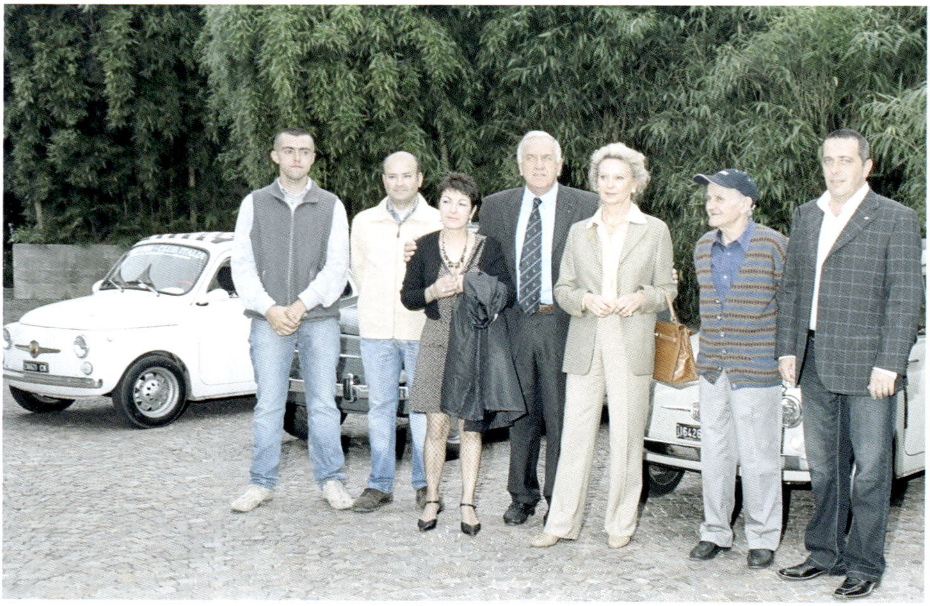

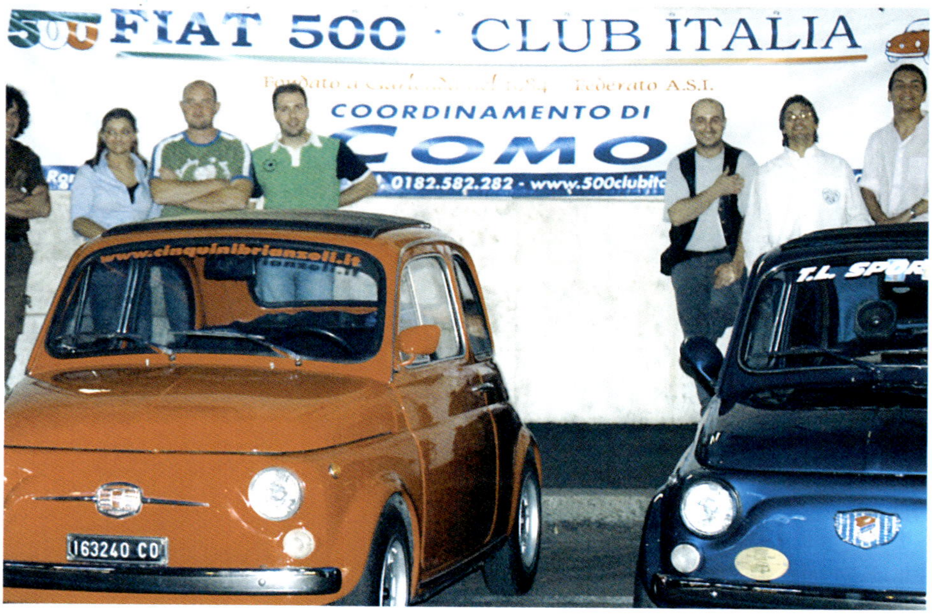

In alto, il coordinamento di Alba e Bra con Mariella Giacosa e Domenico Romano.
In basso, le 500 alla prima Notte Bianca a Como.

Above: the group from Alba and Bra with Mariella Giacosa and Domenico Romano.
Below: the 500s at the first "White Night" in Como.

stagione, compie il terzo tour in 500 "A spasso per l'Europa: Saluzzo Baviera e ritorno". Durante l'estate il giovane socio Nicolò Papa, in compagnia di Ludovica, percorre 3.600 chilometri in 12 giorni: partiti da Roma, i due arrivano fino in Turchia. La loro macchinetta gialla suscita grande simpatia nelle popolazioni locali anche perché nello stesso periodo tutti i giornali del mondo riprendono la notizia che la prestigiosa rivista inglese "Top Gear" ha proclamato la 500 auto più sexy di tutti i tempi. "4piccoleruote" dedica un articolo e la copertina a questo riconoscimento.

Non passa praticamente settimana senza che si registri un raduno.

A giugno Deborah Mazzarello inizia con successo la sua attività di fiduciario con il primo raduno ad Molare (AL). **Ritorna dopo molti anni il "500 Show" in Val Seriana,** come sempre a cura di Federico Moioli. Restando in Lombardia, il Coordinamento di Como guidato da Giovanni Lembo partecipa alla "Notte Bianca" organizzata dal Comune di Como. Luciano Odorico, fiduciario di Udine e Pordenone, lancia ad agosto il primo Tour Enogastronomico in Carnia, che porta i cinquecentisti alla scoperta di un angolo poco conosciuto ma spettacolare della nostra bella Italia. Ad ottobre Luca Tesini propone a Isola della Scala (VR) la seconda edizione del Raduno del Sor...riso in collaborazione con l'Ente Fiera. Lo staff è prettamente familiare, infatti il bravo Luca può contare sull'aiuto della fidanzata, del fratello, della mamma e di alcuni amici, tuttavia il risultato è molto positivo.

Spostandosi in Liguria, il 28 maggio **a Vado Ligure si svolge il 1° "Meeting**

As far as journeys are concerned, it is worth mentioning the new adventure of the Saluzzo branch, that - with the arrival of the warm season - holds the third tour by 500 "A spasso per l'Europa: Saluzzo Baviera e ritorno" (Wandering around Europe: Saluzzo Bavaria and back). During the Summer, the young member Nicolò Papa, with Ludovica, drives a 3,600 km route in 12 days: leaving from Rome, the two of them arrive in Turkey. The yellow car is much liked by the local population. At the same time the world newspapers report the story that the prestigious English magazine "Top Gear" has named the 500 "the sexiest car of all times". "4piccoleruote" dedicates an article to this choice:

All the year round a week does not go by without a meeting taking place.

In June, Debora Mazzarello starts her trustee work with the first meeting in Molare (AL). **After many years the "500 Show" in the Seriana Valley is back,** organized – as usual - by Federico Moioli. Still in Lombardy, the Como branch - lead by Giovanni Lembo - participates in the "White Night" held by the Municipality of Como. Luciano Odorico, trustee of Udine and Pordenone, organizes in August the first Gastronomic Tour in Carnia, taking the participants on a journey of discovery of some unknown beautiful spots of our awesome country.

In October Luca Tesini organizes in Isola della Scala (VR) the second edition of the "Sor...riso" Rally in collaboration with the "Ente Fiera" (Fair Organization). It is a true family affair as Luca can count on the help of his fiancée, his brother, his mother and some friends. Nevertheless,

Fiat 500 for Africa", organizzato da Carlo Giuliani coordinatore di Savona in collaborazione con il locale Lions Club. Nobilissimo lo scopo: la raccolta di fondi per l'ospedale di Lacor in Uganda. Alessandro Boeri, fiduciario dell'Alta Val di Vara, organizza a Zignago il 5° Meeting Fiat 500. Ospite d'onore della giornata il pilota Giancarlo Mantovani. Giuseppe Pastorino e Gianfranco Borgia organizzano con successo la 2ª edizione dei raduni di Albissola Marina e Bagni di Lucca.

In Emilia Romagna, a marzo, con la collaborazione di Paola Grossi e Anna Rovati del Comune di Castel San Giovanni, il fiduciario di Piacenza Lorenzo Achilli organizza il primo raduno "500 Day". Sempre nella stessa regione, e precisamente a Loiano (BO), si svolge il primo Memorial Mauro Musolesi, in ricordo del grande meccanico e pilota che correva con la Fiat 500 Giannini. Per quanto riguarda la Toscana, Massimo Pinzuti, fiduciario di Santa Fiora, prepara con la preziosa collaborazione di Danilo Cosci, il 6° Meeting Amiatino. Antonio Candore, fiduciario di Massa, è presente con uno Stand alla Mostra Scambio Auto d'Epoche.

Bruno Rossini coordinatore di Fermo ottiene uno strepitoso successo con 163 equipaggi che hanno partecipato al 5° Raduno della città marchigiana. Il coordinamento di Roma organizza "Il mito della Fiat 500 tra cielo e terra", portando le piccole bicilindriche nientemeno che nella base militare di Pratica di Mare.

Le 500 schierate davanti al presepe ai piedi della chiesa S.Giacomo Apostolo a San Valentino Torio (SA) sono l'ulti-

the outcome is a very successful one. Moving on to Liguria, on the 28th May **the 1st "Meeting Fiat 500 for Africa" is held in Vado Ligure;** it is organized by Carlo Giuliani, the coordinator of Savona in cooperation with the local Lions Club. Its purpose is a noble one: the raising of funds for the Lacor hospital, in Uganda. Alessandro Boeri, trustee of the Upper Vara Valley, organizes the 5th Fiat 500 meeting in Zignano. The driver Giancarlo Mantovani is the guest of honour of the event. Giuseppe Pastorino and Gianfranco Borgia organize with success the 2nd edition of the meetings of Albissola Marina and Bagni di Lucca.

In Emilia Romagna, in March, the trustee of Piacenza Lorenzo Achilli in cooperation with Paola Grossi and Anna Ravati of the Municipality of Castel San Giovanni, organizes the first meeting "500 Day". In the same region, precisely in Loiano (BO), the first Mauro Musolesi Memorial, is held in memory of the great mechanic and driver who raced in a Fiat 500 Giannini. As far as Tuscany is concerned, Massimo Pinzuti, trustee of Santa Fiora, organizes with the valuable assistance of Danilo Cosci, the 6th "Amiatino Meeting" with almost 100 participants.

Bruno Rossini, coordinator of Fermo, has great success with 163 teams taking part in the 5th Rally in this town in Marche. The Rome branch organizes the meeting "Il mito della 500 tra cielo e terra" (the 500 myth between earth and sky), taking the little cars no less into the military base of Pratica di Mare.

The 500s lined up in front of the Nativity at the feet of the church of S. Giacomo

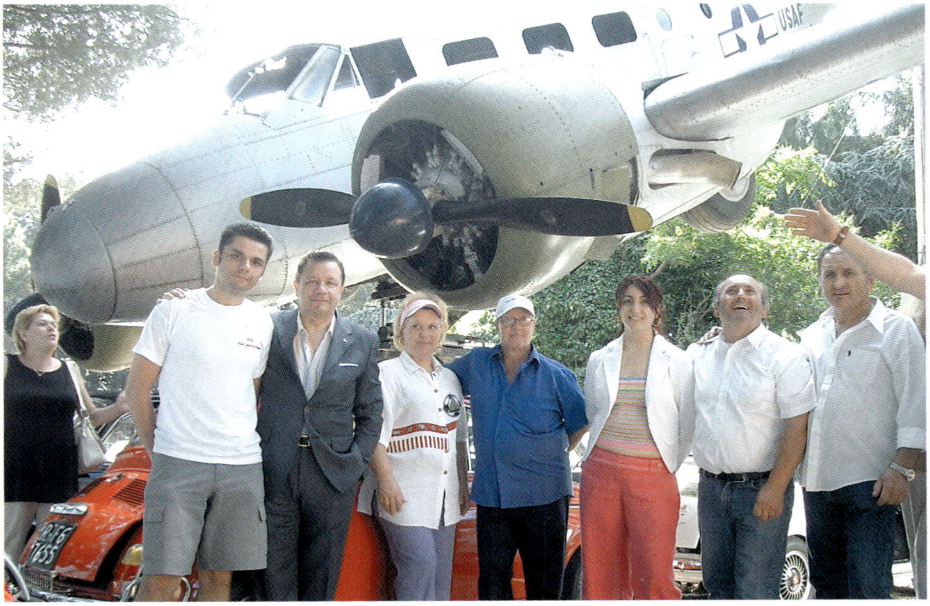

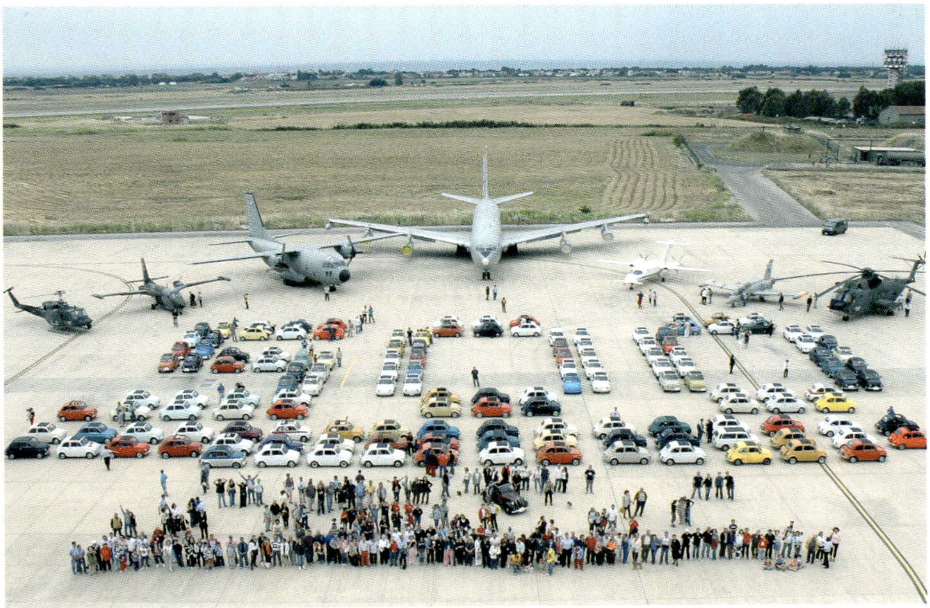

In alto: Roma, Pierluigi e Piero Rubeo (i primi da sinistra) con alcuni soci durante il raduno.
In basso, 500 e aerei alla base di Pratica di Mare.

Above: Rome, Pierluigi and Piero Rubeo (the first from left) with some members during the meeting.
Below: 500s and aircrafts at the base of Pratica di Mare.

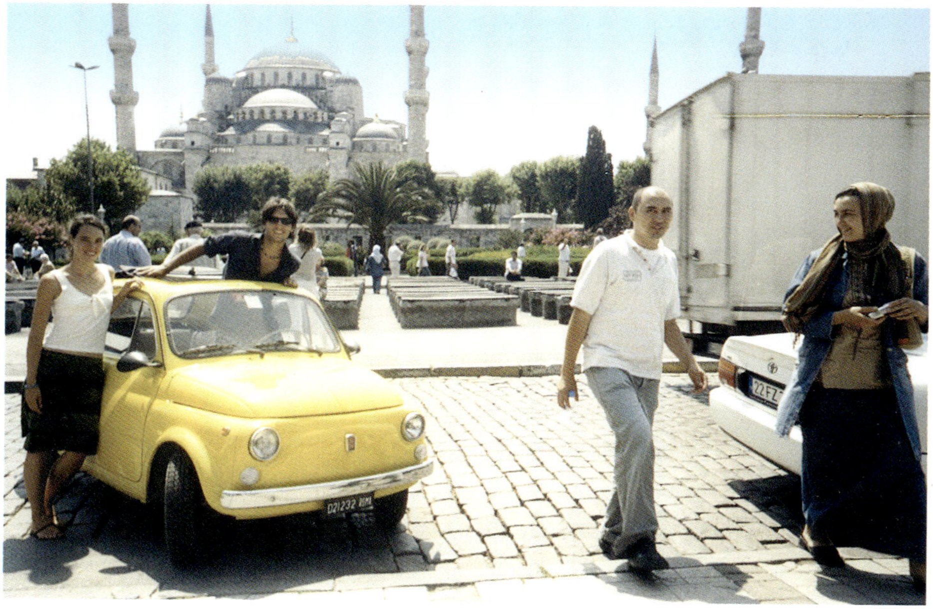

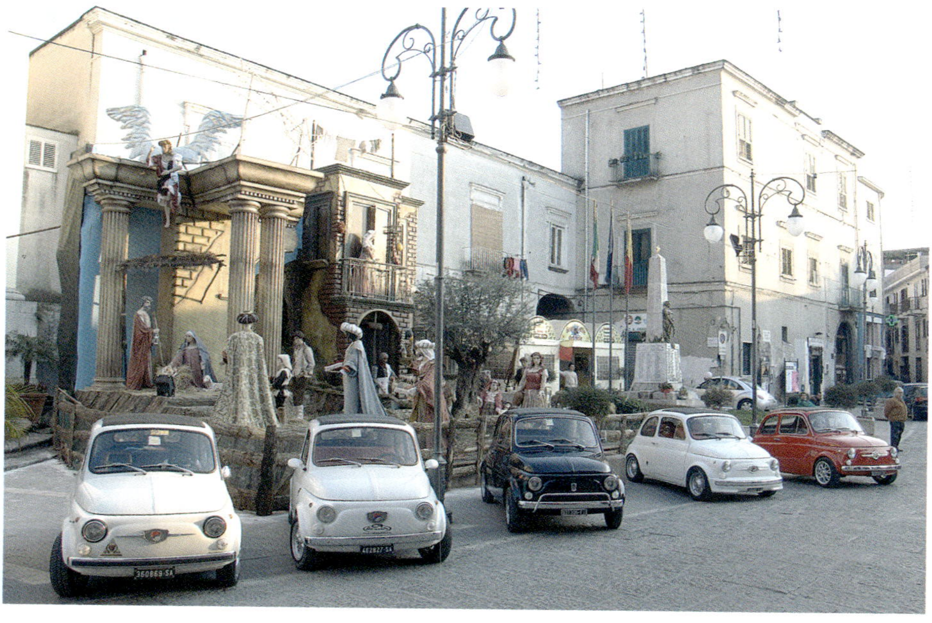

Nicolò Papa e Ludovica durante il viaggio in Turchia.
In basso, le 500 davanti al presepe di San Valentino Torio.

Nicolò Papa and Ludovica during their trip to Turkey.
Below: the 500s in front of the Nativity in San Valentino Torio.

mo tocco da maestro di una annata di soddisfazioni per il fiduciario di Salerno-Caserta Francesco D'Albero; soddisfazioni che comprendono i raduni di Palinuro, Sarno, Paestum.
A giugno a Trani in Puglia primo raduno delle 500 e derivate, grazie all'impegno del fiduciario di zona Antonio Belsito e dell'analista di Registro Storico Tommaso De Toma.
I cinquecentisti siciliani si scatenano. A gennaio, primo "Raduno città di Montedoro" organizzato dal fiduciario di Agrigento Angelo Marranca (90 partecipanti). A fine aprile, 1° Raduno Fiat 500 a Catania, organizzato dal fiduciario Giuseppe Iervasi; oltre un centinaio le vetture iscritte. A settembre 1ª Passeggiata in Fiat 500 e auto storiche organizzata dal coordinamento di Corleone. A Partinico, in Sicilia, il fiduciario Rosario Pratelli organizza il 26 marzo un raduno di 500 tutto al femminile; 85 le vetture presenti e premi per numerose signore e signorine al volante delle "mitiche". Sempre a Partinico, a luglio si tiene secondo meeting "40 miglia in 500". Il 10 settembre si tiene la prima edizione del Raduno di Belpasso (CT), organizzato da Davide Carmelo Cappadonna. Alla manifestazione prende parte anche la presidente Silvia Depaoli che, con l'occasione, fa un mini-tour della Sicilia incontrando fiduciari e soci isolani.
Tra gli episodi degni di nota ricordiamo la visita alla sede del Club del fiduciario giapponese Seiro Itoh, accompagnato dal fiduciario italiano per il Giappone Andrea Fortunato: il legame con il Paese del Sol Levante resta uno dei fiori all'occhiello del sodalizio.

Apostolo in San Valentino Torio (SA) are the finishing touch to a very profitable year for Francesco D'albero, trustee of Salerno-Caserta; his achievements include the meetings held in Palinuro, Sarno, Paestum.
The first meeting of Fiat 500 and derivatives takes place in Trani in the month of June, thanks to the work of the local trustee Antonio Belsito and of Tommaso De Toma, analyst of the "Registro Storico".
The Cinquecento enthusiasts from Sicily go wild. In January is held the first "Raduno città di Montedoro" organized by the trustee of Agrigento Angelo Marranca (90 participants). At the end of April, the 1st Fiat 500 Meeting is organized in Catania by the trustee Giuseppe Iervasi: over 100 cars are registered. In September, the 1st "Passeggiata in Fiat 500 e auto storiche" (Excursion for Fiat 500 and historic cars) is organized by the Corleone branch. On the 26th March the trustee Rosario Pratelli organizes in Partinico (Sicily) an all-women Fiat 500 meeting: 85 cars are present and prizes are awarded to many ladies and young ladies at the wheel of their "icons". Still in Portinico, in July is held the second meeting "40 miglia in 500". On the 10th September is held the first edition of the Meeting of Belpasso (CT), organized by Davide Carmelo Cappadonna. Taking part in the event is the president Silvia Depaoli who takes up the opportunity to go on a short tour of Sicily and meet the various local trustees.
Among the events worthy of mention, we must remember the visit paid to the Club's head office by the Japanese trustee Seiro Itoh, accompanied by

Il 13 marzo 2006, presso la Facoltà di Economia e Commercio di Genova, viene discussa una tesi di laurea che per gli amanti e sostenitori della Fiat 500 ricopre un ruolo decisamente importante e significativo. Fiorella Ferretti si laurea in "Economia e Gestione dei Servizi Turistici" presentando una tesi sul Meeting Internazionale di Garlenda; relatrice è la professoressa Roberta Glorio.

A settembre Mimmo Facchini partecipa alla presentazione del volume "La bizzarra impresa – In Fiat 500 da Bari a Pechino" e incontra Danilo Elia, l'autore e protagonista – insieme all'amico Fabrizio – dell'avventuroso viaggio.

La rivista "4piccoleruote" di marzo-aprile pubblica un articolo sull'attività svolta da Vincenzo Santanna, fiduciario del coordinamento di Firenze-Prato, nell'ambito della problematica riguardante "il blocco del traffico". Lo stesso Santanna ritrova in un'officina di Prato un modulo di iscrizione al Club degli anni '90 destinato all'allora fiduciario Martin De Groot speditogli dall'indimenticabile presidente Gian Paolo De Capitani. In cambio di un caffè recupera il prezioso foglio e torna a casa felice per aver trovato un pezzo di storia del Club.

Presso la Fiera di Padova si svolge la tavola rotonda organizzata dall'ASI sul tema "L'irrilevante inquinamento dei veicoli storici nei centri urbani: situazione, soluzioni tecniche, prospettive". Vi partecipano Maurizio Refini, Mauro Verza, Giuseppe Maccario e Alberto Mirandola. Gli interventi dei relatori evidenziano il limitato impatto ambientale dei veico-

the Italian trustee in Japan Andrea Fortunato: the bond with Japan remains one of the jewels in the crown of our association.

On the 13th March 2006 - at the Faculty of Economics of the University of Genoa - a graduation thesis is presented that for the Fiat 500 lovers and fans is very important and meaningful. Fiorella Ferreti graduates in "Economics and Management of Tourist Services" with a thesis on the Garlenda International Meeting; Professor Roberta Glorio is her supervisor.

In September Mimmo Facchini takes part at the launch of the book "La bizzarra impresa – In Fiat 500 da Bari a Pechino" (The crazy adventure – From Bari to Beijing by Fiat 500") and he meets Danilo Elia, the author and protagonist of this adventure with his friend Fabrizio.

The March-April issue of the magazine "4piccoleruote" features an article on the work carried out by Vincenzo Santanna - trustee of the Florence - Prato branch - on "traffic bans". Santanna himself finds in a workshop in Prato a Club application form dating back to the 1990s addressed to the trustee at the time Martin De Groot. The form had been sent to him by the unforgettable president Gian Paolo De Capitani. In exchange for a coffee he regains possession of the precious paper and goes back home happy for having recovered a piece of the Club's history.

A round table on "The irrelevant pollution caused by vintage cars in urban centres: present situation, technical solution, future outlook" is organized by ASI at the Padua fairground. Take part in it: Maurizio Refini, Mauro Verza,

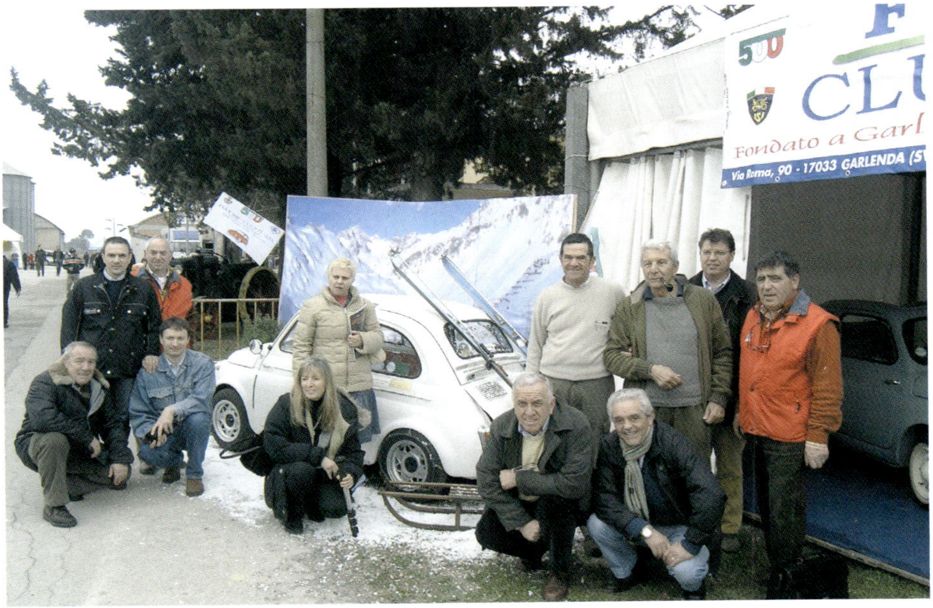

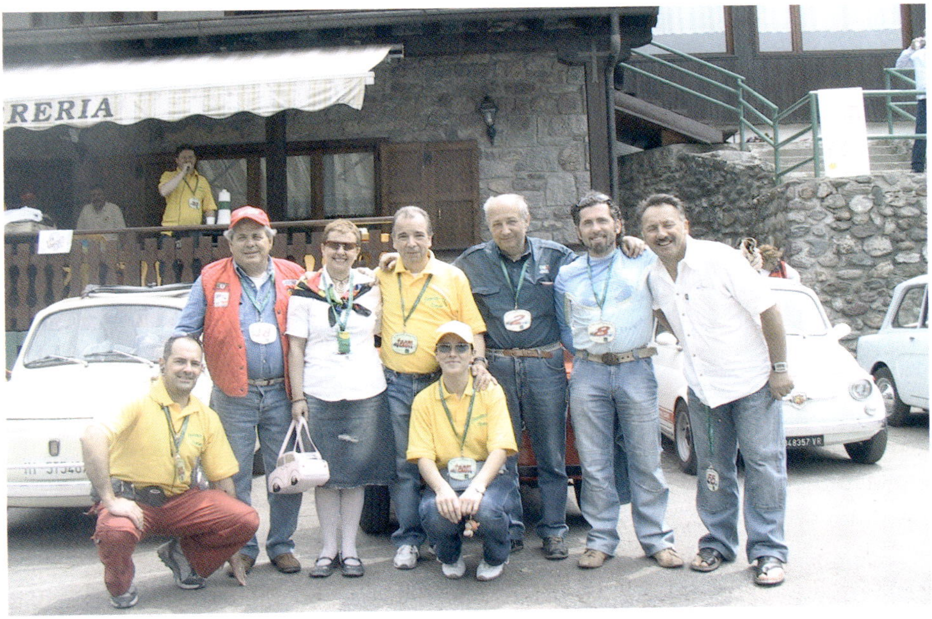

In alto, foto ricordo al raduno di Grosseto con Alfredo Pigna ospite d'onore. In basso, 500 Show 2006 di Clusone (Val Seriana): da sinistra Moioli, Bonavita, Depaoli, Tinti, Yannoulis, Cassella e Valbusa.

Above: souvenir picture taken at the Grosseto meeting with Alfredo Pigna as special guest. Below: 2006 "500 Show" in Clusone (Seriana Valley): from left Moioli, Bonavita, Depaoli, Tinti, Yannoulis, Cassella and Valbusa.

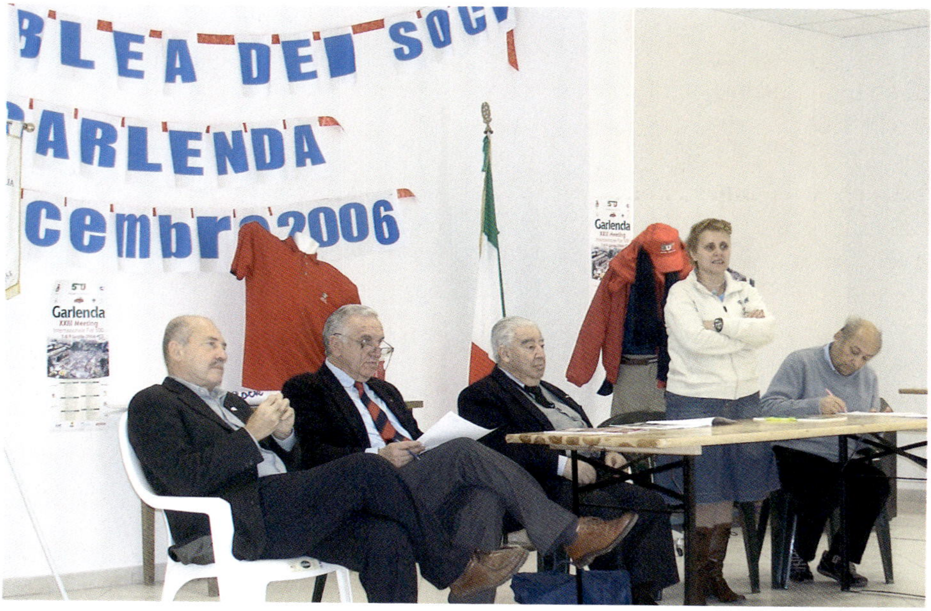

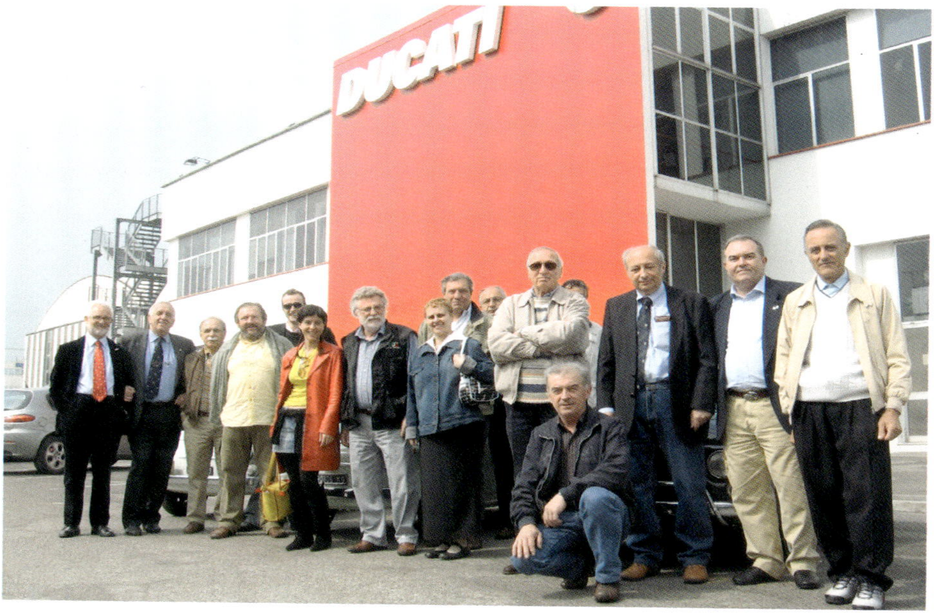

In alto: Garlenda, la relazione della presidente Silvia Depaoli all'assemblea annuale dei soci.
In basso: Bologna, un momento della presentazione del corso di restauro.

Above: Garlenda, the report by the president Silvia Depaoli to the annual general meeting of members.
Below: Bologna, a moment during the presentation of the restoration course.

li storici considerata la loro limitata diffusione e la loro ridotta percorrenza chilometrica annua.

Il presidente dell'A.S.I., Automoclub Storico Italiano, Avv. Roberto Loi sottolinea la necessità di considerarli come "beni culturali" e non solo come normali mezzi di trasporto: «*Costringere i veicoli storici a rimanere nei garage sarebbe un errore e un torto a coloro che conservano i propri veicoli tramandandone cultura e tradizione*».

Il 10 dicembre a Garlenda si svolge l'annuale assemblea dei soci. La presidente Silvia Depaoli ripercorre le tappe di un anno ricco di soddisfazioni e fornisce ai presenti i dati più significativi dell'attività del Club per il 2006: 18.062 soci effettivi, 3.104 soci A.S.I., 700 pratiche in corso per l'attestato di storicità. In questa occasione viene presentata la nuova addetta stampa: si tratta di Stefania Ponzone, brillante giornalista e scrittrice e, particolare non trascurabile, grande appassionata della mitica 500.

Durante il pranzo sono festeggiati, tra gli altri, Marco Pastorelli, Giovanni Bighin, Giorgio Balbo e Ugo Giacobbe per la loro costante partecipazione ai raduni e alle attività sociali.

Con l'avvio del 2007, il coordinamento di Saluzzo organizza il "Minitour a Barcellona" e si perfeziona il gemellaggio con il Fiat 500 Barcellona diretto da Manuel Cases Y Puig.

Il Fiat 500 Club Italia conferma la sua vocazione per il motorismo storico collaborando con la Fondazione Ducati di Bologna per il primo corso di restauro di auto d'epoca.

Giuseppe Maccario and Alberto Mirandola. The speakers highlight the irrelevant environmental impact of historic vehicles given their limited circulation and the small distances they cover each year. The president of A.S.I., the lawyer Mr. Roberto Loi has underlined the need to regard such cars as "cultural heritage" and not merely as normal means of transport: "*To force historical cars to stay locked up inside garages would be a mistake and a wrong done to those who preserve their cars so as to hand down cultures and traditions to their descendants*".

On the 10th December the annual meeting of members is held in Garlenda. The president Silvia Depaoli recalls the events of a very profitable year and illustrates to those present the most significant data on the Club's activities in 2006: 18,062 paying members, 3,104 ASI members, 700 applicants for the the historic status certification. On this occasion the new press officer is introduced: it is Stefania Ponzone, a journalist and a writer with an impressive curriculum and, something not to be ignored, a great fan of the legendary 500.

During the lunch Marco Pastorelli, the founding member Giorgio Balbo and Ugo Giacobbe are celebrated for their constant presence at meetings and social activities.

At the beginning of 2007, the Saluzzo branch organizes the "Barcelona Mini-Tour" and the twinning with the Barcelona Fiat 500 club becomes official. The stand at "Automotoretrò" with its 40 beautiful cars encounters great success.

The Club cooperates with the Ducati Foundation in Bologna on the first classic car restoration course.

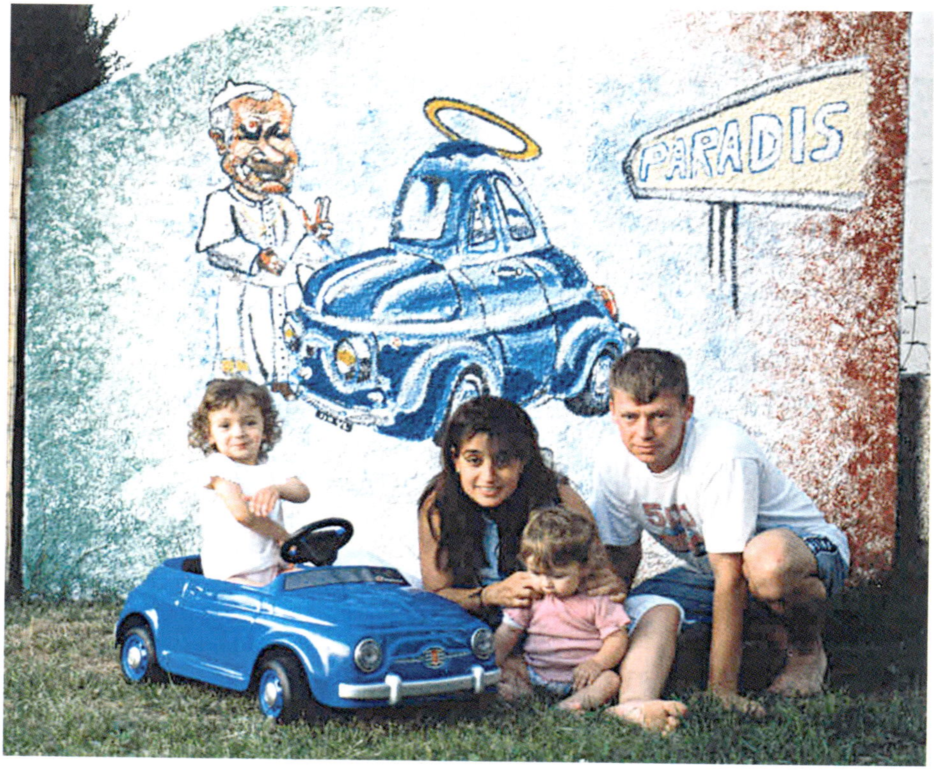
PARADIS

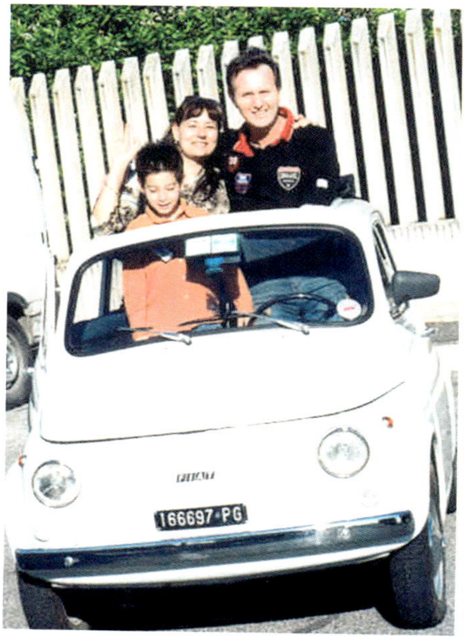
166697·PG

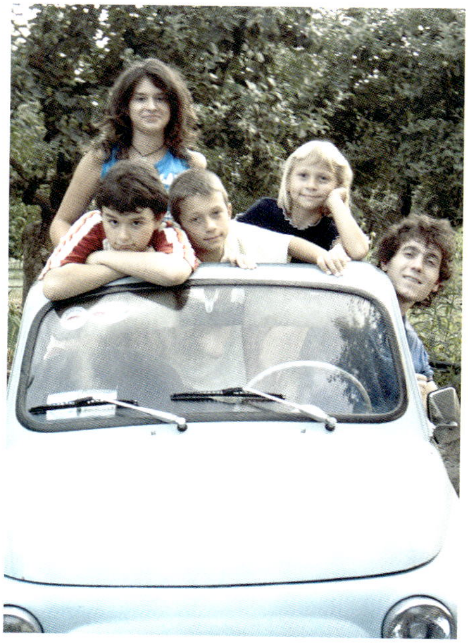

La passione continua...

La 500 è una questione di famiglia: genitori e nonni che fanno nascere la passione nei figli e nei nipoti, figli e nipoti che – giocando forse sull'effetto nostalgia – si innamorano di quella che fu la vettura di genitori e nonni.
In questi anni le lettere e le fotografie giunte alla rivista "4piccoleruote" testimoniano una passione multigenerazionale dai contorni persino teneri e romantici.
Teneri come i volti dei bambini, attirati in maniera quasi istintiva dalla piccola grande auto, minuscola e tonda, quasi un giocattolo. Bambini che rimangono incantati di fronte ai mille volti che la 500 può assumere: tradizionale e un po' spartana, coloratissima con la carrozzeria decorata, sportiva e rombante, elegante e old style, trasformata fino a perdere i contorni usuali, ma non la carica di simpatia.
Romantici come gli sposi: **non si contano ormai i matrimoni che sono stati celebrati con i cinquini addobbati a festa,** restaurati e tirati a lucido per l'occasione. C'è addirittura chi in 500 ha festeggiato un anniversario importante, quasi certamente ricordando che già allora ad attendere la coppia fuori dalla chiesa o del municipio c'era lei, la mitica.
Ogni storia è un piccolo mondo di sentimenti. Di buoni sentimenti, autentici, senza timore di retorica o di risultare stucchevoli.
C'è chi in 500 ha portato ad un raduno il proprio piccolino appena nato. C'è chi ricorda con commozione le gite al mare

The passion continues...

The 500 is a family affair: parents and grand-parents pass this passion on to their children and grandchildren. The children and grandchildren fall in love with the cars that belonged to their parents and grand-parents – possibly playing on the nostalgic factor.
The letters and the photographs sent to "4piccoleruote" in the course of all these years are a clear testimony of a multi-generational passion with a hint of tenderness and romanticism.
Tenderness like in children, instinctively attracted by this little car, tiny and rounded, almost like a toy. Children are fascinated by the variety of looks that the 500 can take: traditional and a bit spartan, colourful with a decorated body, sporty and rumbling, elegant and old-fashioned, transformed to the point of losing its natural traits, but not its cuteness.
Romantic as spouses: **countless weddings have been celebrated with a Cinquecento, especially decorated for the occasion,** restored and all dolled up. There are even those who have celebrated some important anniversary on their Cinquecento, certainly recalling those past times in which already this "legendary car" had been there, waiting for them outside the church.
Each story is a collection of emotions, of good feelings, authentic ones, without fear of being rhetorical or boring.
There are those who have carried their newly-born baby to a meeting in their 500. There are those moved by the memory of their trips to the seaside

della propria infanzia ed ha desiderato offrire quella stessa emozione ai propri figli. Bambini e ragazzi che hanno sempre frequentato l'ambiente dei motori – perché parenti di meccanici, carrozzieri, titolari di concessionarie – considerano la 500 un'amica, quasi una compagna di giochi. Creature non più alte di una ruota tendono le manine verso le lucenti cromature, attribuiscono nel loro incerto linguaggio i nomi più spiritosi alla divertente vettura, si fanno immortalare al volante come arditi piloti...

Gli adolescenti la ambiscono come prima auto, snobbando gli ultimi e blasonati modelli offerti dal vasto e fiorente mercato, decretando il suo successo come autentico oggetto di culto prima ancora che mezzo di trasporto. Padri orgogliosi fanno le ore piccole in officina per offrire a figli e figlie la vettura per muovere i loro "primi passi" di neopatentati, oppure per celebrare degnamente il loro giorno più bello. E se i rampolli sono più d'uno, guai a fare... figli e figliastri: tutti i fratelli o le sorelle devono godere del privilegio delle nozze in 500.

C'è chi in 500 parte per avventurose lune di miele e non mancano i fidanzati che si concedono una vacanza on the road un po' diversa dal solito.

Ci sono poi figli che hanno regalato l'auto ai genitori, magari ritrovando la stessa vettura che era stata venduta anni prima: che emozione sfogliare i documenti e scoprire il proprio nome, capire che è lei, davvero lei, la compagna della gioventù! E quella piccola ammaccatura, quel difettuccio, quell'adesivo sbiadito, sono ancora lì, a testimonianza di anni ormai lontani ma vivi nella memoria. Alla rivista "4piccoleruote" scrivono molti

during their childhood wished to offer the same emotion to their children. Children and young people who have always been in the world of cars – because their relatives were mechanics, coachbuilders, car dealers – they consider the 500 almost as their playmate. Creatures not taller than a wheel stretch their arms towards the shiny chrome, in their hesitating language they call this cute car the funniest of names, they are pictured at the wheel like bold drivers....

Teenagers want it as their first car, snubbing the latest and prestigious models offered by a large and flourishing market, thus confirming the success of the Fiat 500 as an object of worship even before its value as a means of transport. Proud fathers spend their nights in their workshops to give their sons and daughters the car for their first drive as newly qualified drivers, or to celebrate the happiest day of their lives in a proper way. And if they have more than one child, no discriminations are admitted: all the brothers or sisters must be granted the same privilege of a wedding in a 500.

There are those who set off for an adventurous honeymoon by 500 and couples choosing unusual holidays on the road.

Then, there are the children who have given the car to their parents as a present, maybe the very same that they had sold years earlier: how moving it is to skim the pages of the car's documents and find your own name, and understand that it is the very companion of your youth! And that small dent, that little defect, that faded sticker, are all still there, as a witness of years gone by but still alive in the memory. Many young

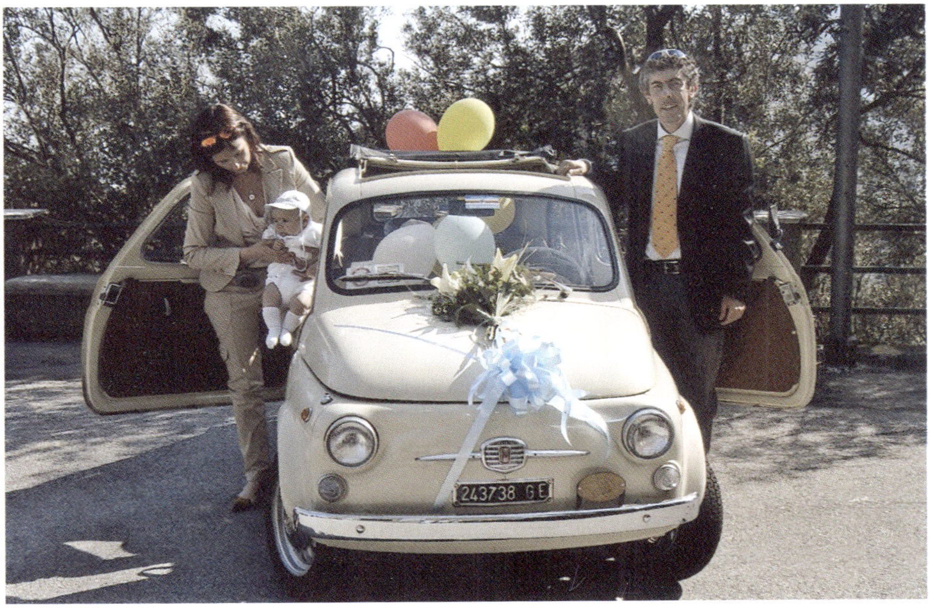
243738 GE

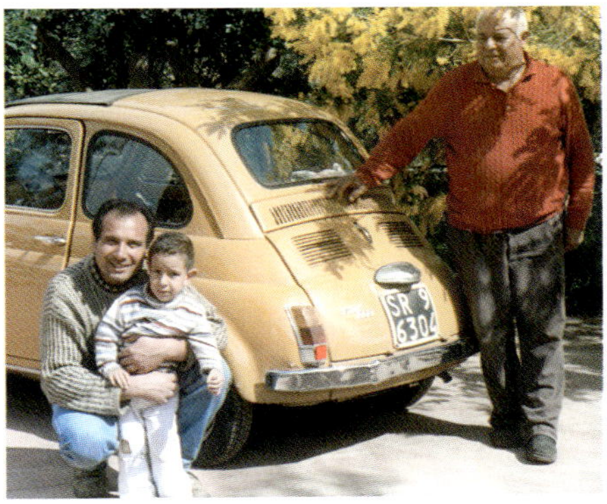
SR 9
6304

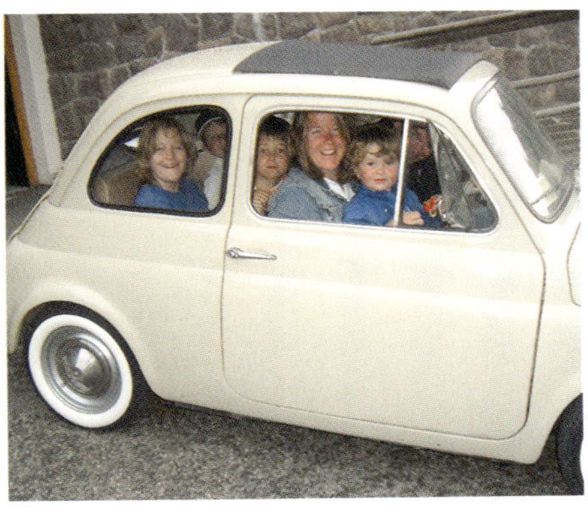

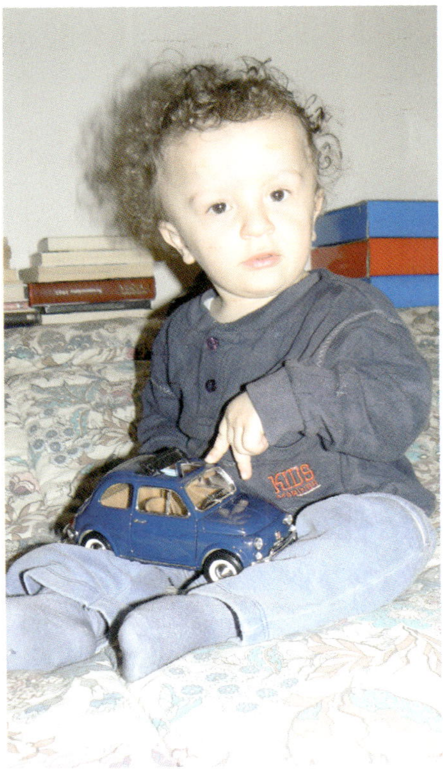

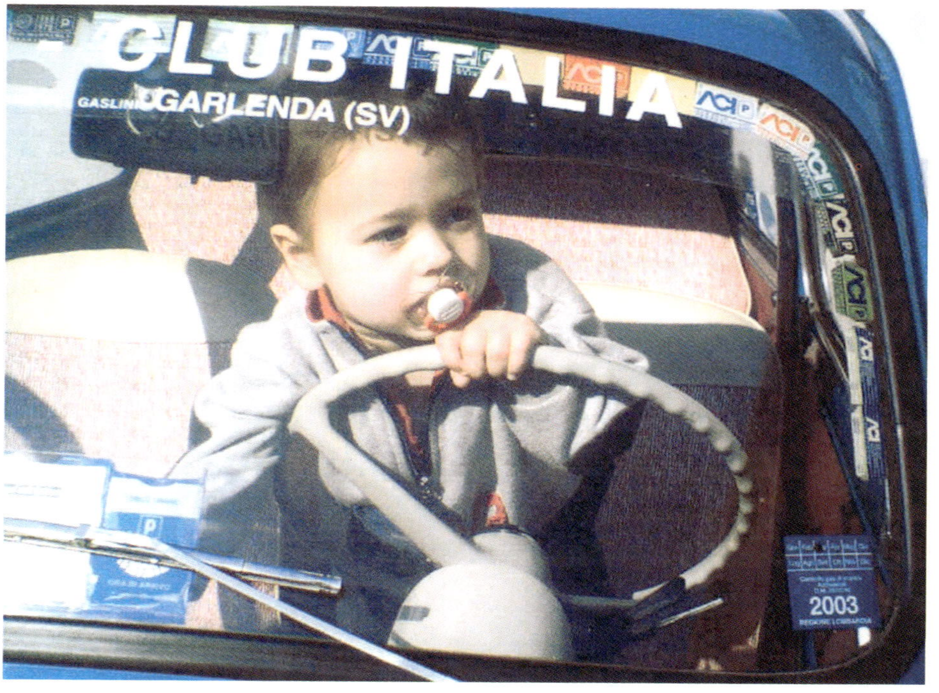
CLUB ITALIA
GARLENDA (SV)
2003

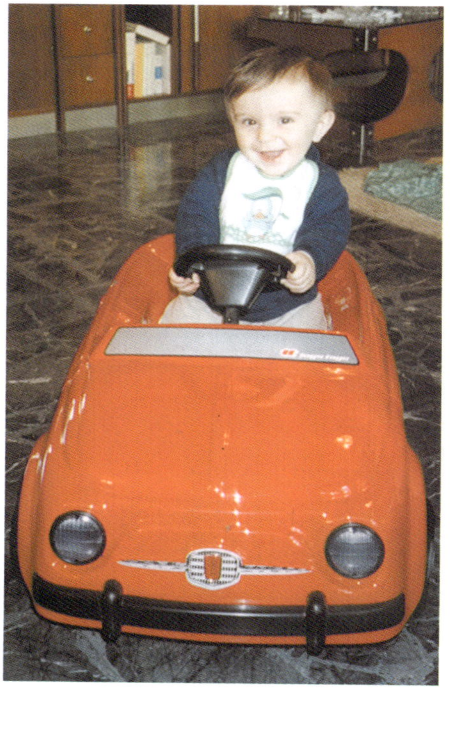

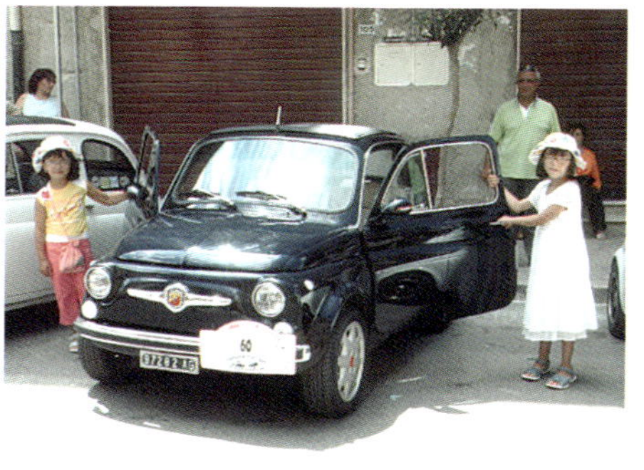

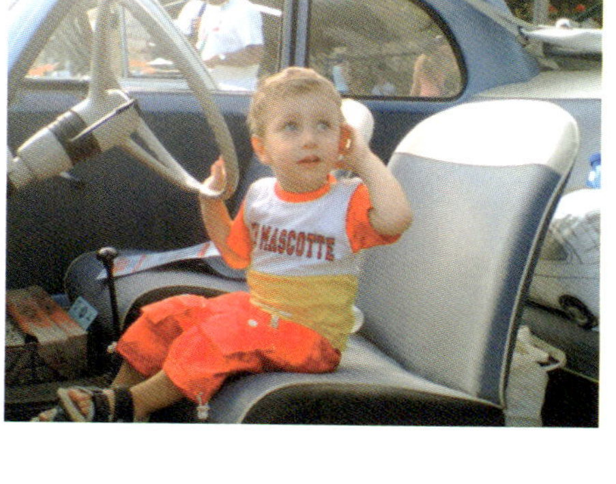

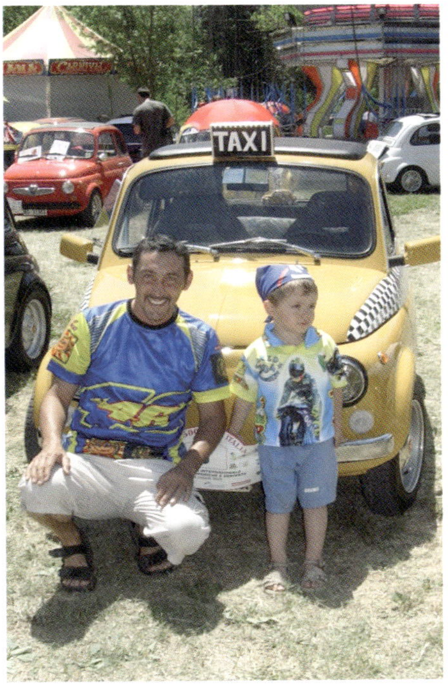
TAXI

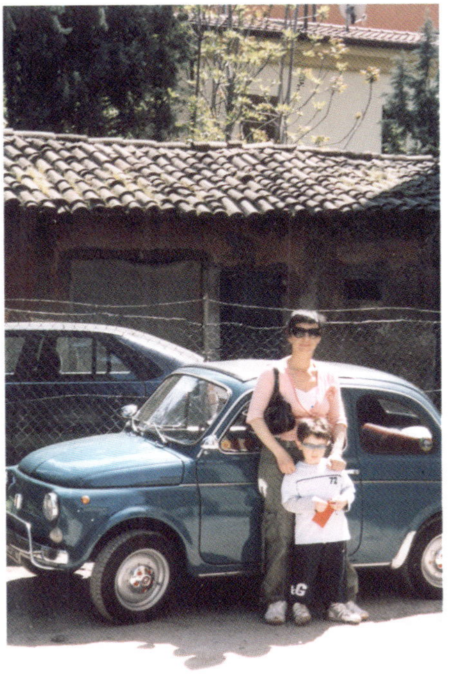

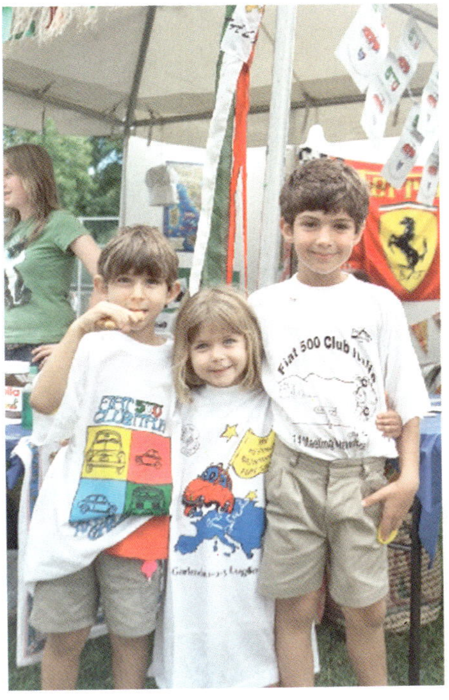
Fiat 500 Club Italia

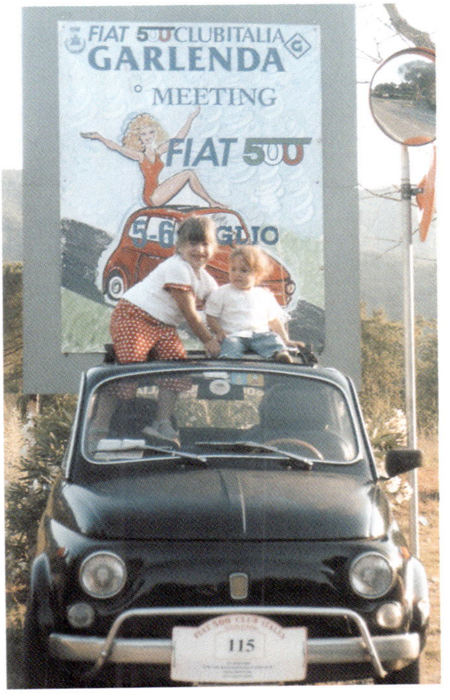
FIAT 500 CLUBITALIA
GARLENDA
MEETING
FIAT 500
115

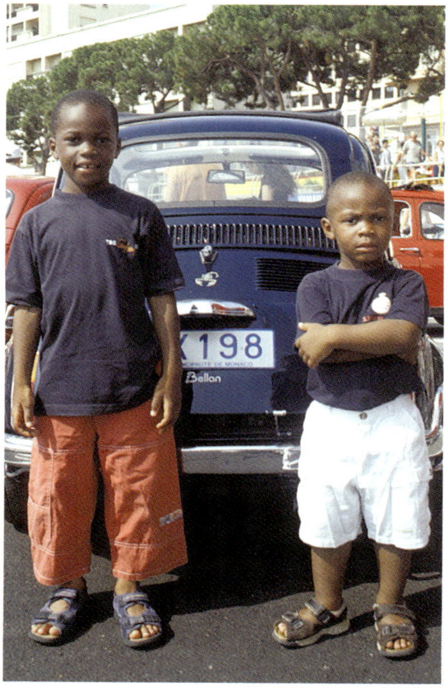

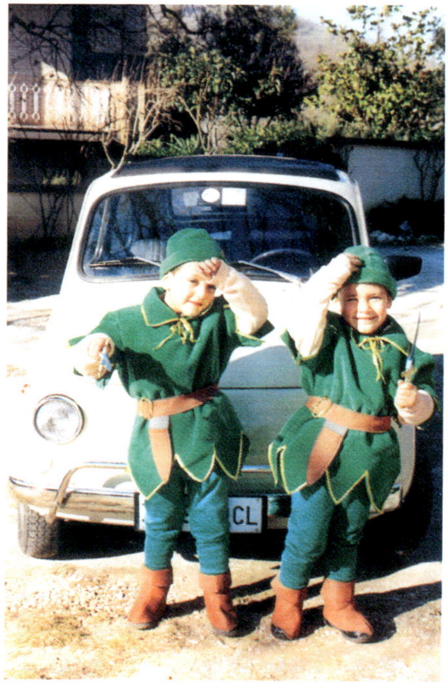

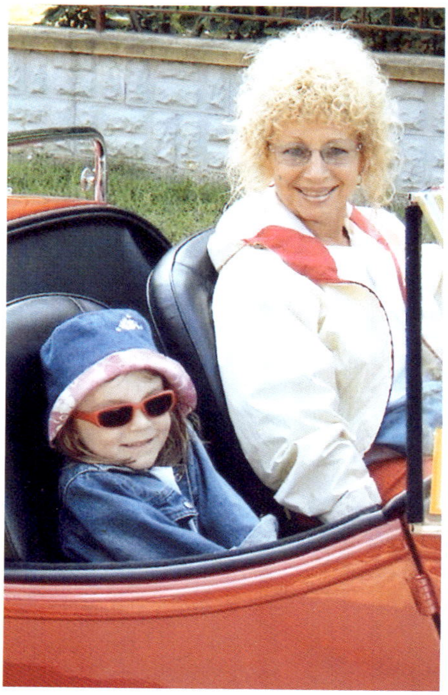

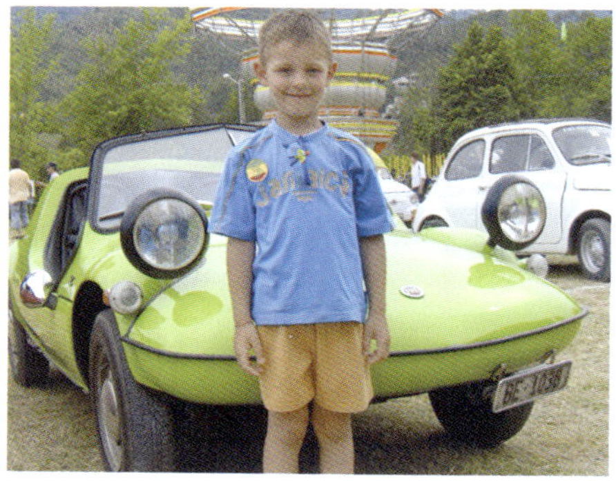

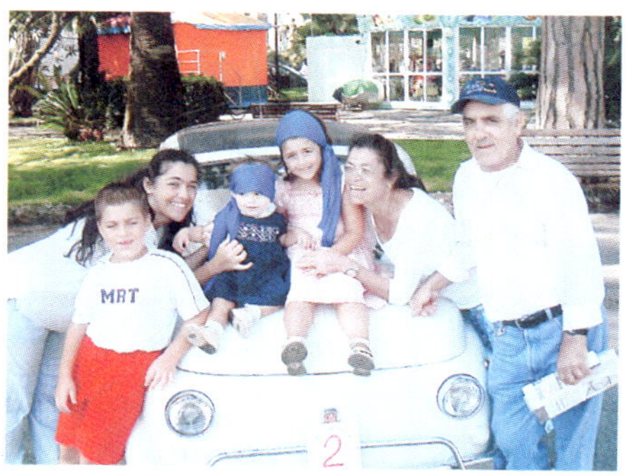

giovani che chiedono notizie, mandano foto e aneddoti per fare una sorpresa a madri, padri, nonni e zii, raccontandone le storie o magari ricordandone le gesta di piloti nelle competizioni su strada che un tempo fiorivano in ogni angolo del nostro Paese. La spontaneità dei ragazzi, il fatto che si dimostrino meno timorosi, meno imbarazzati nell'esporre le proprie vicende aggiunta alla loro dimestichezza con le nuove tecnologie – com'è facile mandare una e-mail con allegati testi e foto! – permette di arricchire ogni giorno la già lunga galleria di volti e storie. C'è chi scrive poesie e canzoni: Mimmo Lentini di Savona le ha dedicato addirittura un intero CD musicale. La rivista inglese "Top Gear" la nomina "L'auto più sexy di tutti i tempi".

La 500 è una passione che unisce e in un Club, in cui i soci sono ancor più importanti delle auto che possiedono, questo aspetto ha un notevole peso. **Ai raduni partecipano intere famiglie,** è bene sottolinearlo: perché sono delle feste, perché non è solo la smania di sbirciare nel cofano del vicino a dominare i cinquecentisti. La gioia dell'appuntamento conviviale, la curiosità per la scoperta di un angolo d'Italia (o d'Europa) che ancora non si conosce, l'auspicio di trovare un nuovo amico hanno spesso la prevalenza.

Probabilmente non vi è cittadino italiano che non abbia tra i propri ricordi almeno un aneddoto legato alla 500. Anche chi oggi non pensa minimamente alla geniale invenzione di Dante Giacosa – anzi, magari non sa neppure chi fosse il grande progettista! – se chiude gli occhi e ci riflette un po' su vedrà sfrecciare lei, l'inimitabile.

people write to "4piccoleruote" asking for information, sending pictures and anecdotes as a surprise for their mothers, fathers, grand-parents and uncles, to tell their stories or to remember their actions as drivers on those road competitions that used to be very popular all over the country. These young people's spontaneity, the fact that they prove to be less fearful, less embarrassed in telling their stories, combined with their familiarity with new technologies - how easy it is to send an e-mail with texts and photographs in attachment! – allows to enrich day after day the already large gallery of faces and stories. There are those writing poems and songs: Mimmo Lentini, from Savona, has even dedicated an entire CD to the 500. The UK magazine "Top Gear" has elected it "The sexiest car of all times".

The 500 is a passion with a unifying character and this - within a Club in which the members come before their cars - is very important. **Entire families participate in the meetings** and this must be pointed out: because meetings are celebrations, because Cinquecento enthusiasts are not motivated just by the desire to look into the neighbour's bonnet. It is the joy of a convivial meeting, the curiosity of discovering an unknown place in Italy (or in Europe), the hope to find a new friend, that are often prevailing

There is probably no Italian citizen who does not have, among their memories, at least one anecdote linked with the Fiat 500.

Even those who do not give the slightest thought to the great design of Dante Giacosa – or maybe do not even know who this great designer was! – if they close

Dice Domenico Romano: «*La peculiarità del nostro Club, e forse la ragione della sua unicità e della sua continua espansione, risiede nel fatto che, pur essendo dedicato ad un'auto, ha sempre posto al centro la figura del socio, le sue esperienze, i suoi sentimenti, il suo modo di essere, considerando la 500 lo strumento ideale per allacciare amicizie e scambiare esperienze fra chi ama le cose genuine e semplici.*».

Aggiungono Marinella Pifferi e Stelio Yannoulis: «*Noi cinquecentisti siamo persone un po' diverse, ci distinguiamo per la pazienza e l'ostinazione con cui percorriamo le strade del mondo, facendo a meno di tutto ciò che la tecnologia ci propone; aria condizionata, chiusura centralizzata, servosterzo, servofreno e altre comodità. Noi cinquecentisti patiamo caldi tremendi d'estate, spifferi micidiali d'inverno, scossoni durante il viaggio e restiamo anchilosati per lungo tempo dopo l'arrivo. La messa in moto richiede l'uso abbinato dello starter e dell'acceleratore e per il cambio marce abbiamo imparato ad utilizzare la "doppietta" che richiede notevole abilità e sincronia di movimento. Il motore, pur affidabile e robusto, non ha grande potenza e quindi, per non sprecare nessuno dei pochi preziosi cavalli, bisogna intuire la strada prima di percorrerla e utilizzare al meglio gli abbrivi e le discese che il percorso ci consente. [...] Siamo o ci consideriamo degli eroi? Assolutamente no!*».

Scrive Andrea Rigazzi: «*Amare la 500 significa saperne cogliere ed apprezzare la semplicità. Significa avere molto con poco, proprio come i divertimenti di quei ragazzi che videro sfrecciare le prime 500 con il rumore di quel motore che è nella memoria e nel cuore di milioni di appassionati.*».

their eyes and reflect upon it, they will see this inimitable car rushing by.

Domenico Romano says: "*The peculiarity of our Club, and maybe the very reason for its uniqueness and its increasing growth, lies in the fact that - despite being dedicated to a car - the Club has always put members first -, their experiences, their feelings, their way of being - and considered the 500 as the perfect means to make new friends and share experiences among those who love genuine and simple things.*".

Marinella Pifferi and Stelio Yannoulis add on: "*We, the Cinquecento enthusiasts, are different people, we stand out for our patience and our determination in driving along the roads worldwide, living without all that technology can offer: air conditioning, central locking, power-steering, servo break and other comforts. We, the 500 enthusiasts, suffer tremendously from the heat during the Summer, from those killing air draughts in Winter, from the shakes during the journeys that leave us stiff for a long time afterwards. The start requires the combined use of the starter switch and the gas pedal and to shift gear we have to "double declutch". That demands great skill and synchronised movements. The engine - although reliable and strong - is not very powerful and therefore, in order not to waste any of the precious horse power, we must read the road beforehand and make the best headway and descents allowed by the route.[...] Are we or do we consider ourselves heroes? Absolutely not!*".

Andrea Ragazzi writes: "*To love the 500 means to be able to understand and appreciate its simplicity. It means getting so much for so little, just as the pastimes of those youths who saw the first 500s speed along and heard the noise of that engine that has remained in the memory and in the heart of millions of enthusiasts.*".

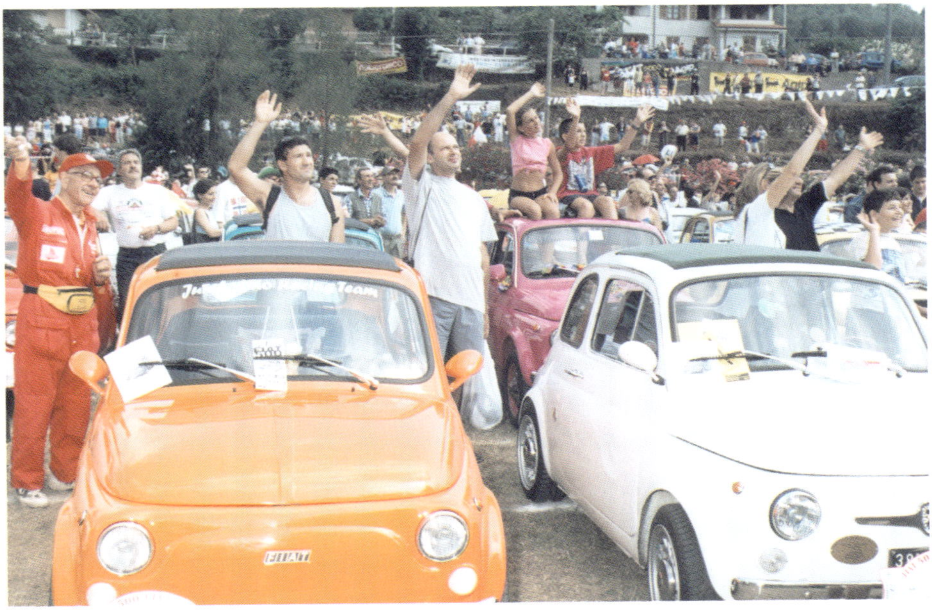

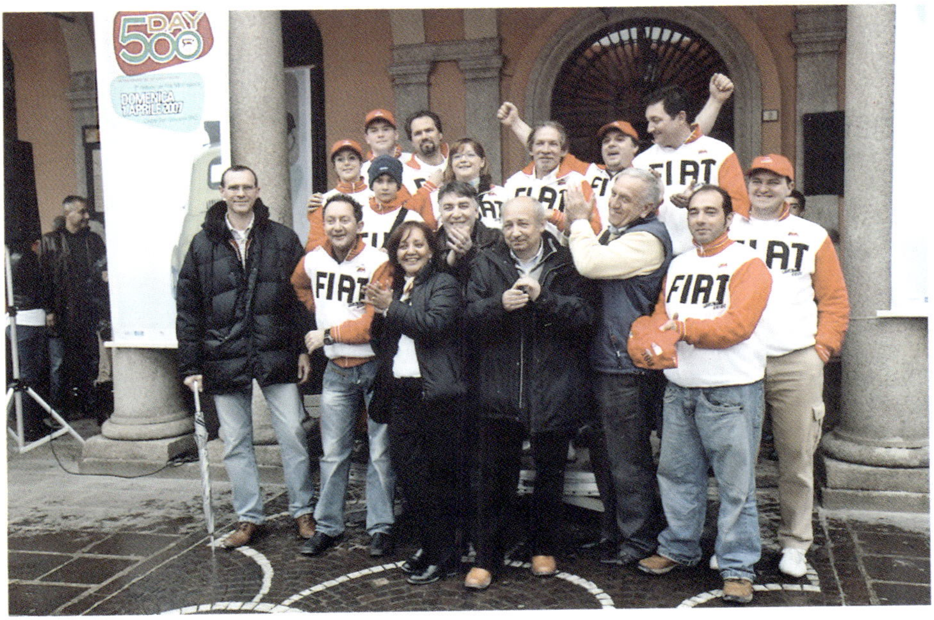

In alto, al raduno di Garlenda i cinquecentisti salutano l'elicottero che li riprende.
In basso, foto di gruppo con il sindaco durante il raduno di Castel San Giovanni (PC).

Above: the 500 enthusiasts greet the helicopter filming them at the Garlenda meeting.
Below: group photograph with the mayor during the meeting in Castel San Giovanni (PC).

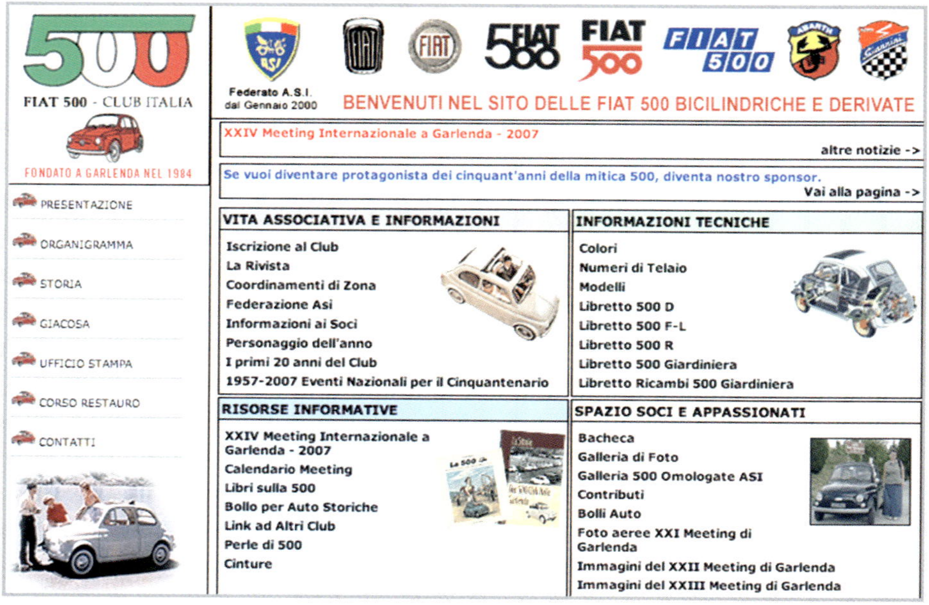

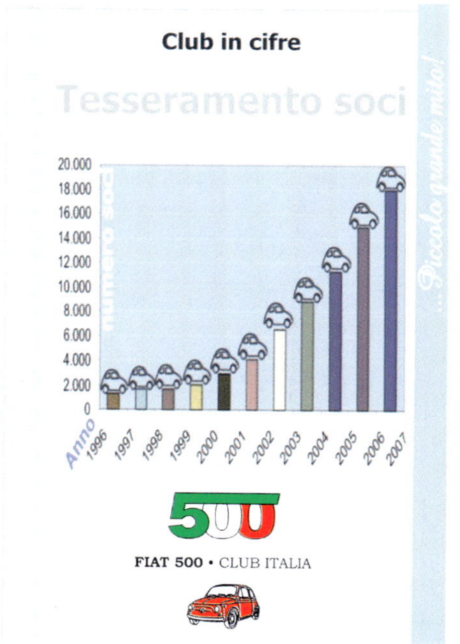

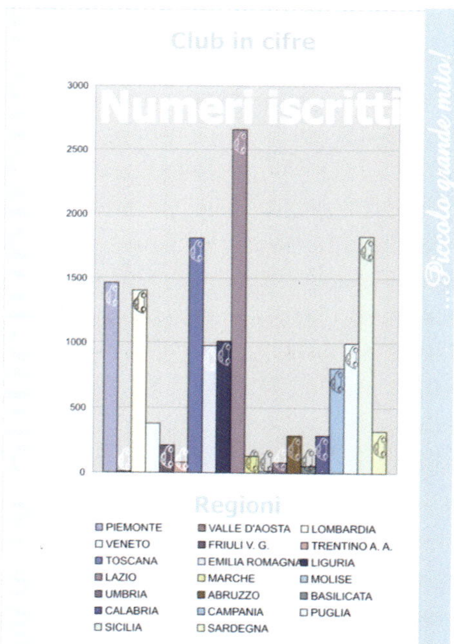

In alto, l'home page del sito internet del Club. In basso, alcuni dati statistici significativi.

Above: the homepage of the Club's website. Below: some significant statistical data.

Garlenda e il mito

Il ruolo di Garlenda nel rapporto con il mito 500 e con il Club a lei dedicato, è ben descritto in un articolo di Piero Frattari, in cui il videoreporter prende le mosse dalla sua esperienza di contatto diretto con i cinquecentisti presenti al Meeting 2006. «*L'avventura più bella in 500 sono i raduni: e tra i raduni quello di Garlenda, perché è il Raduno per eccellenza*» si è sentito rispondere più volte mentre intervistava i partecipanti. Da questa "dichiarazione d'amore" incondizionato ha preso le mosse una sua lunga riflessione sull'origine dei miti e sulle caratteristiche che una persona, un oggetto, un posto devono possedere per diventare, per l'appunto, mitici. Secondo Frattari, ***«il luogo del mito 500» è senza dubbio Garlenda,*** ma non tanto per le caratteristiche concrete, tangibili della località (vicinanza con l'aeroporto, impianti sportivi di prestigio, ristoranti e strutture ricettive e così via): «*Ma tutto ciò non basta per far parlare tanto bene di sé. Il mito e la passione hanno radici e ragioni ben più profonde, non bastano certo le infrastrutture e le risorse economiche. Anzi, se si privilegiano solo queste ultime, è facile ritrovarsi con le classiche "cattedrali nel deserto"*».
Con un ardito ma significativo esempio, Frattari parla di Yamsokrò, una cittadina della Costa d'Avorio costruita con tutti i lussi e le grandiosità per il "capriccio" di un presidente e poi repentinamente abbandonata: un luogo senz'anima, dunque, pur concepito per colpire, per suscitare ammirazione.
Scrive ancora il titolare della Vidigraph: *Tornando al XXIII Meeting, è bene ricordare che oltre settecento Fiat 500 si sono ritrovate a Garlenda per l'occasio-*

Garlenda and the icon

The role of Garlenda in the relationship with the 500 "legend" and with the Club dedicated to it, is well described in an article by Piero Frattari, in which the video reporter draws inspiration from his own experience of a direct contact with the Cinquecento enthusiasts present at the 2006 Meeting. "*The best adventure in a 500 are the rallies: and among all rallies, the one held in Garlenda, because it is the meeting' par excellence'* " he was told many times by the participants he was interviewing. From this "declaration of unconditional love" he began a long-lasting reflection on the origin of myths and on the features that a person, an object, a place must possess in order to become an actual icon. According to Frattari, ***"the place of the legend of the 500" is undoubtedly Garlenda,*** but not much for the concrete, tangible characteristics of the village itself (closeness to the airport, prestigious sports facilities, restaurants, accommodation facilities and so on): "*However, all this is not enough to get itself well talked about. Legend and passion have much deeper roots and reasons, infrastructures and economic resources alone do not suffice. On the contrary, if only the latter are privileged, one would easily end up with the typical 'cathedrals in the desert'* ".
Using an audacious but meaningful example, Frattari talks about Yamsokrò, a town in Ivory Coast, built with all the luxury and lavishness for the "whims" of a president and then suddenly abandoned: a place with-

ne: un numero impressionante per un veicolo che non è più prodotto da oltre trent'anni e che è ben lontano dai canoni moderni, dettati dalla moda e dalla tv. Questa macchinetta non sembra neppure "parente" delle auto che sfrecciano negli spot e che ci fanno sognare e che, tasche permettendo, acquistiamo e guidiamo sulle nostre strade. [...] La 500 non è velocissima (almeno per i parametri attuali!), ma è parsimoniosa, economica, rotonda (e non è poco), piccola, divertente, simpatica, compatibile con il suo ambiente. E soprattutto è al centro di un mito e di una grande passione che ha preso le mosse oltre vent'anni fa, in un grazioso "borgo selvaggio" (per citare il grande Leopardi che parlava della sua Recanati) grazie alla volontà dei suoi abitanti capitanati dall'allora sindaco Domenico Romano e con la benedizione dell'ingegner Dante Giacosa.

Secondo il giornalista Romano Strizioli «*non è un caso che il Fiat 500 Club Italia nasca a Garlenda*». Le motivazioni hanno radici concrete – le esigenze di una località agricola, con tanti piccoli appezzamenti di terreno spesso distanti fra loro – ma poi, per così dire, si "elevano". Così scrive Strizioli nella sua rubrica "Diario di 4piccoleruote":

A Garlenda si incominciò a comprare le 500, questi piccoli efficaci trattori sotto mentite spoglie di utilitarie anche simpatiche, se non lussuose. Un mezzo di trasporto che soppiantava i piedi oppure il cavallo e l'asino che avevano resistito sino alla fine dell'Ottocento. Per questi motivi Garlenda durante gli anni Sessanta divenne la zona d'Italia dov'era più alto il rapporto tra numero di 500 e numero di abitanti (in allora esattamente 339). È quindi chiaro che

out a soul, then, only conceived to impress and stir admiration.

The owner of Vidigraph goes on: *Going back to the 23rd Meeting, we must remember that over seven hundred Fiat 500s have gathered in Garlenda for the occasion: an impressive number for a car that has not been produced for over thirty years and that is far from modern standards, dictated by fashion and by Television. This little car does not look anything like the cars whizzing by in the adverts and making us dream, those that we buy and drive on our roads if we can afford them. [...] The 500 is not very fast (at least compared to modern standards!), but it is thrifty, economical, round-shaped (and this is not a minor detail!), small, amusing, cute, compatible with its surroundings. And, most of all, it is the heart of a legend and of a great passion that started over twenty years ago, in a charming "wild village" (quoting the great Leopardi describing his hometown Recanati) thanks to the good will of its inhabitants headed by the then mayor Domenico Romano with the blessings of the design engineer Dante Giacosa.*

According to the journalist Romano Strizioli "*it is not just a coincidence that the Fiat 500 Club Italia was born in Garlenda*".The reasons for this are practical ones – the needs of an agricultural town, with many plots of land often apart one from the other – but then they elevate. Strizioli writes the following in his column "Diario di 4piccoleruote" (4piccoleruote diary):

In Garlenda people started buying the 500s, these small useful tractors disguised as runabouts, cute ones if not luxury. A means of transport supplanting the feet or the horse and the donkey that had survived

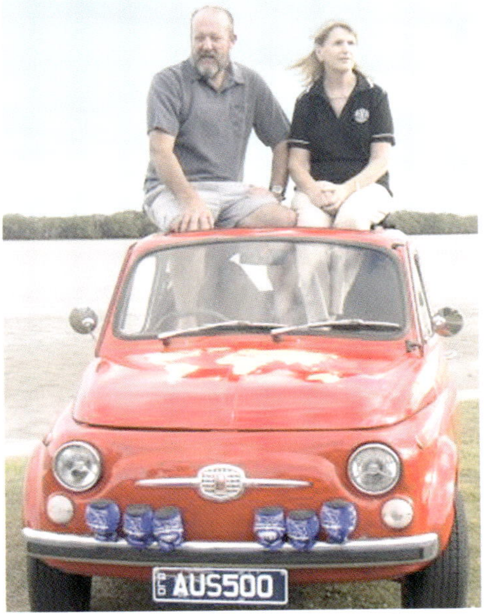

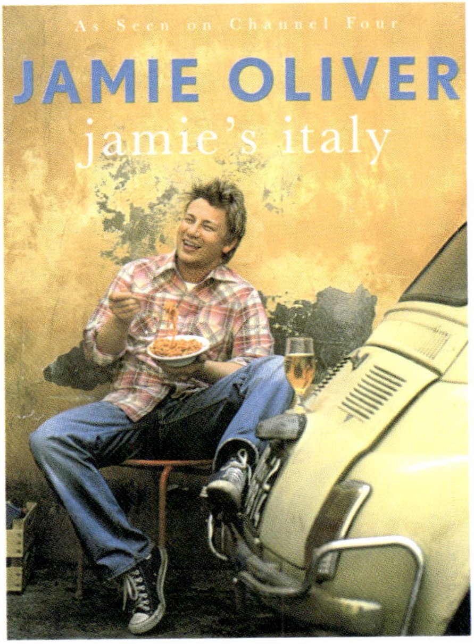

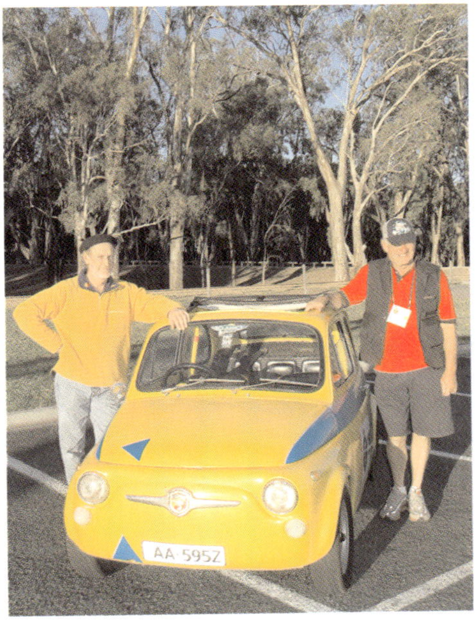

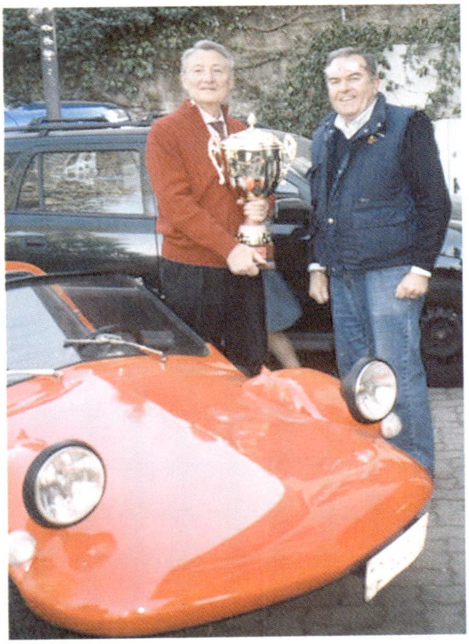

In alto a sinistra, Lang e Bev Kidby: dall'Australia a Garlenda; a destra, il cuoco inglese Jamie Oliver. In basso a sinistra, saluti da Echuca (Australia); a destra, Enrico Bo con Ercole Spada e la "Zanzara".

Above from left: Lang and Bev Kidby from Australia to Garlenda; the book by the English cook Jamie Oliver. Below from left: greetings from Echuca (Australia); Enrico Bo, Ercole Spada and the "Zanzara".

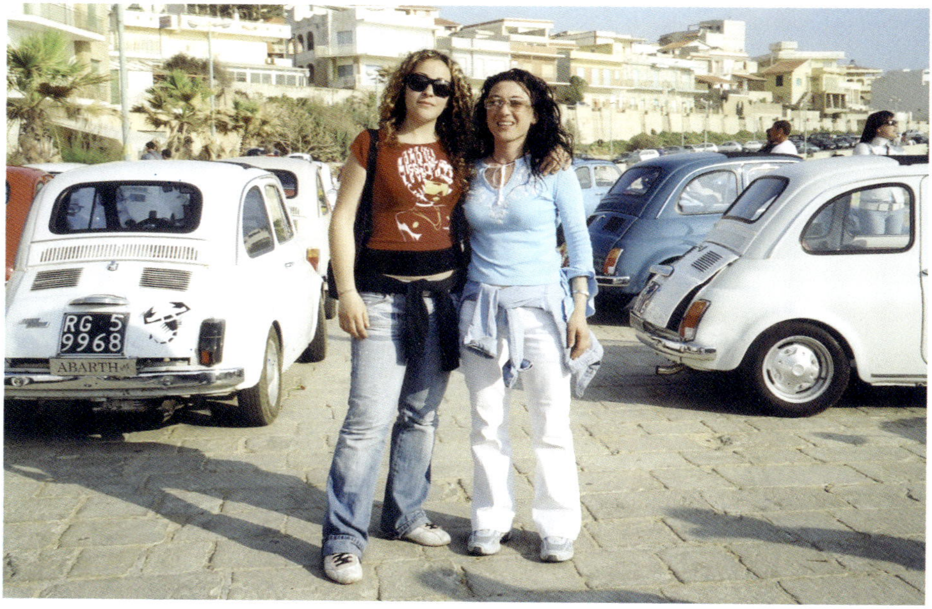

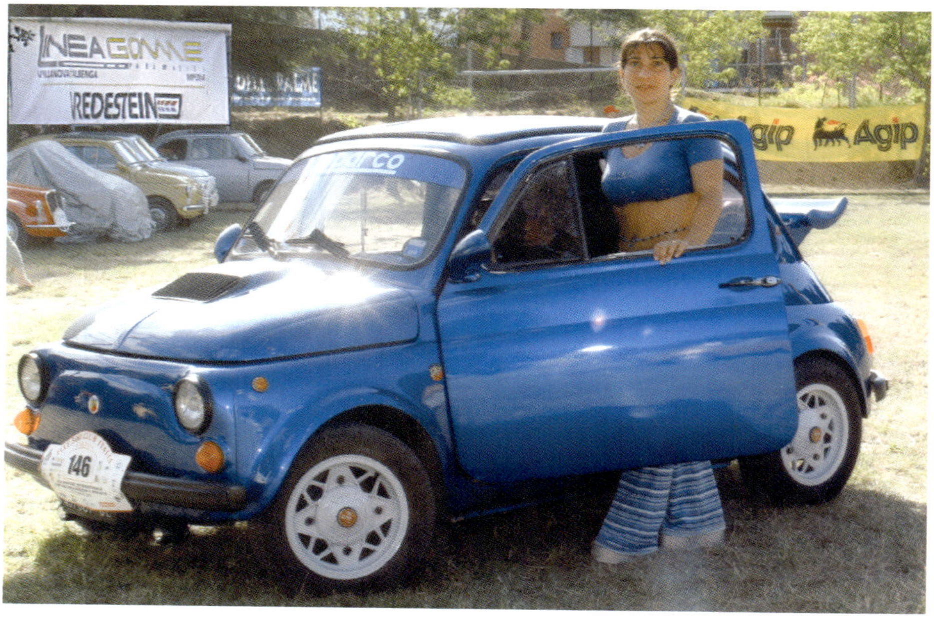

In alto, Stefania Rendo e Marcella Giurdanella del coordinamento di Ragusa.
In basso, Deborah Mazzarello con la sua grintosa beniamina

Above: Stefania Rendo and Marcella Giurdanella of the Ragusa branch.
Below: Deborah Mazzarello with her fiery beloved one.

il seme attecchì proprio in Val Lerrone più che in ogni altro luogo [...] *Per questo i garlendesi sentirono, forse senza rendersi conto razionalmente, che la genialità inventiva di Giacosa aveva qualcosa per loro familiare ed ammiccante* [...].

La 500 è vista anche come possibile chiave di lettura del nostro vissuto, come specchio dell'evoluzione della società contemporanea. Scrive sempre Strizioli in una puntata del "Diario" in cui esorta a scegliere la piccola grande auto come soggetto di tesi di laurea:

Attraverso la 500, quindi, è possibile risalire a leggere, in modo più partecipato e cosciente, la grande storia. [...] *Perché non si prende la presenza della 500 come stimolo attorno al quale riavvolgere le vicende di una famiglia, di una collettività, di una generazione?* [...].

Numerosi gli esempi di titoli di possibili tesi suggeriti da Strizioli:

"La 500 *come oggetto consueto del vivere quotidiano riflesso in immagini cinematografiche della commedia italiana della seconda metà del secolo scorso*" [...] "L'*influsso sul design esercitato dalla scelta effettuata negli anni cinquanta da* Dante Giacosa *che, nel progettare la* 500, *rinuncia coraggiosamente alla figuratività tradizionale dell'automobile attraverso un riesame dei suoi elementi fondamentali*" [...] "*La funzione svolta dalla* 500 *sulla mobilità sociale e del lavoro in una piccola realtà contadina*" [...] "L'*immagine della* 500 *nella pubblicità del primo decennio del secolo ventunesimo*" [...].

Sempre di Strizioli, ecco uno dei suoi più recenti articoli:

Vorremmo dedicare questo foglio del Diario a parlare dello stesso Diario. Cioè una no-

until the end of the 1800s. For these reasons, during the Sixties Garlenda became the area with the highest ratio between Fiat 500 cars and number of inhabitants (at the time exactly 339) in the whole of Italy. It is therefore natural for the seed to sprout precisely in the Lerrone Valley rather than anywhere else [...] *For this reason, the inhabitants of Garlenda felt, maybe without even realizing it rationally, that the creative genius of Dante Giacosa had something familiar and alluring to them* [...].

The 500 is also seen as a possible key to the interpretation of our background, as a mirror of the evolution of contemporary society. Strizioli writes in another instalment of his "Diary", in which he urges to choose the big little car as the topic of a degree dissertation:

Through the 500, therefore, it is possible to go back and read, with greater participation and awareness, the greater history. [...] *Why not take the 500 as the starting point for tracing the history of a family, a community, a generation?* [...].

Many are the examples of titles suggested by Strizioli for a possible dissertation:

"*The 500 as a common object of daily life reflected into the film images of the Italian comedy of the second half of the past century*" [...] "*The influence on design played in the Fifties by the choice of Dante Giacosa, who designed the 500 bravely giving up the traditional image of a car through a re-examination of its fundamental elements*" [...] "*The role played by the 500 in social and labour mobility within a small rural community*" [...] "*The image of the 500 in the advertising world of the first decade of the 21st century*" [...].

tazione di "metadiario" (il diario che parla del diario). Per molti aspetti la nostra 500 diventa il lettore della realtà che ci circonda ed assume quindi l'aspetto ed il ruolo di uno specchio in cui si riflettono e si muovono i fatti e i personaggi del mondo reale. Infatti, a ben pensare, queste nostre note altro non sono che "riflessioni" (cioè cose che si riflettono e si materializzano, anche se a due sole dimensioni) sulla superficie riflettente (inizialmente vuota) dello specchio. La 500, pertanto, come luogo di riflessioni, come potenziale libro contenente tante pagine quante sono le pagine dell'inesauribile realtà che ci circonda e ci accompagna. Allora, giunti a questa consapevolezza, si tratta di cercare di razionalizzare il discorso ricorrendo ad una bipartizione, che comprenda tutto quello che uno specchio come il "cinquino" può comprendere. Mi riferisco quindi alle "riflessioni" che riguardano la società riflessa nel modo di essere collettivo dei cinquecentisti e le "riflessioni" che riguardano i singoli individui (ovvero i protagonisti del mondo delle cinquecento nella loro individualità). Partendo dal primo grandissimo settore possiamo dire che ***i cinquecentisti nel loro complesso si presentano come una collettività dinamica, capace di aggregarsi ed organizzarsi,*** *tesa cioè ad operare nella realtà. Una connotazione quindi progressista, anche se questo concetto va inserito dentro una cornice di tipo conservatore, teso cioè a mantenersi entro una cornice che è quella storica in cui la 500 si inserisce. Una dimensione che proprio in quest'anno del mezzo secolo di vita della nostra utilitaria assume una propria particolare accentuazione. Una società non statica, che sa organizzarsi e che diventa motore di operatività e di cambiamento. Pensate quanti*

Here is one of Strizioli's most recent articles:

We would like to dedicate this page of the Diary to the Diary itself. In other words, an annotation of "meta-diary" (the diary talking about itself). In many respects, our 500 becomes the reader of the reality surrounding us and therefore takes on the features and the role of a mirror into which the facts and the characters of the real world are reflected. In fact, thinking about it, these notes are nothing more than "reflections" (i.e. things that reflect and materialize, although in two dimensions only) on the reflecting surface (at the beginning an empty one) of the mirror. The 500, therefore, as a place for reflection, as a potential book containing as many pages as the unlimited reality surrounding and accompanying us. Then, once reached this stage of awareness, it is a matter of trying to rationalize the whole matter and resort to a bipartition comprehensive of everything that a mirror like the "cinquino" can encompass. I am talking about the "reflections" on society as reflected in the way of being of the Cinquecento enthusiasts as well as about those "reflections" concerning each individual (i.e. the protagonists of the world of the Cinquecento as individuals). Starting from the first large category, ***we can describe the Cinquecento enthusiasts as a dynamic community, capable of gathering together and organizing themselves****, that is to say, inclined to operate in the real world. A progressive idea, therefore, but this concept must be seen within a conservative context, i.e. the historical framework in which the 500 operates. This dimension is emphasized this very year on the occasion of the fiftieth anniversary of this runabout. A community that is not a static one*

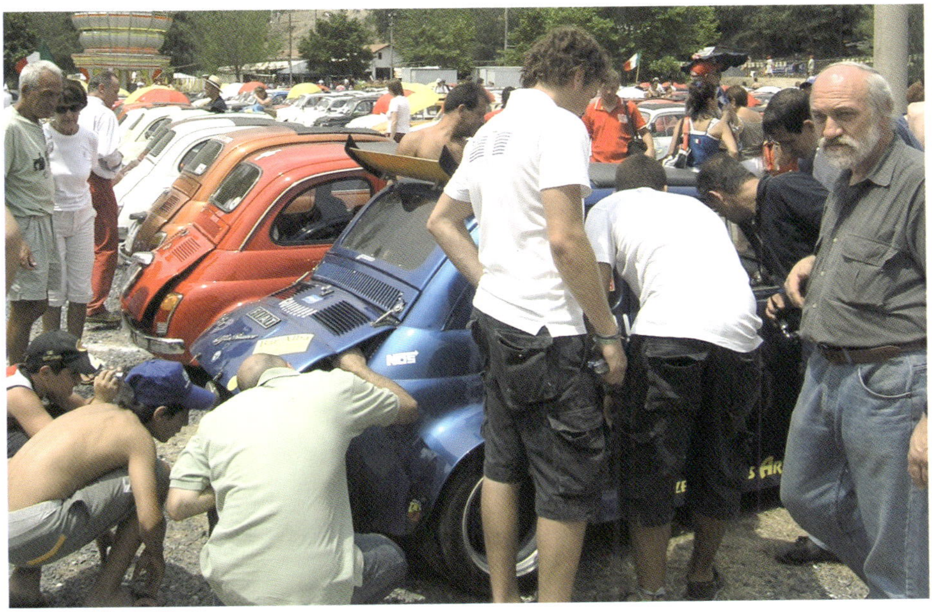

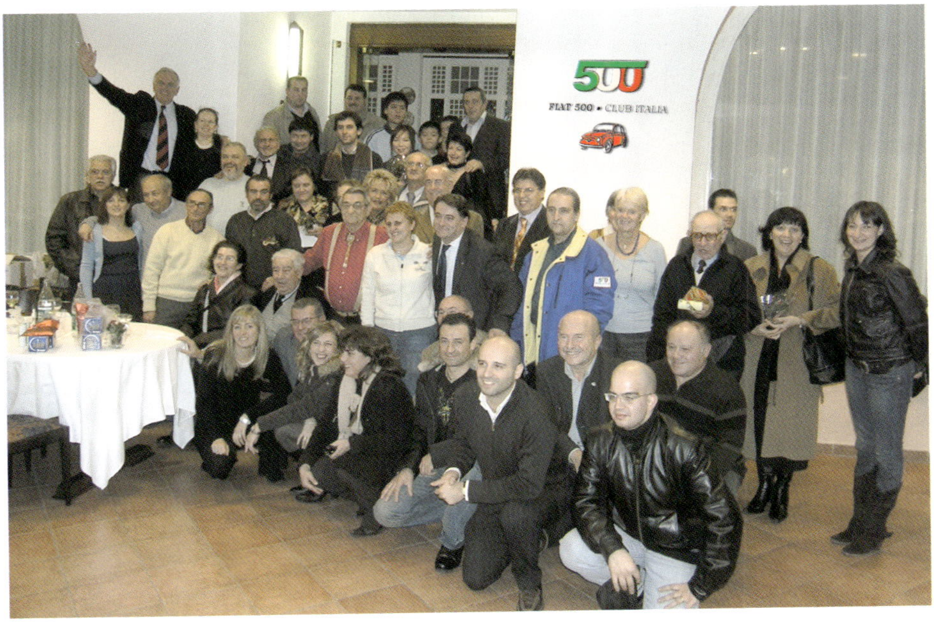

In alto: Garlenda, un gruppo di giovani osservano interessati il motore di una 500.
In basso, foto di gruppo al pranzo degli auguri

Above: Garlenda, a group of youths observe with interest the engine of a 500.
Below: group photograph taken during the Christmas lunch.

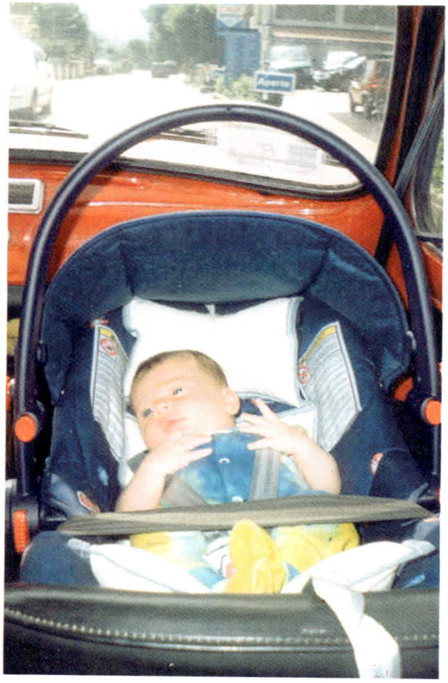

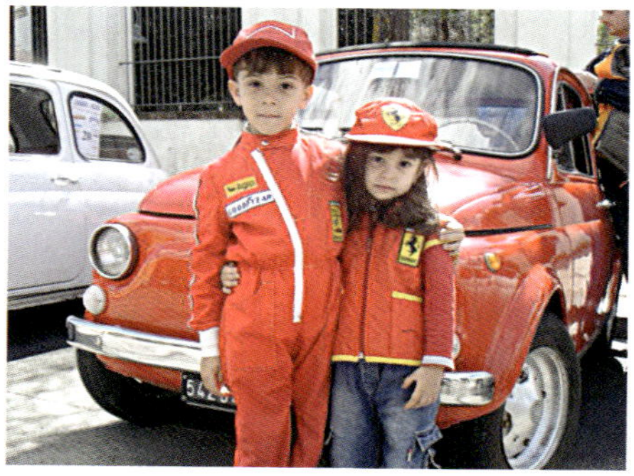

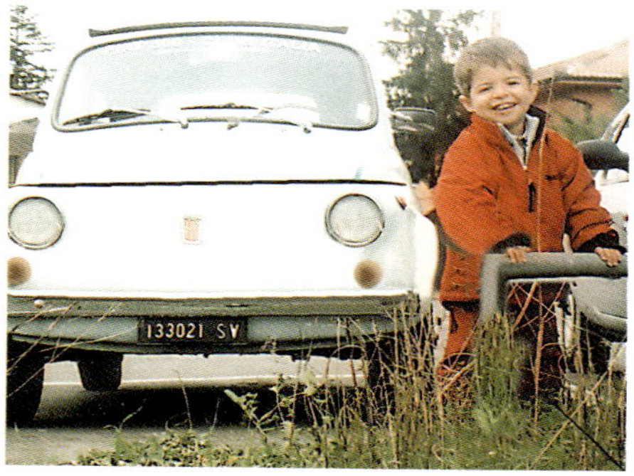
133021 SV

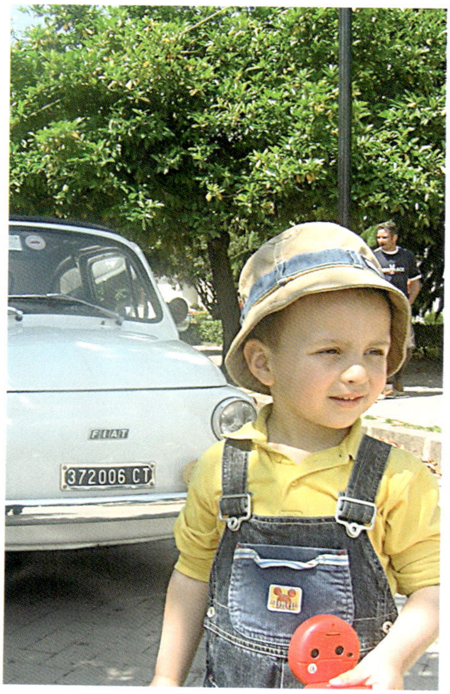
FIAT
372006 CT

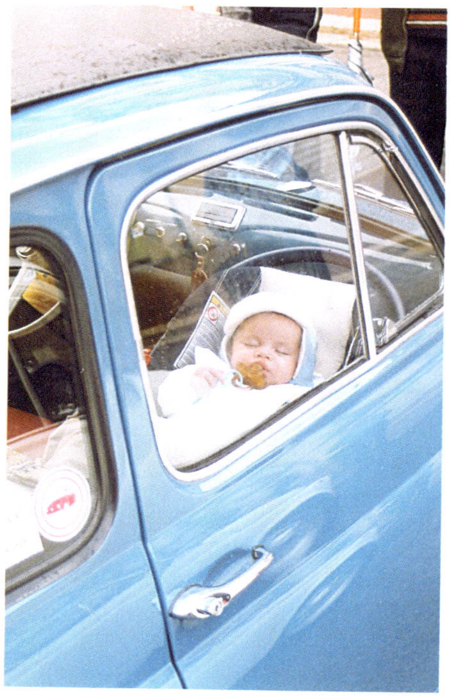

cambiamenti ci sono stati dal 1957 ad oggi. Nello specchio della 500 si riflettono e trascorrono scenari di grandi risultati sociali e culturali. In questi ultimi 50 anni i cambiamenti sono stati epocali, in quasi tutti i settori, da quello economico a quello della scolarizzazione, dall'unificazione linguistica della nazione grazie alla televisione alle nuove esigenze della convivenza, dal livello di vita alla maggior percezione (e difesa) dei diritti essenziali. (Si potrà mai, con lo strumento della narrazione, tradurre questi cambiamenti in un racconto, restituire il divenire della società, il cambiamento delle condizioni di vita? Noi non sappiamo se ciò sia possibile, sappiamo tuttavia che si potrebbe tentare una impresa del genere). Resta quindi la parte dei "riflessi" delle singole personalità del mondo dei cinquecentisti. La mia è solo una impressione ma all'interno dei proprietari della "piccola grande auto che ha aiutato gli italiani a crescere" sta ora prevalendo la fascia di età più attiva, quella per intenderci attorno ai quarant'anni, che ne hanno anche fatto la "seconda" (o terza o quarta...) macchina, quella più amata, che oggi solca disinvoltamente le maree del traffico metropolitano. Dalle periferie, dove sembrava che la 500 si fosse rifugiata prima di prendere coscienza di essere il grande testimone, il mito e la metafora storica di una nazione, la 500 sta riconquistando il centro delle città, da situazioni di abbandono siamo ora passati al periodo della valorizzazione. Ma quale è la caratteristica dominante dell'appartenente al mondo delle 500? Fra i tanti tocchi di pennello che si possono dare al ritratto complessivo, direi che la traccia caratterizzante sia quella dell'apertura e dell'altruismo. Ma il discorso è, naturalmente, aperto...

and is capable of structuring itself and becoming the driving force for action and change. Let us think of how many changes have taken place since 1957. Images of social and cultural change are reflected in the mirror of the 500. The changes of the last 50 years have marked an era, in almost all sectors, from the economic to the education one, from the country's linguistic unification brought about by Television to the new demands of life in common, from life standard to the increased awareness (and protection) of basic rights. (Will it ever be possible to give a written account of all these changes, in the form of a story depicting the becoming of a society, the change in life conditions? We do not know if this is possible, but we know that it is possible to give it a try). Then we have the "reflections" of the individual personalities of the Cinquecento world. The impression I get is that the active age, i.e. around the age of forty, is now the prevailing age group amongst the owners of the "big little car that has helped the Italians grow". They have made it their "second" (or third or fourth...) car, the best-loved one, now confidently ploughing through the tides of urban traffic. The 500 is now reconquering the city centres, after a period in which it had taken shelter in the suburbs, before realizing that its role was that of the great witness, that it was the icon and the historic metaphor of an entire nation. From a state of neglect we have now moved to the time of appreciation of its worth. But what is the main feature of those belonging to the world of the 500? Among the many strokes of brush that can be given to the whole portrait, I would say that the typical trait is that of openness and selflessness. But the debate is an open one, of course...

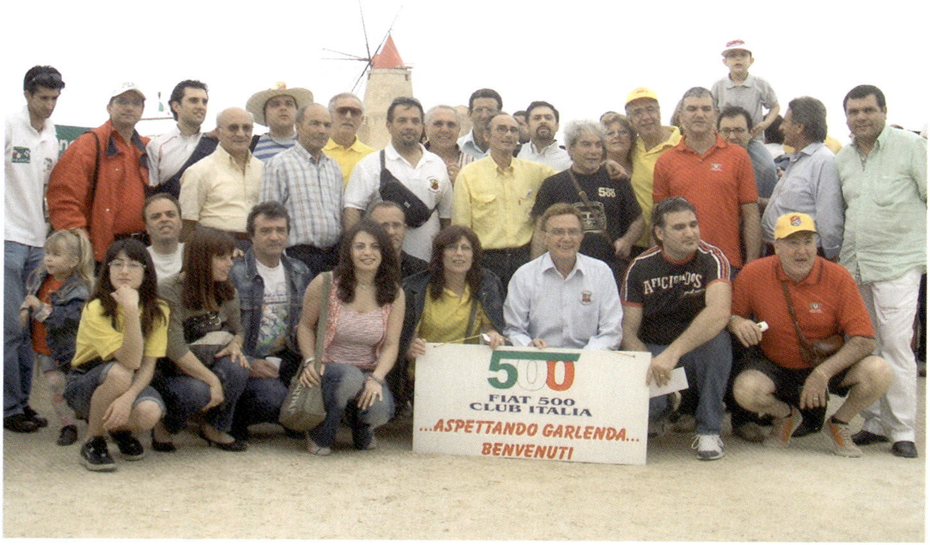

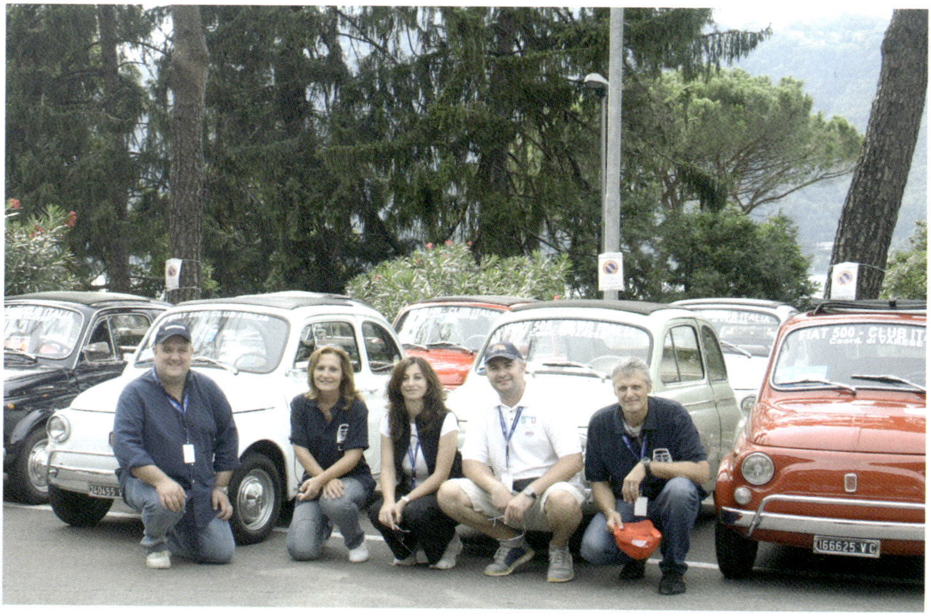

In alto, foto di gruppo al raduno di Marsala.
In basso, alcuni rappresentanti del coordinamento di Varese.

Above: group photograph at the Marsala meeting.
Below: a few representatives of the Varese branch.

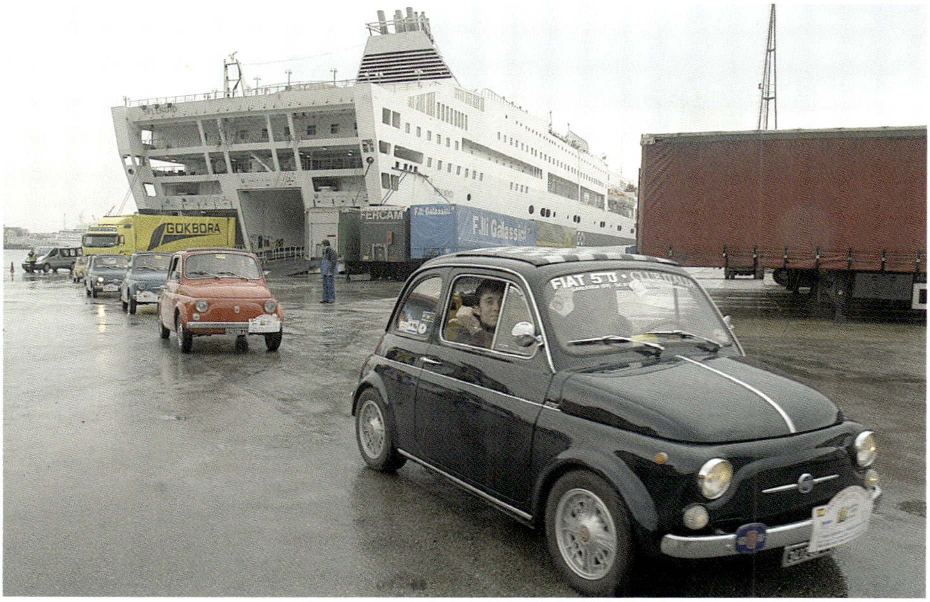

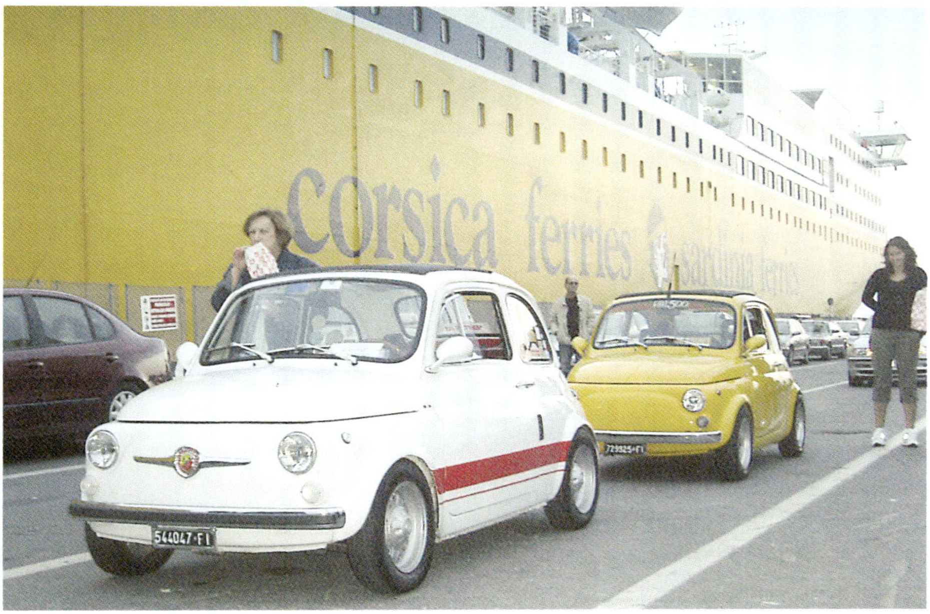

In alto, le 500 sbarcano a Barcellona.
In basso, le due 500 della scuderia di Leonardo Lelli in partenza per la Corsica.

Above: the 500s arrive in Barcelona.
Below: the two 500s of Leonardo Lelli's racing team leaving for Corsica.

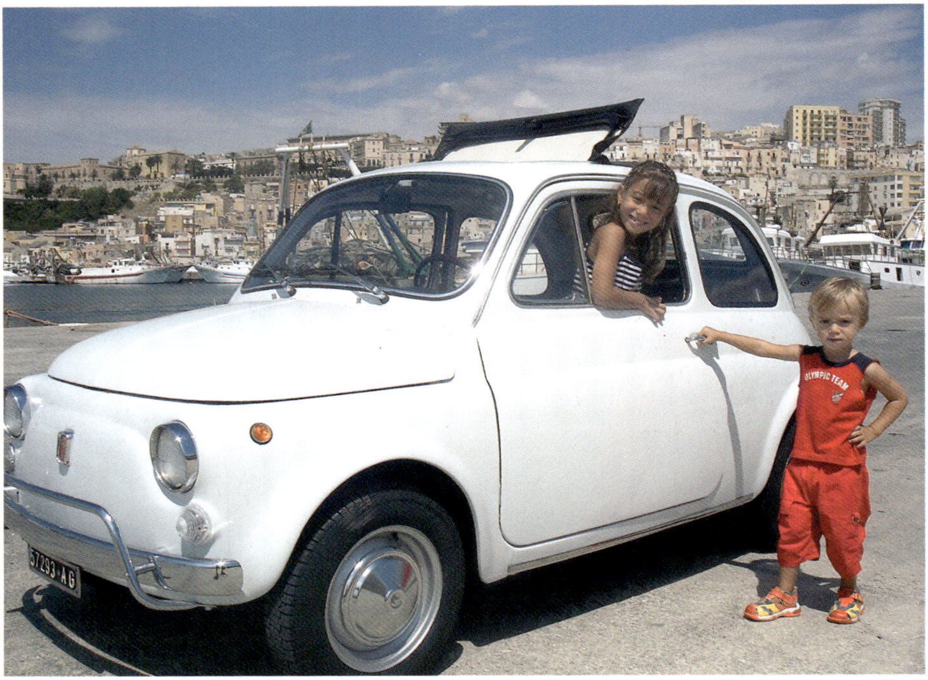
57293·AG
OLYMPIC TEAM

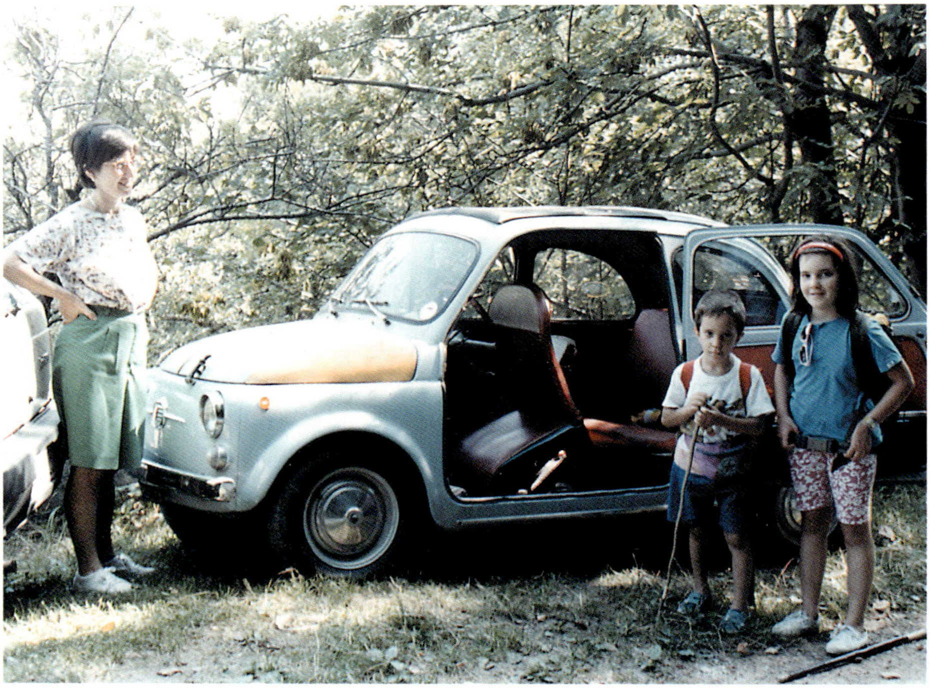

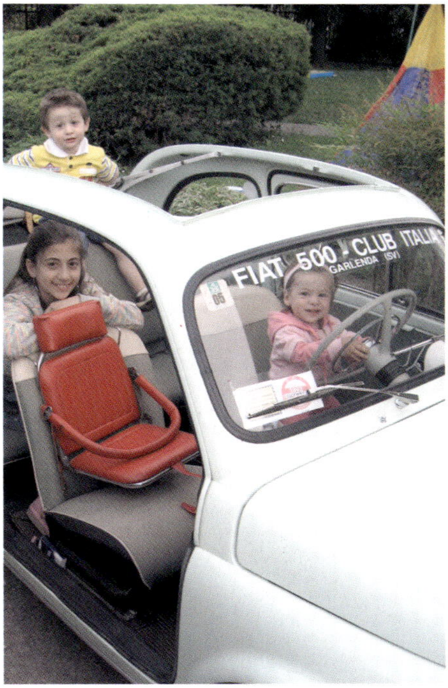
FIAT 500 - CLUB ITALIA
GARLENDA (SV)

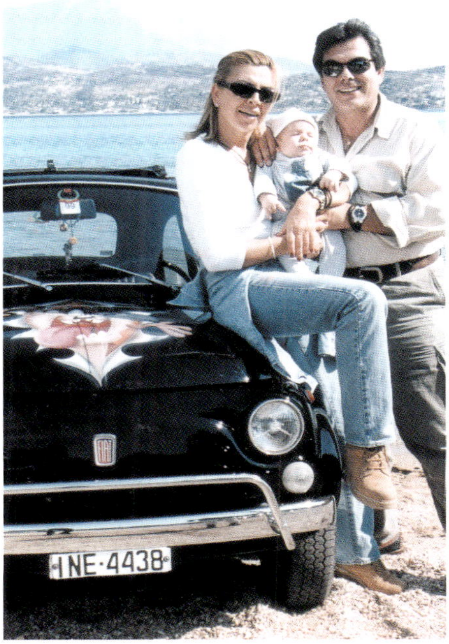
INE-4438

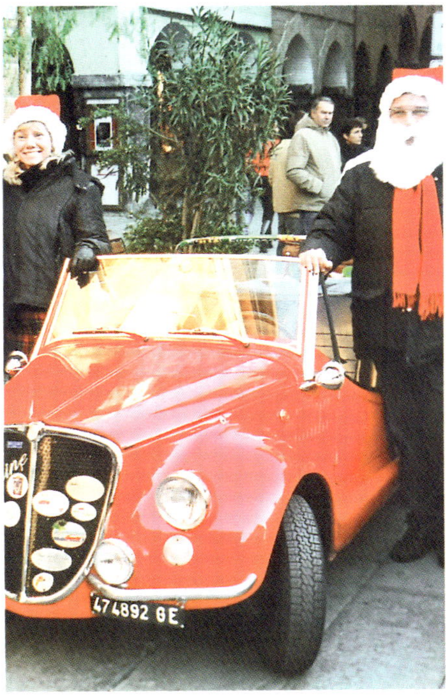
474892 GE

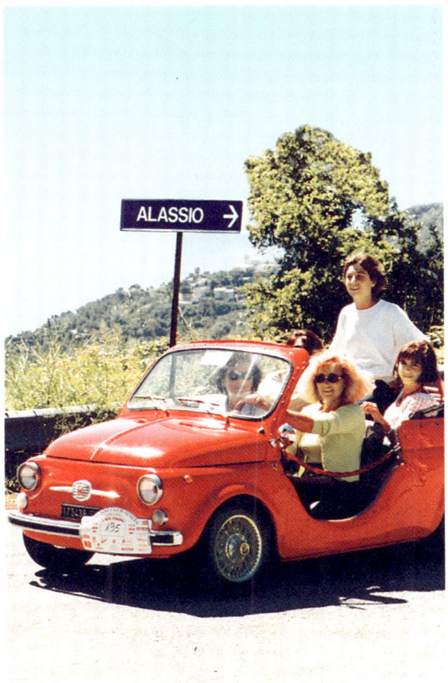
ALASSIO

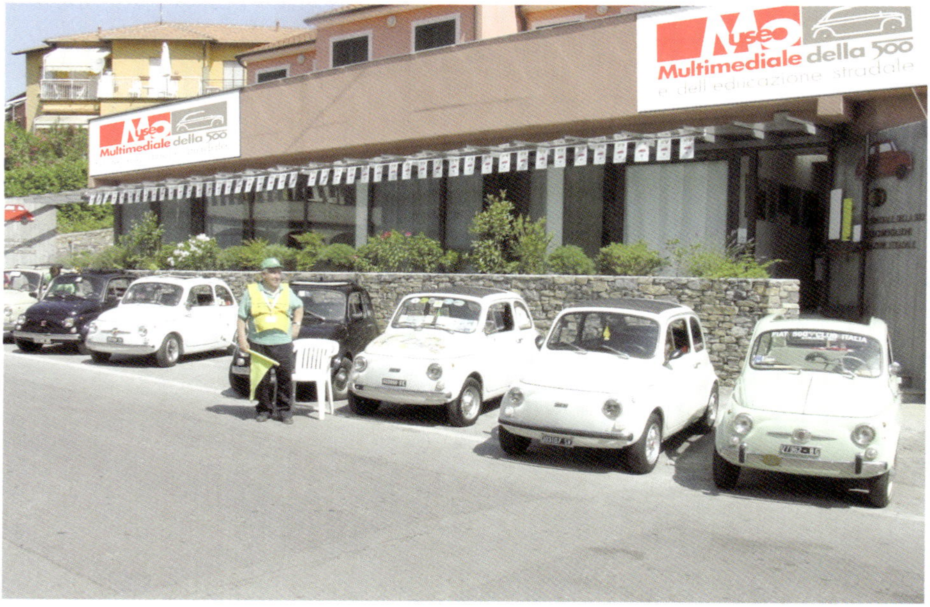

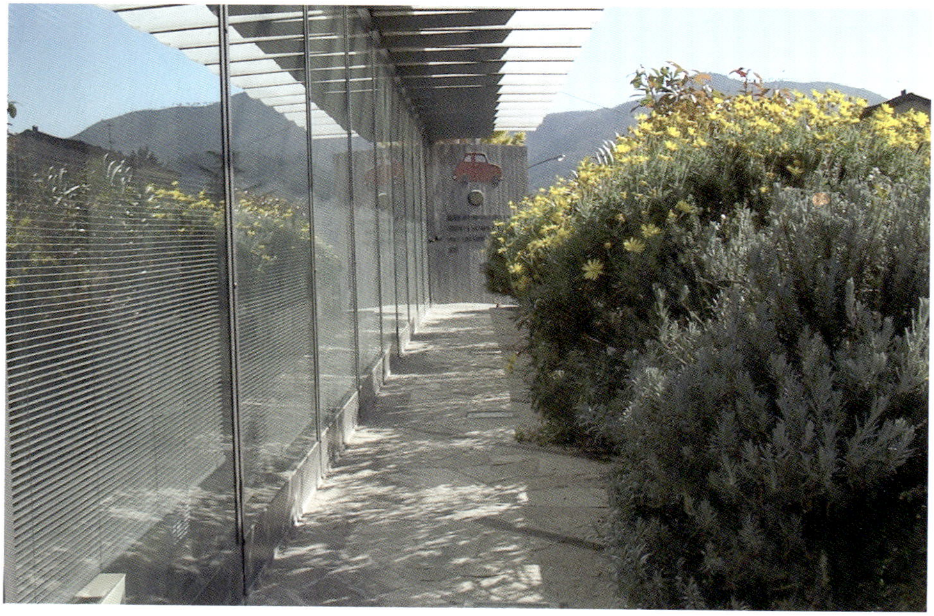

Garlenda, i locali dove viene ospitato il Museo Multimediale della 500 e Centro di Documentazione per l'Educazione Stradale.

Garlenda, the premises of the Multimedia Museum of the Fiat 500 and Road Behaviour Documentation Centre.

Museo Multimediale e Centro di Documentazione per l'Educazione Stradale

Da un grande mito e da una altrettanto grande passione è nata l'esigenza di creare un luogo che le testimoni. Un luogo speciale, a suo modo magico, non semplicemente celebrativo. Questo luogo è il Museo Multimediale della Fiat 500 e Centro di Documentazione per l'Educazione Stradale presso la sede del Fiat 500 Club Italia in Garlenda. La data scelta per l'inaugurazione è significativa: il 6 luglio 2007, durante il XXIV Meeting Internazionale. All'appuntamento è presente Mariella Giacosa, la figlia di Dante, al quale il Museo è intitolato. È un progetto di cui l'ingegnere stesso sarebbe stato senz'altro felice, un'ulteriore conferma della grandezza del suo lavoro e del suo contributo all'industria mondiale dell'automobile.

La curiosità intorno alla "piccola grande auto" è sempre alta, come testimonia il successo crescente del Club. Appassionati della prima ora e giovani neopatentati che ambiscono mettersi al suo volante sono determinati a non mandare in pensione (pur a trent'anni dall'uscita di produzione) l'adorabile "cinquino". La curiosità è estesa anche al periodo – di grandi, innegabili mutamenti per il nostro Paese e per il mondo intero – in cui la 500 era la regina delle strade. Un ventennio (1957-1977) il cui ricordo è naturalmente vividissimo, ma pare già "preistoria" per l'ultima, ipertecnologica e "smemorata" generazione. Un venten-

Multimedia Museum of the Fiat 500 and Road Behaviour Documentation Centre

From a great icon and from just as great a passion come the need to create a place witnessing them. A special place, somehow magical, not just celebrative. This place is the Multimedia Museum of the Fiat 500 and Road Behaviour Documentation Centre located on the premises of the head office of the Fiat 500 Club Italia in Garlenda. The date chosen for its opening is a significant one: the 6th July 2007, during the 24th International Meeting. Mariella Giacosa, the daughter of Dante - after whom the Museum is named – is present at this appointment.

It is a project that the "Engineer" would certainly have appreciated, a further confirmation of the greatness of his work and his contribution to the world's automotive industry.

The curiosity around the "big little car" is always a great one, as witnessed by the Club's growing success. Old enthusiasts and young people who have just got their driving licence and cannot wait to be at its wheel are determined not to see the adorable "cinquino" retire (even thirty years after the end of its production). The curiosity extends also to the period in which the 500 was the queen of the roads – a time of great, undeniable changes for our country and for the entire world. Two decades (1957-1977)

nio che ha visto l'Italia risollevarsi dalle macerie del secondo conflitto mondiale, l'esplosione del boom economico, il radicale mutamento delle abitudini e persino della struttura della società, la contestazione e l'incubo del terrorismo... Anni di musica leggera che sapeva di gioventù e di voglia di vivere, anni di cinema, di balere e di dancing all'aperto, anni in ferie tutti al mare... e tutti rigorosamente in 500: ricchi, poveri, donne e uomini, ragazzi e persone mature. La democrazia al volante, insomma!

Ecco dunque l'ambizioso scopo del Museo: raccontare l'auto e evocare un momento, proporre oggetti concreti e suggerire idee, suscitare le emozioni giocando tra tangibile e intangibile.

Il rapporto uomo-auto è – con qualche azzardo – paragonabile a quello che, decine di migliaia di anni fa, si instaurò tra i nostri antenati e i primi lupi che si lasciarono addomesticare. Un rapporto che ha cambiato radicalmente le nostre abitudini e, forse, ha contribuito all'evoluzione della specie. Tanto che oggi una buona fetta della popolazione mondiale non può fare a meno delle quattro-ruote. Ma l'homo sapiens sapiens motorizzato ha molto da imparare sul proprio mezzo e sul suo utilizzo in sicurezza. Ecco perché, specie sui giovani, il ruolo dell'educazione stradale è fondamentale. E se è vero che gli esami non finiscono mai, quello di guida andrebbe ripetuto periodicamente, per l'incolumità nostra e del nostro prossimo. A questo proposito, perché non sfruttare le potenzialità della tecnologia?

Ma educare i cittadini a diventare utenti della strada più corretti e responsabili

of which we still have very vivid memories, but that seem already like prehistory to the latest, super technological and "absent-minded" generation. Two decades that have seen Italy pick itself up from the wreckage of the Second World War, the economic boom, the radical changes in the habits and in the structure of society, the students' protests and the nightmare of terrorism... Years of pop music that had a taste of youth and love for life, years of cinema, of open-air dancing halls, years of holidays at the seaside ... and all strictly in a 500: the rich, the poor, women, men, young people and middle-aged people. Democracy at the wheel, then!

Here is then the ambitious aim of the Museum: to tell the history of a car and evoke an era, to offer concrete objects and suggest ideas, to stir emotions playing between the tangible and the intangible.

The relationship between man and car is – daringly – comparable to the one that, thousands of years ago, existed between our ancestors and the first wolves that let themselves be domesticated. A relationship that has changed our habits in a radical way and, perhaps, has contributed to the evolution of the species. To the point that, nowadays, a large portion of the world population cannot live without four-wheels. But the motorized *homo sapiens sapiens* has a lot to learn about its tool and how to use it safely. That is why, especially for the younger generations, road education plays a fundamental role. And if it is true that exams never come to an end, the driving test

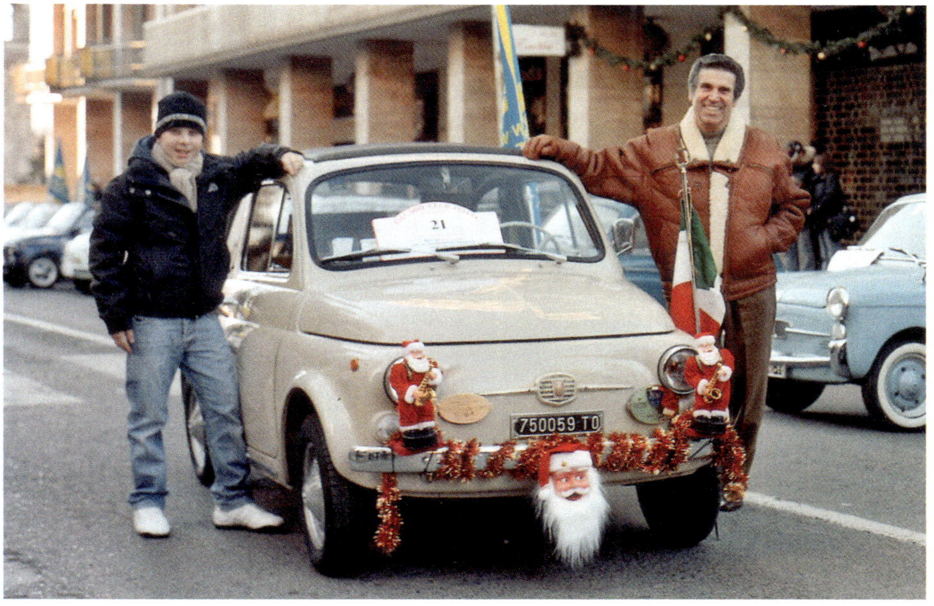

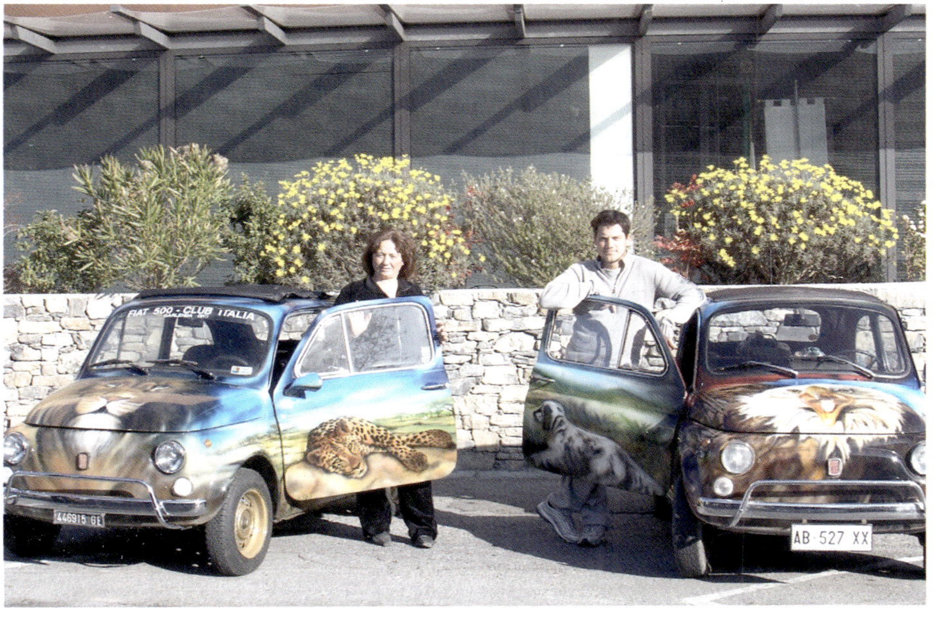

In alto, gli auguri di Buone Feste da Mario Carnazza di Torino (qui con il nipote Massimiliano).
In basso, i gioielli della pittrice Maria Semeraro di Albenga (SV) (qui con il figlio Fabrizio).

Above: Christmas greetings from Mario Carnazza from Turin (with his nephew Massimiliano).
Below: the gems by the painter Maria Semeraro from Albenga (SV) (with her son Fabrizio).

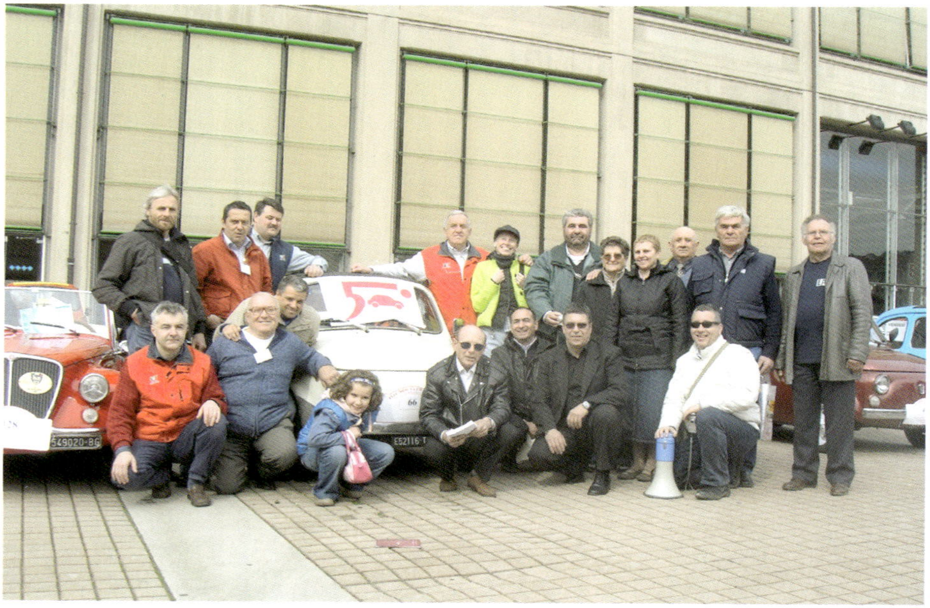

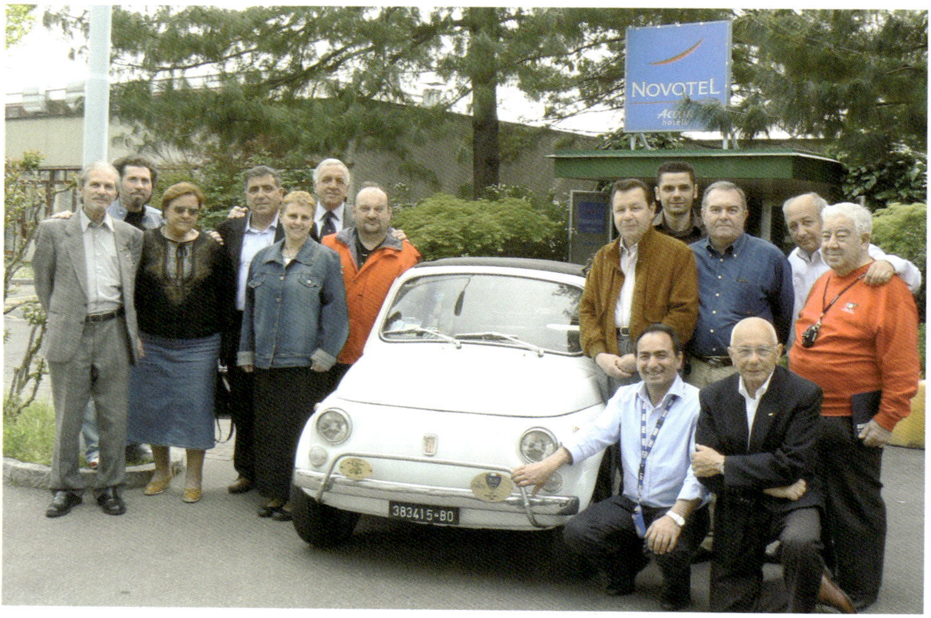

In alto, la delegazione del Club ad Automotoretrò a Torino.
In basso riunione del Consiglio Direttivo a Bologna.

Above: the Club's delegation at "Automotoretrò" in Turin.
Below: Executive Board meeting in Bologna.

vuol anche dire trasmettere un certo savoir-faire, il rispetto del prossimo in primo luogo contro ogni forma di aggressività e prevaricazione. "Mordere" la strada sarà anche esaltante, ma rischiare la vita per un sorpasso azzardato o far scoppiare una rissa per conquistarsi il posteggio non è edificante. Perché allora non trasmettere un po' del sano spirito del cinquecentista, che mai e poi mai abbandonerebbe un suo simile in panne ai bordi di una strada?
Ma come si presenta il Museo? Data la sua natura e la dimensione degli spazi a disposizione, gli arredi e gli elementi multimediali sono stati studiati in modo da integrarsi perfettamente e – con la cura dei dettagli, come la moquette color asfalto o il divanetto dell'area di attesa ricavato dai sedili posteriori di una 500 – **garantire la massima resa possibile, anche in termini di coinvolgimento del pubblico.** L'ingresso nell'area espositiva vera e propria avviene attraversando una sorta di "quinta magica", un pannello a tenda sul quale sono proiettate immagini a tema: un invito al visitatore affinché si "immerga" totalmente nella suggestione dell'ambiente. Se da un lato la ricostruzione di un distributore di benzina con annessa officina anni '60 evoca le "gite fuori porta" che la 500 rese possibile, dall'altro ecco l'alta tecnologia con le postazioni interattive con i touchscreen e i due simulatori di guida per chi vuole scoprire la sua reale preparazione al volante. Una zona è inoltre attrezzata per le conferenze con tanto di schermo per proiezioni: uno spazio importante per fornire una cornice caratteristica e prestigiosa a incontri con gli esperti, presentazione di libri e altre circostanze

should be taken again periodically, for the sake of our own safety as well as other peoples'. To this end, why not take advantage of the potentials of technology?
To educate citizens to become more correct and responsible road users also means to pass on to them a certain *savoir-faire*, the respect for others, first of all against all kind of aggressive behaviour and abuse of power.
"To burn up" the road could be exciting, but to risk one's own life dangerously overtaking or to cause a fight to gain a parking space is not edifying. Why, then, not pass on a bit of the healthy attitude of the Cinquecento enthusiasts, who would never leave their next of kin in trouble on the side of a road?
But what does the Museum look like? Given its nature and the available space, the furniture and the multimedia equipment are perfectly integrated. This is combined with the attention to detail – such as the asphalt-coloured carpet or the sofa in the waiting area made from the rear seats of a 500 – **in order to guarantee the best possible result, also in terms of public participation.** The entrance to the actual exhibition area is through a kind of "magical scene", a curtain wallboard on which themed images are projected: an invitation to visitors to completely "plunge" into the suggestion of the environment. On the one side, the reproduction of a 1960s petrol station with annexed workshop reminds of the "out of town excursions" that the 500 made possible, on the other side, one finds technology

definibili a seconda delle necessità. Una zona multifunzionale ospita abitualmente a rotazione due auto vere scelte tra i modelli più significativi, ma è a disposizione di volta in volta per collocare oggetti, stampe e altro ancora. I visitatori possono ristorarsi in un bar – logicamente in carattere – e acquistare pubblicazioni, capi di abbigliamento e gadget vari. Ogni superficie libera (pareti, divisori, etc.) può accogliere foto, disegni, manifesti e quant'altro, anche nell'ambito di specifiche mostre temporanee.

2007: cinquantenario e nascita

L'inaugurazione del Museo è senz'altro uno dei momenti clou di un anno che – in occasione del cinquantesimo anniversario dell'inizio della produzione della Fiat 500 – vede il Fiat 500 Club Italia protagonista o comprimario di numerose manifestazioni.

Il 2007 vede anche la nascita della "nipotina" della nostra amata 500 che si inserisce nell'importante settore delle "piccole", delle utilitarie comode per circolare in città.

I due eventi – cinquantenario della "nonna" e nascita della "nipotina", avendo la stessa radice famigliare – procedono di pari passo avendo cura dei particolari target cui si rivolgono, con la ferma intenzione di rispettare la storia e il prestigio della veterana e di offrire un degno benvenuto all'ultimo prodotto della più importante casa automobilistica italiana.

Fin dall'annuncio della progettazione della nuova 500, il Club ha più volte

with interactive posts with touch-screens and two driving simulators for those wishing to test their actual ability at the wheel. There is a conference area with a projection screen: an important space providing a characteristic and prestigious setting for meetings with experts, books presentations and other events. In a multi-functional area are usually displayed two real cars in rotation, chosen among the most representative models. This space is also made available for the display of objects, prints and others. Visitors can meet in the bar – a themed one, of course – and buy books, clothes and various souvenirs. Each free surface (walls, partition walls, etc.) can be used for the display of photographs, pictures, posters, etc., even within temporary exhibitions.

2007: fiftieth anniversary and birth

The inauguration of the Museum is certainly one of the highlights of a year that – on the occasion of the fiftieth anniversary of the launch of the Fiat 500 – sees the Fiat 500 Club Italia as the protagonist or as an important partner in many events.

The year 2007 is also the year of birth of the "little niece" of our beloved 500, making its debut into the important market of "the little ones", the runabouts comfortable for city use.

The two events – the fiftieth anniversary of the "grandmother" and the birth of the "niece" – go together – given that they come from the same family –

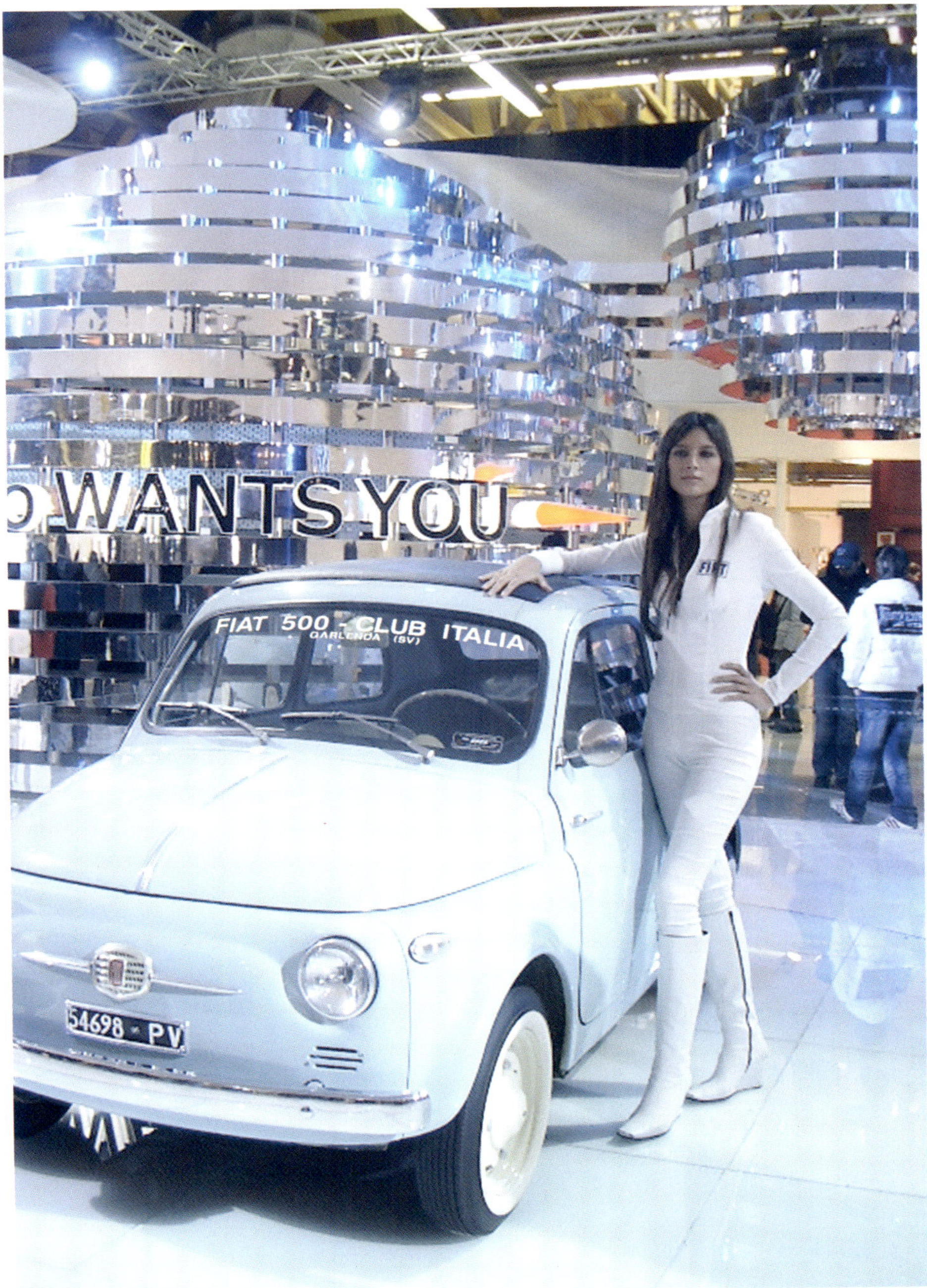

La bellissima 500 di Paolo Rossanigo al Motorshow di Bologna 2006.

The stunning 500 of Paolo Rossanigo at the 2006 Bologna Motorshow.

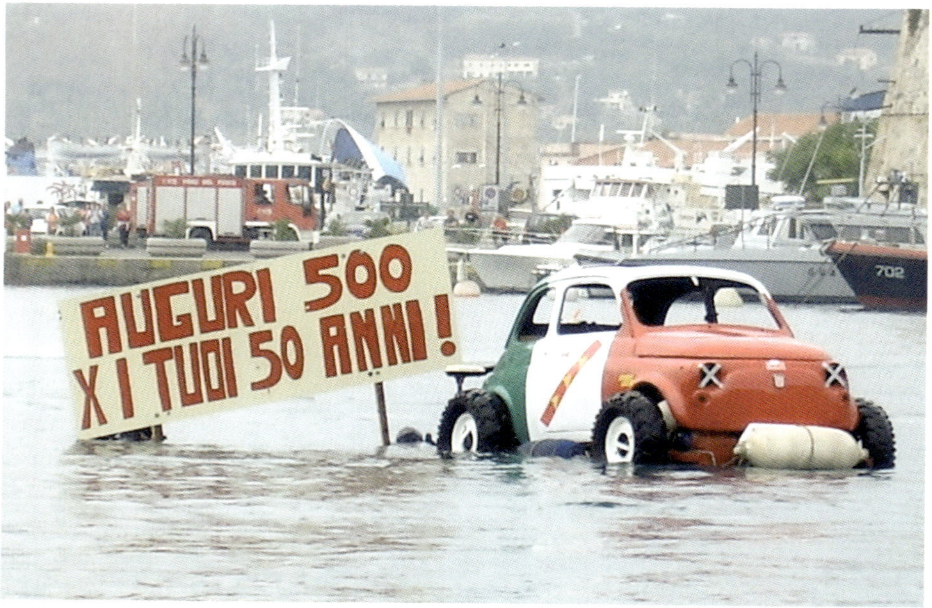

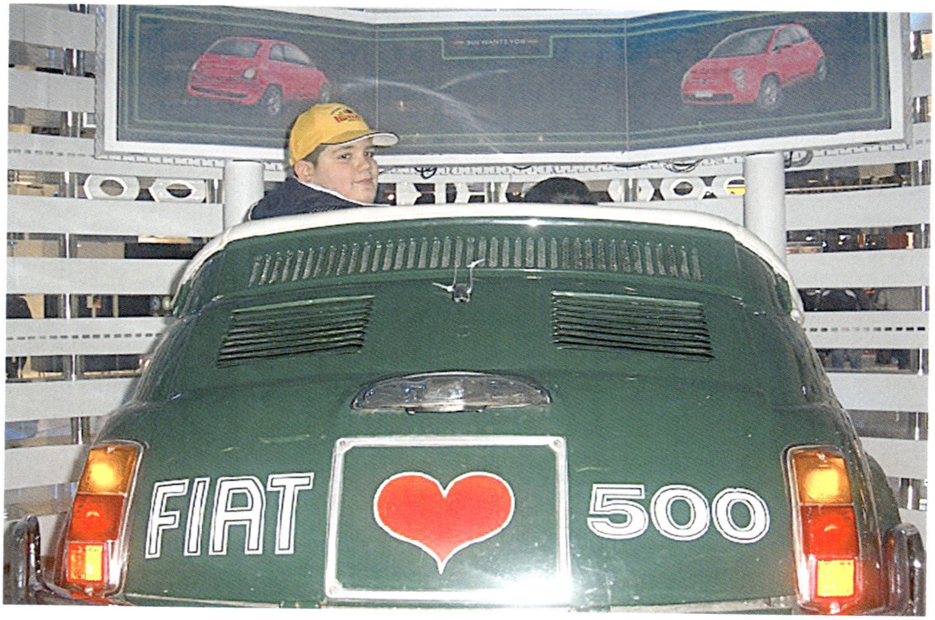

Dall'isola d'Elba gli auguri di compleanno del "Team 500% elbano".
In basso, Motorshow 2006: l'interno della sfera multimediale con l'ecografia della "nipotina".

Above: birthday wishes from the "Team 500% elbano" of the Elba Island.
Below: 2006 Motorshow, inside the multimedia "sphere" with the echography of the "niece".

affrontato il tema, raccogliendo la grande curiosità che ha animato il mondo dei cinquecentisti, seguendo con attenzione il susseguirsi di notizie ed esprimendo il proprio parere in merito. Domenico Romano: «*Sì, la nuova* 500 *assomiglia in modo impressionante alla mitica vetturetta alla quale è dedicato il nostro Club* [...] *Si avvera quello che mi disse Dante Giacosa durante una sua visita a Garlenda "Ridate un nuovo soffio di vita alla mia 500" quando nel* 1984 *gli avevo prospettato l'idea di fondare un Club* [...] I *rapporti con la casa costruttrice, che inizialmente furono di collaborazione, si erano poi raffreddati lasciandoci l'impressione di essere considerati dei nostalgici un po' ingombranti.* [...] *In questi ultimi anni, grazie al nuovo e più dinamico modo di porsi della dirigenza Fiat, il rapporto si è rinsaldato ed è migliorato.* [...] *Ci ha fatto piacere l'affermazione raccolta in Fiat:* ***"La 500 è un modello che sa dare emozioni come pochi altri.*** *Per noi è la storia, un oggetto-simbolo dell'azienda, di cui andiamo molto fieri. Un patrimonio fantastico che ci è riconosciuto e invidiato nel mondo."* [...] *Tutto il Club è da sempre molto legato alla Fiat, prestigiosa azienda italiana, alla quale confermiamo la nostra disponibilità e auguriamo un grande successo di vendita*».

E la presidente Silvia Depaoli: «*Ho provato una sensazione positiva nel vedere l'immagine della nuova* 500. [...] *La somiglianza con la nuova 500 sta, con evidenza, nel frontale, che ci richiama alla linea della nostra inimitabile utilitaria.* [...] *Va precisato che tutti i canoni e le prestazioni della nuova utilitaria non saranno quelle della vecchia* 500, *ma quelle dei giorni nostri*». Precisazione doverosa, perché

bearing in mind their specific targets, with the firm intention to respect the history and the prestige of the old car and to offer a proper welcome to the latest product of the most important Italian automotive enterprise.

Right from the first announcement of the new 500 project, the Club has discussed the issue many times, bringing together the great curiosity and animation of Cinquecento fans, attentively following the news one after the other and expressing their opinion. Domenico Romano says: "*The new* 500 *does look very much like the legendary little car to which our Club is dedicated* [...] *What Dante Giacosa told me during his visit to Garlenda becomes true 'Give a new breath of live to my* 500' *when in* 1984 *I shared with him the idea of founding a Club* [...]

The relationship with the manufacturer, that initially was of one of cooperation, had died down leaving us with the feeling of being considered some awkward nostalgic. [...] *During the last few years, thanks to the new and more dynamic attitude of the* Fiat *management, the relationship has strengthened and it has improved.* [...] *We were very pleased with Fiat's statement:* ***'The 500 is a model capable of stirring emotions as few others can do.*** *To us it represents the history, the symbol of our enterprise, of which we are very proud. A wonderful heritage that the whole world acknowledges and envies.'* [...] *The Club as a whole has always been very close to Fiat, this prestigious Italian enterprise to which we confirm our availability wishing them a great success in sales*".

The president Silvia Depaoli says: "*I have had a positive feeling when I first saw the picture of the new* 500. [...] *The similarity with the new* 500 *clearly lies in the front that*

indietro non si può tornare, ma guardarsi indietro, traendo spunto dal genio di Giacosa e dall'impronta profonda che la 500 ha lasciato nella storia italiana e non solo, diventa un obbligo per una grande azienda quale la Fiat. «*Le iniziative previste nel* 2007 *servono alla* Fiat *per sostenere il lancio della nuova utilitaria e a noi per riconfermare la nostra assoluta primogenitura nel ricordo e nella valorizzazione del* "Mito 500"».

Concludiamo con le parole di Franco Trifirò sulla rivista di "Auto&Moto Storiche": ***«In quale altro paese del mondo esiste un fenomeno paragonabile a quello della 500?*** *Quale altra auto è ancora diffusissima a trent'anni dall'uscita di produzione? Rendiamo allora i dovuti onori a questo pezzo semovente della nostra storia e facciamolo nel modo più semplice: rispettiamola.* La 500 *deve essere in primo luogo rispettata dai suoi proprietari che la terranno costantemente in ordine di carrozzeria, meccanica e tappezzeria.* La Fiat 500 *deve essere però oggetto di rispetto anche per quegli amministratori di alcune grandi città attualmente alle prese con lo spinoso problema delle* "Z.T.L." (*zone a traffico limitato*). *Non è vietando l'utilizzazione di qualche centinaio di queste vetture, nate per essere usate in città e che tutto il mondo ci invidia, che si risolverà il problema dell'inquinamento nei nostri centri abitati.*».

Siamo arrivati in fondo a questo libro. Abbiamo voglia di fare bilanci? Be', "Fiat 500: Storia di una passione" ci ha già permesso di tirare le somme e il risultato finale porta un segno positivo. Il segno di un Club di auto che mette al primo posto le persone.

recalls the looks of our inimitable runabout. [...] We must stress that all the features and the performance of the new runabout will not be those of the old 500, *but those of our times*". This must be underlined, because it is not possible to go backwards, but looking back and drawing inspiration from the genius of Giacosa and the deep mark that the 500 has left in the history of Italy - and not only – is something that an enterprise as big as Fiat ought to do. "*The events scheduled for* 2007 *are useful to* Fiat *to back up the launch of the new runabout and to us to reconfirm our absolute first place in the memory and the valorisation of the 'legend of the* 500' ".

We are closing with the words of Franco Trifirò on the magazine "Auto&Moto Storiche": ***"In what other country in the world exists a phenomenon comparable to that of the 500?*** *Which other car is still so popular thirty years after its production ceased? Let us duly honour this self-moving piece of our history and let us do it in the simplest of ways: respecting it. The* 500 *must be first of all respected by its owners who will keep its body, mechanics and upholstery in good condition at all times. The* Fiat 500 *must also be respected by those city councillors currently dealing with the difficult issue of* "Z.T.L." (*limited circulation areas*). *It is not by banning the circulation of a few hundreds of these cars, born for city use and that the whole world envies us, that the problem of pollution in urban areas will be solved.*".

We have come to the end of this book. Shall we summarize it? Well, "Fiat 500: Storia di una passione" has already allowed us to draw some conclusions and the final result bears a positive mark. The mark of a car Club that puts people in the first place.

PICCOLO GLOSSARIO DELLA FIAT 500

Questo libro non vuole essere
un saggio tecnico sulla Fiat 500:
diamo, tuttavia, alcune informazioni
per venire incontro ai lettori
meno esperti che desiderassero
una migliore conoscenza
del "mito".

SMALL GLOSSARY OF THE FIAT 500

This book does not set out to be
a technical essay on the Fiat 500:
we nevertheless wish to provide some
information to the less expert readers
wishing to gain a deeper knowledge
of the "icon".

A come America

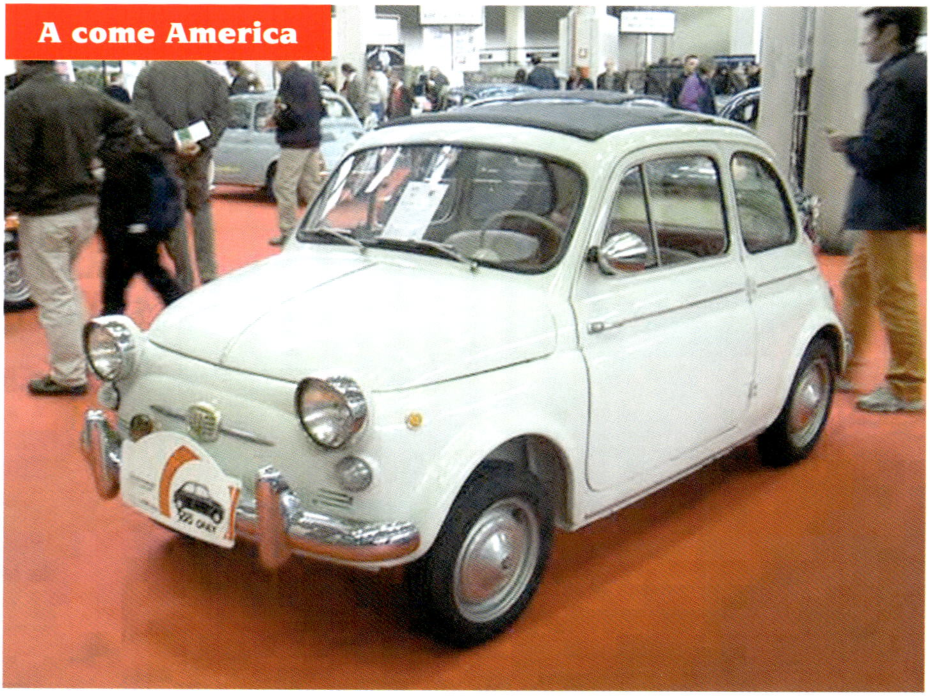

D come Fiat 500 D

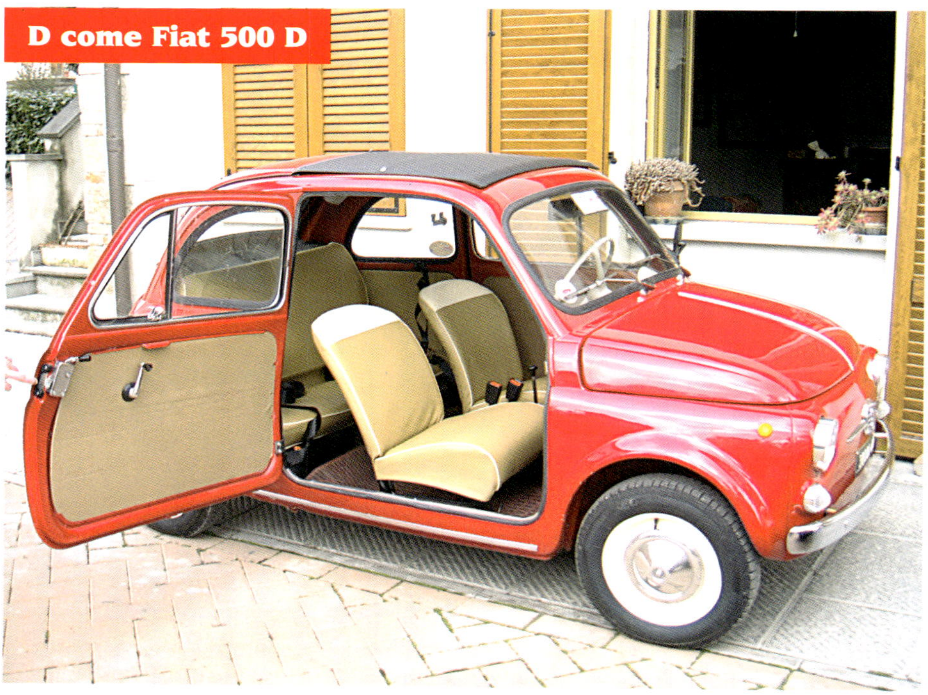

A come America:

la Fiat realizzò per le esigenze del mercato statunitense una 500 particolare con grandi fari anteriori e indicatori di direzione tondi posti sotto i fari stessi; il cruscotto aveva la scala del tachimetro e del contachilometri in miglia. Furono allestite con queste caratteristiche sia la Nuova 500 tetto apribile sia la 500 Sport.

B come Bambina:

nome di una delle versioni della 500 prodotte in Nuova Zelanda, con componenti realizzati in loco e materiali importati dall'Italia; la vettura ebbe un grande successo in quel Paese e segnò un'epoca, come testimonia il volume recentemente realizzato dal giornalista neozelandese Todd Niall.

C come Colori:

su **www.500clubitalia.it** è disponibile l'elenco completo dei colori – con tanto di codice e periodo di produzione – impiegati per le carrozzerie delle 500.

D come Fiat 500 D:

fu presentata al Salone dell'Automobile di Torino nel 1960 e fu prodotta fino al 1965; la cilindrata era aumentata a 499,5 cc per 17,5 cv. La caratteristica principale era la spalliera del divanetto posteriore più alta e reclinabile, in modo da facilitare il carico dei bagagli.

E come Economica:

pochi mesi dopo la presentazione della "nuova 500", la Fiat presentò la "500 economica", uguale al modello presentato a luglio con il motore potenziato a 15 cv e la "500 normale".

A as in America:

Fiat conceived for the American market a special 500 with large front headlights and direction indicators located right under the headlights; the dashboard had the speedometer and the odometer in miles. Both the Nuova 500 Open Roof and the 500 Sport were produced with these features.

B as in Bambina:

it is the name of one of the Fiat 500 versions produced in New Zealand, using components manufactured locally and materials imported from Italy. The car was very successful in that country and it marked an era, as witnessed by the recent book by the New Zealand journalist Todd Niall.

C as in Colours:

on www.500clubitalia.it one can find the complete colour range used for the Fiat 500 bodies – with codes and periods of production.

D as in Fiat 500 D:

it was launched at the "Salone dell'Automobile" (Motor Show) in Turin in 1960 and was produced until 1965; the engine capacity was increased to 499.5 cc with a power output of 17.5 bhp. Its main feature was a higher and reclining rear bench to increase luggage space.

E as in Economica:

a few months after the launch of the "nuova 500", Fiat introduced the "500 economica" (economical), identical to the previous one but more powerful with 15 bhp, and the "500 normale".

Nelle intenzioni di Dante Giacosa, sua economicità doveva dipendere, oltre che dai limitati costi di produzione, anche dai bassi consumi e costi di manutenzione.

F come Fiat 500 F:

prodotta dal 1965 al 1972; la caratteristica più evidente sono le porte incernierate anteriormente (quindi con apertura controvento) per motivi di sicurezza. La chiusura della capottina in tela era data da un unico gancio centrale al posto dei due metallici dei modelli precedenti. Furono eliminate le modanature sul cofano anteriore e sulle fiancate e cambiò anche il disegno dei fanali di posizione anteriore e posteriore.

G come Giannini:

i fratelli Attilio e Domenico Giannini produssero a partire dalla fine del 1963 la Giannini 500 TV e la Giannini 500 GT. Il successo di tali trasformazioni diede loro l'incoraggiamento a proseguire. Si ebbero così le versioni in vari allestimenti e motorizzazioni: 500 TVS, 590 GT e GTS, 590 GTL e GTSL, 500 TV Montecarlo e 500 TV Montecarlo Lusso, 590 GT Autostrada, 500 TVL e TVSL, 650 NP e 650 NPL, 650 NP Modena e 650 NPL Modena, 500 TVR e 500 GTR. Franco, figlio di Domenico, è stato vicepresidente del Fiat 500 Club Italia.

G come Giardiniera:

parliamo della 500 Giardiniera, prodotta dal 1960 al 1977, prima direttamente dalla Fiat e poi dalla Autobianchi. Il suo motore era quello della berlina, girato di 90 gradi in modo da poter stare sotto il piano di carico, che aumentava con il ribaltamento dei sedili posteriori.

It was Dante Giacosa's intention that its inexpensiveness should depend not only on the low costs of production, but also on low running and maintenance costs.

F as in Fiat 500 F:

it was produced from 1965 to 1972; the most evident features are the front-hinged doors (therefore, opening against the wind) for security reasons. The canvas roof closing consisted in a single central hook that replaced the two metal hooks of the former models. The moulding on the front bonnet and on the sides were eliminated and the design of the front and rear parking lights also changed.

G as in Giannini:

the brothers Attilio and Domenico Giannini produced from the end of 1963 the 500 TV Giannini and the 500 GT Giannini. The success encountered by these tuned cars encouraged them to persevere. So were made models in different versions and with different engines: 500 TVS, 590 GT and GTS, 590 GTL and GTSL, 500 TV Montecarlo and 500 TV Montecarlo Lusso, 590 GT Autostrada, 500 TVL and TVSL, 650 NP and 650 NPL, 650 NP Modena and 650 NPL Modena, 500 TVR and 500 GTR. Franco, Domenico's son, has been vice-president of the Fiat 500 Club Italia.

G come Giardiniera:

It is the 500 Giardiniera, built from 1960 until 1977, initially by Fiat and later by Autobianchi. Its engine was the same one used for the saloon version, turned 90 degrees so that it could fit under the loading surface that could be increased by folding down the rear

G come Giannini

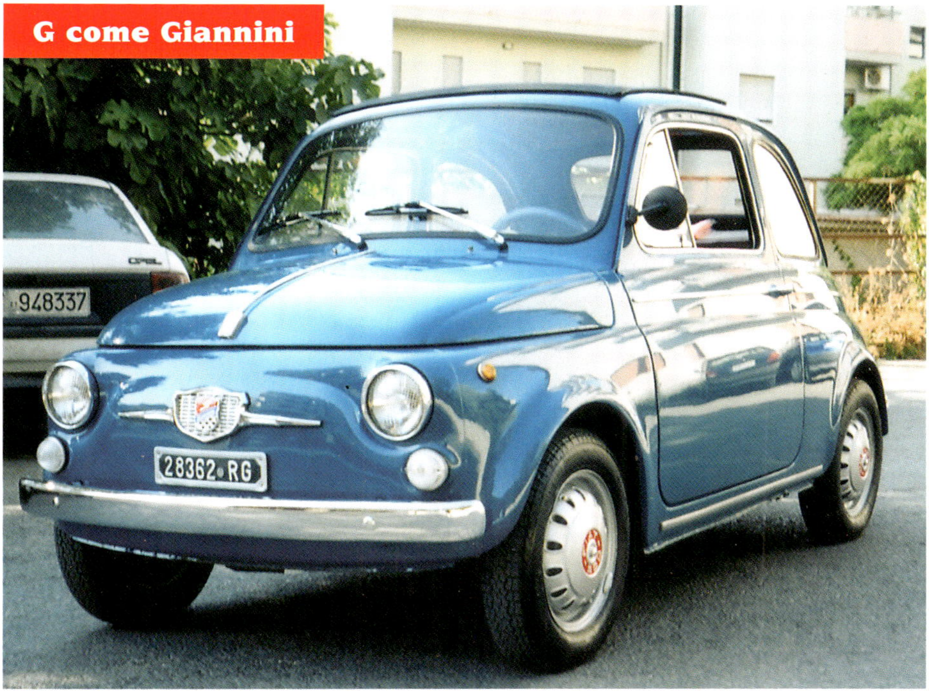

G come Giardiniera

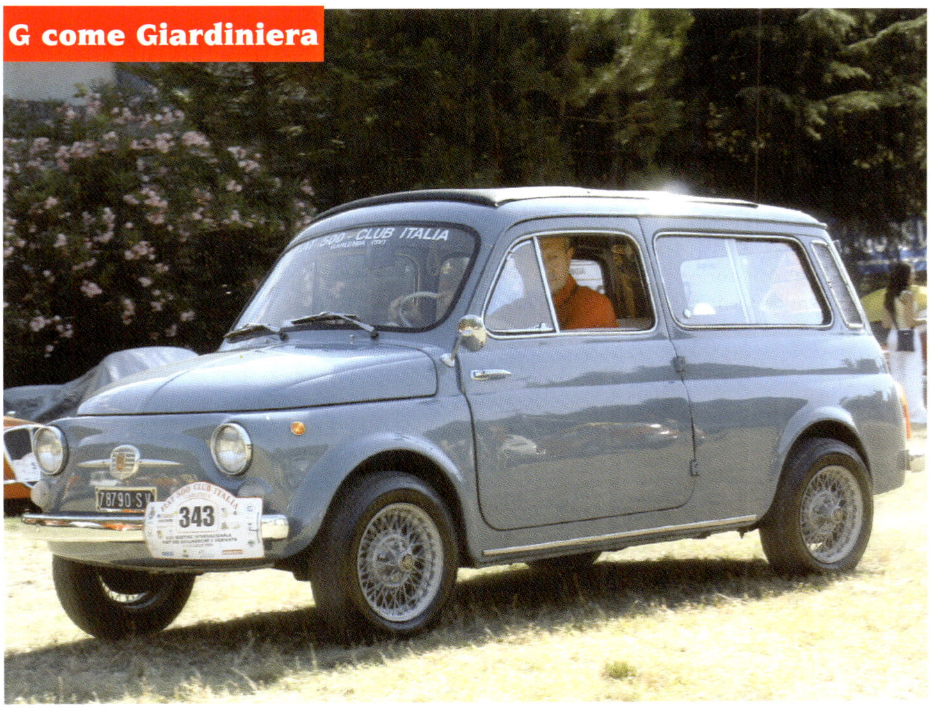

J come Jolly

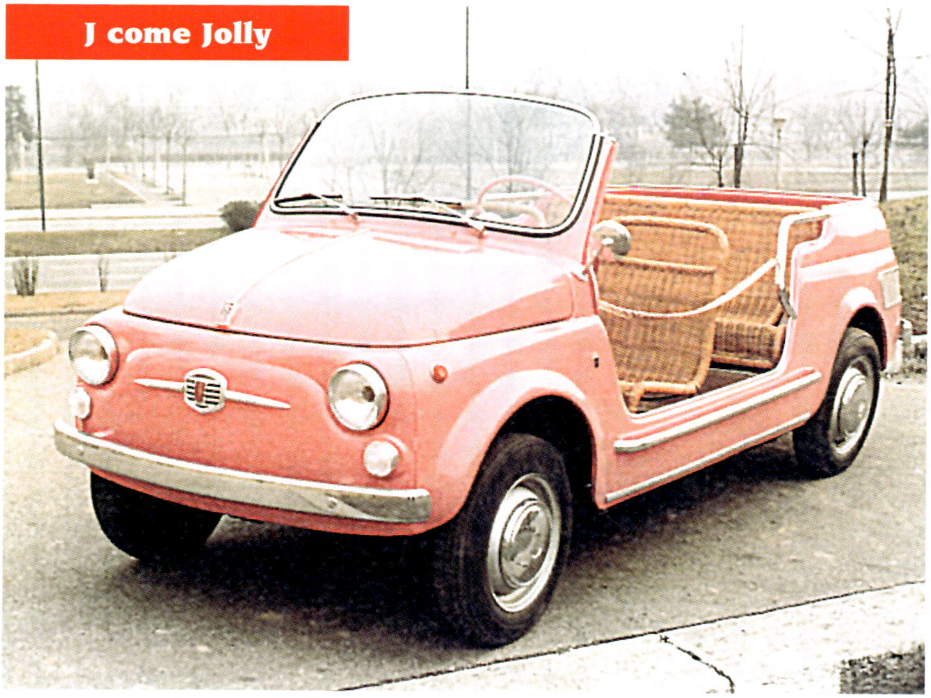

K come Karl Abarth

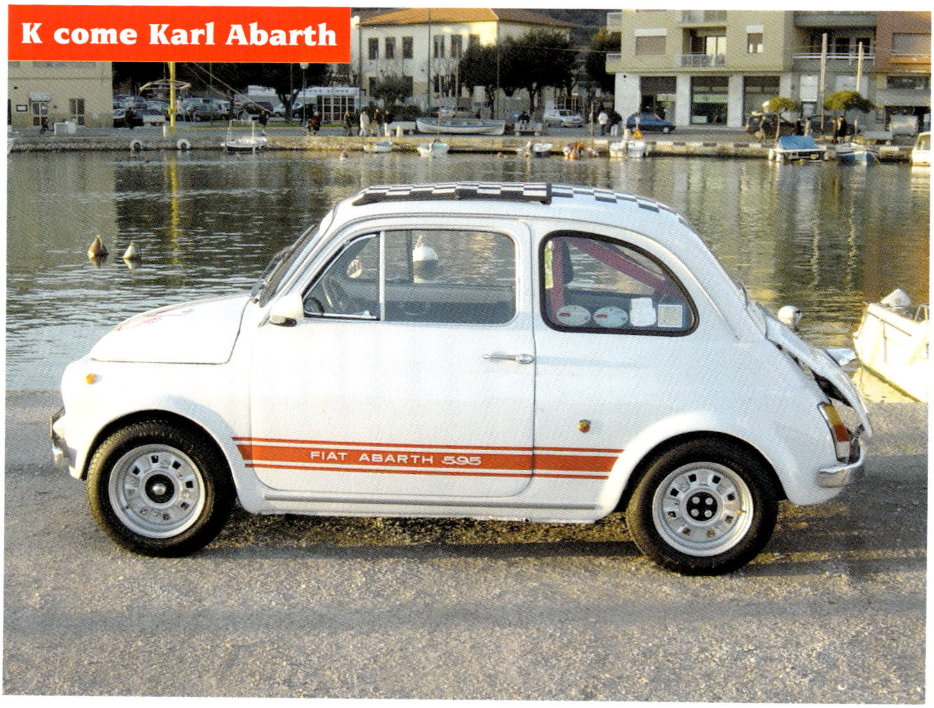

La 500 Giardiniera è risultata anche stilisticamente un prodotto molto valido ed è stata utilizzata nei modi più disparati da chi se ne serviva soprattutto per esigenze di lavoro o familiari.

H come Hockenheim:

la Nuova 500 Sport nel maggio del 1958 vinse la "12 Ore", gara di durata per piccole vetture, svoltasi sul celeberrimo circuito tedesco, imponendosi con quattro vetture ai primi quattro posti. Il miglior tempo assoluto fu quello di Gigi Villoresi.

I come Ingegno:

la 500 è stata definita da molti come capolavoro dell'ingegneria italiana, una delle poche produzioni del nostro Paese che non è stato ancora possibile copiare. Per la sua progettazione Dante Giacosa vinse nel 1959 il prestigioso premio "Compasso d'Oro", massimo riconoscimento italiano per il disegno industriale.

J come Jolly:

prodotta dalla Carrozzeria Ghia di Torino su telaio della 500, con i caratteristici sedili in vimini, senza porte e senza tetto. La Ghia ne produsse anche una particolare versione allestita su telaio della Fiat 500 Giardiniera.

K come Karl Abarth:

il mitico costruttore torinese (di origine austriaca) Karl (o Carlo) Abarth si sbizzarrì realizzando prima la Abarth 500 derivazione Fiat e quindi le famosissime Fiat 595 Abarth e la 695 Abarth e nelle preparazioni "S", "SS" e "Assetto Corsa". I modelli predisposti per gare su pista hanno trionfato in passato e continuano a ben figurare tuttora nelle competizioni di categoria.

seat squab. The 500 Giardiniera turned out to be a good product and it was used in the most different ways by those who had chosen it primarily for work or family reasons.

H as in Hockenheim:

the Nuova 500 Sport won the 1958 "12 Hours" race - an endurance race for small cars that took place on the famous German circuit – with an outstanding four cars in the first four positions. The best overall time was recorded by Gigi Villoresi.

I as in Ingegno (ingenuity):

the 500 has been defined by many as the masterpiece of Italian engineering, one of the few products of our country that it has not yet been possible to imitate. For its design Dante Giacosa was awarded in 1959 the prestigious Golden Compass award, the highest Italian recognition for industrial design.

J as in Jolly:

it is the body produced by Ghia on a 500 chassis with the typical wicker seats, without doors and roofless; Ghia also produced a version derived from the Giardiniera.

K as in Karl Abarth:

the legendary manufacturer from Turin (of Austrian origin) Karl (or Carlo) Abarth built first the Abarth 500 derived from Fiat and then the famous Fiat 595 Abarth and the 695 Abarth and the "S", "SS" and "Assetto Corsa" versions. The circuit racing models triumphed in the past and are still performing well in this category.

L come Lusso:

prodotta dal 1968 al 1972; la denominazione "Fiat 500 L" era giustificata da vari optional e rifiniture: un piccolo portaoggetti nel tunnel, i sedili ribaltabili, le tasche rigide sulle portiere, il nuovo volante, il cruscotto in plastica nera e la strumentazione rettangolare.

L come Lombardi:

nel 1957 realizzò una 500 spider; nel 1963 iniziò la produzione della 500 Giardiniera Camioncino, ma la più famosa delle vetture carrozzate da Francis Lombardi è la 500 My Car, dal caratteristico tetto rigido in vetroresina.

M come Moretti:

carrozziere, costruttore ed elaboratore, Giovanni Moretti realizzò vari modelli sul telaio della 500; il più famoso è il Moretti 500 Coupé presentato nel 1965, con una linea sportiva e forme spigolose. Moretti realizzò inoltre nel 1971 il Mini-Maxi, piccolo fuoristrada su telaio del modello F.

N come Nuova 500:

denominazione data per distinguerla dalla "500 Topolino" del 1936. Si tratta della prima vettura uscita dagli stabilimenti Fiat nel 1957 ed è stata in costruzione sino al 1960. Le portiere erano a favore di vento e il tettuccio era apribile sino al vano motore. La cilindrata era di 479 cc e sviluppava 13 cv.

O come O.T.A.S.:

Officina Trasformazione Auto Sportive, azienda creata da Franco Giannini. Nel 1970 realizzò la Crazy Car su autotelaio Fiat 500.

L as in Lusso:

it was produced from 1968 to 1972; the name "Fiat 500 L" (luxury) was justified by the additional accessories and finishing details: a small glove box in the tunnel, reclining seats, door map pockets, a new steering wheel, a black plastic dashboard and rectangular gauges.

L as in Lombardi:

in 1957 he produced a 500 spider; in 1963 he started producing the 500 Giardiniera Camioncino, but the most famous car body by Francis Lombardi is the 500 My Car, featuring a characteristic fibreglass hard top.

M as in Moretti:

Giovanni Moretti was a coachbuilder, manufacturer and tuner. He built several models based on Fiat 500 chassis; the most famous one is the Moretti 500 Coupe launched in 1965, with a sport line and rough-edged shapes. In 1971 Moretti also produced the Mini-Maxi, a small off-roader based on the F model chassis.

N as in Nuova 500:

it is the first model that came out of the Fiat plant in 1957 and it was produced until 1960. The doors were hinged at the rear and the roof opened right to the engine bay. The capacity was of 479 cc, delivering 13 bhp.

O as in O.T.A.S.:

"Officina Trasformazione Auto Sportive" (Sports Cars Conversion Workshop), a company founded by Franco Giannini. In 1970 they produced the Crazy Car based on a Fiat 500 chassis.

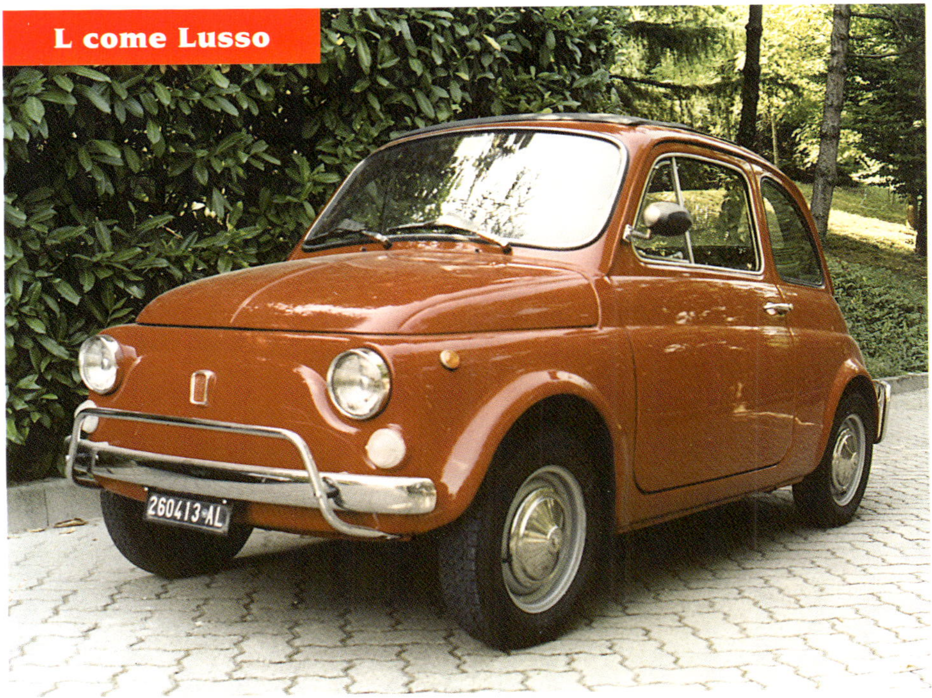

L come Lusso

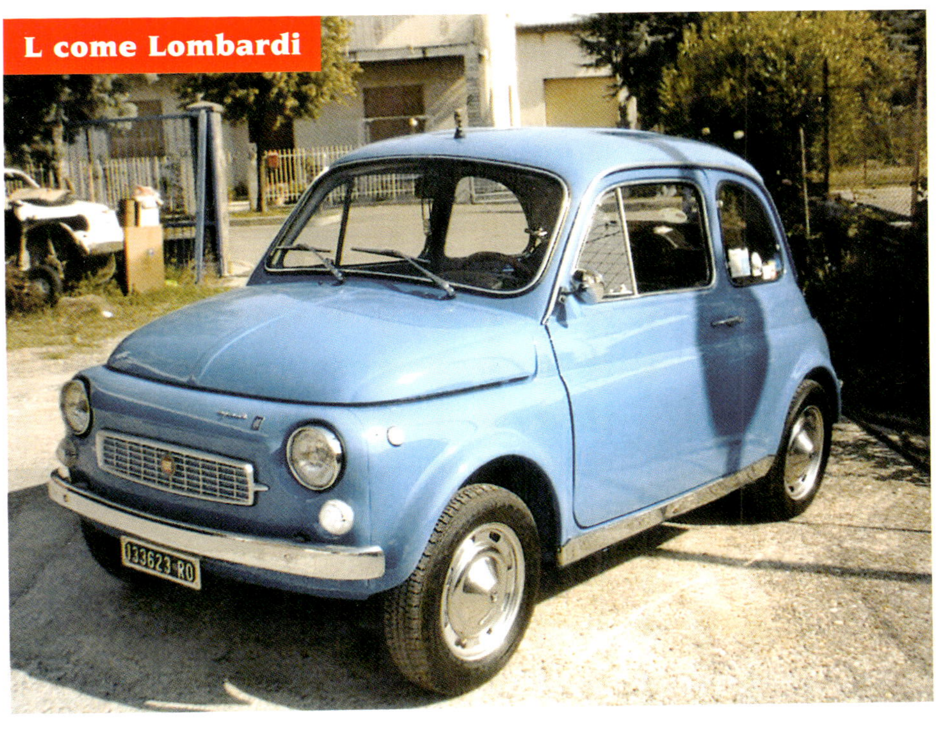

L come Lombardi

N come Nuova 500

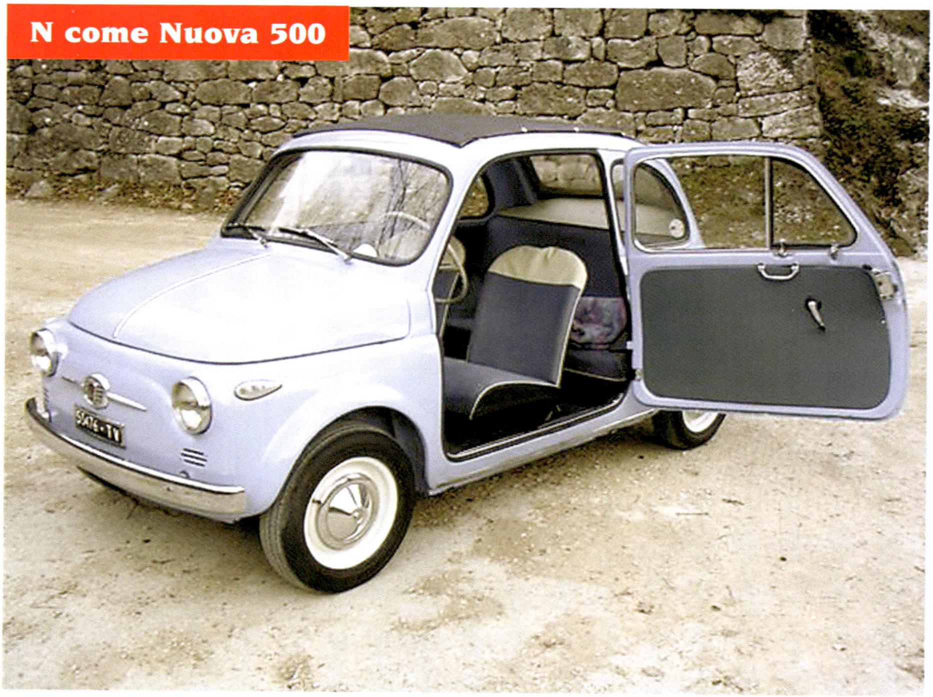

R come Rinnovata

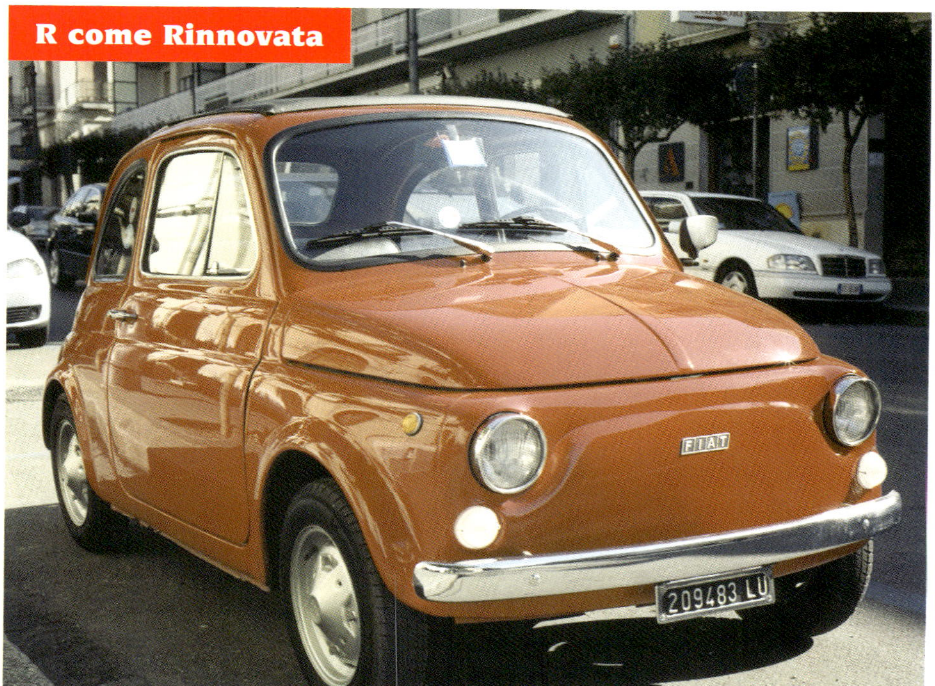

P come Pininfarina:

anche il famoso carrozziere torinese presentò al Salone dell'Automobile di Torino del 1957 un bellissimo coupé su telaio della Fiat 500 con meccanica Abarth. La Pininfarina è stata lo sponsor di uno dei primi raduni del Fiat 500 Club Italia a Garlenda.

Q come 4piccoleruote:

è il periodico ufficiale del Fiat 500 Club Italia, nata nel 1990 come strumento per tenere i contatti con i cinquecentisti. Attualmente la rivista esce con cadenza bimestrale di 68 pagine a colori e con una tiratura di 25.000 copie.

R come Rinnovata:

la Fiat 500 R è l'ultima versione della 500 e fu prodotta dal 1972 all'agosto del 1975; portava nel frontale il nuovo logo orizzontale della Fiat, i cerchi delle ruote erano come quelli della 126 e gli interni erano molto più spartani rispetto alla versione Lusso.

S come Sport:

la Fiat Nuova 500 Sport fu prodotta dal 1958 al 1960; aveva la caratteristica banda rossa sulle fiancate. I cerchi delle ruote sono dello stesso colore, rosso, ed il tettuccio è rigido.

T come Tetto apribile:

la denominazione "tetto apribile" è stata attribuita alla Fiat Nuova 500 e alla Fiat Nuova 500 Sport costruite dal 1959 al 1960 ed ha continuato ad essere attribuita nel linguaggio convenzionale alle altre 500 prodotte in seguito.

P as in Pininfarina:

even the famous coachbuilder from Turin launched at the 1957 Turin Motor Show a beautiful coupe with Abarth mechanics. The company Pininfarina has been the sponsor of one of the first Fiat 500 Club Italia meetings in Garlenda.

Q as in 4piccoleruote:

it is the official magazine of the Fiat 500 Club Italia, launched in 1990 as a means of keeping in touch with 500 enthusiasts. It appears every two months, presently with 68 pages in colour and a circulation of 25,000 copies per issue.

R as in Renewed:

the Fiat 500 R is the last version of the 500 and was produced from 1972 until August 1975; in the front it exhibited the new Fiat horizontal logo, the wheels were like those on the 126 and the interiors were much more spartan than those of the Lusso version.

S as in Sport:

the Fiat Nuova 500 Sport was produced from 1958 until 1960; it featured a distinctive red band on the sides. The wheels are in the same colour, i.e. red, and it features a hardtop.

T as in "Tetto apribile":

the name tetto apribile (open roof) has been given to the Fiat Nuova 500 and the Fiat Nuova 500 Sport built from 1959 to 1960. This name was then commonly used for the 500s produced afterwards.

U come Utilitaria:

Dante Giacosa pensava da tempo alla creazione di una vettura utilitaria, che potesse competere con gli scooter, ma che fosse un'auto vera e propria. In Fiat si temeva che il lancio del nuovo prodotto potesse far concorrenza alla 600, perciò la prima versione fu prevista solo per due posti e molto spartana nelle dotazioni. La 500, così come concepita all'origine, risultò però sin troppo "utilitaria", mancando anche dei più elementari comfort e di conseguenza il debutto delle vendite non fu entusiasmante. Per porre rimedio all'iniziale "flop" venne immessa sui mercati anche la versione "normale", che si affiancava alla "economica" con qualche miglioria estetica.

V come Vignale:

la Carrozzeria Vignale ha realizzato una delle più famose spider ispirate alla 500, la Gamine, dal caratteristico nome francese e dalla linea elegante e un po' retrò, che è tuttora molto apprezzata dai cinquecentisti. Di Vignale ricordiamo ancora la Minnie del '58, spider prodotta in pochissimi esemplari e dotata, a richiesta, di "hard-top".

W come Station Wagon:

è la denominazione più diffusa usata nei paesi esteri per indicare la 500 giardiniera.

Z come Zanzara:

prodotta dalla Carrozzeria Zagato di Milano in soli 2 esemplari su telaio della 500 F e su disegno di Ercole Spada, attualmente prestigioso socio del Fiat 500 Club Italia. È una due posti dal muso appiattito, senza tetto, con due grandi fari sul cofano. La carrozzeria è in vetroresina ed ha la particolarità del parabrezza solidale col cofano anteriore. Il blocco strumenti, di tipo motociclistico, è fissato al piantone dello sterzo.

U as Utilitaria (runabout):

Dante Giacosa had been thinking of a runabout capable of competing with scooters but that would still be a real car. Fiat worried that the launch of the new runabout would be to the detriment of the 600. Therefore, the first version was only produced as a two-seater and it was very spartan. The 500, as originally conceived, came across as much too basic, lacking even the most elementary comforts. Consequently, it did not encounter a great success in sales. The "normale" version was therefore introduced, flanking the "economica" version and with the addition of some aesthetical improvements.

V as in Vignale:

the coachbuilder Vignale has produced one of the most famous spiders derived from the 500: the Gamine, with its characteristic French name and an elegant old-style line that is still very appreciated by Cinquecento enthusiasts. Vignale also produced the 1958 Minnie, a spider built in very few units and, to order, equipped with a hardtop.

W as in Station Wagon:

it is the name most commonly used abroad to refer to the 500 Giardiniera.

Z as in Zanzara:

it was produced in only two units by the coachbuilder Zagato from Milan on a 500 F chassis, designed by Ercole Spada who is presently a prestigious member of the Fiat 500 Club Italia. It is a two-seater, with a flat front, without a roof and with two big lights on the front bonnet. The body is in glassfibre, featuring a peculiar windscreen integral with the front bonnet. The dashboard, similar to that of a motorcycle, is fixed to the steering column.

S come Sport

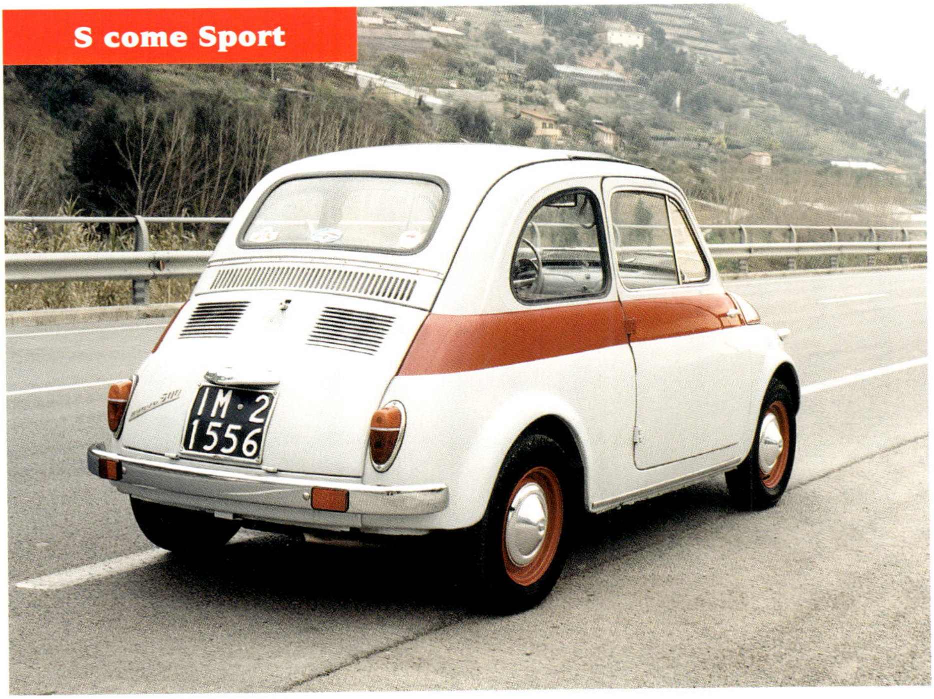

V come Vignale

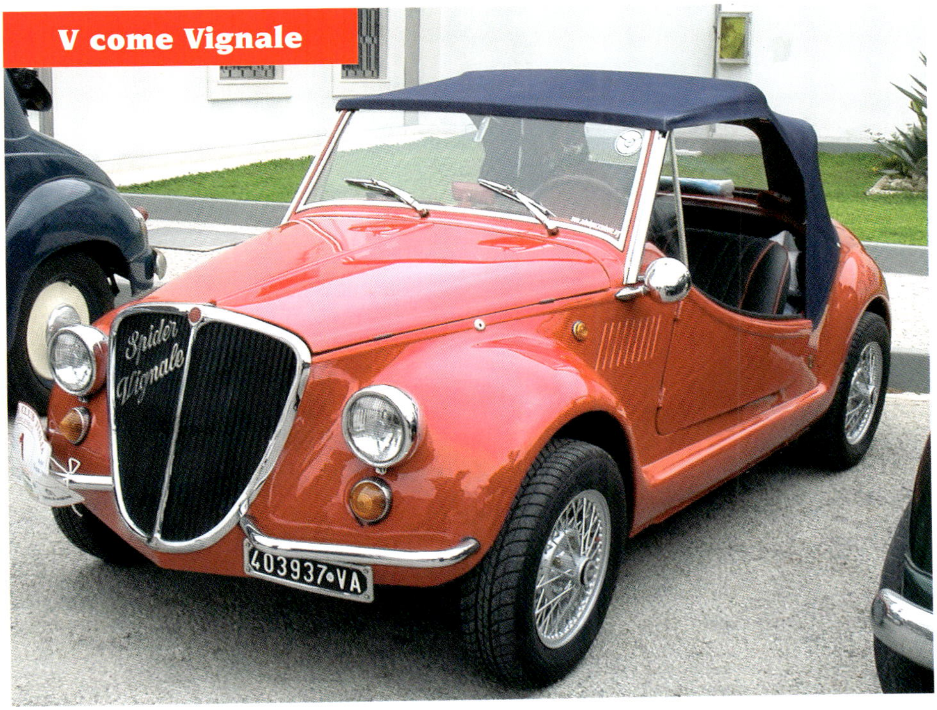

FIAT 500 • CLUB ITALIA

BIBLIOGRAFIA
BIBLIOGRAPHY

"4piccoleruote" rivista bimestrale del • "4piccoleruote" two-monthly magazine of the
Fiat 500 Club Italia

A *cura di Romano Strizioli* • By Romano Strizioli
"La 500 – La piccola grande auto che ha aiutato gli italiani a crescere"
Bacchetta Editore

Elvio Deganello – Renato Donati
"Abarth 595-695"
Giorgio Nada Editore

Elvio Deganello
"Le vetture che hanno fatto la storia – Fiat 500"
Giorgio Nada Editore

Franco Giannini
"Io Franco Giannini vi racconto..."
(edito in proprio) • *(privately printed)*

Alessandro Sannia
"Fiat 500 fuoriserie"
All Media Srl

Alessandro Sannia
"Fiat 500 – piccolo grande mito"
Gribaudo Editore

AA.VV.
"Fiat 500 Articoli e prove dal 1957 al 1975"
Ruoteclassiche Editoriale Domus

Todd Niall
"Bambina – The Fiat 500 in New Zealand"
Iconic Publishing Limited

Finito di stampare nel giugno 2007 • *Printed in June 2007 by:*

Coop Tipograf

Savona